Günter Schenk

Rheinhessen, Rheingau

»Der Rhein ist der Fluss, von dem alle Welt spricht und den niemand erforscht, den jeder besucht und den keiner kennt, den man im Vorübergehen wahrnimmt und den man schnell vergisst, den jeder Blick streift und der von niemandem geistig durchdrungen wird.«

Der französische Schriftsteller Victor Hugo (1802–1885) nach dem Besuch des Rheingaus und Rheinhessens anno 1840

Impressum

Günter Schenk
Reise Know-How Rheinhessen, Rheingau

erschienen im Reise Know-How Verlag Peter Rump GmbH,
Osnabrücker Str. 79, 33649 Bielefeld

3., neu bearbeitete und aktualisierte Auflage 2022

ISBN 978-3-8317-3603-4

Gestaltung und Bearbeitung
Umschlag: Peter Rump, der Verlag (Layout);
Caroline Tiemann (Realisierung)
Inhalt: G. Pawlak, Wayan Rump, der Verlag (Layout);
Caroline Tiemann (Realisierung)
Karten: Ingenieurbüro B. Spachmüller, Catherine Raisin
Fotonachweis: der Autor (gs), Jan Bruns (jb),
https://stock.adobe.com (Nachweis direkt am Bild)
Lektorat: Caroline Tiemann
Lektorat (Aktualisierung): Andrea Hesse

Druck und Bindung
Hinckel-Druck GmbH, Wertheim

Bibliografische Information der Deutschen Nationalbibliothek
Die Deutsche Nationalbibliothek verzeichnet diese Publikation in der Deutschen Nationalbibliografie; detaillierte bibliografische Daten sind im Internet über http://dnb.dnb.de abrufbar.

Anzeigenvertrieb
KV Kommunalverlag GmbH & Co. KG,
Alte Landstraße 23, 85521 Ottobrunn,
Tel. 089 928096-0, info@kommunal-verlag.de

Reise Know-How Bücher finden Sie in allen gut sortierten Buchhandlungen. Falls nicht, kann Ihre Buchhandlung unsere Bücher hier bestellen:
D: Prolit GmbH, prolit.de und alle Barsortimente
A: Freytag-Berndt und Artaria KG, freytagberndt.com
CH: AVA Verlagsauslieferung AG, ava.ch
B, Lux, NL: Willems Adventure, www.willemsadventure.nl
oder direkt über den Verlag: **www.reise-know-how.de**

Bildlegende Umschlag und Vorspann
Titelbild: Weinfeld im Rheingau bei Sonnenaufgang
(https://stock.adobe.com © fotografci)
Vordere Umschlagklappe: Wiesbaden, Parkanlage
Warmer Damm vor dem Hessischen Staatstheater (gs)
Kleines Foto: Dachfigur am Biebricher Schloss (gs)
S. 1: Reitstall im Rheingau (gs)
S. 2/3: Radfahrer im Rheingau bei Sonnenuntergang (gs)

Wir freuen uns über Kritik, Kommentare und Verbesserungsvorschläge, gern per E-Mail an info@reise-know-how.de.

Da die längerfristigen Folgen der Corona-Pandemie gerade für kleine und mittlere Betriebe im Tourismus- und Kulturbereich kaum abzuschätzen sind, bitten wir um Nachsicht, wenn sich in dieser Ausgabe des Buches Informationen finden, die nicht mehr den Gegebenheiten vor Ort entsprechen.

Alle Informationen in diesem Buch sind vom Autor mit größter Sorgfalt gesammelt und vom Lektorat des Verlages gewissenhaft bearbeitet und überprüft worden.

Da inhaltliche und sachliche Fehler nicht ausgeschlossen werden können, erklärt der Verlag, dass alle Angaben im Sinne der Produkthaftung ohne Garantie erfolgen und dass Verlag und Autor keinerlei Verantwortung und Haftung für inhaltliche und sachliche Fehler übernehmen.

Die Nennung von Firmen und ihren Produkten und ihre Reihenfolge sind als Beispiel ohne Wertung gegenüber anderen anzusehen. Qualitäts- und Quantitätsangaben sind rein subjektive Einschätzungen des Autors und dienen keinesfalls der Bewerbung von Firmen oder Produkten.

Günter Schenk
RHEINHESSEN, RHEINGAU

Vorwort

Wieder einmal vereint ein Reiseführer zwei Gebiete, die eigentlich zusammengehören: Rheingau und Rheinhessen, zwei der schönsten und ältesten Kulturlandschaften Europas. Beide – das zeigt schon der Wortstamm – verbindet der Rhein. In der Region allerdings nehmen ihn viele eher als Trennung wahr. So gehört Rheinhessen auf der linken Rheinseite zum Bundesland Rheinland-Pfalz, der rechtsrheinische Rheingau aber zu Hessen. Der Weg von „hiwwe" nach „driwwe" über eine der Rheinbrücken oder mit einer Pendelfähre ist jedoch keine weite Reise.

Mainz und Wiesbaden, die jeweiligen Metropolen der beiden Regionen, sind – so nah sie auch beieinander liegen – ganz verschiedene Städte. Als schick gilt die hessische Landeshauptstadt Wiesbaden, als gesellig Mainz, die Hauptstadt von Rheinland-Pfalz. Ein bisschen lässt sich das auch auf die Bewohner der beiden Regionen übertragen. Gäste jedoch nehmen diese vor allem im 19. Jahrhundert gewachsenen Mentalitätsunterschiede kaum wahr. Lorch oder Rüdesheim stehen ebenso für die Rheinromantik wie Bingen oder Nierstein. Und dass der Wormser Dom links des Rheins steht und Kloster Eberbach rechts, was macht das schon?

Dieser Reiseführer soll einladen, die Gegend über alle Grenzen hinweg und in all ihren Facetten zu erkunden. Toleranz und Gastfreundschaft sagt man den Bewohnern nach. So liebevoll wie die Menschen ist auch die Landschaft, der alles Schroffe fehlt. Statt steiler Berge gibt es sanfte Hügel – statt aufstrebender Metropolen Städte und Dörfer mit Gesicht und Charakter.

Poetisch loben die Touristiker die mediterran anmutenden Gefilde rechts und links des Rheins: die Wiesen und Wälder, die Auen und Felder und vor allem die unendlich scheinenden Weinbergslandschaften, die fast hinter jedem Hügel ihre Fortsetzung finden. Sie bilden das

> Rheinhessisches Juwel: Oppenheims Katharinenkirche

Revier eines Völkchens, das mit seiner sprichwörtlichen Lebensfreude Fremde ansteckt – nicht nur an den Tagen vor Aschermittwoch, wenn die Fastnacht die Frohsinnsgeister weckt. Junge Menschen und Senioren fühlen sich hier gleichermaßen wohl, das Alter ist am Rhein gewöhnlich keine Frage des Geburtsjahres – erst recht nicht, wenn der Wein zum Jungbrunnen wird!

Dieses Buch ist gespickt mit Unterkunftsempfehlungen, gastronomischen Tipps, Einkaufsadressen und Aktivitätsvorschlägen. Es sind journalistische Informationen, die keinen Anspruch auf Vollständigkeit erheben. Als Autor habe ich mich vielmehr bemüht, das Besondere hervorzuheben, spezielle Empfehlungen zu geben, die auf eigenen Erfahrungen basieren. So gibt es neben den im Buch erwähnten Unterkünften und Restaurants meist viele weitere Angebote, die sich fast immer leicht über die Internetseiten der jeweiligen Touristinformationen finden lassen.

Ich wünsche spannende und erlebnisreiche Entdeckungstouren „hiwwe“ und „driwwe“ – in Rheinhessen und im Rheingau!

Günter Schenk

102rh gs

Inhalt

☐ Bekenntnis zur Lebensfreude in der Mainzer Gaustraße

Kartenverzeichnis

Hinweise zur Benutzung

Nicht verpassen!

Die Highlights der Region erkennt man an der **gelben Hinterlegung.**

MEIN TIPP: ...

... steht für spezielle Empfehlungen des Autors: abseits der Hauptpfade, nach seinem persönlichen Geschmack.

Der Schmetterling ...

... zeigt an, wo man besonders gut Natur erleben kann oder Angebote im Bereich des nachhaltigen Tourismus findet.

Kinder-Tipps

Das Symbol kennzeichnet Sehenswürdigkeiten und Aktivitäten, an denen auch kleine Rheinhessen/Rheingau-Urlauber ihre Freude haben.

Verweise auf die Stadtpläne

4 Die **Ziffern** in den farbigen Kästchen bei den **Praktischen Tipps der Ortskapitel** verweisen auf den jeweiligen Legendeneintrag im Stadtplan.

Updates nach Redaktionsschluss

Auf der Produktseite dieses Reiseführers in unserem Internetshop finden Sie zusätzliche Informationen und wichtige Änderungen.

Preiskategorien

Gastronomie

Die Restaurants sind in folgende Kategorien unterteilt, wobei der Preis für ein **Hauptgericht/Menü** gilt. Bei Hotelrestaurants wird die Kategorie nur angegeben, wenn sie von der des Hotels abweicht.

① bis 10 €/bis 15 €
② 10–15 €/bis 25 €
③ 15–20 €/bis 35 €
④ 20–30 €/bis 40 €
⑤ Luxusklasse

Unterkünfte

Die Kategorien gelten jeweils für zwei Personen im **Doppelzimmer mit Frühstück.**

① bis 70 €
② 70–90 €
③ 90–120 €
④ 120–170 €
⑤ Luxusklasse

rh130 gs

Die Regionen im Überblick

1 Wiesbaden | 26

Für viele ist Hessens Landeshauptstadt das Tor zum Rheingau. Zu Füßen des Taunus schmiegt sich Wiesbaden mit seinen Vororten an den Rhein, auch wenn die City ein paar Kilometer davon entfernt ist. Besucher faszinieren wilhelminische Prachtbauten und Boulevards, schöne Schlösser, ein fotogenes Kurhaus neben einem renommierten Staatstheater und eine prächtige russisch-orthodoxe Kirche.

2 Rheingau | 58

Wein und Kultur prägen den Landstrich zwischen Wiesbaden und Geisenheim. Hier finden sich die Preziosen des Rheingaus: charmante Städtchen wie **Eltville** (S. 65) oder das Weindorf **Kiedrich** (S. 72). Besuchermagneten sind das berühmte Kloster **Eberbach** (S. 75) und **Schloss Johannisberg** (S. 89), wo man die Erfindung der Spätlese für sich reklamiert. Welterbe-Status genießt der Westen des Rheingaus. **Rüdesheim** (S. 96) heißt die Metropole, in der sich weinselige Geselligkeit mit klösterlichem Geist mischt. **Assmannshausen** (S. 112) ist des Rheingaus Rotwein-Herz. Und Mittelrhein-Romantik genießen Besucher in **Lorch** (S. 115).

3 Mainz | 120

Die rheinland-pfälzische Hauptstadt punktet mit mehr als zweitausendjähriger Geschichte. Tradition und Moderne treffen hier aufeinander: ein **romanischer Dom** (S. 125) und barocke Adelspaläste, alte Kirchen und Neubauten wie die **jüdische Synagoge** (S. 140) und eine der größten TV-Anstalten Europas, das **ZDF** (S. 143). Durch Zehntausende von Studenten fühlt sich Mainz aber auch jung an.

4 Nördliches Rheinhessen | 154

Wo sich der Rhein durch eine Gebirgsenge Richtung Norden zwängt, liegt **Bingen** (S. 159), die Heimat der heiligen Hildegard. Schokoladenseite der Stadt ist das Rheinufer mit dem sagenumwobenen Mäuseturm. Auf dem Rochusberg, der weite Blicke in den Rheingau und nach Rheinhessen erlaubt, fühlte sich schon *Goethe* wohl. Mit der archäologisch erst jetzt ganz erschlossenen Kaiserpfalz bietet **Ingel-**

heim am Rhein (S. 173) eine Rarität. Daneben punktet die Rotweinstadt mit sehenswerten Kirchen und den Resten der ehemaligen Stadtbefestigung. Naturfreunde sind in den Rheinauen bestens aufgehoben. „Land der Tausend Hügel" nennt sich Rheinhessen gern. Im Herzen der Region, in **Nieder-Olm, Wörrstadt** und **Sprendlingen** (S. 204, 195, 188), nimmt es für jeden sichtbar Gestalt an. Zu den Sehenswürdigkeiten in Rheinhessens Mitte gehören Kirchen mit einmaligen gotischen Fresken.

5 Rheinterrassen | 208

Südlich von Mainz locken mit **Nackenheim** (S. 214) und **Nierstein** (S. 215) ein paar der bekanntesten Weinbaugemeinden Rheinhessens. Die größte Stadt der Region ist **Oppenheim** (S. 219) mit seiner Katharinenkirche, einem gotischen Schmuckstück, und einem Beinhaus, in dem sich über 20.000 Schädel und Knochen türmen. Für Geselligkeit sorgen das Jahr über zahllose Weinfeste und andere Events.

6 Worms und Wonnegau | 234

Die Nibelungen und *Luther* machten Worms am Rhein bekannt. Besucher erwartet ein sehenswerter **Dom** (S. 257), Europas ältester **jüdischer Friedhof** (S. 270), jetzt Teil des Weltkulturerbes, dazu interessante Museen, die einem das jüdische Worms oder die sagenhaften Nibelungen näher bringen. Nördlich und westlich von Worms erstreckt sich der Wonnegau. Zu seinen Sehenswürdigkeiten gehören der gern als „rheinhessisches Meer" titulierte **Eicher See** (S. 240), die romanische **Lambertus-Basilika in Bechtheim** (S. 245) und Rheinhessens schönste **Stadtmauer in Dalsheim** (S. 251).

7 Alzey und Rheinhessische Schweiz | 280

Rheinhessens Südwestecke ist weniger bevölkert als der Rest der Region. Täler und Berge prägen die Rheinhessische Schweiz. Es ist ein Wanderparadies mit **Alzey** (S. 285) als städtischem Mittelpunkt, einer gemütlichen Kleinstadt. Mit die gewichtigste Sehenswürdigkeit der Region ist die **Templerkapelle auf dem Hof Iben** (S. 305).

Reiserouten und Touren

Zu den attraktivsten Regionen Deutschlands zählt das Rhein-Main-Gebiet mit der Metropole Frankfurt als pulsierendem Zentrum. Für **Genuss und naturnahes Erleben** aber bietet sich mit dem Rheingau und Rheinhessen seine Westflanke an. Auch mancher Besucher der großen Messen in der Mainmetropole residiert inzwischen gern in diesen Regionen, wo es sich oft auch noch ein bisschen preiswerter als in Frankfurt leben lässt.

Über **öffentliche Verkehrsmittel** sind zumindest die großen und größeren Städte der Region – allen voran Wiesbaden, Mainz, Ingelheim, Bingen, Worms, Oppenheim und Rüdesheim – bestens angebunden, sodass man auch ohne Auto in der Großregion gut zurechtkommen kann. Wenn man Glück hat, holen einen die Gastgeber gar vom nächstgelegenen Bahnhof ab. Vor Ort geht es dann mit dem Leihrad weiter, erkundet man die Gegend per Muskelkraft oder mit dem E-Bike zumindest umweltfreundlich. Vor allem aber sind es die **Wanderer,** welche Rheinhessen und den Rheingau zunehmend entdecken. Viele neue Wanderwege wurden inzwischen erschlossen, in der Regel auch bestens ausgeschildert, kleine und große Routen, von denen einige im Extra-Kapitel „Wandern" beschrieben sind.

„Wein erleben" heißt ein anderes Kapitel, das dem größten Schatz der Region gewidmet ist, dem Rebensaft. Die wenigen Dörfer, die in Rheinhessen und dem Rheingau keinen Weinbau betreiben, kann man an einer Hand abzählen. Kein Wunder, dass immer mehr Winzer ihre Höfe auch für Besucher öffnen, ihre Gästehäuser als Herberge andienen und in Vinotheken, Gutsschänken oder Straußwirtschaften ihre Erzeugnisse anbieten: vom einfachen Landwein bis zu edlen Spätlesen oder feinsten Sekten.

Um beide Regionen ausführlich zu erkunden, sollte man **mindestens eine Woche** einplanen. Wer noch ein paar schöne Wanderungen genießen und die eine oder andere kunsthistorische Perle wie das Kloster Eberbach oder die Oppenheimer Katharinenkirche auch mal näher unter die Lupe nehmen will, sollte um ein paar Tage verlängern. Für alle, die nur ein **langes Wochenende** zur Verfügung haben oder auch nur einen Brückentag entsprechend anreichern wollen, eignen sich etwa Flonheim in Rheinhessen oder Eltville im Rheingau, um sein Quartier aufzuschlagen und von dort aus Erkundungen zu machen. Sie sind vor allem denen empfohlen, die mit dem Auto anreisen.

[>] Rheingau: Apfelblüte vor der Burgruine Ehrenfels zwischen Rüdesheim und Assmannshausen – einst besuchte Goethe die frühere Burg

Rheingau für einen Wochenendtrip

Standort Eltville

Zur Erkundung des Rheingaus empfiehlt sich Eltville oder einer seiner Stadtteile als Standquartier. Das hat den Vorteil, dass man mit der **Bahn** in fast alle größeren Rheingau-Gemeinden weiterreisen und andere Ziele wie das **Weindorf Kiedrich** mit seiner sehenswerten gotischen Kirche oder das weltberühmte **Kloster Eberbach** häufig mit dem **Bus** erreichen kann. Dann lässt man sein Auto einfach im Urlaubsquartier stehen und genießt unterwegs den einen oder anderen Rheingauer Riesling, mit dem sich die Landschaft einen Namen gemacht hat. Schließlich belieferten die Mönche des Klosters Eberbach einmal die halbe Welt mit ihren Weinen.

236rh-gs

rh075 jb

Wer will, kann auch **zu Fuß** oder **mit dem Fahrrad** das Rheinufer erkunden. Verdursten oder verhungern muss unterwegs niemand. Schon gar nicht im Sommer, wenn die Winzer ihre **Ausschankstände** meist direkt am Fluss aufschlagen. Ideale Treffpunkte sind das, um mit Gleichgesinnten ins Gespräch zu kommen.

Eltville selbst punktet mit der vielleicht **schönsten Altstadt** des Rheingaus, zu der stattliche Villen, in denen man zum Teil auch nächtigen kann, ebenso gehören wie alte Kirchen mit spätgotischen Wandmalereien – und ein Burgturm, in dem man an *Johannes Gutenberg* erinnert: den die Welt bewegenden Buchdrucker, der hier gern bei seinem Bruder zu Gast war. Der Bus bringt einen normalerweise im Stundentakt ins **Kloster Eberbach,** das diese Form der Anreise mit einem ermäßigten Eintrittspreis honoriert. Nicht einmal zwanzig Autominuten sind es nach **Rüdesheim,** bis ins **Wispertal,** das Wanderparadies am Mittelrhein, gut vierzig.

Auch ins gegenüberliegende **Rheinhessen** sind es meist nur Minuten, wenn nicht wie zur Rush Hour die Rheinbrücke bei Wiesbaden verstopft ist. Alternative sind die Rheinfähren in Oestrich oder Rüdesheim, die Gäste von morgens früh bis abends spät nach Ingelheim oder Bingen übersetzen.

⌃ Wanderer über Rüdesheim

› Das alte Rathaus in Ingelheim beherbergt heute ein Kunstforum

Rheinhessen für einen Wochenendtrip

Standort Flonheim

Flonheim und sein Ortsteil Uffhofen gehören zu den **touristischen Perlen Rheinhessens,** was vor allem an ihrer Infrastruktur liegt. So stehen Besuchern hier mehrere Unterkünfte in allen Preisklassen zur Verfügung, es gibt zahlreiche Restaurants mit feiner Landhausküche. Und Weinfreunde finden mehr als ein halbes Dutzend Vinotheken, die eine breite Palette des Angebots in Deutschlands größtem Weinbaugebiet feilhalten. Für **Autofahrer** ideal ist die direkte Anbindung an das nahe gelegene Autobahnkreuz Alzey, wo sich die Schnellstraßen von Saarbrücken Richtung Frankfurt mit denen von Aachen nach Basel kreuzen.

Das Weindorf Flonheim liegt am Rand der **rheinhessischen Schweiz,** dem wichtigsten **Wandergebiet** der Region. Gleich mehrere Premiumwege, die sogenannten **Hiwwelrouten,** finden sich sozusagen vor der Haustür. Keine flachen Weitwanderrouten, sondern Wege durch Wiesen, Wälder und Weinberge, die immer wieder auch bergauf und bergab führen. Hiwwel nennen die Einheimischen ihre Berge, die genau betrachtet aber nur Hügel sind.

Rund um Flonheim finden sich auch die berühmten **Trulli,** alte Weinbergshäuschen, und auf **Hof Iben** mit einer gotischen Kapelle die letzten Reste einer ehemaligen Wasserburg der Tempelritter. Ein Katzensprung ist es ins Städtchen **Alzey,** das sich gern „Rheinhessens heimliche Hauptstadt" nennt. Ebenfalls schnell erreicht sind **Bingen** und **Ingelheim,** wo es zumindest einen halben Tag lang einiges anzusehen gibt.

rh127 gs

Den Rhein von beiden Seiten entdecken

Einige der schönsten Ecken im Rheingau und Rheinhessen lassen sich bequem **in einer Woche erwandern.** Das Auto kann man bei dieser Tour zu Hause stehen lassen; alle Ziele sind auch mit öffentlichen Verkehrsmitteln erreichbar. Kern des Wandervorschlags ist die Verbindung der beiden populärsten Wege in der Großregion, dem **Rheinsteig** und dem **RheinTerrassenweg.** Zusammengerechnet umfasst die Wanderung mehr als **150 Kilometer** Fußweg, die man aber mit Bus und Bahn individuell kräftig kürzen kann. Da dies fast immer auch neue Wandervarianten erlaubt, kann man je nach Wetter und Laune mithilfe dieses Buches die Route immer wieder neu planen.

Das Gerüst der Wanderwoche entlang des Rheines könnte etwa so aussehen:

Tourstart ist **Worms,** die Nibelungenstadt, wo man nach der Anreise am Nachmittag den Dom besuchen und ein bisschen durch die Stadt bummeln sollte. Auch über den vielleicht schönsten jüdischen Friedhof, der außer samstags tagsüber zur Besichtigung offen steht und seit Kurzem zum Weltkulturerbe zählt. Nur ein paar Schritte weiter erinnert das Lutherdenkmal an den Reformator, der hier mit die Weichen für eine neue Religion, den Protestantismus, stellte. Bei gutem Wetter lässt man den Tag in einem der Restaurants am Rhein ausklingen, der die Wanderer ja bis zum Schluss begleiten wird.

Tag 2 beginnt mit einer Zugfahrt von **Worms nach Osthofen,** von wo man bequem in den Rheinterrassenweg einsteigen kann. Er führt an alten Weingütern vorbei zur sehenswerten Kirche St. Lambertus in **Bechtheim,** einem romanischen Kleinod. Weiter durch die Weinberge führt der Marsch nach **Mettenheim** mit seinem Rathaus aus dem späten 16. Jahrhundert und weiter nach **Alsheim** und **Guntersblum** mit seinen Heidenturmkirchen. Rheinhessen pur ist das, ein knapp 20-Kilometer-Marsch mit gut 260 Höhenmetern.

Wem das zu viel ist, der steigt statt in Osthofen erst in Mettenheim in den Rheinterrassenweg ein, der auf dem Abschnitt nach Alsheim durch sogenannte **Hohlwege** führt. Das sind über Jahrhunderte gewachsene, tief eingeschnittene Landschaftsdurchgänge, die wegen ihrer biologischen Vielfalt heute zu den Seltenheiten Rheinhessens gehören. Gegen Abend jedenfalls sollten alle das erste Etappenziel **Oppenheim** erreicht haben, wo man sich am besten in der Stadt einquartiert.

Tag 3 startet mit einem Besuch der **Katharinenkirche,** dem gotischen Kleinod Oppenheims. Spätestens ab 9 Uhr stehen ihre Türen offen. Danach geht es kreuz und quer durch zum Teil renommierte Weinbergslagen über **Nierstein** nach **Nackenheim,** von wo man den Zug nach **Mainz** nimmt. Dort wohnt man am besten in Bahnhofsnähe, wo eine Reihe preisgünstiger neuer Ho-

rh1104 gs

Heidenturmkirche Worms mit Dominikanerkloster

tels entstanden ist. Wer früh in Oppenheim gestartet ist, hat jetzt wahrscheinlich auch noch etwas Zeit, durch die Stadt zu bummeln. Schließlich wird es im Sommer erst spät dunkel.

Tag 4 ist vormittags der weiteren Eroberung von **Mainz** gewidmet. Individualität ist heute Trumpf! So kann jeder mit dem im Buch enthaltenen Stadtplan die rheinland-pfälzische Landeshauptstadt erobern. Ein Muss sind Stippvisiten im **Dom** und im **Gutenberg-Museum.** Gegen Mittag geht es mit dem Zug über den Rhein nach **Wiesbaden.** Alternative ist die Busfahrt in die hessische Landeshauptstadt, die ebenfalls am Bahnhof startet. Vorteil ist, dass der Bus bis weit in die Wiesbadener Innenstadt fährt – Nachteil, dass er rund dreimal so lang für die Strecke braucht wie der Zug. Hat man sich in Wiesbaden schließlich einquartiert, bietet sich abends ein Besuch einer der vielen **Kleinkunstbühnen** oder des **Theaters** an, wo man heute längst nicht mehr im dunklen Anzug oder dem kleinen Schwarzen erscheinen muss. Auf unserer Wanderung ist heute nämlich Halbzeitpause. Da darf man sich ruhig mal etwas gönnen!

Tag 5 beginnt am Bahnhof Wiesbaden, von wo es mit Bahn und Bus nach **Kiedrich** geht, wo die **gotische Kirche** mehr als einen Blick verdient hat. Wer seine Tour so ausrichtet, dass er sonntagvormittags hier ankommt, wird mit viel Glück mit einem einmaligen und dazu kostenlosen Konzerterlebnis belohnt: dem Gesang der Kiedricher Chorknaben, aus deren Reihen auch der weltberühmte Countertenor *Andreas Scholl* stammt. Der Rheinsteig bringt die Wanderer von Kiedrich in einer knappen Stunde leicht bergan zum **Kloster Eberbach.** Wer sich hier in die Geschichte des Klosters vertieft, beseelt von einem der rundum wachsenden Weine in der Klosterschänke, nimmt am besten vom Kloster den Bus zurück nach **Eltville.** Ein kurzer Bummel durch die Stadt kann am Rhein enden, der hier ein anderes Gesicht als in Rheinhessen hat und vor allem erst nachmittags richtig ins Sonnenlicht rückt. Wer zu den sportlichen Wanderern gehört und rund 20 Kilometer Wegstrecke am Tag nicht scheut, kann vom Kloster Eberbach durch Wälder, Wiesen und Weinberge den Rheinsteig weiter nach **Johannisberg** laufen, vorbei an **Schloss Vollrads** mit seinem mittelalterlichen Wohnturm und barocken Herrenhäusern. Gut drei zusätzliche Stunden Wanderzeit sind das, gespickt mit weiteren Höhenmetern, die in die Beine gehen.

Irgendwann aber gilt es für jeden, sich ein **Nachtquartier** zu suchen: in einem der vielen Rheingauorte wie **Oestrich, Winkel, Geisenheim** oder **Rüdesheim,** von wo es am nächsten Tag weitergeht. Bus und Bahn verbinden sie alle, sodass man die Qual der Wahl hat. Wer Beschaulichkeit sucht, ist etwa in Winkel richtig, wo schon *Goethe* gern zu Gast war. Wem es nach ein bisschen Nachtleben dürstet, das werktags freilich bescheidener als am Wochenende ausfällt, wählt Rüdesheim.

Tag 6 kann man ebenfalls unterschiedlich angehen. Wanderer starten ihn an der Talstation des Rüdesheimer Sesselliftes, der sie bequem zum **Niederwalddenkmal** bringt **(Variante A).** Von dort führt ein Weg durch den sogenannten **Zauberwald** zur Bergstation eines weiteren Sesselliftes, der einen nach **Assmannshausen** schafft, dem nächsten Tagesziel. Mehr als eine Halbtags-Wanderung ist das nicht. Aber auch heute ist Eigeninitiative gefragt. Wer sich für die Heilige Hildegard, eine der wichtigsten Frauen des Mittelalters, interessiert, spaziert **(Variante B)** über die **Wallfahrtskirche Sankt Hildegard,** wo sich ihr Schrein befindet, zur **Hildegardis-Abtei** hoch in den Weinbergen über Rüdesheim – und von dort gemütlich weiter zum **Niederwalddenkmal.** Mindestens zwei Stunden sollte man für diesen Ausflug dazurechnen, den man mit einer Pause im Kloster-Café verbinden kann. Für alle, die im Winter unterwegs sind, wenn die Seilbahnen nicht fahren, wird die vorgeschlagene Runde dann doch eine Tageswanderung. Fußfaule übrigens, die mal einen Tag nur die Füße irgendwo hochlegen wollen, nutzen im Sommer das **Schiff** von **Rüdesheim** ins Rotweinparadies nach **Assmannshausen (Variante C).** Eine halbe Stunde Rheinromantik aus ganz anderer Perspektive!

Tag 7 bringt die Schlussetappe, die für viele die sicher schönste sein wird. Schließlich ist die Strecke zwischen **Assmannshausen** und **Lorch** einer der eindrucksvollsten Abschnitte auf dem Rheinsteig. Wer früh startet, hat die meiste Zeit noch die Sonne im Rücken, die den Rhein und die auf der anderen Seite des Flusses liegenden Burgen ins beste Licht taucht. Wer gern fotografiert, weiß das sicherlich zu schätzen! Anfangs geht die knapp 16 Kilometer lange und gut ausgeschilderte Tour noch einmal richtig in die Beine, doch irgendwann ist das Territorium des ehemaligen „Freistaates Flaschenhals“ erreicht, ein Kuriosum aus der Zeit nach dem Ersten Weltkrieg (→Exkurs „Freistaat Flaschenhals“, S. 114). Durch Weinberge geht es schließlich abwärts nach Lorch mit seiner sehenswerten **Kirche.** Gut fünf Stunden Fußmarsch zählt diese Schlussetappe, sodass genügend Zeit für den Heimweg bleibt.

Wer in den deutschen Norden muss, fährt mit dem Zug nach **Koblenz** weiter, wo die Schnellzüge Richtung Köln, Münster oder Bremen starten. Alle anderen fahren nach **Frankfurt,** von wo einen Bahn und Flugzeug zurück nach Hause bringen.

rh115jb

Wanderer am Niederwalddenkmal

Sternsingen
Rund um den **6. Januar,** den Dreikönigstag, sind die Sternsinger unterwegs. Besonders alt ist der Brauch im Rheingau. Heute ist das Sternsingen die größte caritative Sammelaktion des Jahres, es engagieren sich Hunderte von Kindern jährlich für die gute Sache.

Stabaus
Kinder und Jugendliche vertreiben **am vierten Sonntag nach Fastnacht** im Süden Rheinhessens mit einem kleinen Umzug den Winter.

Baumblüte
Im **Frühjahr** taucht die Baumblüte vor allem die Obstregionen in zarte Farben.

Open Ohr Festival Mainz
Alljährlich über **Pfingsten** kommen 10.000 Besucher in die Zitadelle zu dem meist sozialkritischen Freiluft-Kulturfestival. Programm: Konzerte, Theater, Kabarett, Filme, Podiumsdiskussionen.

JAN | FEB | MÄR | APR | MAI | JUN

Fastnacht
An den **Tagen vor Aschermittwoch** halten mehrere Hundert Vereine und Garden in Rheinhessen und dem Rheingau das größte Volksfest der Region am Leben.

Spargelsaison
Endspurt in die Spargelsaison, deren traditionell letzter Tag der **24. Juni** ist. Erste Spargel, die unter Folien reifen, kommen meist schon im April auf den Markt.

Internationale Maifestspiele Wiesbaden
Eine der traditionsreichsten Kulturveranstaltungen Europas nach dem Vorbild der Richard-Wagner-Festspiele in Bayreuth. Das Programm ist breitgefächert – von der Barockoper bis zum modernen Tanztheater.

Die Kerb
Wichtiges Volksfest der Region ist die Kerb, wie die Kirchweihe im Rheingau und in Rheinhessen heißt. Traditionelle Kerbetage finden zwischen **Juli und September** statt.

Fischerstechen
Die feucht-fröhlichen Wettkämpfe, bei denen nach festen Regeln von kleinen Booten aus gekämpft wird, finden von **Juli bis September** statt.

LEGENDE
- Winter
- Frühling/Frühsommer
- Sommer/Frühherbst

Weinfeste
In der Region finden Hunderte Weinfeste statt, die sich von **Juni bis September** ballen.

Beste Reisezeit
Im Sommer herrscht allgemein Hochsaison. **Mai bis September** sind ideal für **Wanderer** und **Radfahrer.**

Weihnachtsmärkte
Zahlreiche Städtereisende fühlen sich von den winterlichen Weihnachtsmärkten im **November und Dezember** angezogen.

JUL | **AUG** | **SEP** | **OKT** | **NOV** | **DEZ**

Nibelungen-Festspiele Worms
Die jährlich im **Juli/August** stattfindenden Nibelungen-Festspiele sind das kulturelle Aushängeschild der Stadt Worms.

Musikfestival Rheinhessen
Die Konzerte finden (von **August bis Oktober**) an unterschiedlichen Orten statt – in Kirchen, einer ehemaligen Synagoge, Schlössern oder der Aula Regia der Ingelheimer Kaiserpfalz.

Martinstag
Mit Gänseessen und Laternenumzügen gedenkt man am **11. November** traditionell des heiligen Martin, der bekanntlich seinen Mantel mit einem Bettler geteilt haben soll. Aber auch an den Tagen davor oder danach ist mancher Umzug unterwegs.

Rheingau Musik Festival
Das Festival zählt zu den renommiertesten deutschen Kulturveranstaltungen. In Kirchen, Hotels, Klöstern, Weingütern, Schlössern und Sälen zwischen Lorch und Wiesbaden finden von **Juni bis September** rund 200 Veranstaltungen an über 40 Orten statt.

Zehn Orte zum Staunen

200rh gs

Nerobergbahn, Wiesbaden | 44

Geräuscharm und völlig schadstofffrei schafft eine der ältesten Standseilbahnen Europas von April bis September Besucher auf Wiesbadens Hausberg. Befahren wird die gut 400 Meter lange Strecke mit einer durchschnittlichen Steigung von 19 Prozent nur mit Wasserkraft. In der Talstation erinnert ein kleines Museum an die 1888 gestartete Geschichte des Technikwunders.

201rh gs

Valentinsbasilika, Kiedrich | 72

Wegen der Architektur und ihrer Geschichte erhob der Papst die vielleicht schönste Kirche des Rheingaus im Jahr 2010 in den Rang einer Basilika. Das Gotteshaus in der Ortsmitte ist Gotik vom Feinsten auf romanischen Fundamenten. Sonntags beleben die Kiedricher Chorbuben das Hochamt meist mit gregorianischen Gesängen, die angeblich seit 1333 im Rheingau gepflegt werden.

203rh gs

Schrein der Heiligen Hildegard, Rüdesheim | 100

Zu den weltweit bedeutendsten Frauen zählt die Heilige Hildegard, die große Seherin und Kirchenlehrerin des 12. Jahrhunderts. Schädel, Haar, Herz und Zunge birgt ihr Schrein, der in der nach ihr benannten Pfarrkirche im Rüdesheimer Stadtteil Eibingen steht. Jährlich am 17. September wird er durch das Weindorf getragen – begleitet von den Benediktinerinnen der Abtei Sankt Hildegard.

204rh gs

Kreuzgang von Sankt Stephan, Mainz | 137

Die meisten Kirchenbesucher kommen wegen der Chagall-Fenster. Nicht weniger schön aber ist der einmalige Kreuzgang an der Südseite der Stephanskirche – ein spätgotisches Prachtstück. Vor allem in den Gewölben mit ihren Schlusssteinen gibt es viel zu entdecken. In einer im 15. Jahrhundert geschaffenen Ölbergszene kommt man den vor Jesu schlafenden Jüngern greifbar nah.

205rh gs

Graffiti-Galerie, Mainz-Kastel (Wiesbaden) | 146

Im Mainzer Vorort Kastel, der verwaltungstechnisch zu Wiesbaden gehört, lockt unter und rund um den Kopf der Rheinbrücke eine der größten Freiluft-Galerien Europas. Zahllose, zum Teil riesengroße Malereien zieren Wände und Unterführungen. Darunter auch politische Street Art, die im Rahmen eines Festivals jährlich erneuert wird. Kunst der Moderne zum Nulltarif!

Hildegarten, Bingen | 164

Ein kleiner Garten am Binger Rheinufer erinnert an die Heilkünste der Heiligen Hildegard. Über Pflanzen, die schon zu ihrer Zeit medizinisch genutzt wurden, erfahren Besucher heute, welches Lebenselixier die Grünkraft einst war. Zwischen allem Grün mit bunten Blütentupfern klären Infotafeln entsprechend auf. Und von jenseits des Rheins grüßt die Germania vom Niederwalddenkmal.

206rh gs

Napoleonstürme, Sprendlingen und Elsheim | 189

Mitten durch Rheinhessen verlief einst eine Telegrafenlinie, die Paris zu Napoleons Zeiten mit neuen Nachrichten aus Mainz versorgte. An zwei Stellen hat man versucht, mit Rekonstruktionen die schon 1815 wieder zerstörte „Kommunikationsleitung" neu ins Gedächtnis zu rufen. In Elsheim und bei Sprendlingen klären Infotafeln den Besucher über das „Schreiben in der Luft" auf.

rh072 gs

Schiefer Turm, Gau-Weinheim | 193

Mit Neigungswinkeln von bis zu 5,38 Grad ist der schiefe Turm in Gau-Weinheim für Rheinhessen das, was Pisas Campanile für Italien ist: ein Wahrzeichen. Der Jahrhunderte lang kaum beachtete Wehrturm aus dem Mittelalter wurde 1749 zum Glockenturm umgebaut. Heute läutet er jeden Werktag um 11, 13 und 17 Uhr, sonntags zum Gottesdienst.

208rh gs

Beinhaus, Oppenheim | 224

Deutschlands angeblich größtes Beinhaus ist kein Ort zum Gruseln, eher einer, der von der Macht des Todes kündet. Im Karner neben der gotischen Katharinenkirche stapeln sich die Knochen und Schädel von rund 20.000 Menschen, die bis Mitte des 18. Jahrhunderts im Schatten des Gotteshauses begraben waren. Heute liegen sie im Untergeschoss der Michaelskapelle.

209rh gs

Rathaus auf dem Fischmarkt, Alzey | 288

Volker von Alzey, Spielmann aus der Nibelungen-Sage, hat Rheinhessens heimliche Hauptstadt, wie sich Alzey gern tituliert, bekannt gemacht. Gewöhnlich alle zwei Stunden erscheint er heute tagsüber in einem Fenster hoch oben im Treppenturm des alten Rathauses mit seiner Fidel zum Glockenspiel. Groß ist sein Repertoire, zu dem alte Volksweisen ebenso gehören wie weihnachtliche Klänge.

201rh gs

Fünf Orte wie aus dem Märchen

211rh gs

Russisch-orthodoxe Kirche, Wiesbaden | 45

Manche nennen sie noch immer griechische Kapelle: das Prachtstück aus beigem Sandstein mit seinen Zwiebeltürmen. In der Abendsonne glänzen ihre vergoldeten Kuppeln. Kerzen und Ikonen prägen das Innere. Eigentlich handelt es sich um eine Grabkapelle – erbaut Mitte des 19. Jahrhunderts für die Frau des Landesherren, eine russische Zarentochter, die als Teenager im Kindbett starb.

212rh gs

Brentanohaus, Winkel | 82

Das restaurierte und heute im Staatsbesitz befindliche Anwesen war lange Zeit das Zentrum der Rheinromantik. Männer wie Ludwig van Beethoven, Johann Wolfgang von Goethe oder die Märchensammler Jacob und Wilhelm Grimm gingen hier einst ein und aus. Auch Frauen wie Karoline von Günderrode schrieben im Brentanohaus Geschichte. Gelegentlich gibt es Führungen durch die alten Gemächer.

213 h gs

Zauberhöhle, Rüdesheim | 105

Ein rund 30 Meter langer, vollkommen dunkler Gang bringt von Ostern bis November die Menschen zum Staunen. In einem Waldstück zwischen Assmanshausen und Rüdesheim ist er Kern der Zauberhöhle, die in einem Rundbau mit lichtem Fensterblick endet. Der Bau aus dem 18. Jahrhundert sollte der Selbsterkenntnis des Menschen dienen, die der Weg aus dem Dunkel ins Licht symbolisiert.

214rh gs

Jüdischer Friedhof, Worms | 270

Seit Juli 2021 gehört er zum Weltkulturerbe: der jüdische Friedhof in Worms. Mehrere Tausend meist noch aufrechtstehende Steine erinnern auf dem heiligen Sand, wie die Grabstätte heißt, an die große jüdische Geschichte der Stadt. Die ältesten Gräber stammen aus dem 11. Jahrhundert und finden sich hinten links im sogenannten Rabbinertal. Manche zieren die Zettel frommer Besucher.

215rh gs

Kapelle Iben bei Fürfeld | 305

In die Zeit der Tempelritter führt der Besuch der Kapelle Iben. Mitten in einem Bauernhof gelegen, ist sie der letzte Rest einer Wasserburg, die einmal zur Ausbildung und Rekrutierung der Gotteskrieger diente. Die Tempelritter waren direkt dem Papst unterstellt und hatten sich die Sicherung der Heiligen Stätten und der dahin führenden Pilgerwege auf die Fahnen geschrieben.

Fünf tolle Ausblicke

Neroberg, Wiesbaden | 44

Eine einmalige Sicht über die Stadt bietet Wiesbadens Hausberg mit seinen Parkanlagen. Im Zentrum steht der Monopterus, ein romantischer Aussichtstempel. Für fast noch schöner halten manche den Blick von der weiter unterhalb liegenden Aussichtsterrasse, die zwei Steinlöwen flankieren. Von hier liegt einem die hessische Kapitale sozusagen zu Füßen!

216rh gs

Niederwalddenkmal, Rüdesheim | 104

Hoch oben über Rüdesheim und mit einer Seilbahn auch für Fußfaule erschlossen, thront das geschichtsträchtige Niederwalddenkmal, ein knapp 40 Meter hohes und 75 Tonnen schweres Denkmal aus der Kaiserzeit. Von ganz oben schaut die Germania weit über den Rhein, der zu Napoleons Zeiten hier auch Grenzfluss zu Frankreich war.

rh090 jb

Rochusberg, Bingen | 169

Bingens Hausberg krönt ein einmaliges Plateau, von dem aus einem der Rheingau und Rheinhessen zu Füßen liegen. Schon Goethe schätzte diese Aussicht, die er am liebsten beim Weine genoss. Oben finden sich ein Kloster und die neogotische Rochuskapelle. Wanderern bietet der Berg einen gemütlichen Rundgang, der immer neue Landschaften vor Augen führt – allen voran das Rheintal.

218rh gs

Wißberg, St. Johann (Sprendlingen-Gensingen) | 190

Richtig hoch ist er nicht, aber mit seinen 270 Metern für seine Rundumsicht bekannt. Ein bequemer Rundweg bietet bei gutem Wetter beste Fernsicht in gleich alle Landkreise Rheinhessens. Mittendrin findet sich ein beliebter Golfplatz. Auf der Terrasse des Restaurants auf dem Wißberg genießt man neben Weinen und anderen Gaumenfreuden den Ausblick in des Landstrichs Weite.

086rh gs

Fleckenmauer, Flörsheim-Dalsheim | 251

Einblicke in Hinterhöfe und Aussichten auf den Ortsteil Dalsheim gewährt eine Jahrhunderte alte Stadtmauer, die man auch heute noch zum Teil begehen kann. Die Fleckenmauer verweist darauf, dass Dalsheim einst ein Flecken war: ein mit bestimmten Privilegien ausgestattetes Dorf. Die sieben Türme des bis zu zehn Meter dicken Mauerringes aus dem 15. Jahrhundert sind noch erhalten.

rh073 gs

AQUIS MATTIACIS
CASINO
KURHAUS
CASINO

1

Wiesbaden

»Hessens Landeshauptstadt glänzt noch immer mit wilhelminischer Eleganz. Das Kurviertel mit Kurhaus, Spielcasino und Theater ist das Aushängeschild der Stadt, die sich vom Rhein bis in den Taunus erstreckt. Mit fast 300.000 Einwohnern ist Wiesbaden neben Frankfurt die größte Stadt im Rhein-Main-Gebiet – und wichtigste Pforte in den Rheingau.

001rh gs

< Das Kurhaus mit Spielbank

WIESBADEN Orientierung

Genießen – Erleben – Flanieren: Mit diesen Schlagworten buhlt Wiesbaden um Besucher. Und inzwischen auch wieder mit Tagungen: Das neue Rhein-Main CongressCenter, die ehemaligen Rhein-Main-Hallen, gehört heute zu den modernsten Konferenz- und Messezentren im Rhein-Main-Gebiet und bietet mit 3000 Sitzplätzen Raum für Konzerte und andere Großveranstaltungen.

Beeindruckend ist Wiesbadens Stadtbild. Große Teile zeigen sich auf den ersten Blick noch immer so wie im späten 19. und frühen 20. Jahrhundert, als sich Wiesbaden stolz „Welt-Cur-Stadt" nannte. Es war die Zeit des Historismus, als man im historischen Geist neu baute: neoromanisch, neogotisch oder neobarock, zum Schluss auch im Jugendstil, den der Historismus entscheidend beeinflusst hatte. Hunderte von Häusern aus dieser Ära stehen noch heute in Wiesbaden, das im Zweiten Weltkrieg weniger zerstört wurde als viele andere Städte.

„Wiesbaden liegt in einem Tal, das vorwärts nach Süden von Hügeln, nordwärts aber von Bergen begrenzt wird; besteigt man die letzteren, so hat man eine unendliche und höchst schöne Aussicht".

Johann Wolfgang von Goethe, 1814

Touristisch ist Wiesbaden leicht zu erobern. Da die meisten Sehenswürdigkeiten nah beieinander liegen und der Rest mit öffentlichen Verkehrsmitteln großteils leicht zu erreichen ist, braucht man für die Visite in Hessens Hauptstadt eigentlich kein Auto. Das Zentrum mit seinen Sehenswürdigkeiten, Fußgängerzonen und Einkaufsmeilen ist über-

NICHT VERPASSEN!

- Das einstige **Stadtschloss** verbreitet auch heute noch fürstlichen Glanz | 34
- Das **Kurhaus,** Wiesbadens meistfotografiertes Wahrzeichen | 41
- Das **Hessische Staatstheater** mit mehreren Bühnen | 43
- Die **Nerobergbahn** – mit Wasserkraft auf Wiesbadens Hausberg | 44

Diese Tipps erkennt man an der gelben Markierung.

schaubar. Wer es ruhiger mag, ist im Kurviertel bestens aufgehoben – wer das Multikulturelle liebt, im Westend. Dort ist der Sedanplatz mit vielen umliegenden Bars und Restaurants der neue – wie es so schön heißt – „place to be". Das eher dörfliche Wiesbaden findet man in Frauenstein oder Sonnenberg, ein bisschen maritimes Flair in Biebrich und Schierstein, den Vororten am Rhein. Dort wurde das Ufer in den letzten Jahren neu gestaltet, sodass es sich hier zu spazieren lohnt.

Gut aufgehoben sind in Hessens Hauptstadt auch alle, die heiße Quellen lieben. So buhlen zu Füßen des Taunusgebirges gleich mehrere Thermen um die Gunst der Besucher.

Stadtgeschichte

Auch wenn die Stadt schon zur **Römerzeit** besiedelt war, Großstadt wurde Wiesbaden erst 1905, als man die 100.000-Einwohner-Grenze knackte. Jahrhundertelang zeigte sich das frühmittelalterliche *Wisibada* mehr als Dorf denn als Stadt, war es als „villa in finibus Magontiae" bekannt, also als Dorf in der Umgebung von Mainz – bis die **Grafen von Nassau** als Lehensträger des Königs die Herrschaft übernahmen. Mit ihnen kam auch der **protestantische Glaube.** Mit dem Bau des Alten Rathauses Anfang des 17. Jahrhunderts zeigte Wiesba-

rh048 gs

den erstmals Selbstbewusstsein, auch wenn die Stadt damals noch immer agrarisch geprägt war. Mehr als die Hälfte der Bevölkerung besaß Schweine, Kühe, Pferde oder Schafe. Dieses Bild bestimmte anfangs auch das Leben in der **Kurstadt,** die sich mit dem Bau von Theatersälen und Kuranlagen bis Mitte des 19. Jahrhunderts schließlich zur „Welt-Cur-Stadt" mauserte.

Als kreisfreie Stadt im preußischen Reich kam der Aufschwung. Offiziere, Beamte und wohlhabende Rentner entdeckten Wiesbaden als Alterssitz. Vornehme **Villen** entstanden, repräsentative **Bürgerhäuser** und prunkvolle Flanieranlagen. Bis zum Ersten Weltkrieg stieg die Zahl der Gäste auf mehr als 200.000 Besucher jährlich. Mit Beginn des Krieges aber blieben die Gäste aus, viele reiche Rentner zogen fort, die Stadt wurde ärmer. Daran änderten auch zahlreiche Eingemeindungen in den 1920er Jahren wenig.

Nach dem Zweiten Weltkrieg besetzten **US-Truppen** die Stadt, machte General *Eisenhower* Wiesbaden zur Hauptstadt Groß-Hessens, aus dem schließlich

^ In den Herbertanlagen

> Neues Rathaus, Marktbrunnen und Marktkirche

003rh gs

das neue **Bundesland Hessen** wurde. Gegenüber dem Konkurrenten Frankfurt konnte Wiesbaden damals mit seiner Infrastruktur punkten, hatte der Krieg der Stadt doch nur wenig Zerstörung gebracht. Ein Standortvorteil, der auch mit der Ansiedlung zweier Bundesbehörden belohnt wurde: dem **Statistischem Bundesamt** und dem **Bundeskriminalamt.** Als Messe- und Kongressstadt positionierte sich Wiesbaden zudem im Wettbewerb mit anderen Metropolen. Nicht zuletzt entdeckten immer mehr Dienstleister wie Banken oder Versicherungen, aber auch moderne Technologiefirmen die Stadt. Heute bietet Wiesbaden mehr als Hunderttausend sozialversicherungspflichtige Arbeitsplätze, dazu Tausende anderer Jobs.

Sehenswertes

In der Altstadt

Schlossplatz

Herz der Altstadt ist der Schlossplatz, um den sich die neben Kurhaus und Theater wichtigsten Gebäude der Stadt gruppieren: das gotische **Alte Rathaus** (Marktstraße 16), heute als Trausaal genutzt – und das **Neue Rathaus** (Schlossplatz 6), der Amtssitz des Oberbürgermeisters. Mit dem Bau des 1887 fertiggestellten Neuen Rathauses wollten die Stadtväter das gegenüberliegende Stadtschloss an Prunk übertreffen.

Wiesbaden Zentrum

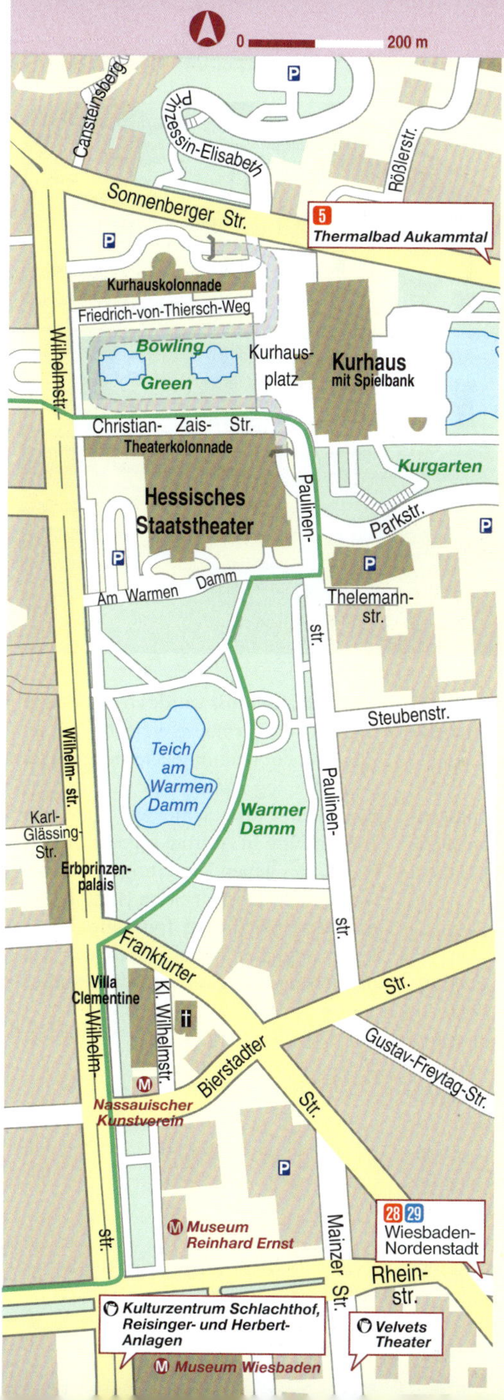

Übernachtung
4 Radisson Blu Schwarzer Bock
5 Fontana Hotel
6 Town Hotel
9 Hotel Oranien
11 Jugendherberge
23 Hotel Alexander
28 Twice Hotel

Essen und Trinken
1 Huacas Peru
3 Buch-Café Nero39
7 Martino Kitchen
8 Curry Manufaktur
9 Hotel Oranien
10 Riesling im Hindukusch
12 Bovins Pure and Natural
14 Café Maldaner
15 Zum Schwejk
21 Konditorei Gehlhaar
24 fair.liebt
25 Bei Gabriel
29 Frankfurter Hof

Nachtleben
2 Manoamano Bar
13 Heaven
15 Zum Schwejk

Einkaufen/Sonstiges
16 L'Art Sucre
17 Pearls Sektmanufaktur
18 Wochenmarkt
19 LouisenForum
20 Fast wie neu
22 Schönwetterfront
26 Lili
27 Shop Pearls Sektmanufaktur

Stadtrundgang

002rh gs

Blickfang des Schlossplatzes und viel fotografierte Sehenswürdigkeit ist der **Marktbrunnen.** Er war lange Zeit die wichtigste Trinkwasserquelle der Stadt. Den Wasserspender krönt ein nassauischer Löwe mit dem Wappen von Wiesbaden: drei goldenen Lilien auf blauem Grund.

Stadtschloss und Hessischer Landtag

Recht schlicht zeigt sich das Stadtschloss von außen – drinnen aber dominiert herrschaftliche Eleganz. Früher regierten hier die **Herzöge von Nassau,** seit 1946 ist der Hessische Landtag im Stadtschloss zu Hause. Schokoladenseite des Prachtbaus ist der runde **Eingangspavillon** mit Säulenportikus und Balkon, von dem Kaiser *Wilhelm II.* einst die Paraden seiner Truppen abnahm.

Das Stadtschloss wurde an Stelle einer fränkischen Turmburg errichtet, die im Zentrum der frühmittelalterlichen Stadt stand. Herzog *Wilhelm von Nassau* hatte den Bau seines Schlosses Mitte der 1830er Jahre in Auftrag gegeben. Erster Nutzer des neuen Regierungssitzes aber war sein 22-jähriger Sohn *Adolf I.,* der nach dem plötzlichen Tod seines Vaters Regierungschef wurde. Nach der Annektierung Nassaus durch die Preußen

⌃ Der Schlossplatz mit Marktbrunnen und Hessischem Landtag

Empfehlenswerter Stadtrundgang

Der beste Ausgangspunkt für einen Stadtbummel ist das Dern'sche Gelände. Unübersehbar thront dort die evangelische **Marktkirche.** Vor ihrer Front steht der „Schweiger", ein Denkmal für *Wilhelm von Oranien.* Der benachbarte Schlossplatz bietet gleich drei Sehenswürdigkeiten: das **Neue Rathaus** aus den 1880er Jahren, das **Alte Rathaus** schräg gegenüber und das **Stadtschloss** auf der anderen Seite, heute Sitz des Hessischen Landtags. Zwischen Schloss und Altem Rathaus steht der **Marktbrunnen** aus dem Jahr 1753.

Die geschäftige **Marktstraße** führt weiter in die Stadt. Rechts zweigt bald eine der typischsten Alt-Wiesbadener Gassen ab: die **Grabenstraße** mit kleinen Läden und dem **Bäckerbrunnen.** Es ist einer von wenigen noch heute öffentlich zugänglichen Thermalbrunnen. Durch die von Restaurants gesäumte **Goldgasse** erreicht man die **Langgasse,** die mit der **Kirchgasse** Wiesbadens Einkaufsmeile bildet. Hinter Hausnummer 36 verbirgt sich die **Kaiser-Friedrich-Therme,** eine historische Badelandschaft wie aus dem Bilderbuch.

Ein paar Schritte weiter über den Kranzplatz lockt ein weiterer Zeuge Wiesbadener Badekultur, der **Kochbrunnen.** Vom historischen Kurzentrum steht allerdings nur noch ein Teil der Wandelhalle und der Pavillon, in dem man das Thermalwasser probieren kann. Gesäumt wird der Platz vom Sitz des Hessischen Ministerpräsidenten, der **Staatskanzlei** sowie von Hotels und Cafés.

Die angrenzende Taunusstraße führt ins Nerotal mit seinen sehenswerten Villen und Grünanlagen. Am Ende findet sich die Talstation der **Nerobergbahn,** die auf Wiesbadens Hausberg führt. Einmalig ist die Sicht von oben auf die Stadt! Von der Bergstation sind es nur ein paar Fußminuten zur **Russischen Kirche,** einem der Wahrzeichen Wiesbadens.

Zurück in die Altstadt geht es von der Talstation der Bergbahn durch das Bergkirchenviertel zum **Römertor,** wo man auf die Reste der alten **Heidenmauer** trifft, eines der ältesten Gemäuer Wiesbadens. Wer will, kann jetzt weiter ins **Westend** eintauchen, das sich zum Beispiel in der **Wellritzstraße** ganz multikulturell gibt. An ihrem Ende liegt der **Sedanplatz** mit großem Biergarten, wo im Sommer gelegentlich DJs ihre Platten auflegen. Ansonsten geht es weiter ins Einkaufsparadies Kirchgasse, von wo eine Straße zum Luisenplatz mit der **Bonifatiuskirche** führt.

Wer Zeit und Lust hat, kann über die verkehrsberuhigte Adolfsallee zum **Hauptbahnhof** und durch die **Reisinger- und Herbert-Anlagen** zurück zum sehenswerten **Museum Wiesbaden** laufen. Schneller in den Musentempel geht es die Rheinstraße runter bis zur Kreuzung mit der Wilhelmstraße.

Jetzt tauchen die Stadtbummler langsam in Wiesbadens **Kurviertel** ein. Auf der linken Seite der Wilhemstraße liegen vornehme Geschäfte, auf der rechten Prachtbauten wie die **Villa Clementine** und die Parkanlage **Warmer Damm,** durch die ein Fußweg quer zum **Kurhaus** mit seinem Casino führt. Einen Blick sollte man auf alle Fälle kurz hineinwerfen! Dann geht es durch die Theaterkolonnaden am **Staatstheater** zurück zum Startpunkt.

und der Absetzung Herzog *Adolfs* diente das Gebäudeensemble bis 1918 als königlich-preußischer Wohnsitz, den Kaiser *Wilhelm I.* ebenso nutzte wie sein Enkel, Kaiser *Wilhelm II.*

Besonders prunkvoll sind die Räume im ersten Obergeschoss der beiden Seitenflügel ausgestattet, die ehemaligen **Wohnräume des Herzogs,** viele fein möbliert wie der Präsidentensalon oder das Kabinettzimmer. Beeindruckende Decken- und Wandmalereien finden sich hier. Weniger prunkvoll gibt sich der rechte Schlossflügel, an den sich weitere, heute vom Hessischen Landtag genutzte Gebäude anschließen. Jüngster Teil des Gebäudekomplexes ist der moderne Plenarsaal.

■ **Stadtschloss – Hessischer Landtag,** Schlossplatz 1, Besucherservice: Tel. 0611-350294, www.hessischer-landtag.de. Kostenlose Schloss- und Landtagsführungen (60–90 Minuten) finden gewöhnlich samstags statt.

Der Musiksaal des Stadtschlosses

004rh gs

rgh129 gs

Marktkirche (Nassauer Landesdom)

Klassik, Neogotik und Romantik verbinden sich in der Marktkirche zu einem Gesamtkunstwerk. Das Gotteshaus war der erste reine **Backsteinbau** im Herzogtum Nassau, 60 Meter lang und fast 100 Meter hoch – und anfangs sehr umstritten. Zu hoch sei die Kirche, zu gotisch, vor allem aber in der Ziegelbauweise untypisch für die Region, schimpften damals die Bürger. Von ihrem Unmut aber ließen sich die Bauherren nicht abbringen. Im Gegenteil, nach knapp zehnjähriger Bauzeit zeigte sich der 1862 eingeweihte Nassauer Landesdom sogar noch höher als geplant. Mit seinen **fünf Türmen** wurde er zum mächtigen Glaubenszeugen.

Im Kircheninneren stehen rund um den Chor große **Marmorfiguren.** Sie zeigen Christus und die vier Evangelisten. Besonders stolz ist man auf das im Hauptturm untergebrachte **Glockenspiel,** das seit Mitte der 1980er Jahre in rund 65 Metern Höhe erklingt. Das Carillon besteht aus 69 Bronzeglocken, von denen die größte 2,2 Tonnen, die kleinste 13 Kilogramm wiegt. Zu hören ist es täglich um 9, 12, 15, 17 und 19 Uhr.

Vor der Kirche steht ein **Denkmal,** das den Gründer der niederländischen Unabhängigkeit, *Wilhelm I., Prinz von Oranien* (1533–84), zeigt. Er war ein eher stiller und besonnener Mensch aus dem Hause Nassau, weshalb er auch „der Schweiger" genannt wurde. Kaiser *Wilhelm II.* hatte das Denkmal 1908 den Wiesbadenern geschenkt.

■ **Marktkirche (Nassauer Landesdom),** Schloßplatz 4, www.marktkirche-wiesbaden.de. Di–Fr 12–18 (Jan., Feb. 17), Sa 12–17, So 13–17 Uhr, im Advent tgl. 12–18.30 Uhr.

Heidenmauer mit Römertor

Die Heidenmauer ist das **älteste Bauwerk der Stadt.** Vermutlich wurde es im 4. Jahrhundert unter dem römischen Kaiser *Valentinian I.* errichtet: eine gut 500 Meter lange Mauer, 2,30 Meter dick und bis zu 10 Meter hoch. Allerdings ist nach neueren Forschungen nicht ausgeschlossen, dass die Mauer auch ein Jahrhundert früher entstanden sein könnte. Ging man früher davon aus, dass sie als Bollwerk gegen Feinde diente, vermuten

⌃ Das Dern'sche Gelände mit der Marktkirche

Wissenschaftler jetzt, es könnte sich um die Reste einer römischen Wasserleitung handeln. An die Römer erinnern auch ein paar Kopien in Wiesbaden gefundener Steindenkmäler, die unterhalb des Römertores, einer überdachten Holzbrücke auf historischem Mauerwerk, aufgestellt wurden.

Kaiser-Friedrich-Therme

Baden wie zu Kaisers Zeiten: In der denkmalgeschützten Kaiser-Friedrich-Therme lebt der Glanz wilhelminischer Zeit auch heute noch. Renoviert und technisch aufgemöbelt, zeigt sich das einstige Kurmittelhaus als großzügige **Badelandschaft,** die Saunafreunde ebenso verwöhnt wie Wellness-Suchende und Kur-Nostalgiker. Blickfang ist die **alte Schwimmhalle** mit sehenswertem Jugendstil-Dekor. In der Kaiser-Friedrich-Therme wird textilfrei gebadet.

■ **Kaiser-Friedrich-Therme,** Langgasse 38–40, Tel. 0611 317060, www.mattiaqua.de, tgl. 10–22 Uhr (Badeschluss 21.30 Uhr) in drei Besucherschichten. Dienstags ist Damensaunatag. Eintritt ab 15 €. Saunatücher und Bademäntel können geliehen werden. Zutritt ab 16 Jahren. Nicht-Badegäste haben am ersten Freitag im Monat um 8.30 Uhr Gelegenheit, die Therme zu besichtigen.

Die Heidenmauer mit dem Römertor

rh002 gs

rh003 gs

008rh gs

Kochbrunnen

Der Kochbrunnen, in dem mehr als ein Dutzend Quellen gebündelt sind, ist Wiesbadens bekanntester **Thermalbrunnen** und wahrscheinlich auch einer der ältesten. Schon die Römer nutzten das **warme Quellwasser,** das mit einer konstanten Temperatur von fast 70 Grad Celsius aus der Tiefe steigt. Es riecht stark nach Schwefel und schmeckt leicht salzig, sodass man es früher auch gern zum Kochen nahm. Im **Kochbrunnen-Tempel** kann man das Wasser Tag und Nacht kosten. Allerdings ist Vorsicht geboten: So liegen die Grenzwerte von Arsen und Mangan im Thermalwasser leicht über den Empfehlungen der Mineral- und Tafelwasser-Verordnung. Ärzte raten deshalb, auf keinen Fall mehr als 0,4 Liter Kochbrunnenwasser täglich zu trinken.

Der **Kochbrunnenplatz** erhielt erst im späten 19. Jahrhundert sein heutiges Gesicht. Damals legte man für die vielen Kurgäste, die von dem Wasser trinken wollten, eine Kolonnade an. Sie beherbergt inzwischen einen gastronomischen Betrieb.

Im Kochbrunnentempel kann man das Wasser der Thermalquelle kosten – aber nicht zu viel

Wo der Kaiser gern Urlaub machte

Wiesbadens Aufschwung ist eng mit den Kaisern *Wilhelm I.* und *II.* verbunden. Sie brachten Glanz in das vorher nicht gerade von Prunk und Protz verwöhnte Wiesbaden. Ihnen zu Ehren baute man die Wilhelmstraße zur „Via triumphalis" aus, schuf man einen riesigen Bahnhof als Empfangshalle und ein Theater, in dem die Kaiser viel Zeit verbrachten.

Wilhelm I. kam im Sommer 1867 als **König von Preußen** erstmals nach Wiesbaden. Er war es, der dafür sorgte, dass die Kuranlagen samt aller Einrichtungen schließlich für wenig Geld in städtischen Besitz übergingen und den Aufstieg Wiesbadens zur „Welt-Cur-Stadt" beförderten. Immer wieder kurte *Wilhelm I.* in Wiesbaden – meist im April, wie ihm sein Leibarzt geraten hatte. Ende 1878 erholte er sich zu Füßen des Taunus von einem Attentat in Berlin, das er angeblich nur dank seiner Pickelhaube überlebt hatte.

rh077 gs

Auch sein Sohn, **Kaiser Friedrich III.,** weilte als Kronprinz mehrmals in Wiesbaden. Als Kaiser fehlte es ihm an Zeit, starb er doch nach nur 99 Regierungstagen an Kehlkopfkrebs. Vor dem **Hotel Nassauer Hof** erinnert heute ein Denkmal an den Sohn Kaiser *Wilhelms I.* 1888 trat der Enkel von *Wilhelm I.* ins Rampenlicht: **Kaiser Wilhelm II.** Auch er kannte Wiesbaden schon von verschiedenen Besuchen, ehe er 1890 erstmals als Kaiser in die Kurstadt kam, um die **österreichische Kaiserin Sissi** zu treffen. Anders als sein Großvater kam er nicht aus Gesundheitsgründen, sondern weil ihm das Leben im „Nizza des Nordens" Spaß machte. Als Theaterfreund engagierte er sich zudem für einen Theaterneubau. Auch Pferderennen wurden gern zum Wohl Ihrer Majestät organisiert, in deren Rahmen sich die damalige Spaßgesellschaft vergnügte.

Prächtig geschmückt mit Girlanden, Ehrenbögen und Fahnen zeigte sich die Stadt fast immer, wenn der Kaiser in ihren Mauern weilte. Seine Familie und er genossen die Sympathien vieler Bürger, die in ihm ihr Land verkörpert sahen: Preußen, das Wiesbaden den Wohlstand brachte. Besonders gern nahm der Kaiser das Bad in der Menge. Wann immer er konnte, schüttelte er Hände oder winkte den Wartenden. Am wohlsten aber fühlte er sich unter Uniformträgern, mit denen er auch in Wiesbaden gern Paraden abnahm. Abends verfolgte er von seiner Hofloge im Theater aus die Vorstellungen. Besonders gern auch amüsierte er sich auf festlichen Bällen, wo er stets im Mittelpunkt stand. Wie kaum ein anderer vor ihm nämlich verstand es der letzte deutsche Kaiser, die Aufmerksamkeit der Medien auf sich zu ziehen. Dazu nutzte er auch Pressefotografen und die ersten Kameraleute, die seine Auftritte begleiteten.

rh004 gs

Im Kurviertel

Wiesbadens Juwel ist das Kurviertel. Bis ins 19. Jahrhundert war das Gebiet kaum besiedelt, diente es den Kurgästen nur zum Lustwandeln. Hinter dem Kurhaus mit seiner Spielbank liegt der **Kurgarten,** anno 1852 im Stil eines englischen Landschaftsgartens angelegt. Kilometerlang streckt er sich mit seinen Wiesen, Teichen, Blumenbeeten und Bäumen Richtung Osten. Vor allem an sonnigen Wochenenden und Feiertagen verwandelt sich die grüne Oase hinter dem Kurhaus in einen mediterranen Korso, stolzieren Jung und Alt an Azaleen, Magnolien, Sumpfzypressen und Rhododendren entlang. Hauptattraktion des nachts geschlossenen Kurgartens ist der große **Weiher,** der von Mai bis Oktober bei gutem Wetter gewöhnlich täglich außer Montag- und Dienstagnachmittag mit kleinen Ruder- oder Tretbooten befahren werden kann.

▲ Blick auf das Kurhaus mit Bowling Green

◄ Das Denkmal Kaiser Wilhelms I. im Park am Warmen Damm

■ **Kurgarten Wiesbaden,** Mai b. Sept. 5–23 Uhr, Okt. bis April 5–20 Uhr, Info-Tel.: 0172 8328974.

Kurhaus mit Spielbank

An Stelle des alten baute die Stadt Wiesbaden Anfang des 20. Jahrhunderts ein neues Kurhaus. Architekt war *Friedrich von Thiersch,* der durch seinen Entwurf für den Berliner Reichstag berühmt wurde. Ein Großteil der historischen Ausstattung des Baus fiel im Zweiten Weltkrieg einem Bombenangriff zum Opfer. Danach wurde er nur notdürftig repariert. Erst in den 1980er Jahren wurde das Gebäude nach den originalen Bauplänen und alten Fotografien wieder restauriert.

Vor dem Kurhaus liegt das **Bowling Green,** eine Rasenfläche mit Springbrunnen. Englische Kurgäste gaben ihm einst den Namen, erinnerte sie das weite Grün doch an ihre eigenen Bowling-Plätze. Beidseits des Rasens stehen zwei große Kolonnaden: Theater- und Kurhauskolonnade, die auch als Brunnenkolonnade bekannt ist. Die **Kurhauskolonnade** entstand Mitte der 1820er Jahre und ist mit 129 Metern eine der längsten Säulenhallen Europas. Gut zehn Jahre später entstand auf der gegenüberliegenden Seite die **Theaterkolonnade,** ebenfalls im klassizistisch-modischen Stil der damaligen Zeit gestaltet – ein fast futuristisches Projekt mitten im Biedermeier, das auf die Kurgäste mächtig Eindruck gemacht haben muss. Im östlichen Teil der Kurhauskolonnade ist heute das Automatenspiel der **Spielbank** untergebracht. Das „Große Spiel" residiert im Kurhaus, wo unter riesigen Kristalllüstern heute Black Jack, Roulette oder Poker gespielt werden.

■ **Spielbank Wiesbaden,** Kurhausplatz 1, Tel. 0611 536100, www.spielbank-wiesbaden.de, tgl. 14.45–3 Uhr (Fr und Sa bis 4 Uhr), Eintritt 2,50 €. Besucher müssen mindestens 18 Jahre alt sein und benötigen einen Ausweis. Herren sollten Hemd und Jackett tragen. Das kostenlos zugängliche Automatenspiel in den Kurhauskolonnaden ist werktags 11–4 Uhr zugänglich, sonn- und feiertags ab 12 Uhr, und auch dort ist ein Ausweis gefragt.

[>] Das Hessische Staatstheater, davor die Statue Friedrich Schillers

[v] Im Kurgarten hinter dem Kurhaus

010rh gs

rh005 gs

Hessisches Staatstheater

Gleich über mehrere Spielstätten verfügt das Hessische Staatstheater, eine der renommiertesten und bestbesuchten Theaterbühnen Deutschlands. Neben dem regulären Programm organisiert das Staatstheater die **Internationalen Maifestspiele** und die **Wiesbaden Biennale,** ein Festival europäischer Gegenwartskunst.

Ein eigenes Ensemble ist dem **Kinder- und Jugendtheater** gewidmet. Seit seiner Gründung Ende des 19. Jahrhunderts wechselte das Theater immer wieder seine Trägerschaft. So übernahm 1932 die Stadt Wiesbaden die Bühne vom Land Preußen, wurde aus dem „Preußischen Staatstheater" das „Nassauische Landestheater". 1947, die Trägerschaft war inzwischen auf das neu geschaffene Bundesland Hessen übergegangen, nahm die Bühne ihren Spielbetrieb als „Großhessisches Staatstheater" auf. Heute firmiert der Betrieb als „Hessisches Staatstheater Wiesbaden".

■ **Hessisches Staatstheater Wiesbaden** (Kurhaus/Großes Haus/Kleines Haus/Studio/Wartburg), Christian-Zais-Str. 3, Tel. 0611 132325, www.staatstheater-wiesbaden.de.

Wilhelmstraße

Schlicht „die Rue“ nennen die Einheimischen die Wilhelmstraße. Sie ist Wiesbadens **Prachtboulevard.** Bereits Anfang des 19. Jahrhunderts war sie Treffpunkt der City-Bummler, die hier bis heute gern flanieren – meist auf der Westseite, wo sich vornehme Geschäfte mit großen Schaufenstern und Cafés finden. Ein Park und stattliche Villen prägen ihre Ostseite, etwa die **Villa Clementine,** die heute als literarisch-künstlerischer Treffpunkt gilt.

Am Anfang der Wilhelmstraße steht schon der moderne Neubau des **Museums Reinhard Ernst.** Spätestens Mitte 2023 sollen dort Hunderte von Bildern mit abstrakter europäischer und japanischer Nachkriegskunst zu sehen sein.

Am Neroberg

Taunusstraße und Nerobergbahn

Die Taunusstraße, die nach Norden aus der Innenstadt hinausführt, säumen stattliche Bürgerhäuser aus dem 19. und frühen 20. Jahrhundert. Am Ende findet sich eine große Parkanlage mit botanischen Exoten – und die **Talstation** der Nerobergbahn, die Fahrgäste auf Wiesbadens Hausberg bringt. Geräuscharm und völlig schadstofffrei übrigens, denn die Nerobergbahn treibt Wasserkraft. Bis zu 7000 Liter Wasser beschweren den zu Tal fahrenden Waggon, der im Gegenzug den zu Berg fahrenden Waggon mit einer maximalen Geschwindigkeit von 7,3 km/h nach oben schafft. Auf einer Länge von 438 Metern und einer durch-

011rh gs

rh006 gs

schnittlichen Steigung von 19 % überwindet die Nerobergbahn einen Höhenunterschied von 83 Metern. Sie ist Europas zweitälteste mit Wasserkraft betriebene **Drahtseil-Zahnstangenbahn**.

Von der **Bergstation** führen schöne Spazierwege zum 1851 errichteten Monopteros, einem **Aussichtstempel** nach antikem Vorbild. Ein paar Schritte weiter unterhalb liegt das 1934 erbaute **Opelbad.** Es gilt wegen seiner Lage hoch über der Stadt und seiner am Bauhausstil orientierten Architektur als eines der schönsten Schwimmbäder Deutschlands (s.u.: „Aktivitäten").

■ **Nerobergbahn,** Wilhelminenstr. 51, Tel. 0611 45022550, www.nerobergbahn.de, Fahrzeiten: Ostern bis Okt. tgl. 9–19 Uhr, spätestens alle 15 Minuten. Einzelfahrt 4,00 €, Berg- und Talfahrt 5 €, Kinder 2,50/3 €.

◻ Die Nerobergbahn

◻ Der Aussichtstempel auf dem Neroberg

Russisch-orthodoxe Kirche

Neben dem Kurhaus ist die russisch-orthodoxe Kirche, manchmal noch immer „Griechische Kapelle" genannt, das weithin sichtbare Wahrzeichen Wiesbadens. Das Gotteshaus war Mitte des 19. Jahrhunderts als **Grabeskirche** für die russische Großfürstin *Elisabeth Michailowna Romanowa* gebaut worden, der ersten Frau Herzog *Adolfs von Nassau.* Die Zarentochter war schon mit 18 Jahren bei der Geburt ihres ersten Kindes verstorben, der Schmerz ihres Gatten groß.

Deshalb baute er ihr die **Kapelle auf dem Neroberg**, eine Kuppelkirche aus weißgrauem Sandstein mit gewaltigen **Zwiebeltürmen,** die aus Anlass des Putin-Besuchs 2007 aufwendig restauriert und für 500.000 Euro neu vergoldet wurden. Publikumsmagnet ist das **Grab der Herzogsgattin** in der Krypta. Im Schatten der Kirche liegt der **Russische Friedhof,** einer der ältesten in Deutschland.

■ **Russisch-orthodoxe Kirche Wiesbaden,** Christian-Spielmann-Weg 2, Tel. 0611 9590994, Mo–Fr 10–16 Uhr (April bis 17 Uhr, Mai bis Okt. bis 18 Uhr), Sa 10–16.45, So ab 12.30 Uhr. Eintritt 2 €. Fotografieren und Filmen ist nicht gestattet.

Im Süden und Westen

Hauptbahnhof

Wiesbadens Zentralbahnhof zählt zu den größten Hessens. Anfang des 20. Jahrhunderts errichtet, sollte der neobarocke Bau mit seinen lichten Kuppeldächern eine würdige Empfangshalle für den deutschen Kaiser sein, der zur Kur nach Wiesbaden gewöhnlich mit dem Zug reiste. Über 60 Millionen Euro wurden in den letzten Jahrzehnten in die Renovierung des Bahnhofs gesteckt, der sich heute weitgehend wieder so präsentiert, wie es seine Bauherren geplant hatten. Blickfang ist der 40 Meter hohe **Uhrturm,** der in der Morgensonne fast wie ein Leuchtturm wirkt.

Hinter dem Bahnhof findet sich mit dem alten **Schlachthof** (s.u.) Wiesbadens jugendkulturelles Zentrum – und das Deutsche Filmhaus (Murnau Filmtheater), ein populärer Cineasten-Treff.

Luisenplatz mit Bonifatiuskirche

Klassizistische Bauten und die älteste Innenstadt-Kirche umgeben den Luisenplatz mit seinem riesigen **Obelisken.** Er erinnert an die 1815 in der Schlacht bei Waterloo im Kampf gegen *Napoleon* gefallenen nassauischen Soldaten. An der Nordseite steht die katholische Bonifatiuskirche mit ihren beiden 68 Meter hohen Türmen. Der Bau stammt aus der Mitte des 19. Jahrhunderts.

- **Bonifatiuskirche,** Luisenstr.31, www.bonifatius-wiesbaden.de.

013rh gs

Museum Wiesbaden

Wiesbadens größtes und meistbesuchtes Museum vereint gleich zwei gewichtige Sammlungen: Kunst mit Schwerpunkt auf den beiden letzten Jahrhunderten und eine Ausstellung mit rund einer Million naturhistorischer Objekte.

Im Südflügel sind **Alte Meister** zu sehen, Bilder und Objekte vom Mittelalter bis ins 19. Jahrhundert wie das **Walsdorfer Kruzifix,** ein gekreuzigter Jesus aus dem späten 12. Jahrhundert.

[^] Das Walsdorfer Kruzifix im Museum Wiesbaden

[>] Haupteingang des Museums Wiesbaden

Klassische Moderne heißt der zweite Ausstellungsschwerpunkt, zu dem eine sehenswerte Sammlung von Expressionisten zählt – vor allem mehr als hundert Werke *Alexey von Jawlenskys*, daneben Arbeiten von *Ernst Barlach, Lovis Corinth, Lyonel Feininger, Ernst Ludwig Kirchner, Paula Modersohn-Becker, Otto Mueller, Emil Nolde, Max Beckmann, Wassily Kandinsky, August Macke* und *Karl Schmidt-Rottluff.*

Besonders stolz ist das Museum auf seine Kunst der **Moderne und Gegenwart.** *Georg Baselitz, Jörg Immendorf, Gerhard Richter, Wolf Vostell* – um nur ein paar Namen aus der Sammlung zu nennen – stehen für die Nachkriegskunst. Ausführlich wird das Werk von *Joseph Beuys* dokumentiert, an den Plakate, Fotos, Manuskripte, Interview-Mitschriften und Überreste zahlreicher Kunstdemonstrationen auf der Straße oder im Saal erinnern.

Mehr als eine Million Objekte umfassen die **geologischen, erdgeschichtlichen und mineralogischen Sammlungen,** dazu eine große Ausstellung von Tieren und Pflanzen, zu denen fast 8000 Vögel, 3000 Säugetiere, 750.000 Insekten und über 65.000 Pflanzen gehören. Der Gang durch die großen Säle mit ihren Glasvitrinen wird so zu einer Wanderung des Staunens und Bewunderns.

■ **Museum Wiesbaden,** Friedrich-Ebert-Allee 2, Tel. 0611 3352250, www.museum-wiesbaden.de, Di und Do 10–20, Mi und Fr 10–17, Sa/So 10–18 Uhr. Der Eintritt in die Sammlungen kostet 6 €, Sonderausstellungen 10 €. Freier Eintritt an jedem ersten Samstag im Monat.

rh007 gs

012rh gs

In den Außenbezirken

Schloss Biebrich

Eingebettet zwischen seinem Park und dem Rhein, liegt das Biebricher Schloss, die **barocke Residenz der nassauischen Fürsten und Herzöge.** Anfangs war das Schloss, dessen große Terrasse im Som-

014rh gs

[^] Schloss Biebrich

[>] Dachfigur am Biebricher Schloss

[>>] Die Mosburg, eine künstliche Ruine, im Biebricher Schlosspark mer bewirtschaftet wird, die Sommerresidenz des Landesfürsten – ein Lustschloss, das im Laufe der Zeit immer größer wurde. Als „Versailles am Rhein" wurde der dreiflügelige Bau Mitte des 18. Jahrhunderts schließlich vollendet.

Besonderen Wert legten die Nutzer des Schlosses auf den **Park,** der ursprünglich nach dem Vorbild französischer Landschaftsgärten als Lustgarten angelegt worden war. Später hat man ihn erweitert und im englischen Landschaftsstil erneuert. Doch nach der Auflösung des Herzogtums Nassau verwilderte die Anlage, verkaufte der entmachtete Landesherr seine Gewächshäuser 1868 samt Pflanzen nach Frankfurt, wo sie zum Grundstock des neuen Palmengartens wurden. Auch ein Großteil der Inneneinrichtung des Schlosses wurde damals verkauft und nur noch das Nötigste repariert. Als „Rattenburg am Rhein" wurde das Schloss deshalb nach dem Zweiten Weltkrieg verspottet. Die Wende kam in den 1960er Jahren, als das Bundesland Hessen als neuer Eigentümer das einstige Barock-Juwel wieder aufmöbelte und als repräsentative Stätte für **Staatsempfänge** und andere Veranstaltungen herrichtete.

Leider ist das Schloss nur im Rahmen von wenigen Führungen öffentlich zugänglich, sodass sich die meisten Besucher mit einem Blick von außen und einem Bummel durch den schönen Schlossgarten trösten müssen.

- **Schloss Biebrich,** Rheingaustr. 140, Führungen einmal monatlich, gewöhnlich Mi 15 Uhr (Tel. 0611 66399), www.sehenswertes-biebrich.de.
- **Anfahrt:** Das Schloss liegt am Rheinufer und ist mit Bus Nr. 14 ab Hauptbahnhof Wiesbaden zu erreichen (Haltestelle: Biebrich Schloss).

rh078 jb

Schierstein

Nur wenige Minuten Bus- oder Autofahrt südwestlich der Wiesbadener Innenstadt liegt Schierstein mit seinem **Hafen** und einer langgestreckten **Uferpromenade** – „Schiersteiner Riviera" heißt sie im Volksmund. Sie ist heute ein beliebter Ort zum Bummeln und Relaxen, im Sommer zum Teil unter schattigen Bäumen.

An Wiesbadens römische Vergangenheit erinnert die Nachbildung einer **Jupitersäule** an der Promenade. Als wichtige Zukunftsinvestition war der Bau des Hafens Mitte des 19. Jahrhunderts gedacht. Doch statt heimischer Betriebe nutzten ihn vor allem Fischer und Flößer als Umschlagplatz, die hier Holz aus dem Spessart und Schwarzwald solchem aus dem Taunus zusammenfügten und weiter Richtung Holland schickten.

Rettbergsaue heißt eine Rheininsel vor Biebrich und Schierstein, die über zwei Campingplätze verfügt. Wer will, kann dort von Ende April bis September zelten. Das romantische Quartier ist allerdings nur mit dem Boot zu erreichen (www.volker-reitz.de/tamara).

■ **Anfahrt:** Zum Schiersteiner Hafen gibt es von Wiesbaden aus mehrere Umsteigeverbindungen per Bus (www.rmv.de).

Schloss Freudenberg

Das Anfang des 20. Jahrhunderts erbaute Anwesen im Stadtteil **Dotzheim** ist kein Schloss, sondern eine **Parkvilla.** Ende letzten Jahrtausends verwandelten sie Künstler, Handwerker und Pädagogen in ein „Erfahrungsfeld der Sinne und des Denkens". Herzstück der Anlage

rh008 gs

sind die **sinnlichen Erfahrungsfelder** zur Entfaltung des Denkens.

An mehr als 100 Stationen werden den Besuchern spielerisch Naturphänomene wie Gleichgewicht, Schwerkraft, Licht und Finsternis, Klang und Resonanz nahegebracht. Zum Angebot gehören auch ein **Barfußweg** durch den Parkwald, Summstein, Kräutergarten, Windharfe, und mehrere Schaukeln. Außerdem kann man die Kraft des Wassers entdecken. Schauspieler, Musiker und andere Künstler sorgen für ein abwechslungsreiches Rahmenprogramm mit Theater, Konzerten und mehr.

Schloss Freudenberg, Freudenbergstraße 224–226, 65201 Wiesbaden-Dotzheim, Tel. 0611 4110141, www.schlossfreudenberg.de, unterschiedliche Öffnungszeiten je nach Jahreszeit und Angebot, Tageskarte 5–10 €.

Anfahrt: Das Schloss Freudenberg erreicht man aus der Wiesbadener Innenstadt mit Bus Nr. 23 oder 24. Von der Haltestelle „Märchenland" sind es dann noch rund vier Fußminuten.

Fasanerie

Mit rund 250.000 Besuchern jährlich ist der **Tier- und Pflanzenpark** im Nordwesten der Stadt eines der meistbesuchten Ausflugsziele in der Region. Neben einem großen Abenteuerspielplatz sind in dem knapp 25 Hektar großen Park rund 40 Tierarten zu Hause – vom Fischotter bis zum Wolf. Sogar **Bären** leben in Wiesbaden. Hunde sind nicht erlaubt! Wer Lust hat, kann den Tieren gewöhnlich auch bei der Fütterung (tgl. außer Fr um 11 und 15 Uhr) zusehen.

Tier- und Pflanzenpark Fasanerie, Wilfried-Ries-Str. 22, 65195 Wiesbaden, Tel. 0611 4090770, https://fasanerie.net, nahe der B54 Richtung Taunusstein, tgl. 9–17 Uhr (April bis Okt. bis 18 Uhr). Eintritt frei.

Anfahrt: Vom Wiesbadener Hauptbahnhof fährt Bus 33 zur Fasanerie.

Frauenstein

„Tor zum Rheingau" nennt sich Frauenstein selbstbewusst. Wahrzeichen ist die 1182 errichtete **Burg,** die den Ort wie ein Leuchtturm überragt. Eine weitere Sehenswürdigkeit ist der **Goethestein,** ein haushohes, aus Natursteinen zusammengefügtes Denkmal in einem kleinen Wäldchen über dem Wiesbadener Stadtteil. Er erinnert an *Goethe,* der hier 1815 geologische Studien betrieb. Besonders schön ist es in Frauenstein im Frühjahr, wenn Tausende von **Kirschbäumen** blühen.

Anfahrt: Zur Burg Frauenstein gibt es vom Wiesbadener Hauptbahnhof aus eine Umsteigeverbindung per Bus.

Weitere Museen

■ **frauen museum wiesbaden,** Wörthstr. 5, Tel. 0611 3081763, www.frauenmuseum-wiesbaden.de, Mi–Do 12–17, Sa/So 12–17 Uhr, Eintritt 6 €. Themenübergreifendes Museum zur Stellung der Frau in Geschichte, Gesellschaft, Wissenschaft und Kultur.

■ **Kunsthaus Wiesbaden,** Schulberg 10, Tel. 0173 9025605, www.kunsthauswiesbaden.org, Di, Mi, Fr–So 11–17, Do 11–19 Uhr. Kunsthalle am Altstadtrand mit ständigen Wechselausstellungen.

■ **Nassauischer Kunstverein,** Wilhelmstr. 15, Tel. 0611 301136, www.kunstverein-wiesbaden.de, Di–Fr 14–18 (Do bis 20) Uhr, Sa/So 11–18 Uhr, Eintritt 5 €. Präsentationsräume für Arbeiten vorwiegend junger und experimenteller Künstler.

■ **sam – Stadtmuseum am Markt,** Marktplatz 3, Tel. 0611 44750060, www.wiesbaden.de, Di–So 11–17, Do bis 20 Uhr, Eintritt frei. Sammlung zur Stadtgeschichte im Marktkeller hinter dem Rathaus – angefangen mit einem Faustkeil aus der Neandertalzeit.

Langgasse in Wiesbaden

rh009 gs

MEIN TIPP: Geld lässt sich mit der WiesbadenCard sparen. Sie ist **48 Stunden gültig** und bietet freie Fahrt in allen nicht zuschlagpflichtigen öffentlichen Verkehrsmitteln in Wiesbaden und Mainz. Zudem gibt es ermäßigten Eintritt in Museen und Bädern und Rabatte bei Stadtrundgängen. Kostenlos ist mit der Card der Zugang zur Spielbank. Die WiesbadenCard kostet als Einzelkarte 9,95 €, als Gruppenkarte für bis zu fünf Personen 19 €; sie ist bei der Tourist-Information oder online erhältlich.

Praktische Tipps

Informationen

■ **Tourist-Information,** Marktplatz 1, 65183 Wiesbaden, Tel. 0611 1729930, https://tourismus.wiesbaden.de, Mo–Sa 10–18, So (April bis Sept.) 11–15 Uhr.

Kurtaxe

Auswärtige Übernachtungsgäste zahlen eine Kurtaxe von **3 € pro Tag.** Dafür gibt es eine Kurkarte, die verschiedene Rabatte unter anderem bei der Nutzung von Museen und Bädern garantiert.

Stadtführungen

Öffentliche Stadtführungen offeriert die **Touristinformation Wiesbaden** von Februar bis November samstags um 10.30 Uhr. Von April bis Okt. gibt es zusätzliche Samstags-Touren um 14.30 Uhr; Dauer 90 Minuten, 11,50 €, Kinder bis 12 Jahre 6,80 €.

Spezialisierter sind die **Themen-Führungen**, etwa durch das Kurhaus oder ins Villenviertel, in die Bade- und Luxusstadt des 19. Jahrhunderts oder Stippvisiten auf dem weihnachtlichen Sternschnuppen-Markt. Infos: Tel. 0611 1729930 oder unter https://tourismus.wiesbaden.de/entdecken-erleben/stadtfuehrungen/fuehrung-rundgaenge.php. Stadtrundfahrten offeriert fast täglich ein Bähnchen, die Thermine (www.thermine.de).

Unterkunft

23 Hotel Alexander②, Rheinstraße 72, Tel. 0611 992850, www.hotel-alexander.de. Einfaches Drei-Sterne-Haus nahe des Congress Centers, individuell eingerichtete Zimmer.

5 Fontana Hotel②, Sonnenberger Str. 62, Tel. 0611 18 11 60, www.fontana-hotel-wiesbaden.de, Drei-Sterne-Hotel garni am Kurgarten.

9 Hotel Oranien③, Platter Str. 2, Tel. 0611 18820, www.hotel-oranien.de. Zeitlos-elegantes Hotel mit 77 Zimmern und hoteleigenem Parkplatz. **9 Restaurant** im Haus, Hunde erlaubt.

4 Radisson Blu Schwarzer Bock③, Kranzplatz 12, Tel. 0611 1550, www.radissonblu.com/hotel-wiesbaden. Deutschlands ältestes Grandhotel verbindet zeitlose Eleganz mit modernem Wohlfühlambiente. Dazu gehört auch ein eigenes Badehaus.

6 Town Hotel②, Spiegelgasse 5, Tel. 0611 3601 60, www.townhotel.de. 24 zentral gelegene Zimmer, Leihfahrräder.

28 Twice Hotel②-③, Otto-von-Guericke-Ring 5, Tel. 06122 53790, www.twicehotels.de/wiesbaden/hotel. Stylische Unterkunft für junge und jung gebliebene Globetrotter: Im Vorort **Nordenstadt** locken individuell eingerichtete Zimmer und ein großes Frühstücksbuffet.

11 Jugendherberge Wiesbaden①, Blücherstraße 66, Tel. 0611 48657, www.wiesbaden.jugendherberge.de. Relativ zentral gelegenes Gästehaus, alle Zimmer mit Dusche und WC, großes Freigelände mit Fußballplatz.

Essen und Trinken

25 **Bei Gabriel**①, Rheinstr. 43, Tel. 0611 3309 990, Mo–Fr 11–19, Sa 11–17 Uhr. Klein, aber fein: libanesische Spezialitäten wie Falafel oder Schawarma, in Marinade gewürzte Fleischscheiben.

12 **Bovins Pure and Natural**①-②, Goebenstr.18, Tel. 0171 6190610, https://bovins.de, Mi–So 12–14 und 17.30–21 Uhr. Biorestaurant für Veganer und Vegetarier. Suppen, herzhafte Tartes und Gemüseomeletts.

1 **Huacas Peru**①-②, Stiftstr. 12, Tel. 0611 88020158, www.huacas-peru.com, Mo–Sa 17–23, So 13–22 Uhr. Leichte südamerikanische Fischgerichte wie Ceviches, Perus Nationalgericht. Auch Vegetarier und Veganer sind hier gut aufgehoben.

8 **Curry Manufaktur**①, Am Römertor 3, www.curry-heimat.de, Mo–Do 11–20, Fr–Sa 11–20.30 Uhr. Knackige Würste vom Hausmetzger, gekrönt von feinen Soßen. Mi und Sa ist man mit einem Stand auf dem Wochenmarkt hinter dem Rathaus.

10 **Riesling im Hindukusch**③, Seerobenstr.1, Tel. 0611 88000384, www.rih-wiesbaden.de, Di–So 17–24 Uhr. Szenerestaurant und -bar im multikulturellen Westend mit großer Wein- und Ginkarte samt afghanischer Küche.

MEIN TIPP: 7 **Martino Kitchen**②-④, Webergasse 6–8, Tel. 0611 9905530, www.martino-restaurant.de, Di–Sa 12–14.45 und 18–22 Uhr. Gehobene A-la-Carte-Küche und preiswertes, häufig wechselndes Mittagsmenü. Besonders munden die Kalbsschnitzel mit einem Salat aus Gurken und Kartoffeln nebst süßen Preiselbeeren.

24 **fair.liebt.**①, Wielandstr. 14, Tel. 0611 88005595, https://fairliebt-vegan.de, Mo–Fr 18–22 Uhr. Veganes Restaurant mit Wohnzimmeratmosphäre. Lecker schmecken die Champignonplätzchen mit Kräuterquark.

In Nordenstadt

29 **Frankfurter Hof**②, Oberpfortstr. 2, Tel. 06122 2467, www.frankfurterhof.com, Di–Sa 17–24 Uhr (warme Küche bis 22 Uhr). Viel besuchtes Apfelweinlokal, einige Kilometer östlich. Spezialität ist nach alten Rezepten gefertigter Handkäs'.

In Frauenstein

Zum Kapellchen②, Quellbornstraße 95, Tel. 0611 41189912, https://zum-kapellchen-gastronomie.de, Di–Fr 16–22, Sa, So 11.30–22 Uhr. Gutsausschank mit Rheingauer Küche wie Handkäs' oder Schnitzel – im Sommer unter alten Kirschbäumen, sonst im rustikalen Interieur.

Spät am Abend

15 15 **Zum Schwejk,** Alfons-Paquet-Str. 4, Tel. 0611 44760101, www.facebook.com/zumSchwejk, So–Do 17–4, Fr, Sa 17–5 Uhr. Wiesbadener Kultkneipe in der Altstadt, Raucherbar und beliebte Adresse aller Nachteulen, die auch nach Mitternacht gewöhnlich noch was zu Essen bietet.

Cafés

3 **Buch-Café Nero39,** Nerostr. 39, Tel. 0611 18179363, www.nero39.de, Mo–Fr 10–18.30, Sa 10–16 Uhr. Kaffee und Tee im kleinen, unabhängigen Buchladen.

MEIN TIPP: 14 **Café Maldaner,** Marktstr. 34, Tel. 0611 305214, https://maldaner1859.de, Di–Sa 9–17.30, So 9.30–17.30 Uhr. Wiesbadens traditionsreichstes Café lockt seit 1859 die Genießer. Trotz Renovierung lebt noch immer der Geist der wilhelminischen Kurstadt im heimeligen Ambiente.

21 **Konditorei Gehlhaar,** Klarenthaler Straße 3, Tel. 0611 442832, www.gehlhaar-marzipan.de, Di–Fr 8.30–18, Sa 8.30–16 Uhr, So 11–17 (nur Verkauf). Viel gelobte Marzipan-Manufaktur, die auch leckere Kuchen zum Kaffee serviert.

▷ Die russisch-orthodoxe Kirche, ein Wahrzeichen Wiesbadens

Bars und Clubs

2 Manoamano Bar, Taunusstraße 31, Tel. 0611 17245818, www.manoamano-bar.de, Mo–Do 18–1, Fr, Sa 18–2 Uhr. Modern-elegante Cocktailbar, die auch die passende Pizza dazu serviert.

13 Heaven, Sedanplatz 5, www.heaven-bar.com, Fr, Sa 20–2 Uhr. Gin-Paradies im neuen Szeneviertel im Westend.

Kultur

- **Akzent Theater,** Rheinstraße 60, Tel. 0611 97493055, www.akzent-theater.de. Kleines Haus mit 40 Sitzplätzen und professionellem Ensemble: Boulevard, Komödie und Kindertheater.
- **Galli Theater,** Adelheidstraße 21, Tel. 0611 3418999, www.galli-wiesbaden.de. Kleiner Theatersaal, in dem u.a. Märchen für Kinder und Comedy für Erwachsene zur Aufführung kommen.
- **Hessisches Staatstheater:** s.S. 43
- **Kuenstlerhaus43,** Obere Webergasse 43, Tel. 0611 1724596, www.kuenstlerhaus43.de. Dinnertheater und mehr.
- **Schlachthof,** Murnaustr. 1, Tel. 0611 974450, www.schlachthof-wiesbaden.de. Kulturzentrum mit vielfältigem Programm, vor allem Rock, Pop, Punk, aber auch Theater und Kino.
- **thalhaus,** Nerotal 18, Tel. 0611 1851267, www.thalhaus.de. Kleinkunstforum mit großem Angebot vom Improvisationsabend bis zum Klavierkonzert.
- **Theater im Pariser Hof,** Spiegelgasse 9, Tel. 0611 44764644, www.theaterimpariserhof.de. Kleinkunstbühne in der Innenstadt.
- **Walhalla im Exil,** Nerostr. 24, Tel. 0611 9103 743, www.walhalla-im-exil.de. Die städtische Bühne, die sich auch als Bar versteht, bietet musikalische und theatralische Live-Erlebnisse.
- **Velvets Theater,** Schwarzenbergstr. 3, Tel. 0611 719971, www.velvets-theater.de. Klassisches Figuren- und Pantomimentheater. Dauerbrenner seit 40 Jahren ist „Der kleine Prinz".

rh116 gs

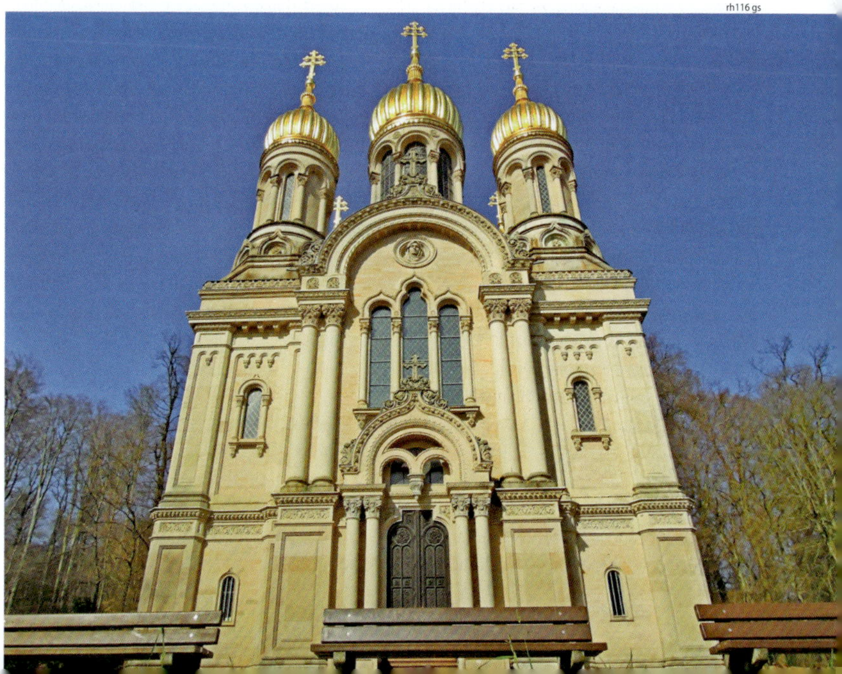

Einkaufen

18 **Wochenmarkt,** auf dem Dern'schen Gelände, Mi und Sa 7–14 Uhr.

26 **Lili,** Bahnhofsplatz 3, https://lili-wiesbaden.com, Mo–Sa 10–20 Uhr. Ladenzentrum neben dem Hauptbahnhof, seit Juni 2021 mit einer Veranstaltungsbühne für Kunst und Kultur.

19 **LouisenForum,** Kirchgasse 6, www.luisenforum.com, Mo–Sa 10–20 Uhr. Großes Einkaufszentrum in der Stadtmitte mit rund 50 Läden.

Empfehlenswerte Läden

22 **Schönwetterfront,** Scheffelstraße 3, Tel. 0611 16883597, www.schoenwetterfront.de, Di, Do 16–18.30 Uhr. Kleines, auf die Fertigung von Hawaiihemden spezialisiertes Label. Zum Angebot gehören aber auch T-Shirts und Hoodies. Individuelle Mode, die ihren Preis hat.

16 **L'Art Sucre,** Marktstr. 9, Tel. 0611 1357233, www.lartsucre.com, Mo–Fr 10–18.30, Sa, So 10–18 Uhr. Patisserie mit feinsten Dessert-Kreationen wie weißer Schokoladenmousse mit Veilchen oder Walnussbisquit.

20 **Fast wie neu,** Otto-Wallach-Straße 16, Tel. 0611 9530550, www.fastwieneu-wiesbaden.de, Mo–Fr 10–18.30, Sa 10–15 Uhr. Kommunal gefördertes Secondhand-Kaufhaus mit sehr großem Angebot von Möbeln, Textilien, Hausrat und elektrischen Artikeln.

17 **Pearls Sektmanufaktur,** Mauergasse 15, Tel. 0611 44557418, https://www.pearls-sektmanufaktur.de, Mo–Do 15–22, Fr 12–22, Sa 10–22 Uhr. Sekt und Prosecco aus Frankreich, Spanien, Italien und Deutschland gibt es in der Manufaktur der Firmengruppe Henkell-Freixenet in der Innenstadt zu probieren und kaufen. Noch größer freilich ist die Auswahl im 27 **Shop** der Sektkellerei in der Biebricher Allee 142 (Mo–Fr 10–19, Sa 10–18 Uhr).

In Schierstein

■ **Wiesbadener Braumanufaktur,** Hagenauer Straße 55, 65203 Wiesbaden, Tel. 0611 333355, www.wiesbadener.beer, Mo–Fr 9–18 Uhr. Selbst gebraute Craftbiere aus Hopfen und Malz im 5-Liter-Partyfass oder in der Flasche, ungefiltert und kraftvoll.

Aktivitäten

■ **Thermalbad Aukammtal,** Leibnizstr. 7, Tel. 0611 317080. Badelandschaft mit Innen- und Außen-Becken und großem Saunabereich, tgl. 8–22, Saunen ab 9 Uhr, Eintritt ab 15 € (Sauna 25 €).

■ **Opelbad,** Am Neroberg, Tel. 0611 7464990, www.wiesbaden.de/mattiaqua. Herrlich gelegenes, denkmalgeschütztes Freibad auf dem Neroberg. Mai bis September tgl. 7–19.30 Uhr, Eintritt 12 €, Kinder 6 €.

Kletterwald Neroberg, Neroberg 1, 65193 Wiesbaden, Tel. 0170 4580466, www.kletterwald-neroberg.de. Großer Kletterparcours auf dem Neroberg, März bis Nov. je nach Ferien- und Wetterlage, gestaffelte Preise ab 11 € je nach Alter.

Vor den Toren im Nordwesten Wiesbadens liegt der von März bis Oktober geöffnete **Freizeitpark Taunus Wunderland.** Zu seinen Attraktionen zählen Autoscooter, Fernlenkboote, ein Spukhaus, Papageien, Esel und Ponys, verschiedene Bähnchen, Trampolin und ein Streichelzoo. Vom Wiesbadener Kurhaus fährt der RMV-Bus 274 direkt zum Wunderland. Haus zur Schanze 1, 65388 Schlangenbad, Tel. 06124 4081, www.taunuswunderland.de, April bis Okt., Öffnungszeit: je nach Saison und Witterung meist 9.30–18 Uhr, Tagesticket: 25,50 €, Kinder ab 100 cm Körpergröße 23 €, Nachmittagsticket ab 15 Uhr 20,50 €.

Feste und Veranstaltungen

■ **Internationale Maifestspiele:** Theaterfestival mit über 100-jähriger Tradition, April/Mai.

■ **Wilhelmstraßenfest (Theatrium):** Straßenfest auf Wiesbadens Prachtboulevard, Juni.

■ **Rheingauer Weinwoche:** Größtes Rheingauer Weinfest rund um die Marktkirche, August.
■ **Sternschnuppen Markt:** Großer Weihnachtsmarkt in der Innenstadt, ab Ende November.

Medizinische Versorgung

■ **HELIOS Dr. Horst Schmidt Kliniken,** Ludwig-Erhard-Str. 100, 65199 Wiesbaden-Dotzheim, Tel. 0611 432020 (Notaufnahme), www.helios-gesundheit.de/kliniken/wiesbaden-hsk.

Post

■ **Poststelle,** Platz der Deutschen Einheit 1, Mo–Sa 8–20 Uhr.

Autofahren

Wiesbadens Innenstadt ist eine Umweltzone, in die nur Fahrzeuge mit der **grünen Abgasplakette** (EU-Norm 4) einfahren dürfen. Autofahrer sollten sich unbedingt an die Geschwindigkeitsbegrenzungen halten, da entlang der Straßen in und um Wiesbaden viele feste **Radarsäulen** installiert sind.

Parken

Kostenlose Parkplätze gibt es im Stadtzentrum nur wenig. Besonders prekär ist die Situation im Westend. Am besten parkt man in einem der mehr als ein Dutzend **Parkhäuser,** von denen die meisten rund um die Uhr offen stehen. Ein Parkleitsystem (www.wiesbaden.de/leben-in-wiesbaden/verkehr/verkehrsinfos/parken.php) informiert über die aktuelle Auslastung der Parkhäuser und Tiefgaragen. Zentral liegen die Parkanlagen:
■ **Kurhaus/Casino,** Zufahrt: Wilhelmstraße 49 oder Sonnenbergerstr. 1.
■ **Markt,** Zufahrt: Schillerplatz 2 (Dern'sches Gelände).

Radfahren

Rund 100 Kilometer umfasst das Wiesbadener Radwegenetz. Allerdings erfordern die Strecken, vor allem Richtung Taunus, eine gute Kondition.

Fahrradverleih

■ **Der Radler,** Fahrradstation am Gleis 11, Hauptbahnhof Wiesbaden, Tel. 0611 98819555, www.der-radler-wiesbaden.de, Mo–Fr 8–18, Sa 9–13 Uhr (Mai bis September). Verleih und Reparatur.
■ **Fahrrad Ambrosius,** Mainstr. 22, 65203 Wiesbaden-Biebrich, Tel. 0611 66935, www.fahrrad-ambrosius.de, Mo–Fr 10–18.30 (Mi nur bis 13), Sa 10–14 Uhr. Verleih von E-Bikes April bis Nov.
■ In Wiesbaden stehen **viele Hundert Leihräder** an 50 Stationen zur Verfügung. **„Mein Rad"** heißt das System. Registrieren kann man sich online über eine App. Die erste Stunde kostet 1,50 €, dann jede weitere halbe Stunde 1,50 €. Wer ein Rad einen ganzen Tag nutzen will, ist bei einem privaten Vermieter manchmal besser dran! Infos: www.eswe-verkehr.de/mobilitaet/fahrrad/app-und-co.html.

Öffentliche Verkehrsmittel

Busse

Fahrplanauskünfte rund um die Uhr gibt es unter Tel. 069 24248024. Nachts fahren die Nightliner-Busse. Die in Wiesbaden und Mainz gültige **Tageskarte** (Erwachsene ab 6 €, Kinder 3,30 €) berechtigt zu beliebig vielen Fahrten mit Umsteigen. Gruppen bis zu fünf Personen nutzen die Gruppentageskarte (ab 11,50 €). Wer nur bis zu drei Haltestellen (max. 2 km) fährt, kauft ein Kurzstreckenticket (1,90/1,10 €). Infos: www.eswe-verkehr.de.

Taxi

Größere **Taxistände** finden sich unter anderem am Kurhaus, Hauptbahnhof und Marktplatz.
■ **Taxizentrale:** Tel. 0611 333333, www.taxiwiesbaden.de.

018rh gs

2

Rheingau

»Rheingau nennt sich die Region, die als schmaler Streifen vom Rheinufer bis in die Höhen des Taunus reicht. Sie beginnt vor den Toren Wiesbadens und endet bei Lorch am Mittelrhein. Vor allem der Wein prägt seit jeher den sonnenverwöhnten Landstrich, der an seinen Südhängen ausgezeichnete Weinlagen beherbergt. In den malerischen Städtchen und ihrer Umgebung finden sich großartige Kirchen, Schlösser und Burgen – kulturelle Zeugnisse mit großer Vergangenheit.

< Herbstlandschaft bei Lorch im oberen Mittelrheintal

RHEINGAU

Seinen Namen verdankt der Rheingau den Franken, in deren Reich das Gebiet ein im Auftrag des Königs von den Rheingrafen verwalteter Gau war. Heute gehört die Region zum Bundesland Hessen, ist Teil des Landkreises Rheingau-Taunus. Etwas größer ist das Weinbaugebiet Rheingau, zu dem man auch noch einige Gemeinden östlich von Wiesbaden zählt. Die natürliche Abgrenzung nach Süden und Westen bildet der Rhein, der hier zugleich die Grenze zum Nachbarland Rheinland-Pfalz markiert. Der Taunushauptkamm ist der nördliche Abschluss des Rheingaus. Grenzfluss im Osten ist die Walluf: ein Flüsschen, das im Taunus entspringt und am Ortsrand von Wiesbaden in den Rhein mündet.

Am oder nahe dem rechten Rheinufer ziehen sich westlich von Wiesbaden sehenswerte Orte entlang, etwa das charmante Eltville, das Weindorf Kiedrich und Oestrich-Winkel. Mit Kloster Eberbach, der Basilika von Kiedrich, Schloss Johannisberg und dem Rheingauer Dom in Geisenheim verfügt dieser Teil des Rheingaus über außerordentliche Sehenswürdigkeiten.

Welterbe-Status genießt der am Rheinbogen beginnende Westen und Norden des Rheingaus. Die Landschaft zwischen Rüdesheim und Lorch ist Teil des von der UNESCO ausgezeichneten Gebietes **Welterbe „Kulturlandschaft Oberes Mittelrheintal“.** Steile Weinberge prägen die Uferlandschaft, im Taunus-Hinterland dominieren Wälder. Kein Wunder, dass sich neben Weinfreunden und Kultursuchenden auch Wanderer in dieser Region besonders wohlfühlen. Rüdesheim, Assmannshausen und Lorch sind Inbegriffe der Rheinromantik.

NICHT VERPASSEN!

- **Eltvilles Altstadt** mit alten Höfen und markanter Burg | 65
- St. Valentinus, die **Basilika von Kiedrich,** schönste gotische Kirche des Rheingaus | 72
- **Kloster Eberbach,** Abtei mit großer Vergangenheit | 75
- Auf **Schloss Johannisberg** wurde die Spätlese erfunden | 89
- **Kloster Marienthal** bei Geisenheim, Ort der Einkehr und Stille | 91
- Inbegriff rheinischer Geselligkeit: **Rüdesheims Drosselgasse** | 97
- Publikumsmagnet am Rheinbogen: das **Niederwalddenkmal** | 104
- **Assmannshausen,** heimliche Rotwein-Metropole | 112
- **Lorch,** wo der Wein in Steillagen wächst | 115

Diese Tipps erkennt man an der gelben Markierung.

Walluf

Walluf liegt vor den Toren Wiesbadens und gilt als Eingang zum Rheingau. Es besteht aus dem am Rhein liegenden Niederwalluf und der bis 1971 eigenständigen Gemeinde Oberwalluf. Gut erhaltene **Barockhäuser** erinnern noch heute an den Mainzer Kirchenadel, der sich zu kurfürstlichen Zeiten gern im Rheingau niederließ. Niederwallufs alter Ortskern mit seinen Kirchen steht unter Denkmalschutz. Ein religiöses Juwel findet sich in **Oberwallufs Martinskirche:** das Bußkleid der heiligen *Elisabeth von Thüringen* (→ Exkurs „Elisabeths Bußkleid, des Rheingaus wenig bekannte Reliquie", S. 64).

In Walluf begann das von den Mainzer Erzbischöfen zur Sicherung ihres Territoriums angelegte **„Gebück"** (→ Exkurs „Das Gebück – des Rheingaus grüne Grenze", S. 387), ein einst weitgehend aus Büschen und Bäumen bestehender Grenzzaun, der den Rheingau vor Angreifern schützen sollte.

Er zog sich anfangs die Walluf entlang, die einst zahlreiche **Mühlen** speiste: Öl- und Walkmühlen ebenso wie Getreide- und Papiermühlen. Eine schöne **Wanderung** führt heute an ihren Resten entlang von Niederwalluf über Oberwalluf bis in die Taunusgemeinde Wambach. Weniger schweißtreibend ist der Mühlenwanderweg in die umgekehrte Richtung bergab.

Das Rheinufer von Walluf

Die Ernennung Martins zum Bischof in der Wallufer Martinskirche

rh080 gs

rh079 jb

Praktische Tipps

Informationen

■ **Gemeindeverwaltung Walluf,** Mühlstr. 40, 65396 Walluf, Tel. 06123 7920, www.walluf.de.

Unterkunft, Essen und Trinken

■ **Agathes Gute Küche**②, Hauptstr. 32, Tel. 06123 75292, www.agathes.de, Mi–Sa 16.30–21.30, So 12–21.30 Uhr. Rustikale Winzerküche mit gutem Preis-Leistungs-Verhältnis, die auch Veganer und Vegetarier zufriedenstellt.

■ **Lok-Inn**②, Bahnhofstr. 11, 65396 Walluf, Tel. 06123 9992410, www.lok-inn.de. Warum nicht mal im Bahnhof wohnen? Die Pension im ehemaligen Bahnhofsgebäude bietet fünf rauchfreie Doppel- und zwei Einzelzimmer, dazu ein reiches Frühstücksbuffet.

■ **Zur Schlupp**③, Hauptstr. 25, 65396 Walluf, Tel. 06123 72638, https://gasthauszurschlupp.de, Mo, Fr, Sa 18–22, So 16–22 Uhr (Nov., Dez. 12–15 und ab 18 Uhr). Familienbetrieb mit nicht einmal zwei Dutzend Sitzplätzen. Spezialität sind im Nov. und Dez. Gansgerichte. Kleine Speisekarte, unbedingt reservieren!

Aktivitäten

■ **la vita Sauna,** Im Grohenstück 5, 65396 Walluf, Tel. 06123 999570, www.lavita-walluf.de, Mo, Di, Do 10–23, Mi, Fr 13–23, Sa/So 11–19 Uhr. Freizeitoase in über 1200 Quadratmeter großem Garten mit verschiedensten Saunen zwischen 60 und 95 Grad. Zutritt ab 16 Jahren.

Feste und Veranstaltungen

■ **Wallufer Weindorf:** Weinfest mit Live-Musik, Anfang August.

■ **Wallufer Johanniskerb:** Weinfest, Juni/Juli.

Öffentliche Verkehrsmittel

■ Ober- und Niederwalluf verbindet der Expressbus X79.

■ Von **Niederwallufs Bahnhof** verkehren täglich Züge nach Wiesbaden oder Koblenz.

Elisabeths Bußkleid, des Rheingaus wenig bekannte Reliquie

Viel macht es nicht her, das einfache, zum Teil geflickte Kleid aus grober Wolle. Für die Gläubigen im Rheingau aber ist das Bußgewand der **heiligen Elisabeth von Thüringen** (1207–31) eine der wertvollsten Reliquien. Einmal jährlich wird es in der **Martinskirche von Oberwalluf** öffentlich ausgestellt.

Der Legende nach soll der heilige *Franziskus* das Kleid *Elisabeth* zum Geschenk gemacht haben. Sie war eine der ersten Frauen, die ganz im **franziskanischen Armutsideal** lebte, allem Reichtum entsagte und schon in jungen Jahren ein Spital für jene gründete, die kein anderes Krankenhaus aufnehmen wollte. Selbstlos bis zum Tod war ihre Nächstenliebe.

Wie aber kam *Elisabeths* Bußgewand in den Rheingau? Man nimmt an, dass es in den späten 1230er Jahren ins Kloster Tiefenthal gelangte, einem Mitte des 12. Jahrhunderts gegründeten Konvent, der enge Verbindungen zum Kloster Eberbach pflegte. Die damalige Äbtissin hatte die Reliquie aus dem Deutschordenshaus in Weißenburg erhalten, deren Ordensritter es angeblich von einer Freundin *Elisabeths* geschenkt bekommen hatten. Jahrhundertelang wachten die **Klosterfrauen in Tiefenthal** über den Stoff, den sie in einem kleinen Schrein verwahrten.

Im Zuge der Säkularisation, in der der Orden enteignet wurde, geriet die Reliquie Anfang des 19. Jahrhunderts schließlich nach Oberwalluf. Beachtet wurde sie dort aber kaum, zumal sich die Zweifel an ihrer Echtheit mehrten. Die wurden erst mit einem Gutachten ausgeräumt, das bescheinigte, dass der Wollstoff tatsächlich aus dem 13. Jahrhundert stammt. Heute geht man davon aus, dass es eines der Wollkleider ist, die *Elisabeth* trug und die sie zum Teil selbst gefertigt hatte.

Im Kulturkampf, den Auseinandersetzungen zwischen dem protestantisch geprägten preußischen Staat und der katholischen Kirche, wurde die **Wallfahrt** zu Elisabeths Bußkleid neu belebt. 1872 gab der damalige Pfarrer von Oberwalluf einen Altar für die Reliquie in Auftrag, ein **neugotisches Retabel,** dessen Front *Elisabeth* und ihren geistigen Vater, den heiligen *Franziskus,* zeigt. Nur einmal im Jahr werden die Altarflügel aufgeklappt, ist *Elisabeths* legendäres Bußgewand zu sehen: am Sonntag nach ihrem Todestag, dem 17. November.

019rh gs

▷ Pilgerziel: das Bußkleid in der Martinskirche von Oberwalluf

Eltville am Rhein

Wein-, Sekt- und Rosenstadt nennt sich Eltville gern, und auch noch **Gutenbergstadt** – ein Titel, den eigentlich Mainz für sich beansprucht. Aber auch in Eltville, wo sein Bruder *Friele Gensfleisch* lebte, war *Johannes Gutenberg* gern zu Gast. So erinnert in der historischen Kurfürstlichen Burg, Eltvilles Wahrzeichen, eine kleine Ausstellung an den weltberühmten Drucker.

Sehenswertes

In der Altstadt

Eltvilles Schokoladenseite ist die von Platanen gesäumte **Uferpromenade.** Die architektonischen Preziosen aber finden sich dahinter: sehenswerte Adels- und Bürgerhäuser wie der **Eltzer Hof,** ein über Jahrhunderte gewachsenes Gebäudeensemble zwischen Rosen- und Martinsgasse. Zu ihm gehört auch der Turm am **Martinstor,** einer der letzten Reste der mittelalterlichen Stadtbefestigung. Ein anderer ist der benachbarte **Sebastiansturm.** Seinen Namen verdankt er Eltvilles Stadtpatron, dem Pestheiligen *Sebastian.*

Klein und übersichtlich ist die unter Denkmalschutz stehende Altstadt mit ihren gepflasterten Gassen. **Villen und alte Weingüter** mit zum Teil schönen Gärten und Innenhöfen entführen den Betrachter zurück in Zeiten, die einmal jährlich beim traditionellen Sekt- und Biedermeier-Fest wieder aufleben.

Ältestes Gebäude der Stadt ist die unweit des Rheins stehende und außerhalb der alten Stadtmauern gelegene **Burg Crass,** oft auch **Schloss Rheinberg** genannt. Sie wurde wohl Ende des 11. Jahrhunderts erbaut und im Dreißig-

Die Uferpromenade von Eltville

021rh gs

081rh gs

jährigen Krieg zerstört. 1970 gelangte die immer wieder neu gestaltete Burg in den Besitz der Stadt, die das Gebäude schließlich einer Sektkellerei verkaufte. Diese richtete dort nach sorgfältiger Restaurierung ein Restaurant samt Hotel ein.

⌃ Der Rosengarten der Kurfürstlichen Burg

› St. Peter und Paul: der Kirchturm und der Taufstein aus dem 16. Jahrhundert

Kurfürstliche Burg Eltville

In der Kurfürstlichen Burg am Rheinufer, die in der ersten Hälfte des 14. Jahrhunderts auf den Trümmern einer 1301 zerstörten Vorgängerburg entstand, residierten mehr als ein Jahrhundert lang die **Mainzer Erzbischöfe und Kurfürsten.** Bis auf den Turm wurde die Anlage, heute Wahrzeichen der Stadt, im Dreißigjährigen Krieg von den Schweden zerstört, ihr Ostflügel Ende des 17. Jahrhunderts aber wieder aufgebaut. Der viergeschossige Turm beherbergt heute im Erdgeschoss die Tourist-Information der Stadt. In den Stockwerken darüber erinnert eine **Ausstellung** an Eltvilles Geschichte und an **Johannes Gutenberg.** Man nimmt an, dass der Buchdrucker anno 1465 in der Burg vom Mainzer Erzbischof *Adolf von Nassau* zum „Hofedelmann" ernannt wurde. Die Auszeichnung für sein Lebenswerk garantierte dem damals schon betagten Buchdrucker neben höfischer Kleidung jährlich auch etwa 2000 Liter Wein, den er allerdings nicht weiterverkaufen durfte. Außerdem wurde der in Mainz lebende *Gutenberg* von allen Steuern und sonstigen Abgaben freigestellt. Die **Aussichtsplattform** im obersten Burggeschoss eröffnet herrliche Blicke über Eltville und den Rhein.

■ **Kurfürstliche Burg,** Burgstr. 1, Öffnungszeiten Burgturm: April bis Okt. tgl. 10.30–17 Uhr, Nov. bis März tgl. 11–15.30 Uhr, 3,50 €. Außenanlage: April bis Okt. tgl. 9.30–19, Nov. bis März tgl. 10–17 Uhr.

Pfarrkirche St. Peter und Paul

Vermutlich Anfang des 14. Jahrhunderts errichtete man an Stelle älterer Vorgängerbauten die heutige Kirche St. Peter und Paul, nur unweit der Kurfürstlichen Burg gelegen. Ihr Bau war das Resultat des Zuzugs der Mainzer Erzbischöfe nach Eltville. Weil den Kirchenfürsten die romanische Dorfkirche aber zu klein und zu wenig repräsentativ war, finanzierten sie einen gotischen Neubau. Nur den Turm der bis dahin einschiffigen Hallenkirche behielten sie. Anfang des 15. Jahrhunderts wurde die Kirche nach Süden um ein neues Seitenschiff erweitert. Blitzeinschläge und Brände erforderten immer wieder Veränderungen, besonders umfangreiche Mitte des 19. Jahrhunderts, als man die Kirche regotisierte.

Im Inneren sind die **spätgotischen Wandmalereien** sehenswert – unter anderem eine Darstellung des Jüngsten Gerichts an der Ostwand der Turmhalle. Der auf 1517 datierte **Taufstein** im Eingangsbereich zeigt über den Symbolen der vier Evangelisten auf seinem achtseitigen Becken die zwölf Apostel, Christus als Weltenrichter und den heiligen Nikolaus. Ebenfalls Beachtung verdienen zwei Mondsichelmadonnen aus dem frühen 16. Jahrhundert, der neugotische Hochaltar und zahlreiche Heiligenfiguren aus dem 18. Jahrhundert.

■ **Pfarrkirche St. Peter und Paul,** Rosengasse 5, Tel. 06123 703770.

022rh gs

Erbach

Auch im Nachbarort Erbach, der seinen Namen dem nahegelegenen Kloster Eberbach und dem gleichnamigen Bach verdankt, der hier in den Rhein mündet, spielt der Wein eine große Rolle. Die **Weinlage Marcobrunn** ist weltberühmt. Daneben ist man auf den Erdbeeranbau stolz, dem jährlich ein großes Fest gewidmet ist.

Zwei Kirchen prägen das Stadtbild: die spätgotische **Markuskirche** (Hauptstraße 46) und die von zwei mächtigen, *Luther* und *Melanchthon* gewidmeten Bäumen umgebene evangelische **Johanneskirche** (Eltviller Landstr. 20) aus dem 19. Jahrhundert. Sie ist ein Geschenk der Prinzessin *Marianne von Oranien-Nassau,* der jüngsten Tochter des späteren niederländischen Königs. Sie war eine tief religiöse Frau, die das Gotteshaus anlässlich des tragischen Todes ihres erst zwölfjährigen Sohnes stiftete. Von der Prinzessin stammt auch das am Rheinufer gelegene **Schloss Reinhartshausen,** das heute ein großes **Weingut** samt Vinothek und Gästehaus beherbergt.

Insel Mariannenaue

Eine Besonderheit bietet die Mariannenaue, eine schmale Insel, die vor Erbach und Hattenheim im Rhein liegt. Sie wird von Schloss Reinhartshausen landwirtschaftlich genutzt, auf dem kalkhaltigen Inselboden gedeiht der Wein besonders gut. Am meisten geschätzt wird der dort angebaute **Chardonnay.** Von Mai bis Oktober gibt es sonntagmittags Rundfahrten um die Mariannenaue (s.u.: „Aktivitäten“).

Altes Schulhaus und Markuskirche in Erbach

024rh gs

Martinsthal

Ihren eigenen Charakter haben Eltvilles Ortsgemeinden im Hinterland. Nur ein paar Kilometer nördlich liegt Martinsthal, das an das Wiesbadener Stadtgebiet grenzt, mit einer **gotischen Kirche** (Kirchstr. 25) aus dem frühen 15. Jahrhundert. Bemerkenswert ist auch der **Brunnen** vor dem Hotel zur Krone, der einen Winzer mit Stehkragen zeigt. Angeblich seien die Martinsthaler Weinbauern früher geschniegelt zur Arbeit in die Weinberge gezogen, wo sie den Stehkragen an einen Pflock hängten, um nach getaner Arbeit wieder korrekt gekleidet ins Weindorf zurückzukehren.

Inseln im Rhein

Insel an Insel reiht sich im Rhein zwischen Mainz und Bingen. **Aue** heißen sie in der Region. Störche, Kormorane, Schwarzmilane und Graureiher sind auf den Inseln zu Hause, außerdem eine seltene Biberart. Nordische Enten nutzen sie als Winterquartier. Die meisten der langgestreckten Eilande stehen unter Naturschutz und dürfen nicht betreten werden. Eine Ausnahme ist die **Rettbergsaue** vor den Wiesbadener Stadtteilen Schierstein und Biebrich, zu deren Stränden und Freizeiteinrichtungen von Ende April bis Mitte September eine Personenfähre verkehrt. Auch wenn das Baden auf der Insel offiziell verboten ist, nutzen Tausende jährlich den Sandstrand. Auf der **Mariannenaue** nahe Eltville wird Wein angebaut.

Rauenthal

Der Nachbarort Rauenthal ist die höchstgelegene Ortsgemeinde von Eltville. Von der **Bubenhäuser Höhe,** einem inmitten der Weinberge gelegenen Aussichtspunkt, genießt man einen der schönsten Rheingau-Blicke. Seit Jahrhunderten wird in Rauenthal Wein angebaut. Auf der Pariser Weltausstellung 1867 hat man ihn zum besten der Welt gekürt. Von solchen Auszeichnungen schwärmt man in vielen Straußwirtschaften noch heute gern.

Antoniuskirche

Wahrzeichen des Weindorfs ist die katholische Pfarrkirche St. Antonius Eremita. Seit 1492 prägt sie sein Ortsbild. Feingliedrig zeigt sich ihr Sternengewölbe, stolz wirken die Spitzbogenfenster und Türen. Prunkstück ist eine aus Lindenholz geschnitzte **Traubenmadonna** aus dem späten 15. Jahrhundert, die wie der Taufstein vermutlich schon zur Erstausstattung der Kirche gehörte. Die Statue zeigt die Muttergottes in weitem Mantel auf einer Mondsichel, auf dem Kopf eine Krone aus Traubenblättern.

- **St. Antonius Eremita,** Antoniusgasse 8, Tel. 06123 990073.

Praktische Tipps

Informationen

- **Tourist-Information Eltville,** im Besucherzentrum Kurfürstliche Burg, Burgstraße 1 (im Burgturm), 65346 Eltville, Tel. 06123 90980, www.eltville.de, April bis Okt. tgl. 10.30–17 Uhr.
- Öffentliche **Führungen** durch die historische Altstadt gibt es von April bis Okt. Sa um 15 Uhr.

025rh gs

Unterkunft, Essen und Trinken

■ **Das Spritzenhaus**④, Hotel-Bistro-Café, Platz der Deutschen Einheit 1, 65343 Eltville, Tel. 06123 7037490, www.das-spritzenhaus.de. Sieben Zimmer, Studio und Suite in der ehemaligen Feuerwache. Im Bistro serviert man Frühstück, mittags Pasta oder Sandwiches, später Kaffee und Kuchen (Di–So 10–18 Uhr).

■ **Baiken**②, Wiesweg 86, 65343 Eltville, Tel. 06123 900345, www.baiken.de, Do, Fr 17–23, Sa–So 12–23 Uhr. Gutsausschank und Restaurant. Deutsche Küche inmitten von Weinbergen.

■ **Gutsausschank Schneck**②, Rheingauer Str. 34, 65343 Eltville, Tel. 06123 7041198, www.weingut-fleschner.de, Di–Fr ab 16, Sa ab 15, So ab 12 Uhr. Schnitzel in bester Metzgerqualität locken vor allem die Einheimischen in das urige Weingut mit seinem Hinterhof.

⌃ In der Altstadt von Eltville

■ **Julias Gutshotel**③, Rheinallee 2, 65343 Eltville, Tel. 06123 9349954, www.julias-gutshotel.de. Individuelles Wohnen im ehemaligen Jesuitenhof mit großem Garten. Langschläferfrühstück bis 11 Uhr! Der Frühstücksraum des Hotels ist von 12–19 Uhr auch als Café geöffnet. Die Kuchen kommen aus einer bekannten Rheingauer Bäckerei.

In Erbach

■ **Altes Weinhaus Schuster**②-③, Eberbacher Straße 19, 65346 Erbach, Tel. 06123 63372, www.altes-weinhaus-schuster.de, Fr–So ab 17, So Mittagstisch 12–14 Uhr. Familiengeführtes Traditionslokal mit holzgetäfelter Weinstube. Typische Rheingau-Küche – vom Spundekäs bis zum Rinderfilet.

In Martinsthal

■ **Keßler Wein&Genuss**①, Heimatstr. 18, 65344 Martinsthal, Tel. 06123 71235, www.weingut-kessler.de, Di–Sa 16–23 Uhr. Gutsausschank in modernem Ambiente mit Frankfurter Grüner Soße oder hausgemachten Spinatknödeln. Aber auch Wurst und Käse munden zu Riesling und Burgunder.

In Rauenthal

MEIN TIPP: **Winzerhaus by Wölfel**②-③, Hauptstraße 63, 65345 Rauenthal, Tel. 06123 72 998, www.weingut-woelfel.de, Mi–Sa 16–22, So 12–21. Modern gestylt zeigt sich das alte Winzerhaus mit heimischen Weinen und einer Küche weit über Weinwirtschaftsniveau.

Einkaufen

- **Kostbar,** Schwalbacher Str. 6, 65343 Eltville, Tel. 06123 794995, www.kostbar-eltville.de, Mo, Mi–Fr 9.30–18, Sa 9.30–14 Uhr. Fachgeschäft für Genießer. Spezialität sind die vielen Essige. Weiter im Angebot: italienische Nudeln, Senf, Soßen, Chutneys, Pralinen und Alkoholika.

Aktivitäten

- **Freibad Eltville,** Erbacher Str. 22, Tel. 06123 81276, www.eltville.de, Mai bis Sept. tgl. 9.30–20 Uhr. Beheiztes Bad mit 50-Meter-Becken, Rutsche, Kinderbecken und Sprungturm direkt am Rhein.
- **Lama-Trekking und Kamelreiten:** Eine gute Viertelstunde Fußmarsch hinter dem Kloster Eberbach liegt die Kisselmühle, in der Lamas, Alpakas, Dromedare und andere Trampeltiere zu Hause sind. Für Interessierte bietet der Hof Kamelreiten und Lamatrekking durch die Rheingau-Wälder an, auch im Winter. Kisselmühle, Untere Kisselmühle 1, 65346 Eltville, Tel. 06723 87360, www.kisselmuehle.de.
- **Bootsfahrt um die Mariannenaue:** Zu einer 90-minütigen Rundfahrt um die Insel starten von Anfang Mai bis Mitte Oktober sonntagmittags die Boote der Firma Charterliner mit Halt in Ingelheim, Oestrich, Hattenheim, Erbach, Eltville und Heidenfahrt, also auf beiden Seiten des Rheins. Tel. 06723 4437, Fahrplan unter www.charterliner.de.

Feste und Veranstaltungen

- **Eltviller Rosentage:** Blumenfest, Juni.
- **Erdbeerfest Erbach:** Weinfest im Zeichen der Erdbeerbowle, Mitte Juni.
- **Sekt- und Biedermeierfest Eltville:** Sektfest mit Umzug in Biedermeierkostümen, erstes Juliwochenende.
- **Rauenthaler Weinfest:** Kerb und Weinfest, August.
- **Natur Pur in Hattenheimer Flur:** Volkswanderung durch Hattenheims Weinberge, 3. Oktober.
- **Kappeskerb Eltville:** Weinlesefest mit Feuerwerk am ersten Novemberwochenende.

Öffentliche Verkehrsmittel

- **Bus 171** von Rüdesheim nach Wiesbaden macht meist im Stundentakt in Hattenheim, Eltville und Erbach Station. Martinsthal und Rauenthal sind über die **Buslinie 173** mit Eltville verbunden.
- Neben Eltville hat auch Erbach eine **Bahnanbindung.**

MEIN TIPP: **Käse aus dem Rheingau**

Dass in feuchten und kalten Kellern auch Käse ideal reift, macht sich der Rheingau-Affineur zunutze. So werden in Erbach und im Schloss Wehen junge Käselaibe aus ganz Europa bei einer konstanten Temperatur von 10–12 Grad veredelt. Im Angebot sind u.a. der „Rheingauer Runde", ein deutscher Weichkäse, der mit Riesling verfeinert wird. Österreichische Schnittkäse erhalten mit Rheingauer Burgunder-Spezialitäten ihren letzten Schliff. Die Käse werden u.a. im Rheingau, Frankfurt, Mainz, Bingen und Wiesbaden verkauft. Shop-Adressen unter www.rheingau-affineur.de.

Mit ein paar Stückchen Käse im Gepäck und einem Fläschchen Rheingauer lässt es sich so auch wunderbar in den Weinbergen picknicken.

Kiedrich

Rund zwei Kilometer nördlich von Eltville liegt Kiedrich, eine kleine Gemeinde mit großer Vergangenheit. Davon zeugt unter anderem die restaurierte **Burgruine Scharfenstein** oberhalb des Ortes: ein mehrgeschossiger Turm, den der Mainzer Erzbischof Anfang des 13. Jahrhunderts zum Schutz der Weinberge und der Handelsstraße Richtung Norden anlegen ließ.

Weil die noch immer selbständige Gemeinde nie zerstört wurde, ist der **historische Ortskern** um Basilika und Marktplatz bis heute erhalten – zum Beispiel das aus dem späten 16. Jahrhundert stammende **Rathaus** mit Treppenturm und Renaissance-Erkern. Wer dort heiratet, erhält zur Eheschließung einen eigenen Weinstock im „Weinberg der Ehe" – ein Angebot, von dem schon mehr als 2000 Paare Gebrauch gemacht haben.

Das ehemalige Wohnhaus des größten Wohltäters und Mäzens von Kiedrich, Sir *John Sutton,* beherbergt heute ein weltbekanntes **Weingut.** Mehr als Weinberge aber hat Kiedrich Wälder, die vor allem Wanderer zu schätzen wissen. Auf dem sogenannten **Schlangenpfad** nach Schlangenbad kann man mit viel Glück der größten heimischen und ungiftigen Schlange begegnen, der sehr seltenen Äskulapnatter.

028rh gs

⌃ Valentinsreliquiar

› Kiedrich wird von der Valentinsbasilika dominiert

Valentinsbasilika

Für wirtschaftlichen Aufschwung sorgte in Kiedrich im 14. Jahrhundert ein Kopfreliquiar des heiligen *Valentin.* Es wurde der Pfarrei vom Kloster Eberbach geschenkt, um Ruhe vor den Pilgerströmen zu haben. Rund um den Heiligen, den man hauptsächlich bei Epilepsie zur Linderung der Leiden anrief, entwickelte sich schließlich eine **Wallfahrt,** die Kiedrich zum Neubau einer gotischen Kirche veranlasste. So entstand das heute vielleicht **schönste gotische Gotteshaus im Rheingau,** weshalb sich Kiedrich selbstbewusst „Schatzkästlein der Gotik" nennt. 1454 stiftete ein Wormser Dekan, dem die Kiedricher das Studium finanziert hatten, weitere Valentinus-Reliquien.

Das den Heiligen *Valentinus* und *Dionysius* geweihte Gotteshaus ist das unübersehbare Wahrzeichen von Kiedrich. 2010 erhob Papst *Benedikt XVI.* die Kirche in den Rang einer **Basilika minor** – eine Auszeichnung, die dem Bau, seiner Geschichte und vor allem der in Kiedrich gepflegten **Chortradition** geschuldet war.

Kiedrichs gotisches Gotteshaus ruht auf romanischen Fundamenten und wurde im 15. Jahrhundert erweitert. Mitte des 15. Jahrhunderts kam ein spätgotisches Beinhaus hinzu, die **Michaelskapelle.** Zusammen mit zahlreichen Grabsteinen, dem Pfarrhaus und der ersten Kiedricher Schule bildet die ummauerte Anlage im Herzen Kiedrichs bis heute ein architektonisches Ensemble von kunstgeschichtlichem Rang.

Da die Wallfahrtskirche im Laufe der Jahre an Bedeutung verloren hatte und das Geld für Renovierungen fehlte, war Kiedrich dankbar, Mitte des 19. Jahrhunderts in Gestalt des Engländers *Sir John Sutton* einen großzügigen Sponsor für eine grundlegende Renovierung der Kirche gefunden zu haben. Mit seiner Hilfe wurde unter anderem der alte Lettner rekonstruiert und das geschnitzte **gotische Kirchengestühl** von 1510 renoviert, ebenso wie der **Hochaltar** von 1612 und die im frühen 16. Jahrhundert gebaute **Orgel.** Sie gilt mit ihren fast tausend Pfeifen als eine der ältesten noch bespielbaren Orgeln Deutschlands.

Das **Tympanon** im Portal zeigt die Verkündigung und Krönung Mariens nebeneinander, darüber Gott Vater im brennenden Dornbusch, umgeben von musizierenden Engeln. Über dem Mittelpfeiler der Tür thront Valentin.

Besonders zu empfehlen ist der sonntägliche **Gottesdienst,** wenn traditionell

rh082 jb

027rh gs

Kiedricher Chorbuben

MEIN TIPP: Sonntagmorgens feiern die Kiedricher Chorbuben mit ihren Stimmen das traditionelle **Choralhochamt** (jeden Feier- und Sonntag um 9.30 Uhr, mit Ausnahme des monatsersten Sonntags und größerer Ferien). Neben **gregorianischen Gesängen** erklingt in jedem Gottesdienst eine mehrstimmige Motette oder ein zur Liturgie des Tages passendes Lied. Zurzeit halten mehr als 20 Chorsänger zwischen 8 und 70 Jahren die Tradition am Leben. Seit 1333, heißt es in Kiedrich, pflege man im Rheingau die gregorianischen Gesänge – eine Tradition, auf die man stolz ist, weil sie sich allen Moden widersetzte. Prominentester Chorknabe war übrigens der in Kiedrich geborene und inzwischen weltberühmte Countertenor *Andreas Scholl.*

die Kiedricher Chorbuben singen (s.u.). Die Gotik zum Klingen bringen, neben der historischen Orgel, auch die **Kirchenglocken.** Jeden Werktag um 12 Uhr läutet die 70 Zentner schwere Glocke aus dem Jahr 1513.

■ **Basilika St. Valentinus,** Suttonstr. 1, Tel. 06123 2421, April bis Okt. Mo–Fr 10.30–12.30, Sa, So 14.30–16, Nov. bis März Sa 10.30– 12.30, So 14.30–16 Uhr, St. Michaelskapelle März bis Okt. 9–18 Uhr. Kirchenführungen gibt es So nach dem Choralhochamt.

rh11 gs

⌃ Hauptportal und
› Orgel der Basilika von Kiedrich

Praktische Tipps

Informationen

■ **Touristbüro Kiedrich,** Marktstr. 27 (Rathaus), 65399 Kiedrich, Tel. 06123 905010, Mo–Do 8–12, Fr 8–12.30, Mi 13–18 Uhr, sonst nur Tel. 0173 635 8566, www.verkehrsverein-kiedrich.de.

Unterkunft, Essen und Trinken

■ **Gutsausschank „Zum Wibbes"**①-②, Eltviller Str. 39, 65399 Kiedrich, Tel. 06123 9829398, https://gutsausschank-zum-wibbes.business.site, Di–Sa 16.30–22, So 12.30–14.30 und 17.30–22 Uhr. „Wibbes" ist der Spitzname des Bürgermeisters, der in seiner Freizeit das Familienweingut Steinmacher führt. In nostalgischem Ambiente gibt es Hausmannskost und auch einen vor der Haustür gewachsenen Sauvignon Blanc.

■ **Ginkgogarten**①-②, Marktstraße 28, 65399 Kiedrich, Tel. 06123 6789956, https://cafe-ginkgogarten.de, März bis Okt. Do–So 10–18, Nov. bis Jan. Fr–So 9.30–17 Uhr. Café und Frühstücksort mit selbstgemachtem Kuchen direkt am Rheinsteig.

■ **Nassauer Hof**④, Bingerpfortenstr. 17, 65399 Kiedrich, Tel. 06123 999360, www.hotel-nassauerhof.de, 19 Zimmer und zwei Suiten, klassische finnische Sauna, Vierbeiner willkommen.

■ **Weingut Klostermühle**③, An der Klostermühle 3, 65399 Kiedrich, Tel. 06123 4021, www.klostermuehle.de. Jahrhundertealtes Weingut mit Restaurant und Hotel, schönem Gewölbekeller und Innenhof. Restaurant (Di–Sa ab 16 Uhr, So ab 12 Uhr) mit Frischeküche und kleiner Karte.

Feste und Veranstaltungen

■ **Schnorrerrallye und Rosenmontagszug:** traditioneller Mummenschanz zu Fastnacht.

■ **Kiedricher Rieslingfest:** Weinfest hinter dem Rathaus, Mai.

Öffentliche Verkehrsmittel

■ Zwischen Kiedrich und dem Eltviller Bahnhof verkehrt **Bus 172.**

Kloster Eberbach

Etwas versteckt im Wald liegt unweit von Eltville und Kiedrich das weltberühmte Kloster Eberbach. Die **ehemalige Zisterzienserabtei** ist eine der ältesten landesweit. Ihre romanischen und frühgotischen Bauten gehören zu den bedeutendsten Architekturdenkmälern Europas. Das schon im Mittelalter für seinen **Weinbau** berühmte Kloster ist eine der meistbesuchten Sehenswürdigkeiten im Rheingau.

Die Klosteranlagen sind heute Teil einer Stiftung, die sich nicht nur um deren Erhalt kümmert und das Weingut betreibt, sondern dort auch Gastronomie und ein Hotel eingerichtet hat. Zahlreiche Konzerte finden jedes Jahr im Rahmen des **Rheingau Musik Festivals** und anderer bedeutender Kultur-Events im Kloster statt. Weiterhin gibt es einen Hochzeitssaal für standesamtliche Trauungen und eine Vinothek mit Souvenirshop. Man scheut keine Mühen, die tausendjährigen Gemäuer als **modernes Tagungs- und Erlebniszentrum** zu nutzen. Immer wieder gibt es Ausstellungen, die auf ein breites Publikum zielen – und Weinproben in allen Varianten. Auch Film und Fernsehen sind immer wieder zu Gast, um in eindrucksvoller Kulisse spannende Unterhaltung zu generieren. Große Popularität erlangte die alte Klosteranlage schon im Winter 1985/6, als man Teile des im 14. Jahrhundert spielenden Kinofilms „Der Name der Rose" hier realisierte. Seither kommen jährlich Hunderttausende Besucher in die ehemalige Abtei, um ein bisschen Mittelalter zu schnuppern.

Geschichte

Schon im frühsten 12. Jahrhundert hatten sich die ersten Mönche in dem Tal am Taunusrand angesiedelt. Seinen Ruhm aber verdankte es den Zisterziensern, die 1136 ins Kloster zogen und streng nach den Regeln des heiligen *Benedikt* lebten. „Ora et labora" („Bete und arbeite") hieß eine, was neben dem täglichen Gebet auch regelmäßige Arbeit bedeutete. Landwirtschaft wurde groß geschrieben: anfangs Ackerbau und Viehzucht, später der Weinbau, den die Mönche und ihre Helfer immer mehr perfektionierten.

Nach der Reformation aber geriet Eberbach in eine Krise, fügten Kriege dem Kloster schwere Schäden zu. Die Klosterbibliothek wurde geplündert, Teile der Anlage wurden zerstört. Anfang des 18. Jahrhunderts begann man mit der barocken Neugestaltung des Klosters. Mit der Säkularisation aber wurde es 1803 endgültig aufgelöst, verließen die letzten Brüder Eberbach. Danach dienten die Gebäude als Heilanstalt, Gefängnis, Erziehungslager, Soldatenheim und Jugendherberge, ehe sie das Land Hessen übernahm.

[>] Gewölbekonsole im Kreuzgang

[v] Kloster Eberbach – Blick aus dem Kreuzgang

029rh gs

Rundgang

rh012 gs

Ein Rundgang durch die Anlage nimmt gewöhnlich im **Kapitelsaal** seinen Anfang, einem vor 1186 erbauten, auf einem einzigen Mittelpfeiler ruhenden Steingewölbe, das um 1500 entstandene Fresken zieren. Nur ein paar Schritte weiter öffnet sich der **Kreuzgang:** ein von der Mitte des 13. bis zum Ende des 14. Jahrhunderts erbautes Ensemble mit sehenswerten Kapitellen, deren Originale im **Klostermuseum** Platz gefunden haben. Dort erfahren Besucher mehr über die Geschichte der Abtei, ihre ehemaligen Bewohner und deren Arbeit. Zu den leicht zu übersehenden Prunkstücken des Museums gehören ein romanisches Kruzifix aus dem Rheinland, das man 2007 bei Ausgrabungen im Klosterbezirk fand, und ein bei Sanierungsarbeiten gefundenes byzantinisches Reliquienkreuz aus Bronze, das ein Kreuzfahrer mit nach Eberbach gebracht haben könnte.

Südlich an den Kreuzgang schließt sich die 1186 geweihte **Abteikirche** an, eine dreischiffige Basilika, die von romanischer Schlichtheit geprägt ist und durch die noch vor wenigen Jahrzehnten ein Wirtschaftsweg führte. Entlang der Außenfront reihen sich gotische Kapellen, in denen die Patres einst ihre Messen lasen. Von der barocken Ausstattung der Kirche ist kaum noch etwas zu sehen. Einziger Schmuck sind die **Grabdenkmäler** auf dem Boden und an der Wand – etwa das für den 1357 verstorbenen Grafen *Johann von Katzenelnbogen,* dessen Familie die Basilika als Grablege nutzte. Auch mehrere Mainzer Erzbischöfe fanden hier ihre letzte Ruhestätte. Gottesdienste finden in der Basilika heute nur noch selten statt, dafür viele Konzerte, die Orchester und Solisten von Weltrang nach Eberbach bringen.

Von der Basilika führt eine Treppe in einen der schönsten Klostersäle, das **Dormitorium,** der zwischen 1250 und Mitte des 14. Jahrhunderts erbaute Schlafsaal der Mönche. Der erst in den 1930er Jahren wiederhergestellte Raum gilt als eine der architektonisch am besten gelungenen Schöpfungen der Gotik.

Hinter dem Kreuzgang im Westen findet sich der **Konversenbau,** der Speisesaal der Laienbrüder. Er beherbergt ein Dutzend historischer Keltern und erinnert an die seit Jahrhunderten in Eberbach gepflegte Weinkultur. Diese lebt auch noch im **Brüdersaal,** einer frühgotischen Halle, und im **Eiskeller** mit seinen Fässern. Von dort schweift der Blick durch ein Gitter in die **Weinschatzkam-**

mer des Klosters, die nur im Rahmen von Veranstaltungen oder bei Sonderführungen zugänglich ist.

Das gilt auch für das **Laiendormitorium,** den riesigen Schlafsaal über dem Laienrefektorium. Er fasst bis zu 1000 Personen und wird vornehmlich für Firmenpräsentationen, Konzerte und Bankette genutzt.

■ **Kloster Eberbach,** 65346 Eltville, Tel. 06723 9178115, www.kloster-eberbach.de, April bis Okt. tgl. 10–19 (Sa–So schon ab 9) Uhr, Nov. bis März Mo–Fr 12–17, Sa, So 11–17 Uhr Uhr (Kassenschluss 30 Minuten vorher), Führungen in der Hauptsaison Fr 15 Uhr, Sa/So 11, 13 und 15 Uhr (im Mai, Sept. und Okt. zusätzlich um 12.15), in der Nebensaison Sa/So 14 Uhr. Für individuelle Führungen steht ein Audioguide zur Verfügung. Über aktuelle Veranstaltungen und Weinproben informiert die Website www.kloster-eberbach.de, Menüpunkte „Vor Ort"/ Führungen und Weinproben, Eintritt 11 € (Kinder ab 6 Jahren 8 €), Tickets sind auch online erhältlich. Hunde dürfen nur in den Außenbereich des Klosters mitgenommen werden.

■ Die Küche der **Klosterschänke** mit ihrem Kreuzgewölbe ist täglich von 12 bis 19 Uhr geöffnet. Sie bietet durchgehend warme Mahlzeiten aus einer Großküche, von der Winzervesper bis zum Menü. Von Ostern bis Mitte Oktober serviert das **Pfortenhaus** am Wochenende zwischen 12 und 18 Uhr bodenständiges Essen. Reservierungen unter Tel. 06723 9178290.

Für Kinder ab 6 Jahren gibt es neben einem lateinisch „Hortus ludi" genannten großen **Spielplatz** mit Rutschen eigene **Führungen** durch das Kloster. So bietet man für bis zu 15 kleine Personen eine einstündige Runde mit hohem Erlebnisfaktor durch das Kloster an. Spannend vor allem für alle, die Kindergeburtstag mal anders feiern wollen!

[>] Der heilige Vincentius in der Barockkirche in Hattenheim

[v] Das Innere der Abteikirche

030rh gs

Steinberg

Fußläufig erreichbar, liegt südlich vom Kloster Eberbach an der Straße nach Hattenheim der angeblich größte Riesling-Keller Europas: die dem Land Hessen gehörende Domäne Steinberg.

Der Steinberg ist eine der **größten Weinbergslagen des Rheingaus,** die ausschließlich mit Rieslingreben bestückt ist. Der Steinberg gilt nach dem Weingesetz als eigener Ortsteil, sodass Weine von dort ohne Angabe einer Ortsbezeichnung einfach als „Steinberger" etikettiert werden dürfen. Mitten im Steinberg, an der Straße von Hattenheim zum Kloster Eberbach, hat der zentrale **Weinkeller der Hessischen Staatsweingüter** seine Heimat gefunden.

Mit mehr als 200 Hektar Anbaufläche ist das dem Land Hessen gehörende Weingut mit seinen unterirdischen Weinkellern das größte Deutschlands.

■ **Kellerführung mit Weinprobe** in der Staatsdomäne Steinberg, Kloster-Eberbach-Straße, 65346 Eltville, Tel. 06723 60460. Mitten im Weinberg werden im sogenannten Schwarzen Häuschen bei schönem Wetter von April bis Oktober die Weine der Lage ausgeschenkt (Fr 15–19, Sa, So 11–19 Uhr), Preis für eine Führung mit Probe dreier Weine: 17,70 €. Im Steinberg kann man für drei bis zehn Jahre die Patenschaft über einen Rebstock übernehmen, auch das eine Idee für ein Mitbringsel aus dem Rheingau.

Öffentliche Verkehrsmittel

■ Der täglich und meist stündlich verkehrende **Bus 172** verbindet Kloster Eberbach mit dem Bahnhof in Eltville. Die Anreise mit dem Bus belohnt der Klosterbetrieb mit einem Rabatt von 1 € auf den Eintrittspreis (einfach den Fahrschein am Ticketschalter vorweisen).

rh013 gs

Hattenheim

Hattenheim, der nächste Ort am Rheinufer westlich von Eltville, ist verwaltungsmäßig längst unter dessen Fittiche geschlüpft. Sein Zentrum mit den kleinen und großen **Fachwerkhäusern** aus dem 16. und 17. Jahrhundert steht komplett unter **Denkmalschutz.** Ältestes Gebäude ist die vermutlich Anfang des 12. Jahrhunderts errichtete Burg. Nur ein paar Schritte weiter und ebenfalls sehenswert ist die **Barockkirche St. Vincentius** (Hauptstr. 46) mit ihrem markanten frühgotischen Turm. Über dem Eingang steht der Kirchenheilige St. Vincentius mit dem Feuerrost in der Hand als Zeichen seines Martyriums. Nahezu vollständig erhalten ist bis heute die barocke Innenausstattung, ebenso wie eine Kreuzigungsgruppe.

Burg Hattenheim

Zwischen Bahnhof und Kirche findet sich ein **mittelalterlicher Wohnturm** mit vier Geschossen und hohem Kaminaufbau. Erst im 20. Jahrhundert wurde die Ruine in vielen Tausend freiwilligen Arbeitsstunden von einer Bürgerinitiative hergerichtet. Heute dient der Turm mit seinem rustikalen Festsaal im Parterre, dem Rittersaal im ersten Stock und dem edlen Prunksaal im Obergeschoss als Veranstaltungsort für private Feiern.

Unterkunft, Essen und Trinken

- **Hotel und Weinhaus Zum Krug**④-⑤, Hauptstraße 34, 65347 Hattenheim, Tel. 06723 99680, www.hotel-zum-krug.de. Moderne Hotelzimmer hinter historischer Fassade. Der familiengeführte Betrieb hilft auch bei der Fahrradleihe und der Gestaltung eines Picknickkorbes. Das viel gelobte **Restaurant** ist Do–Sa von 12–14 und Di–Sa von 18–22 Uhr geöffnet und überrascht mit gehobener Landgasthausküche.
- **Athenas Mediterrane Küche**②, Hauptstraße 6, 65347 Hattenheim, Tel. 06723 6044101, auch auf Facebook zu finden, Do 17–21, Fr, Sa 17–22, So 17–20.30 Uhr. Urig eingerichtetes kleines griechisches Lokal mit Angeboten auch für Vegetarier und Veganer. Die aktuellen Angebote sind auf einer Schiefertafel notiert.

Öffentliche Verkehrsmittel

- **Bus 171** verbindet Hattenheim mehrmals täglich mit Wiesbaden und Rüdesheim.
- Hattenheims **Bahnhof** liegt an der Bahnstrecke Wiesbaden – Koblenz.

Oestrich-Winkel

Oestrich-Winkel besteht aus vier Gemeinden: Während die mehr oder weniger ineinander übergehenden Orte Oestrich, Mittelheim und Winkel am Rhein liegen und von langen, parallel zum Fluss führenden Hauptstraßen dominiert werden, liegt Hallgarten zwischen Wald und Weinbergen eingebettet hoch oben an den Hängen des Taunus. Am lebhaftesten geht es in Rheinnähe zu. Dafür sorgen die vielen Weinlokale und Weinprobierstände.

Winkel

Winkel zählt zu den ältesten Gemeinden des Rheingaus. So steht vor der katholischen Walpurgis-Kirche ein Denkmal des einstigen Erzbischofs *Rhabanus Maurus.* Ihm sagt man nach, anno 850 ein paar Hundert Arme mit Speis' und Trank versorgt und die Ratten auf ewig aus Winkel vertrieben zu haben. Der Legende nach war der heute **Graues Haus** (Graugasse) genannte Bau unweit des Rheins sein Wohnsitz, weshalb die Leute aus den Mauern jahrhundertelang Mörtel und Erde kratzten und als „Rattengift" mit nach Hause nahmen. Historisch ist das alles nicht belegt, trotzdem gilt das Graue Haus am südlichen Ortsrand als eines der ältesten Wohngebäude Deutschlands.

▷ Das Graue Haus in Winkel

St. Walpurgis

Das spätgotische Gotteshaus St. Walpurgis (Walburga) ersetzte vermutlich eine um das Jahr 900 gebaute Pfarrkirche. Ältester Teil ist der schlanke Turm aus dem 12. Jahrhundert. Die Kirche wurde im 17. Jahrhundert barockisiert, Kirchenschiff und Chor wurden gründlich umgestaltet. Man erhöhte den Kirchturm und setzte ihm eine Haube auf. Im Stil des Barock erhalten blieb bis heute ein Großteil der Innenausstattung, darunter eine Pietà aus dem 17. Jahrhundert.

■ **St. Walpurgis,** Winkel, Hauptstr. 50.

Brentanohaus

Das Brentanohaus, im 19. Jahrhundert ein **Zentrum der Rheinromantik,** ist wohl die bekannteste Sehenswürdigkeit von Winkel (→ Exkurs „Das Brentanohaus – Treffpunkt der Romantiker", S. 82). Heute wird das 1751 erbaute Haus mit seinem großen Park als **Museum und Restaurant** genutzt. Mehrmals jährlich werden Führungen durch das Anwesen angeboten, dessen Räume zum Teil noch so erhalten sind wie damals, als die großen Romantiker hier ein- und ausgingen. Ihr Treffpunkt war der Saal im Obergeschoss, an den ein Schlaf- und Arbeitszimmer grenzen, das auch *Goethe* genutzt haben soll. Er war bekanntermaßen Frühaufsteher und saß schon morgens gern im Garten des Hauses, in dem heute wie damals heimische Rieslinge serviert werden – inzwischen gar unter dem markenträchtigen Namen „Goethewein aus dem Brentanohaus". Seit 2014 gehört das Haus dem Land Hessen, das es der Familie *Brentano* für 1,2 Millionen Euro abkaufte und mehr als zwei Millionen Euro in eine noch im-

031rh gs

Das Brentanohaus – Treffpunkt der Romantiker

Bis heute erzählt das Brentanohaus in Winkel von unglücklichen Liebschaften, tiefen Sehnsüchten und Träumen. Das langgestreckte Gebäude mit großem Garten wurde 1751 erbaut und 1804 von der ihm seinen Namen gebenden Frankfurter Großkaufmannsfamilie *Brentano* als Sommersitz erworben. Als Treffpunkt weinseliger Romantiker machte es sich schnell einen Namen. Die Märchenforscher **Jacob und Wilhelm Grimm** waren hier ebenso zu Gast wie die Dichter **Christoph Martin Wieland** und **Achim von Arnim** oder der Komponist **Ludwig van Beethoven.**

Viel von sich reden machte auch **Johann Wolfgang von Goethe,** der bei seinen Besuchen im Rheingau in der jungen **Bettina Brentano** Sehnsüchte weckte, die er aber nicht erfüllen wollte oder konnte. „Prost Mahlzeit" soll der Kommentar von *Goethes* Mutter gewesen sein, als sie vom Verhältnis ihres Sohnes zu *Bettina* erfuhr, die den Geheimrat mit immer neuen Liebesbriefen bombardierte. Die öffnete der alternde *Goethe* meist erst gar nicht, da er alle Kontakte mit ihr zu umgehen suchte. Schließlich verbat sich *Goethe* während seiner Besuche in Winkel jeden Aufenthalt *Bettinas* im Haus – eine Bitte, die ihm gewährt wurde. In *Achim von Arnim,* dem Freund ihres Bruders *Clemens,* fand *Bettina* schließlich doch noch einen Mann, der sie heiratete.

Für großes Aufsehen im Hause *Brentano* sorgte auch *Bettinas* enge Freundin **Karoline von Günderrode:** eine sehr selbstbewusste junge Poetin, die schon im 19. Jahrhundert als „Sappho der Romantik" bekannt war – eine Anspielung auf eine der bekanntesten antiken Dichterinnen, deren Leben unglückliche Liebschaften und Schwermut bestimmten.

„Ich habe keinen Sinn für weibliche Tugenden, für Weiberglückseligkeit", bekannte sie als junge Frau. „Nur das Wilde, Große, Glänzende gefällt mir. Es ist ein unseliges, aber unverbesserliches Missverhältnis in meiner Seele; und es wird und muss so bleiben, denn ich bin ein Weib und habe Begierden wie ein Mann, ohne Männerkraft. Darum bin ich so wechselnd und uneins mit mir." Als sich ihre große Liebe, ein verheirateter Mann, endgültig von ihr trennte, erdolchte sich *Karoline* am Winkler Rheinufer. „Eine tiefe Wunde, nicht ganz ein Zoll lang; der Stich zwischen 4. und 5. Rippe in die linke Herzkammer eingedrungen", vermerkte das ärztliche Protokoll nach dem Freitod. Auf dem Friedhof hinter der Winkeler Pfarrkirche St. Walpurgis erinnert ihr Grab bis heute an die Dichterin, die sich für mehr Demokratie und Freiheit engagierte und für mehr Frauenrechte kämpfte.

mer nicht ganz abgeschlossene und aufwendige Sanierung des jetzt nicht mehr bewohnten Gebäudes steckte.

Das Haus gegenüber, die **Brentanoscheune,** ist eines der kulturellen Zentren der Region.

Brentanohaus, Am Lindenplatz 2, 65375 Winkel, Tel. 06723 2068, www.brentano-haus.de. Das Haus kann an ausgesuchten Samstagen von März bis Okt. um 16 Uhr besucht werden. Kosten pro Führung 8 €.

Das vom **Weingut Allendorf④** geführte Restaurant im Brentanohaus (https://brentanohaus.de; Mo und Fr ab 17, Sa/So ab 12 Uhr, Tel. 06723 8854070) bietet neben einem Tagesmenü und wechselnden Spezialitäten auch „Goethes Reiseproviant": Parmaschinken, Oliven, Bergkäse, Feigensenf und Roggenbrot.

Schloss Vollrads

Ein paar Kilometer außerhalb Winkels und über eine kleine Straße gut erreichbar liegt Schloss Vollrads mit einem **von Wasser umgebenen Wohnturm** aus dem Mittelalter, barocken Herrenhäusern und einem schönen **Park.** Die Anlage ist seit 1320 Stammsitz der Familie *Greiffenclau,* deren Mitglieder nicht nur als Erzbischöfe von Mainz und Trier von sich reden machten, sondern auch als Anführer im Rheingauer Bauernaufstand 1525. Neben einem **Weingut** gehört zur Anlage ein **Restaurant** mit schöner Außenterrasse. Wahrzeichen des Schlosses ist der Wohnturm aus dem 14. Jahrhundert, der 1627 einen Erker erhielt und später eine barocke Haube.

Schloss Vollrads, Vollradser Allee, 65375 Winkel, Tel. 06723 660, www.schlossvollrads.com, Schloss-Vinothek tgl. 10–18 Uhr (verkürzte Öffnungszeiten Nov. bis Ostern), Gutsrestaurant Do–Mo 12–20 Uhr.

Schloss Vollrads: der Wohnturm

032rh gs

■ Das im Winter von Ende Dez. bis Mitte Februar geschlossene **Restaurant** mit schönem Sommergarten verwöhnt mit ausgesuchten Menüs samt passenden Weinen aus einem der ältesten deutschen Weingüter.

Mittelheim

Fast nahtlos geht Winkel ins angrenzende Mittelheim über. Das gotische **Rathaus** (Rheingaustr. 116) erhielt erst nach mehreren Umbauten im 18. und 19. Jahrhundert seine heutige Gestalt.

Basilika St. Ägidius

Aus dem Mittelalter stammt die Mittelheimer Basilika, die bis 1263 als **Klosterkirche** diente, einer der ältesten Sakralbauten des Rheingaus. Das aus einfachen Bruchsteinen gemauerte und äußerlich schmucklose Gotteshaus wurde bei den letzten großen Restaurierungsarbeiten in den späten 1930er und Anfang der 1950er Jahre um eine hölzerne Empore und einen Treppenturm an der Westseite erweitert. Außerdem wurde der romanische Dachstuhl ersetzt. Im Inneren glänzt die Kirche mit wertvollen Schnitzereien an einer spätgotischen Kanzel. Sehenswert sind weiter ein gotischer Taufstein aus dem 15. Jahrhundert und eine Statue des Kirchenheiligen Ägidius aus dem 14. Jahrhundert. Zum Jahreswechsel lockt eine der schönsten Krippen im Rheingau, gebettet zwischen Weinbergsstöcken.

■ **St. Ägidius,** Mittelheim, An der Basilika 8.

Oestrich

Weiter östlich liegt Oestrich mit seinem mittelalterlichen Marktplatz, malerischen Fachwerkbauten und der romanisch-gotischen Martinskirche.

Oestricher Kran

Wahrzeichen des Ortes ist der am Rhein stehende Kran, der 1745 seine Arbeit aufnahm und bis Mitte der 1920er Jahre genutzt wurde. Er diente vor allem der **Verladung der Weine** aus dem Kloster Eberbach. Sein neun Meter langer Ausleger wird von innen gesteuert. Dort finden sich zwei große **Treträder,** die von sogenannten Kranknechten bewegt wurden. Die Radläufer, einer oder zwei pro Rad, sorgten mit ihrer Körperkraft für das Ein- oder Ausladen der Schiffe. Die Hubkraft des Krans betrug bis zu 2,5 Tonnen.

Schautafeln erklären Besuchern Bau, Funktion und Aufgabe der historischen Ladehilfe, die von April bis Oktober jedes erste Wochenende im Monat zwischen 13 und 17 Uhr kostenlos besichtigt werden kann.

> Der historische Weinverladekran in Oestrich

Martinskirche

Oestrichs katholische Pfarrkirche am Markt entstammt dem frühen 16. Jahrhundert, der Turm sogar der ersten Hälfte des 12. Jahrhunderts. Schwedische Söldner brannten die Kirche im Dreißigjährigen Krieg nieder, danach wurde das Gotteshaus mehrfach erweitert und umgebaut, bis es zu seiner heutigen Form fand. Der neogotischen Neugestaltung entstammt der Hochaltar. Gotisch ist der linke Seitenaltar, barock der rechte. Sehenswert sind das im 15. Jahrhundert entstandene Heilige Grab an der Nordwand und eine Darstellung des Kirchenheiligen Martin aus dem 12. Jahrhundert.

Hallgarten

Alte Fachwerkhäuser, Straußwirtschaften und Weingüter prägen den wenige Kilometer nördlich gelegenen Ortsteil Hallgarten, dessen Kern zwar Denkmalschutz genießt, dessen einzig wichtige touristische Attraktion aber die Pfarrkirche Mariä Himmelfahrt mit ihrer wertvollen Marienfigur ist. Das **Itzstein'sche Gutshaus** (Niederwaldstraße 7a) gilt als eine der Wiegen deutscher Demokratiebewegungen, trafen sich doch dort Mitte des 19. Jahrhunderts im sogenannten Hallgartener Kreis Freiheitsfreunde wie *Robert Blum, Friedrich Hecker* oder *Hoffmann von Fallersleben,* der Dichter der deutschen Nationalhymne.

rh083 jb

Kirche Mariä Himmelfahrt

Von der romanischen Kirche steht heute nur noch die Nordwand und der Turm. Dessen Helm entstammt wie der Chor und die Sakristei der Spätgotik. Wie viele Gotteshäuser wurde auch Hallgartens Kirche im 18. Jahrhundert erweitert und barockisiert. Ihr heutiges Aussehen erhielt sie dann Ende des 19. Jahrhunderts.

Was den Abstecher nach Hallgarten lohnt, ist die **„Schrötermadonna“**, eine Tonskulptur aus dem frühen 15. Jahrhundert. Die Marienfigur gilt als Schutzheilige der Weinschröter, die jahrhundertelang den Transport der Fässer aus dem Rheingau besorgten und ihren Arbeitstag gewöhnlich mit einem Gebet vor dem Votivbild ihrer Zunftpatronin begannen. Zwei Fresken an der Nordwand der Kirche erzählen vom „Weinwunder von Hallgarten“. Demnach fiel einem Weinschröter beim Transport ein Fass vom Wagen und lief aus, woraufhin die Mutter Gottes das Fass wieder zusammengefügt und aufgefüllt haben soll.

■ **St. Mariä Himmelfahrt,** Zangerstr. 3, Hallgarten, www.schroetermadonna.de.

Praktische Tipps

Informationen

■ **Touristen-Information Oestrich-Winkel,** Hauptstr. 87 (im Kelterhaus des Brentanohauses), 65375 Oestrich-Winkel, Ortsteil Winkel, Tel. 06723 6012806, www.oestrich-winkel.de, April bis Okt. Mo–Fr 10–14, Sa 10–16, So 10–15, Nov./Dez. und März tgl. 10–13, Jan./Feb. Do–So 10–13 Uhr.

Unterkunft, Essen und Trinken

MEIN TIPP: **Kleines Gasthaus**②, Rheingaustraße 18, Tel. 06723 913433, www.kleinesgasthaus-oestrich.de, Di–Fr, So 12–14.30, Mi–So 18–22.30 Uhr. Kleines Gasthaus mit Wohnzimmeratmosphäre, zu der auch an jedem Werktag ein Mittagsmenü gehört. Bekannt für gute Pizzen und Pasta.

035rh gs

rh014 gs

■ **Näglers Fine Lounge Hotel**④, Hauptstraße 1, 65375 Mittelheim, Tel. 06723 99020, www.naeglers-hotel.de. 41 individuell eingerichtete Zimmer. Das Frühstücksbuffet steht von 7–10 Uhr (So bis 11) auch Nicht-Hotelgästen offen.

■ **Weingut Corvers-Kauter**②, Rheingaustr. 129, 65375 Mittelheim, Tel. 06723 2614, www.corvers-kauter.de, April bis Okt. Mi–Fr 17–23, Sa/So 15–23 Uhr. Gutsausschank mit Slow-Food-Küche, die am besten im Garten unter den Palmen mundet.

■ **Liegenschaft und Schumacherei**③-④, Hauptstraße 37, 65375 Oestrich, Tel. 0172 6126884, www.liegen-schaft.de. Einfache DZ in einem Guesthouse mit gemütlichem Innenhof in der Altstadt, Hunde willkommen. Zum Haus gehört auch eine im Sommer tgl. geöffnete Cafébar samt Vinothek.

■ **Gästehaus Gottesthaler Mühle**③-④, Gottesthal 115, 65375 Oestrich-Winkel, Tel. 06723 602 500, www.gottesthaler-muehle.de. Sieben individuell ausgestattete Zimmer in einem denkmalgeschützten ehemaligen Weingut, sehr ruhig gelegen.

■ **Hotel-Restaurant Zum Rebhang**③, Rebhangstr. 53, 65375 Hallgarten, Tel. 06723 2166, www.hotel-zum-rebhang.de.14 einfache Zimmer in schöner Lage über Hallgarten direkt am Rheinsteig. Hunde erlaubt. Das werktags (ab 17 Uhr) und feiertags (ab 12 Uhr) geöffnete **Restaurant** bietet eine kleine Karte u.a. mit Schweinelende oder Kartoffel-Gemüse-Curry für Vegetarier.

◁ Die Pfarrkirche von Hallgarten beherbergt eine wertvolle Tonskulptur, die ◸ Schrötermadonna

Kultur

■ **Rheingauer Wein Bühne,** in der Brentanoscheune, Hauptstr. 134a, Winkel, Programm: www.rheingauer-wein-buehne.de.

Aktivitäten

■ **Freibad Hallgarten,** Rosentalstraße, Hallgarten, Tel. 06723 8850321, www.oestrich-winkel.de. Einfaches Bad mit Kinderbecken und Liegewiese. Öffnungszeiten während der Saison: 9–19.30 Uhr.

Feste und Veranstaltungen

■ **Oestricher Dippemarkt:** traditioneller Handwerkermarkt und historischer Traktoren-Treff, am Wochenende nach Christi Himmelfahrt.

■ **Jazzwoche Oestrich-Winkel:** Jazzmusik in Winzerhöfen, Juli/August.

■ **Hallgartener Winzerfest:** familiäres Weinfest, Anfang August.

Öffentliche Verkehrsmittel

■ **Bus 171** verbindet Oestrich, Winkel und Mittelheim mit Wiesbaden und Geisenheim. Nach Hallgarten verkehrt ab Bahnhof Hattenheim **Bus 181.**

■ Der **Bahnhof Oestrich-Winkel** liegt an der Bahnstrecke Wiesbaden – Koblenz.

Wandern

■ **Flötenweg:** Eine viel gelobte Wanderstrecke führt von Hallgarten durch die Weinberge von Oestrich-Winkel zum Schloss Johannisberg (→ Kapitel „Wandern“).

036rh gs

Geisenheim

Geisenheim ist ein lebendiges Städtchen am Rhein mit Fußgängerzonen und vielen kleinen Läden. Junges Leben hauchen dem Ort die über tausend Studenten der Universität ein. „Hochschulstadt" nennt sich Geisenheim deshalb selbstbewusst, weniger „Dom-" oder „Lindenstadt" wie früher. Diese beiden Etiketten verdankt Geisenheim seinem Wahrzeichen, der als **Rheingauer Dom** bekannten Kirche mit ihren weithin sichtbaren Doppeltürmen, und einer mehr als **700 Jahre alten Linde** auf dem Platz vor dem Rathaus, die jährlich im Mittelpunkt des Lindenfestes steht.

Am Stadtausgang Richtung Rüdesheim findet sich die in der zweiten Hälfte des 19. Jahrhunderts erbaute **Villa Monrepos.** Deren Obstbäume im umliegenden Park wurden zur Wiege der heutigen **Hochschule Geisenheim University,** einer weltweit anerkannten Forschungs- und Ausbildungsstätte für Wein-, Obst- und Gartenbau, Getränketechnologie, Landschaftsarchitektur und urbane Gestaltung. Sogar über ein eigenes Weingut verfügt die Hochschule.

⌃ Der spätgotische Dreikönigsaltar im ⟩ Rheingauer Dom von Geisenheim

In der waldreichen Umgebung rund um den Stadtteil **Stephanshausen** im Taunus mit seiner gesunden und auch im Hochsommer selten schwülen Luft wird **Wandern** groß geschrieben. Wallfahrer steuern gern den oberhalb Geisenheims gelegenen Stadtteil Marienthal an, in dem seit dem 14. Jahrhundert ein angeblich wundertätiges Gnadenbild zu Hause ist.

Sehenswertes

Rheingauer Dom (Kirche Heilig Kreuz)

Mit ihren beiden fast 50 Meter hohen Türmen ist die **neogotische Kirche Heilig Kreuz** nicht zu übersehen. Obwohl sie nie Bischofssitz war, wird sie wegen ihrer Größe und Bedeutung in der Region gern Dom genannt. Das Gotteshaus geht auf eine romanische Kirche zurück, deren schon damals zweitürmige Westfassade bis 1836 bestand. Wegen Baufälligkeit hat man damals aber nicht nur die Türme, sondern auch das Langhaus entscheidend verändert. Sehenswert im Inneren sind neben Hochaltar, Kanzel, Chorgestühl und Taufstein die Altäre in den beiden Seitenschiffen: ein neugotischer Marienaltar und ein spätgotischer Dreikönigsaltar. Als wertvollster Kirchenschatz gilt eine **Altartafel** aus der Zeit um 1500. Sie zeigt rechts die Anbetung der Heiligen Drei Könige, links die heilige Helena bei der Kreuzauffindung und in der Mitte Anna Selbdritt, wie die christliche Ikonografie die Darstellung der heiligen Anna mit ihrer Tochter Maria und dem Jesuskind bezeichnet.

■ **Heilig Kreuz,** Bischof-Blum-Platz, Tel. 06722 8133, www.heilig-kreuz-rheingau.de.

rh119jb

Schloss Johannisberg

An einem der schönsten Plätze des Rheingaus, auf einem Hügel über dem Rhein beim gleichnamigen Geisenheimer Stadtteil, liegt Schloss Johannisberg: eine der größten deutschen Weinbaudomänen. Zum Schlossgut, einem einstigen Klosterbetrieb, gehört die **Weinlage „Schloss Johannisberg".** Sie ist eine der deutschen Riesling-Spitzenweinlagen, die ihre Güte den durchschnittlich 1600 Sonnenstunden im Jahr verdankt. Seit Ende des 18. Jahrhunderts werden Erntequalität und Weinlesebeginn auf dem Johannisberg lückenlos aufgezeichnet. Es sind Daten, die auch Rückschlüsse auf die Erderwärmung zulassen. So fiel der Start zur Traubenernte vor gut hundert

038rh gs

Jahren meist in die ersten Novembertage, heute ist schon im Oktober Lesebeginn.

Der Legende nach geht die Weinlage auf *Karl den Großen* zurück, der von seiner Pfalz in Ingelheim aus beobachtet haben will, wie der Schnee auf dem Johannisberg früher als in der Nachbarschaft schmolz. Historisch gibt es dafür keine Beweise, aber schon lange vor der letzten Jahrtausendwende waren die dortigen Weinlagen begehrte Grundstücke. Schon früh wurden sie von Mönchen bewirtschaftet, ab Mitte des 16. Jahrhunderts von weltlichen Herrschaften.

Anfang des 18. Jahrhunderts verkaufte der Mainzer Erzbischof den Weinbaubetrieb an den Fuldaer Fürstabt, der das Weingut als Sommerresidenz herrichten ließ. So entstand ein **barockes Schloss** mit drei Flügeln, von dem die äußeren Pavillons noch existieren. Mit der Säkularisation wurde Schloss Johannisberg schließlich zum Spielball europäischer Politik, fand es immer wieder neue Besitzer. Nach dem Wiener Kongress übernahm der österreichische Außenminister *Clemens Wenzel Lothar Fürst von Metternich* das Weingut, der damit für seine Verdienste bei der Neuordnung Europas belohnt wurde. Unter seiner Herrschaft wurde das Hauptgebäude des Schlosses klassizistisch umgestaltet und ein großer Park angelegt. Das Geld für die Umbauten brachte der Weinhandel, war der Johannisberger doch damals einer der begehrtesten Weine Europas, deutlich teurer als die besten Bordeaux-Weine.

Fliegerbomben legten das Schloss und die angrenzende Kirche 1942 in Schutt und Asche, doch schon Mitte der 1950er Jahre begann der Wiederaufbau. Die **Kirche** wurde im romanischen Stil des 12. Jahrhunderts – in Anlehnung an die einst von Benediktinern unterhaltene Klosterkirche – neu errichtet. Heute beeindruckt das Gotteshaus durch seine schlichte Architektur. Bemerkenswert im Inneren sind eine Nikolausfigur aus der Mitte des 14. Jahrhunderts, eine gotische Madonna von 1480 und ein mittelalterliches Lesepult.

⌃ Kirche und Weingut von Schloss Johannisberg

› Die Klosterkirche Marienthal

Schloss Johannisberg ist ein Weingut, in dessen unterirdischen Kellern kostbare Weinraritäten lagern. Die **Vinothek,** vor der das Denkmal des Spätlesereiters (→ Exkurs „Der Spätlesereiter“, S. 92) steht, lädt zum Probieren ein. Das Schloss selbst ist nur im Rahmen von Führungen zugänglich. Von der Terrasse der **Schlossschänke,** mehr noch aber vom sogenannten Goetheblick in der Nachbarschaft, einem beliebten Picknickplatz, ist der Blick ins Tal einer der schönsten im Rheingau. Kulturgenuss bietet der Schlosshof, wenn das **Rheingau Musik Festival** zu einem seiner großen Konzerte lädt.

■ **Schloss Johannisberg,** 65366 Geisenheim, Tel. 06722 70090, www.schloss-johannisberg.de. **Vinothek** tgl. 10–18 Uhr. Über Führungen und andere Veranstaltungen auf Schloss Johannisberg informiert die Website. Die **Schlossschänke**④, das Restaurant, ist Mi–So von 12–20 Uhr geöffnet. Mitten in den Weinbergen gibt es zudem einen Weinstand („Goetheblick“), der bei beständigem Wetter zwischen April und Oktober Mo–Fr ab 14 und am Wochenende ab 11 Uhr bewirtschaftet ist.

Kloster Marienthal

Bis heute ist das Kloster Marienthal, in dem seit dem 14. Jahrhundert ein angeblich wundertätiges Gnadenbild zu Hause ist, das Ziel von Wallfahrern. Der oberhalb Geisenheims gelegene **Stadtteil Marienthal** ist von Johannisberg und Geisenheim aus über Kreisstraßen zugänglich.

Marienthal zählt zu den **ältesten deutschen Wallfahrtsorten:** Schon im frühen 14. Jahrhundert war das dortige Gnadenbild der Schmerzhaften Muttergottes Ziel erster Pilger. Neu beseelt wurde das Kloster schließlich von den „Brüdern vom Gemeinsamen Leben“, einer Priestergemeinschaft aus Köln, die in Marienthal 1468 die **erste Klosterdruckerei der Welt** einrichtete. Ihnen folgten Augustinerchorherren und Jesuiten, ehe die Franziskaner den Dienst am Wallfahrtsort übernahmen und Marienthal im franziskanischen Geist neu beseelten. 1858 wurde das verfallene, alte Gotteshaus durch einen Neubau ersetzt, zu dessen Weihe das 1773 nach Geisen-

rh120 jb

Der Spätlesereiter

Im Gegensatz zu den übrigen Rheingauer Weingütern, denen die Zeit für die Traubenlese von den Gemeinden vorgeschrieben war, brauchte der Kellermeister auf dem Johannisberg einst die **Erlaubnis zur Weinlese** vom Fuldaer Fürstbischof, dem damaligen Schlossherrn. Im Jahre 1775 jedoch verspätete sich der Kurier mit der Lesegenehmigung. Man musste auf dem Johannisberg tatenlos zusehen, wie die Trauben an den Weinstöcken schrumpften und faulten. Als der Reiter endlich eintraf, schien die Ernte vernichtet. Trotzdem kelterte man die Trauben – und hatte am Ende einen **Wein von einmaliger Güte.** Ein Glücksfall, an den das **Denkmal** des Spätlesereiters vor der Vinothek auf dem Johannisberg heute erinnert.

Weingeschichtlich war die Lese edelfauler Trauben – die **Spätlese** – damals nichts Neues. Schon 1757 wurde auf dem Johannisberg ein „delikater Wein“ aus edelfaulem Lesegut gekeltert. Die Geschichte um den Spätlesereiter aber war für das Marketing der Johannisberger Qualitätsweine enorm wichtig, war sie doch der Auftakt zur Herstellung ausgesuchter Raritäten bis hin zu Beeren- und Trockenbeerenauslesen, ja sogar zu Eisweinen.

rh084 jb

heim gebrachte Gnadenbild nach Marienthal zurückkehrte.

Marienthals **Gnadenbild** ist ein kleines Vesperbild, dessen Verehrung den Überlieferungen nach 1309 begann. Damals kniete angeblich ein Jäger, der bei einem Unfall das Augenlicht verloren hatte, vor der Muttergottes und bat sie um Hilfe. Als er sich vom Gebet erhob, so berichten Chroniken, habe er wieder sehen können. Dies jedenfalls soll der Anlass gewesen sein, 1313 in einem tiefen Tal eine Kapelle zu bauen, die wenig später durch eine Kirche ersetzt wurde.

Seitdem ist die Kirche eines der wichtigsten Wallfahrtsziele im Rheingau, zeugen Hunderte von Votivtäfelchen von Marias Fürsprache in Notlagen. Vor allem in Kriegszeiten pilgerte man gern zur Muttergottes nach Marienthal. Heute noch rührt das Vesperbild viele Menschen, auch wenn der Wallfahrtsort in Zeiten zunehmender Verweltlichung immer weniger Beachtung findet.

Das **Kircheninnere** ziert ein bunter Bilderfries mit den Darstellungen der Rosenkranzgeheimnisse aus dem späten 19. Jahrhundert. Bemerkenswert ist das Hauptportal mit seinem Tympanon aus dem frühen 14. Jahrhundert, das oben Christus, den Weltenkönig, und seine Mutter, die Himmelskönigin, zwischen zwei Engeln thronend, zeigt. Darunter findet sich die Verkündigungsszene mit Maria und dem Erzengel Gabriel, flankiert von der hl. Katharina und dem hl. Antonius.

Den **Pilgerplatz** hinter der Wallfahrtskirche dominiert eine mittelalterliche Kreuzigungsgruppe. Dahinter öffnet sich das vor gut hundert Jahren angelegte „Franziskusgärtchen“. Wer will, kann im Franziskanerkloster für ein

rh085 jb

paar Tage einkehren und die Spiritualität des Ordens kennenlernen.

■ **Franziskanerkloster Marienthal,** Kloster Marienthal 1, Tel. 06722 99580, https://marienthal.franziskaner.net. Gottesdienste Mo–Sa 10.30, So 8.30, 10.30 und 14.30 (Andacht) Uhr. Sonntags bieten die Patres nach Voranmeldung im Anschluss an die Messe um 10.30 Uhr (die bei schönem Wetter sommers im Freien stattfindet) eine Autosegnung an. Anschließend öffnet das Klostercafé.

⌃ Ostergottesdienst im Kloster Marienthal

Praktische Tipps

Informationen

■ **Stadt- und Tourist Information Geisenheim,** Beinstraße 1, 65366 Geisenheim, Tel. 06722 701193, www.geisenheim.de, Mi–Do 10–12 und 13–15, Fr, Sa 10–14 Uhr.

Unterkunft, Essen und Trinken

■ **Hotel Haus Neugebauer**③, Haus Neugebauer 1, 65366 Geisenheim, Tel. 06722 96050, www.hotel-neugebauer.de. 18 Doppel- und 3 Einzelzimmer direkt am Rheinsteig mitten im Wald an der Straße von Johannisberg nach Stephanshausen, eigenes **Restaurant** mit regionaler Frischeküche, Mo, Do, Fr 17.30–22, Sa 11.30–14.30 u. 17.30–22, So 11.30–21 Uhr. Zum Jahresende kommt traditionell Gans mit Rotkohl, Kartoffelklößen, Maronen, Bratäpfelchen und Preiselbeeren auf den Tisch.

■ **Gutsausschank Trenz**③-④, Schulstraße 3, 65366 Johannisberg, Tel. 06722 7506311, www.weingut trenz.de, Mi–Sa ab 16, So ab 12 Uhr. Familienbetrieb mit gehobener Küche; häufig wechselnde Karte – von der Barbarieente bis zur Eismeerforelle.

■ **Café Zwei und Zwanzig**①, Lindenplatz 1, 65366 Geisenheim, Tel. 06722 7108312, www.zwei-und-zwanzig.de, Di–So 12–15 und 17–22 Uhr. Café und Weinbar zu Füßen des „Rheingauer Doms". Populäre Rheingau-Adresse für alle, die auf tierische Produkte verzichten wollen!

■ **Weingut Schleifmühle**①, Höllenweg, 65366 Marienthal, Tel. 06722 8122, Juni bis Okt. Do, Fr ab 16 Uhr, So ab 15 Uhr. An der Straße von Marienthal nach Johannisberg gelegene Waldschenke, die Hausmannskost zum Riesling serviert. Sehr einfach und preisgünstig.

Frau Ginkel①, Neustraße 8, 65366 Geisenheim, Tel. 06722 4148972, https://frau-ginkel.de, Mo, Di, Fr 10–18, Sa 10–17, So 10–15 Uhr. „Bistro für Freunde" nennt die Chefin ihr Lokal, in dem es Kleinigkeiten zum Frühstück wie selbstgemachtes Knuspermüsli oder Kichererbsensalat gibt. Bagels munden mit Ratatouille oder geräucherten Möhren.

Camping

■ **Campingplatz Geisenheim,** Am Campingplatz 1, 65366 Geisenheim, Tel. 06722 75600, www.rheingaucamping.de. Gewöhnlich von März bis Okt. geöffnet, 140 Stellplätze am Rheinufer. Auf dem Platz findet sich auch ein sogenanntes **Schlafhüttendorf** mit Holzhütten und Wohnfässern (www.rheingau524.de).

Aktivitäten

■ **Lindentheater,** Winkeler Str. 54, Geisenheim, Tel. 06722 8008, www.linden-theater.de. Einziges Lichtspieltheater im Rheingau.

■ **Rheingau-Bad,** Rüdesheimer Str. 1, Geisenheim, www.rheingau-bad.de. Einziges Hallenbad der Region, das wegen Renovierung mindestens bis Ende 2022 aber noch geschlossen ist.

Blick vom Johannisberg auf Geisenheim

041rh gs

■ **SUP Rheingau,** Am Campingplatz 1, Geisenheim, Tel. 0160 97223895, www.sup-rheingau.de. Erste Rheingau-Adresse für den Trendsport Stand-Up-Paddling. Die Firma verleiht nicht nur die passende Ausrüstung, sondern gibt auch Kurse und begleitet Gäste auf interessanten Rheintouren.

Feste und Veranstaltungen

■ **Besser als Nix:** Festival mit Musik und Aktion für Jung und Alt, Ende April/Mai.
■ **Geisenheimer Lindenfest:** Weinfest um die alte Linde, drittes Juliwochenende.
■ **Morschbergfest:** Gemeinsames Fest der Winzer aus Geisenheim, Marienthal und Johannisberg: zweites Septemberwochenende.

Öffentliche Verkehrsmittel

■ **Bus 171** verbindet Wiesbaden mit Geisenheim. Vom Bahnhof Geisenheim an der Schienenstrecke von Wiesbaden nach Koblenz fährt **Bus 185** nach Marienthal. Johannisberg und Stephanshausen sind vom Geisenheimer Bahnhof mit **Bus 183** zu erreichen.

Wandern

Mühlenwanderweg im Elsterbachtal

Mehr als ein Dutzend alter Mühlen verbindet der 5,5 km lange Wanderweg vom **Kloster Marienthal** bis zur Mündung des Elsterbachs in den Rhein. In vielen sind heute Weingüter zu Hause, deren Gutsausschank zum Zwischenstopp lädt.

Weinlehrpfad und Stadtspaziergang

Oberhalb von Geisenheim verläuft ein rund 10 Kilometer langer Weinlehrpfad, dessen Route am Rheinufer startet und endet. Er vermittelt interessante Informationen über den Rebsaft und die Geschichte der Stadt und ihrer Universität. Gehzeit: ca. 3 Stunden. Wegbeschreibung unter www.geisenheim.de, Suchbegriff „Weinlehrpfad".

039rh gs

Das Gnadenbild von Marienthal wird seit dem 14. Jahrhundert verehrt

rh015 gs

Rüdesheim am Rhein

In Rüdesheim gewinnt der Rheingau, der stromabwärts wegen der steilen Ufer keinen Platz für größere Siedlungen mehr zulässt, noch einmal städtische Gestalt. Kein anderer Ort wird so mit der Landschaft identifiziert wie Rüdesheim am Rhein, das an vielen Sommer- oder Herbstwochenenden aus allen Nähten platzt. Mehr als **eine Million Tagestouristen** und rund **400.000 Übernachtungsgäste** machen hier in guten Jahren Station. Überall in der Welt steht das Städtchen für Rhein und Wein, für deutsche Gemütlichkeit und geselliges Leben – eine Marke, die vor allem ausländische Gäste mögen. Den touristischen Ansturm verdankt Rüdesheim u.a. den vielen Hundert **Kreuzfahrtschiffen,** die hier jährlich anlegen, aber auch dem **Niederwalddenkmal,** dem Besucherziel hoch über der Stadt. Besonderen Aufschwung verschaffte die UNESCO der Stadt, als sie Rüdesheim und das Obere Mittelrheintal zum **Welterbe** erklärte.

Während Rüdesheims Zentrum touristisch öfters überlaufen ist, geht es in den Gemeinden **Presberg** und **Aulhausen** weniger lebhaft zu. Vor allem **Natur- und Wanderfreunde** kommen hier auf ihre Kosten, auch im Winter, wenn im Taunus – anders als in den Gemeinden unten am Rhein – Schnee liegt.

⌃ Blick auf Rüdesheim vom gegenüberliegenden Rheinufer, im Hintergrund die Abtei St. Hildegard

> Besuchermagnet Drosselgasse

Sehenswertes in der Altstadt

Drosselgasse

Rüdesheims Drosselgasse ist ganze drei Meter breit und 140 Meter lang. Vor allem an Wochenenden und Feiertagen schieben sich die Massen durch das Gässchen, das zu beiden Seiten kleine und große **Lokale mit Innenhöfen** säumen, in denen oft schon mittags **Live-Musik** für Stimmung sorgt.

Der 1727 erbaute „Drosselhof", das älteste heute noch existierende Weinlokal in der Drosselgasse, warb schon früh mit Musikkapellen um neue Kunden – sogar mit eigens komponierten Trinkliedern. In den 1920er und 1930er Jahren eröffneten mit „Lindenwirt", „Breuer's Rüdesheimer Schloss" und „Drosselmüller" drei ebenfalls noch existierende Frohsinns-Lokale.

042rh gs

Rüdesheim am Rhein

Ständig, lehren die Chroniken, wurde schon damals die Polizeistunde überschritten, beklagten sich Nachbarn über Lärm und Sittenlosigkeit. Party jedenfalls wurde in der Drosselgasse schon damals groß geschrieben. Dieses Image nutzten auch die Nationalsozialisten, deren Freizeit-Organisation „Kraft durch Freude“ die Menschen in den 1930er Jahren zu Zehntausenden nach Rüdesheim schickte, um sie ideologisch zu trimmen. So wurde schon gleich nach der Machtergreifung durch die Nazis den Drosselgassen-Wirten vorgeschrieben, „nur eine dem deutschen Empfinden entsprechende Musik“ aufzuführen.

„Vor allen Dingen ist jede überlaute Jazzmusik mit Trommel, Becken und Saxophon untersagt."

Auch nach dem Krieg blieb die Drosselgasse Anlaufstation Unterhaltung suchender Zeitgenossen. Doch in den 1970er Jahren, als sich die deutsche Gesellschaft nicht nur politisch veränderte, verlor Rüdesheims rührselige Weinwelt an Faszination. Geblieben ist ein Gässchen, das ziemlich nostalgisch anmutet, in dem es heute aber auch Pizza gibt und statt Schunkelweisen schon mal Rock und Pop erklingen. Inzwischen hat man in der Drosselgasse einen Gang zurückgeschaltet, überrascht der Lindenwirt mit **Slow Food**. Und ein **ArtCafé** in der Hausnummer 5 hat die modebewusste Jugend als Gäste im Visier. Diese werden von den Eignern mit einem traditionellen Rüdesheimer Kaffee überrascht, der hochprozentiger als ein Glas Wein ist und gelegentlich vor den Augen der Gäste zubereitet wird. Dazu mundet ein Baumstriezel.

- www.drosselgasse.de

Brömserburg

Früher lag sie unmittelbar am Rhein, jetzt trennen die Brömserburg Bundesstraße und Bahnlinie vom Ufer. Ihren Namen verdankt sie den einstigen Burgherren, dem aus dem Wispertal stammenden Geschlecht der *Brömser*, die aber nie hier wohnten.

Der Anfang des zweiten Jahrtausends errichtete Bau mit seinem bis heute das Stadtbild prägenden Turm war durch eine Ringmauer mit Graben gesichert und im Laufe der Jahrhunderte immer mehr zu einer Festung ausgebaut worden. Die im 17. Jahrhundert zerstörte und später verfallene Burg wurde im Rahmen romantischer Rückbesinnung Anfang des 19. Jahrhunderts neu hergerichtet.

Überragt wird die Brömserburg von der noch höheren **Boosenburg** (Oberburg) in unmittelbarer Nachbarschaft.

Hildegard von Bingen – die große Seherin des Mittelalters

2012 wurde *Hildegard von Bingen* durch Papst *Benedikt XVI.* in den Rang einer **Kirchenlehrerin** erhoben. Damit würdigte er das Leben der Heiligen, die höchstwahrscheinlich 1098 im rheinhessischen Bermersheim, einem Dorf vor den Toren Alzeys, geboren wurde. Die Eltern schickten *Hildegard,* ihr zehntes Kind, wie damals üblich ins Kloster. Das zehnte Kind galt im Mittelalter als ein Geschenk an Gott – so wie die Bürger einst ihren Zehnten an Staat und Kirche lieferten. Als Achtjährige kam *Hildegard* so ins Benediktinerkloster Disibodenberg, wo sie als Sechzehnjährige ihr Ordensgelübde ablegte.

Auf dem Disibodenberg hatte Hildegard ihre ersten **prophetischen Visionen.** „Ich sehe die Dinge nicht mit den äußeren Augen, höre sie nicht mit den äußeren Ohren, auch nehme ich sie nicht mit den Gedanken meines Herzens wahr, noch durch irgendwelche Vermittlung meiner fünf Sinne. Ich sehe sie vielmehr einzig in meiner Seele, mit offenen leiblichen Augen, sodass ich niemals die Bewusstlosigkeit einer Ekstase erleide, sondern wachend schaue ich dies, bei Tag und Nacht." Mit der Zeit reiften ihre Gedanken zu Schriften, die schließlich auch den Papst erreichten. „Sage und schreibe, was du siehst und hörst", ermunterte er die Seherin.

In Bingen gründete *Hildegard* schließlich ein neues Kloster. Der Heilige Geist, heißt es in ihrer Vita, habe ihr den Platz zugewiesen. Vom Kloster Rupertsberg, das Hildegard 1152 vom Mainzer Bischof segnen ließ, ist allerdings fast nichts mehr zu sehen. Über den Alltag der Nonnen damals schrieb ein Mönch, dass sie an allen Festtagen gemeinsam gesungen und aus der Bibel gelesen hätten. Werktags hätten die Damen Bücher kopiert, liturgische Gewänder gefertigt oder andere Handarbeiten erledigt.

Als es im Binger Kloster zu eng wurde, gründete Hildegard auf der anderen Rheinseite 1165

076rh gs

die **Abtei St. Hildegard in Eibingen** (siehe dazu unter Rüdesheim im Kapitel „Rheingau"), wohin sie zweimal wöchentlich übersetzte. Mittlerweile fast siebzig Jahre alt und immer noch von kosmischen Geheimnissen beseelt, schrieb *Hildegard* ein Buch nach dem anderen: natur- und heilkundliche Schriften, Lieder, Hymnen und Singspiele. Sorgsam notierte sie, welche Salben aus Blättern, Stängeln, Wurzeln oder Rinden Leib und Seele gut tun. „Grünkraft" nannte sie deren heilende Wirkung. „Was der Saft im Baum ist, das ist die Seele im Körper". Mancher Rat war durchaus modern: „Nahrung soll kräftig, aber mäßig sein. Aus Überfütterung mit fetten und rohen Speisen entstehen viele schwere Krankheiten."

1641 waren die letzten Schwestern vom Rupertsberg ins Kloster nach Eibingen übergesiedelt, das 1814 im Rahmen der Säkularisation aufgehoben wurde. Seit 1904 aber pflegen oberhalb Eibingens im **neuen Benediktinerinnenkloster** wieder Nonnen das Gedenken an *Hildegard*. Während sich die Menschen vor allem an Sommersonntagen in der Abtei mit ihrem Klostercafé drängen, bleibt Eibingens Pfarrkirche meist leer, obwohl dort der **Hildegardis-Schrein** mit Schädel, Haar, Herz und Zunge der Heiligen steht. Es sind die Reliquien einer Klosterfrau, die anno 1179 hochbetagt und krank starb – verärgert auch über die Amtskirche, die eine Zeit lang Hildegards Klosterbetrieb einschränkte, weil sie einen exkommunizierten Adligen auf dem Klosterfriedhof bestatten ließ. Zwei Regenbogen, so erzählt die Legende, hätten sich in ihrer Todesstunde über dem Kloster gekreuzt.

☒ Der Hildegardaltar mit der Darstellung ihres Sterbebettes, ausgestellt im Museum am Strom

Siegfrieds Mechanisches Musikkabinett

Augen, vor allem aber Ohren auf, heißt es in Siegfrieds mechanischem Musikkabinett, einem Museum für selbstspielende Musikinstrumente. Auf über 400 Quadratmetern Ausstellungsfläche zeigt es mechanische Klangkörper, von der Spieluhr bis zur großen Kinoorgel samt Zubehör wie Notenrollen und Orgelwalzen. Untergebracht ist das Museum in einem der schönsten Adelshöfe Rüdesheims, dem **Brömserhof,** dessen gotische Kapelle und freskengeschmückter Ahnensaal das genauere Hinsehen lohnen.

■ **Siegfrieds Mechanisches Musikkabinett,** Oberstr. 27–29, Tel. 06722 49217, www.smmk.de, April bis Dez. tgl. 11–17 Uhr, Eintritt 9 €, bitte vorher anmelden, weil das Museum nur mit Führung zugänglich ist.

St. Jakobus

Nach einem Bombenangriff 1944 fast vollständig zerstört, baute man die **Katholische Pfarrkirche** nach dem Krieg wieder auf. Ihre ältesten Teile sind das Untergeschoss des Nordturms, ein frühromanisches Juwel aus dem 11. Jahrhundert, und das Tympanon am Westportal mit dem von Engeln getragenen Schweißtuch der hl. Veronika oben und den Heiligen Drei Königen unten. Im Turmgeschoss beherbergt die Kirche heute auch das knapp 20 Zentimeter große **Gnadenbild aus dem Kloster Nothgottes** in Eibingen. Das vermutlich von einem Laien geschnitzte Werk aus den ersten Jahrzehnten des 14. Jahrhunderts zeigt Jesus am Vorabend seiner

Kreuzigung im Garten Gethsemane in äußerster Not und hat dem Kloster einst seinen Namen gegeben. Im eigentlichen Kloster Nothgottes, gelegen zwischen der Siedlung Windeck und dem Rüdesheimer Ortsteil Eibingen, haben inzwischen einige vietnamesische Zisterzienser eine neue Heimat gefunden.

■ **St. Jakobus,** Kellerstr. 1, tgl. 8–17 Uhr.

Foltermuseum

Vollmundig preisen die Ausstellungsmacher ihr Museum als größte Ausstellung Europas zum Thema Hexen-Folter und Scheiterhaufen. Auch wenn das übertrieben ist, zum Gruseln ist allemal, was auf über 1000 Quadratmetern in historischen Gewölbekellern zur Rechtsgeschichte des Mittelalters zusammengetragen wurde. Fast 150 martialische Folterwerkzeuge, von der Daumenschraube bis zur Kopfpresse, von der Streckbank bis zum Henkerschwert, und Bilder geben einen Eindruck von den Grausamkeiten vergangener Jahrhunderte.

■ **Mittelalterliches Foltermuseum,** Oberstraße 49–51, Tel. 06722 47510, www.foltermuseum.com, Karfreitag bis Okt. tgl. 11–17 Uhr, Nov. bis Karfreitag Sa/So 13–17 Uhr, Eintritt 7 €.

▷ Die Abtei St. Hildegard

Eibingen

Pfarrkirche St. Hildegard

Im Stadtteil Eibingen steht auf den Fundamenten eines im Jahr 1165 von *Hildegard von Bingen* gegründeten Klosters die katholische Pfarr- und Wallfahrtskirche St. Hildegard, deren Blickfang ihr **Reliquienschrein** ist. Alljährlich am 17. September wird er in einer Prozession durch das Dorf getragen: mit Schädel, Haar, Herz und Zunge der Heiligen (→ Exkurs „Hildegard von Bingen – die große Seherin des Mittelalters", S. 100). Das Jahr über werden die Reliquien in einem vergoldeten Schrein verwahrt, der Ende der 1920er Jahre in Maria Laach und Köln gefertigt wurde. Neben dem Reliquienschrein im Chorraum birgt das Gotteshaus eine Hildegard-Skulptur aus fränkischem Muschelkalk sowie zahlreiche andere Reliquien in einem Wandschrank.

■ **Pfarrkirche St. Hildegard,** Marienthaler Str. 3, Rüdesheim-Eibingen, tgl. 9–18 Uhr, im Winter bis 17 Uhr.

Abtei St. Hildegard

Inmitten von Weinbergen liegt die im neuromanischen Stil errichtete Abtei St. Hildegard. Mehrmals täglich kommen die dort wohnenden **Benediktinerinnen** zum Gebet zusammen, an dem auch Besucher teilhaben können.

Kontemplation und die Arbeit in den **Kunstwerkstätten** sowie im klostereigenen **Weingut** bestimmen das Leben der Schwestern. Im Klostershop gibt es eine große Auswahl an Büchern und Materialien zum Leben *Hildegards*, Dinkelprodukte aller Art, selbst produzierte Kerzen und Goldschmiedearbeiten, aber auch Gelees, Liköre und Brände, Sekte und feine Riesling-Spätlesen aus den Toplagen des Klosters. Mit Speis' und Trank verwöhnt das Klostercafé – jeden Tag zwischen 10 und 12 Uhr mit einem Frühstück, nachmittags mit Kaffee und selbst gebackenem Kuchen.

Schon von Weitem grüßen die beiden 48 Meter hohen Türme der Klosterkirche. Ein Mönch der Abtei Maria Laach und gelernter Architekt hatte den Bau entworfen, in den Anfang des letzten Jahrhunderts zwölf Benediktinerinnen aus der Abtei St. Gabriel in Prag einzogen, dem ersten Frauenkloster der Beuroner Kongregation – einem Zusammenschluss mehrerer Benediktinerklöster Europas, die sich der Pflege der Liturgie, des Lebens in Gemeinschaft und besonderer Gastfreundschaft verpflichtet sehen.

Ganz im Geist des Stammklosters wurde das Kircheninnere im romanischen Stil gestaltet und mit mystisch-bunten Bildern ausgemalt. Sie laden zum Schauen ein, zum Träumen auch, weil sie viel Ruhe ausstrahlen. Szenen aus dem Alten und Neuen Testament zeigen sie – von der Arche Noah bis zum Kreuzestod.

Im **Informationsraum** des Klosters kann man sich über die heilige *Hildegard* und das benediktinische Leben informieren. Dass Eibingens Benediktinerinnen mit der Zeit gehen, verrät ein QR-Code, der Besucher mit dem Handy durch die Klosterkirche führt.

■ **Abtei St.Hildegard,** 65385 Rüdesheim, Tel. 06722 4990, www.abtei-st-hildegard.de. Die Kirche ist täglich 6–20 Uhr geöffnet. Besucher sind zu den täglichen Gebeten und Gottesdiensten herzlich eingeladen. Über ihre Zeiten informiert die Website des Klosters. Der Klosterladen steht Mo–Sa 10–17, So 12–17 Uhr offen.

rh086 jb

rh090 jb

Über die Wanderer ...

...wacht Germania

rh016 gs

Das **Klostercafé** ist gewöhnlich täglich von 10 bis 17 Uhr geöffnet. Es ist ein integrativer Betrieb für Menschen mit Beeinträchtigungen oder Lernbehinderungen. Für Ruhe und Einkehr suchende Gäste besteht die Möglichkeit, drei oder mehr Tage am klösterlichen Leben teilzuhaben und im **Gästehaus** des Klosters zu wohnen. Dafür stehen 25 einfache Einzelzimmer zur Verfügung.

Niederwalddenkmal

Anfangs ging es mit Eseln oder Kutschen bergauf, später mit einer dampfgetriebenen Zahnradbahn, seit 1954 mit einer Kabinenseilbahn. Noch immer aber pilgern viele zu Fuß zur **Germania,** der mehr als zwölf Meter hohen und rund 32 Tonnen schweren Dame, die als **„Wacht am Rhein“** mit der Kaiserkrone in der Hand auf einem riesigen Steinsockel nahe Rüdesheim über dem Rhein steht.

Die einen sehen im Niederwalddenkmal ein kulturelles Zeugnis deutscher Identität, die anderen halten es für ein martialisches Zeichen überzogenen Nationalstolzes. Wie viele deutsche Großdenkmäler spaltet auch das Niederwalddenkmal die Betrachter. In einem aber sind sich alle einig: Sein Standort, der **einzigartige Ausblicke** in den Rheingau und nach Rheinhessen erlaubt, gehört zu den schönsten Deutschlands.

Das in den letzten Jahren gründlich renovierte Denkmal entstand in Erinnerung an das erste deutsche Kaiserreich, vor allem aber als sichtbarer **Ausdruck nationalen Stolzes** nach dem deutsch-französischen Krieg 1870/71. Ganze zwölf Jahre währten Planung und Bau des Monuments, von der Standortwahl 1871 bis zur Einweihung 1883. Die Bauzeit selbst betrug sechs Jahre. Erste Probleme waren schon bei der Wahl eines Motivs für das Denkmal aufgetaucht. So lieferte ein anfänglicher Künstlerwettbewerb keinen passenden Entwurf. Erst im zweiten Anlauf konnte der Dresdener Bildhauer *Johannes Schilling* mit seiner Idee der Germania überzeugen. Die Kosten des Baus beliefen sich auf mehr als eine Million Goldmark und konnten, anders als geplant, nicht vollständig aus Spenden finanziert werden. Einen Großteil der Summe musste deshalb das Deutsche Reich zuschießen.

Bei der Grundsteinlegung am 16. September 1877, wie auch bei der Einweihung am 28. September 1883, war **Kaiser Wilhelm I.** persönlich anwesend. Er zeigt sich auch hoch zu Ross auf dem Hauptrelief am Denkmalsockel, umgeben von Fürsten und Generälen, von 133 Personen, die bei der Reichsgründung und im vorausgegangenen Krieg gegen

Rheinromantik: der Zauberwald

Wer spüren will, was die Magie der Rheinromantik ausmacht, muss vom deutschnational geprägten Niederwalddenkmal gut zwanzig Minuten weiter Richtung Westen wandern. Mitten im Wald nämlich hat dort *Friedrich Karl Maximilian von Ostein* (1735–1809) einen **Landschaftspark** entstehen lassen, der erst in den letzten Jahren, befördert von der Sehnsucht nach naturnahem Erleben, neu entdeckt wurde.

1764 hatte der reiche Graf ein bis heute als Hotel geführtes **Jagdschloss** auf dem Niederwald bauen lassen und das Gebiet auf den Taunushöhen mit einer Straße erschlossen. Um seine Gäste zu beeindrucken, errichtete er Ende des 18. Jahrhunderts nur ein paar Minuten von seinem Schloss entfernt eine **Zauberhöhle:** einen dunklen Tunnel, der in einem Rundbau mit schönem Blick in die lichte Weite endet. Der Graf wollte den Weg von der Finsternis ins Licht als **Weg der Selbsterkenntnis** deuten.

Wie stark sein Hang zum Romantischen war, zeigt auch die gegenüber der Nahemündung gelegene **Burgruine Rossel,** die Graf Ostein 1774 nicht als Burg, sondern schon als Ruine anlegen ließ. Wie erst Jahrhunderte später in der Moderne, folgte auch bei ihm schon die Form der Funktion. Seitdem werden Wanderer von der höchsten Stelle des Niederwaldes aus mit einem spektakulären Blick ins Rheintal belohnt, das sich zu Füßen des Binger Mäuseturmes gewaltig verengt.

Lob gibt es auch in Internetforen: „Wir waren früh morgens da. Wunderbare Aussicht, keine Menschenseele außer der eigenen."

Frankreich eine Rolle gespielt hatten. Zu sehen sind weiter ein preußischer Gardist mit Fahne und ein sächsischer Infanterist mit Trommel. „Zum Andenken an die einmuehtige siegreiche Erhebung des deutschen Volkes und an die Wiederaufrichtung des Deutschen Reiches 1870–1871", verkündet groß eine Inschrift auf dem Denkmalsockel.

Links und rechts des Hauptreliefs symbolisieren weitere Figuren Krieg und Frieden. Die linke, Richtung Frankreich gerichtete Figur ist ein geflügelter Genius, der im antiken Rom als Schutzgeist galt. Auf der anderen Seite steht ein Engel mit Füllhorn und Ölzweig, Zeichen für Wohlstand und Frieden. Hinter den beiden Figuren finden sich zwei weitere Reliefs zum Thema Krieg und Frieden, links der „Auszug zum Kampf", rechts die „Heimkehr der Krieger". Eine Inschrift unterhalb des Hauptreliefs zitiert fünf von sechs Strophen der „Wacht am Rhein", einem zur Bauzeit des Denkmals populären Lied. Und nicht zu übersehen sind „Vater Rhein" und „Tochter Mosel".

Weithin sichtbarer Blickfang aber ist die Germania, die weibliche Personifikation des damaligen Deutschlands: eine Mischung aus schlachterprobter Walküre und vaterlandsliebender Mutter mit dem Reichsadler auf der Brust – ein Denkmal, das aufs trefflichste den damals gerade entstandenen deutschen Nationalstaat verkörperte. Übrigens: Dem Schöpfer der Germania soll bei seinem Entwurf die eigene Tochter Modell gestanden haben.

Ein kostenpflichtiger Parkplatz und ein **Besucherzentrum mit Gastronomie** finden sich in unmittelbarer Nähe.

Niederwald

Der an das Denkmal grenzende Niederwald, der sich bis zum Nachbarort Assmannshausen hinzieht, war schon vor seinem Bau ein beliebtes Ausflugsziel. Das lag an dem im 18. Jahrhundert erschlossenen **Landschaftspark** auf der Berghöhe. Angelegt hatte ihn *Karl Maximilian von Ostein,* ein Neffe des Mainzer Kurfürsten, der dem 28-jährigen Grafen anno 1763 ein großes Vermögen hinterließ.

Adlerwarte

Vogelfreunde können am Wochenende und an Feiertagen in der Adlerwarte im Schatten des Niederwalddenkmals Adler, Bussarde und Falken bei ihrem Flugtraining beobachten – außer bei Regenwetter. Die Warte, in der auch verletzte Großvögel gepflegt werden, liegt rund 40 Meter oberhalb des Niederwalddenkmals.

■ **Adlerwarte Niederwald,** www.adlerwarte-niederwald.de. Der Großvogel-Horst ist von Karfreitag bis Oktober Fr–So 12–17 Uhr geöffnet. Flugvorführungen sind gewöhnlich gegen 14 Uhr. Eintritt 4,50 €, Familienkarte 10 €.

Seilbahnen

MEIN TIPP: Auf die Anhöhe des Niederwalds führen zwei Seilbahnen – eine **Kabinen-Seilbahn** von Rüdesheim und ein **Sessellift** aus Assmannshausen – mit deren Hilfe man eine schöne Rundtour unternehmen kann. Empfehlenswert ist die Bergfahrt mit der Seilbahn von Rüdesheim zum Niederwalddenkmal, von wo es zu Fuß zum **Jagdschloss Niederwald** weitergeht. In dem geschichtsträchtigen Bau, in dessen „Grünem Salon" die Ministerpräsidenten der elf westdeutschen Bundesländer unter Vorsitz *Konrad Adenauers* ab Sommer 1948 die Gründung der Bundesrepublik vorbereiteten, ist heute ein Hotel zu Hause (s.u.: Assmannshausen). Nur ein paar Fußminuten vom Jagdschloss entfernt bringt einen der Sessellift hinunter nach Assmannshausen, von wo man mit dem **Schiff** nach Rüdesheim zurückfährt.

Für die Fahrten mit den zwei Seilbahnen und der Schiffspassage zwischen Rüdesheim und Assmannshausen gibt es ein Kombiticket, das **Ringticket** (17 €, Kinder 8,50 €). Die Touren sind gewöhnlich von Karfreitag bis Anfang November in beiden Richtungen möglich. Über die häufig wechselnden Fahrzeiten der Seilbahnen und der Rheinschiffe informieren:

- www.seilbahn-ruedesheim.de
- www.seilbahn-assmannshausen.de
- www.bingen-ruedesheimer.de

☑ Blick aus der Seilbahn auf Rüdesheim

rh087 jb

Burgruine Ehrenfels

Idyllisch in den Weinbergen über dem Rheinufer zwischen Rüdesheim und Assmannshausen liegt die Anfang des 13. Jahrhunderts errichtete Ruine Ehrenfels. Lange Jahre diente sie als Mautstation. Zeitweise brachte man in der durch fast fünf Meter dicke Mauern gesicherten Burg auch den Mainzer Domschatz unter. Ehrenfels wechselte mehrmals den Besitzer und wurde Ende des 17. Jahrhunderts zerstört. In der Folge verfiel die Anlage mehr und mehr, bis Anfang der 1990er Jahre das Land Hessen als Eigentümer die Ruinen sicherte. Die Burgruine ist für die Öffentlichkeit gesperrt, sodass Besuchern nur der Blick von außen bleibt.

Praktische Tipps

Informationen

- **Rüdesheim Tourist AG,** Rheinstraße 29a, 65385 Rüdesheim am Rhein, Tel. 06722 906150, www.ruedesheim.de, November bis März Mo–Fr 10–16, Sa/So 11–15 Uhr, April bis Okt. Mo–Fr 9–18 Uhr, Sa/So 10–16 Uhr.
- **Stadtführungen:** Ostern bis Oktober meist Fr 17.30 Uhr, 8 €, Anmeldung unter 06722 906150.

Stadtrundfahrt

- Am Ende der Drosselgasse startet der **Rüdesheimer Winzerexpress** (www.winzerexpress.de) von April bis Oktober zu 30-minütigen Rundfahrten durch die Weinberge und die Altstadt (9 €).

rh018 gs

048rh gs

Unterkunft, Essen und Trinken

3 **Hotel Rose**③, Wilhelmstr. 27, 65385 Rüdesheim, Tel. 06722 47503, www.hotelrose-online.de. Familiengeführtes Hotel etwas abseits der Partyzonen. Wanderer bekommen ein Lunchpaket mit auf ihre Touren, mit Brötchen, die sie beim Frühstück selbst belegen können.

5 **Hotel Zum Bären**③, Schmidtstr. 31, 65385 Rüdesheim, Tel. 06722 90250, www.zumbaeren.de. Familiengeführtes Hotel, das keine Busgäste aufnimmt. Ruhige Lage außerhalb der Rüdesheimer Party-Zone.

⌃ Klare Botschaft in der Gastronomiemeile

< Rüdesheims Uferstraße

7 **Breuer's Rüdesheimer Schloss**④, Weingasthaus & Restaurant, Steingasse 10, 65385 Rüdesheim, Tel. 06722 90500, www.ruedesheimer-schloss.com. 26 behindertenfreundliche Zimmer in der Stadtmitte, Leihfahrräder.

Im 8 **Weingasthaus** in der benachbarten Drosselgasse gibt es „Hessisch Tapas" ebenso wie Schnitzel oder Bratwurst.

MEIN TIPP: 2 **Domus Torculorum**②, Am Engergraben 14, 65385 Rüdesheim am Rhein, Tel. 06722 9375359, www.domus-torculorum.de. Gutsausschank hoch über der Stadt mit schönem Ausblick auf die rheinhessische Rheinseite. Hier munden Rheingauer Spezialitäten ebenso wie hausgemachte Tapas, dazu hauseigene Weine zu moderaten Preisen. Aktuelle Öffnungszeiten findet man auf der Homepage.

1 **Eibinger Zehnthof**①-②, Eibinger Oberstraße 15, 65385 Eibingen, Tel. 06722 2755, www.eibin

rh017 gs

ger-zehnthof.de, Mi–Sa 16–21 Uhr. Jahrhundertealtes Weingut mit eigenem Ausschank. Regionale Küche, u.a. hausgemachte Wurstspezialitäten von Presskopf bis Blutwurst.

6 **Restaurant Stellwerk**①-②, Am Rottland 1, 65385 Rüdesheim, Tel. 06722 9444638, www.stellwerk-ruedesheim.de, Do–So 17–22 Uhr. Tapas-Bar im Bahnhof mit mediterraner Küche.

Camping

9 **Campingplatz am Rhein,** Kastanienallee 4, 65385 Rüdesheim am Rhein, Tel. 06722 2528, www.campingplatz-ruedesheim.de, geöffnet von April bis Oktober. Etwa 800 m vom Stadtzentrum entfernter Platz mit 180 Stellplätzen, Freibad vor der Haustür.

Nachtleben

Als einzige der Rheingau-Städte kennt Rüdesheim vor allem am Wochenende so etwas wie ein Nachtleben. Vor allem im Sommer wird die **Drosselgasse** dann zur Partymeile. Stilvoll geht es in **Breuer's Weingasthaus** zu, wo man von Ostern bis Weihnachten mittags zu Klaviermusik einlädt. Abends spielt das Schloss-Quartett Evergreens zum Mitsingen und Tanzen. Auch andernorts ist häufig Live-Musik angesagt. Für Stimmung jedenfalls ist meist überall gesorgt, Langeweile kommt da wenig auf.

⌃ Bei schönem Wetter erobert man die Gegend um Rüdesheim am besten per Ausflugsschiff

Einkaufen

10 **Asbach Besucher Center,** Ingelheimer Straße 4, 65385 Rüdesheim am Rhein, Tel. 06722 497345, www.asbach.de, März bis Dezember Di–Sa 9–17 Uhr (Feiertage geschl.), Anmeldung erbeten. Das gesamte Asbach-Sortiment unter einem Dach: Brände und Liköre samt Pralinen. Sa häufig kostenpflichtige Werksführungen.

4 **Sekthaus Solter,** Zum Niederwald-Denkmal 2, Tel. 06722 2566, www.sekthaus-solter.de, Mo 8–12, Di–Do 8–17, Fr 13–17, Sa 12–16 Uhr. Wo *Johannes Brahms* angeblich Teile seiner dritten Symphonie schrieb, wird heute Sekt gekeltert. Schon die Preise verraten, dass er so gut wie Champagner ist.

■ **Metzgerei Kempenich,** Grohlochstr. 10, 65385 Presberg, Tel. 06726 1690, Fr 16–18, Sa 8–12 Uhr. Bis zu hundert in den benachbarten Tauruswäldern geschossene Wildschweine verarbeitet die Metzgerei im **Ortsteil Presberg** jährlich zu Schinken, Mett, Leber- und Bratwurst.

Aktivitäten

■ **Asbach-Bad,** Kastanienallee 3, Tel. 06722 910040, www.asbach-bad.com, Mitte Mai bis September tgl. 9–20 Uhr. Beheiztes Freibad mit Rutsche und Wasserfall am Rheinufer mit großer Liegewiese.

■ **Nordic Walking:** Touren aller Schwierigkeitsgrade bietet der „Rheingau Nordic Walking Riesling Park" rund um den Niederwald. Die farblich gekennzeichneten Routen (blau = leicht, schwarz = schwierig) bieten faszinierende Blicke ins Rheintal. Am anspruchsvollsten ist die fast 12 km lange „Rheinromantik-Route".

■ **Radverleih:** 60 E-Bikes und rund 200 Tourenräder aller Art verleiht die Firma **Radkranz,** Oberstraße 42–44, Tel. 06722 48336, www.rad-kranz.com. Auf Wunsch gibt es gefüllte Picknick-Rucksäcke und Streckentipps!

■ **Schiffstouren:** Bei schönem Wetter erobert man die Gegend am besten per Schiff. Von Ostern bis Oktober gibt es von Rüdesheim aus Verbindungen nach Bingen, Assmannshausen und Trechtingshausen sowie im Sommer auch täglich zur Loreley. Die Anleger finden sich am Rheinkai. Neben lokalen Schiffahrtsgesellschaften verkehren auf dem Rhein auch die Boote der **Köln-Düsseldorfer,** die von Rüdesheim aus von Karfreitag bis Ende Oktober täglich Mainz und Koblenz ansteuern. Hunger und Durst muss übrigens kein Flussfahrer leiden. Auf vielen Ausflugsschiffen gibt es Snacks ebenso wie Menüs und Getränke. Über Preise und Abfahrtszeiten informieren www.roesslerlinie.de, www.k-d.com und www.bingen-ruedesheimer.de.

☒ Sollte man in der Drosselgasse nach ein paar Gläsern Wein etwas anlehnungsbedürftig werden …

Feste und Veranstaltungen

■ **Tal Total:** autofreies Mittelrheintal zwischen Rüdesheim und Koblenz, am letzten Junisonntag.

■ **Rhein in Flammen:** spektakuläre Illuminationen und Feuerwerk, erster Julisamstag.

■ **Tag des Federweißen Rüdesheim:** letztes Weinfest im Rheingau, Ende Oktober.

■ **Weihnachtsmarkt der Nationen Rüdesheim:** Ende November bis Weihnachten.

■ **Magic Bike Rüdesheim:** Jährlicher Mehrtages-Event der Harley-Davidson-Fans, Juni.

■ **Rüdesheimer Weinfest:** Treff der Weintrinker auf dem Marktplatz mit bald 100-jähriger Tradition, August.

Öffentliche Verkehrsmittel

■ Fast direkt am Rhein liegt Rüdesheims **Bahnhof.** Fahrzeit nach Wiesbaden: 32 Minuten.

Wandern

Hildegard-Weg

MEIN TIPP: Ein gut ausgeschilderter, 6,7 Kilometer langer Rundweg führt vom Rheinufer durch die Weinberge über Eibingen zur Abtei St. Hildegard und zurück (→ Kapitel „Wandern").

rh019 gs

https://stock.adobe.com © Leonid Andronov

Assmannshausen

Das zu Rüdesheim gehörende Städtchen Assmannshausen liegt bereits hinter dem Rheinbogen auf der anderen Seite des Niederwalds. Rotweinfreunde sind in Assmannshausen bestens aufgehoben. Denn Deutschlands größte mit **Spätburgunderreben** bestückte, zusammenhängende Weinbergsfläche erstreckt sich um die Ortschaft herum. Bekannteste Weinlage ist der **„Höllenberg"**, ein sonnenverwöhnter Steilhang im Höllenbachtal, das zum Nachbarort Aulhausen führt. Hier hat der Rotwein beste Bedingungen: wasserdurchlässige Böden mit Wärme speichernden Schiefereinlagen und ein Mikroklima, das für den Spätburgunder mit seinen dunkelgrün belaubten Reben ideal ist. Seit fast tausend Jahren reift er auf rund 70 Hektar rund um das Dorf, keltern die Winzer aus den Trauben bukettreiche Spitzengewächse, die man guten Gewissens auch ein paar Jahre im Keller liegen lassen kann.

Bis 1970 hieß die Rotwein-Metropole offiziell noch Aßmannshausen, ehe die Rechtschreibreform dem Ortsnamen einen weiteren Buchstaben einbrachte. Heute ist Assmannshausen vor allem Zwischenstation für Rheinurlauber aus aller Welt, auf die sich Restaurants, Hotels und Pensionen nicht nur an der Uferfront eingestellt haben. So wie die **„Krone"**, die seit mehr als zwei Jahrhunderten Gäste beherbergt. Die Jahrhunderte zuvor diente das Haus als Treidelstation, an der man die Pferde wechselte, welche die Schiffe stromaufwärts zogen.

⌃ Blick über Assmannshausen

› Herbststimmung an der Rheinuferstraße

Fachwerkhäuser, die zum Teil noch aus dem 15. und 16. Jahrhundert stammen, lohnen einen kurzen Bummel. Das **Große Tor** ist der letzte Rest der mittelalterlichen Stadtbefestigung. Eine Stippvisite hat die 1325 erstmals urkundlich erwähnte **Kirche** verdient. Ihren Altar ziert der „Tod Mariens", ein Gemälde aus der Schule *Matthias Grünewalds.* Das Steinkreuz im Pfarrgarten vor der Kirche wurde 1767 geschaffen.

Zum Hotel Jagdschloss Niederwald (s.u.) oberhalb des Ortes fährt ein **Sessellift** (s.o.: Rüdesheim/Seilbahnen).

Praktische Tipps

Unterkunft, Essen und Trinken

■ **Altes Rathaus Assmannshausen**④, Rheinuferstr. 14, 65385 Assmannshausen, Tel. 06722 2424, www.altes-rathaus-assmannshausen. de. Bed & Breakfast im renovierten Alten Rathaus am Rheinufer. Am schönsten ist die große Ferienwohnung im Obergeschoss für 6 Personen.

■ **Hotel Jagdschloss Niederwald**④, Jagdschloss Niederwald 1, 65385 Rüdesheim am Rhein, Tel. 06722 71060, www.niederwald.de. Mitten im Wald gelegenes Traditionshotel weit abseits allen Trubels. Anfahrt von Rüdesheim, vorbei am Niederwalddenkmal, oder von Assmannshausen, von wo auch der Sessellift hinauffährt. Im zugehörigen **Restaurant** (Di–So 12–14 und 18–21 Uhr) ist die gebratene Wisper-Forelle einer der Bestseller.

■ **Hotel und Restaurant Zwei Mohren**②, Rheinuferstraße 1, 65385 Assmannshausen, Tel. 06722 9020, www.hotel-zweimohren.de. Rund 30 einfache Zimmer hat das Haus am Rheinufer. Im Restaurant serviert man leckere Fleischgerichte ebenso wie Flammkuchen. Frischeküche, die etwas Wartezeit erfordert, dafür aber schmeckt – im Sommer auf der Terrasse.

Feste und Veranstaltungen

■ **Assmannshausen in Rot:** Musik, Unterhaltung und regionale Spezialitäten auf der Rhein-Promenade, drittes Juniwochenende.

Öffentliche Verkehrsmittel

■ Assmannshausen liegt an der **Bahnstrecke** Wiesbaden – Koblenz. Die dreiminütige Bahnfahrt vom dortigen Bahnhof nach Rüdesheim verkürzt die sonst mit einer Schiffspassage kombinierte Ringtour mit den Seilbahnen (s.o.: Rüdesheim/Seilbahnen) erheblich und erlaubt die Rundtour auch noch am späteren Nachmittag.

■ Von Assmannshausen verkehrt mehrmals täglich **Bus 187** über die Nachbarorte Aulhausen und Windeck nach Rüdesheim.

051rh gs

Freistaat Flaschenhals: mit eigener Regierung und Währung

Lorch war einst Hauptstadt des sogenannten Freistaats Flaschenhals, der durch das **Waffenstillstandsabkommen nach dem Ersten Weltkrieg** entstanden war. Damals marschierten in der Region Koblenz die Amerikaner ein, die Region Mainz übernahmen die Franzosen. Ein kleines Gebilde zwischen Mainz und Koblenz aber hatten die Planer bei der Aufteilung des Gebiets mit dem Zirkel übersehen. Es hatte die Form eines Flaschenhalses und war durch einen schmalen, zum Teil nur wenige Hundert Meter breiten Korridor mit dem nicht besetzten Restdeutschland verbunden. Ob es sich um eine absichtlich eingerichtete Pufferzone oder um einen Vermessungsfehler handelte, ist bis heute offen. Am 10. Januar 1919 jedenfalls riefen die Menschen **rund um Lorch** den „Freistaat Flaschenhals" aus und organisierten eine **eigene Verwaltung mit eigener Währung,** auf deren Geldscheinen sich Sprüche fanden wie „In Lorch am Rhein, da klingt der Becher, denn Lorcher Wein ist Sorgenbrecher." Auf diesen Banknoten tauchte schließlich auch der Begriff „Freistaat" auf, den die Behörden bis dahin immer vermieden hatten. Rein rechtlich nämlich gehörte der Flaschenhals zu Preußen.

Rheinschiffe und Züge hatten im neuen Freistaat Halteverbot, richtige Straßenverbindungen ins unbesetzte Deutschland gab es nicht, sodass die dort lebenden Bürger vom Rest der Welt weitgehend abgeschnitten waren. Umso mehr blühte der **Schmuggel.** So trieben Bauern aus den besetzten Gebieten nachts ihre Kühe und Rinder über die Grenzen oder schleusten Kohle über winzige Waldwege in den Freistaat. Der illegale Grenzverkehr, erinnern sich Chronisten, war schließlich so perfekt organisiert, dass es den Bewohnern des Freistaats Flaschenhals oft besser ging als vielen anderen im restlichen Deutschland.

Ende Februar 1923 aber machten die **Franzosen** dem Treiben ein Ende und besetzten den Freistaat. Mit dem Abzug der Franzosen im November 1924 war auch dieses Kapitel zu Ende, der Freistaat Flaschenhals endgültig Geschichte. In Erinnerung daran gründeten ein paar geschichtsbewusste Lorcher 1994 die „Freistaat-Flaschenhals-Initiative". Seitdem schmücken sich Weine, Sekte und Schnäpse aus der Region mit einem speziellen **Flaschenhals-Etikett.** Und auch manches Gasthaus ziert heute ein Siegel der Initiative, die eigene Pässe ausgibt. Sie gewähren Rabatte beim Weinkauf und Essen in Lorch und Kaub.

- www.freistaatflaschenhals.de

052rh gs

rh020 gs

Lorch

Am westlichen Ende des Rheingaus an der Mündung der Wisper in den Rhein liegt die Stadt Lorch. **Steile Weinberge** prägen das Bild des staatlich anerkannten Erholungsortes. Der Stadtteil **Lorchhausen** mit seiner alten Kirche aus dem 16. Jahrhundert und der heutigen Pfarrkirche St. Bonifatius im neugotischen Stil liegt schräg gegenüber von Bacharach und markiert ungefähr die Grenze zwischen Hessen und Rheinland-Pfalz.

⌃ Lorch, eingebettet in prächtige Herbstlandschaft

‹ Das Gebiet hatte die Form eines Flaschenhalses – heute wirbt die Gastronomie mit dem historischen Gebilde

Sehenswertes

An der Wispermündung findet sich das Zentrum von Lorch. Sein alter Ortskern steht unter Denkmalschutz. Dazu zählen die mittelalterliche **Wisperbrücke** ebenso wie der in der Nähe befindliche **Strunk** (Rheinstraße), ein alter Befestigungsturm von 1527, der auch als Gefängnis genutzt wurde und heute als Hochzeitszimmer dient. Der neben dem Strunk einzige erhaltene zweite Stadtmauerturm, der **Hexenturm** (Wispergrund 2), verdankt seinen Namen einem Vorfall anno 1520. Damals kerkerte man die Schwiegermutter eines Mannes hier ein, der die Frau öffentlich als Hexe angeprangert hatte, um an ihr Geld und ihre Immobilien zu kommen.

Auffallend sind die vielen älteren Bauten wie das Hilchenhaus und das im 14. Jahrhundert an der ehemaligen Stadtmauer errichtete **Leprosenhaus,** in dem man Menschen mit ansteckenden Krankheiten unterbrachte.

054rh gs

Hilchenhaus

Das Hilchenhaus, ehemaliges Zuhause des Rheingauer Rittergeschlechtes der *Hilchen von Lorch,* gilt als einer der schönsten Renaissancebauten am Mittelrhein und beherbergt heute im zweiten Stock die Touristen-Information und eine Vinothek. Beachtenswert sind die schön gearbeiteten Sandsteinbauteile der Erker und die mit Wappen geschmückte Balkonbrüstung.

Das Hilchenhaus

Kirche St. Martin

Auf den Resten einer spätromanischen Basilika errichtete man im Mittelalter einen gotischen Neubau, der mehrmals umgebaut, erweitert und erneuert wurde – zuletzt Anfang des dritten Jahrtausends. Prunkstück der Kirche St. Martin (Markt 4) ist der **gotische Hochaltar** aus dem späten 15. Jahrhundert, der wohl eindrucksvollste, auf alle Fälle aber größte deutsche monochrome Schnitzaltar. Beachtenswert sind weiter das **Chorgestühl** aus dem Mittelalter, ein romanisches Kruzifix, der Taufstein aus dem Jahr 1464 und die Barockgemälde in den Seitenflügeln. Eine Besonderheit ist das sogenannte **Riesling-Register der Orgel.** Wenn man den Registerzug „Riesling 2f" bedient, erklingt Vogelgezwitscher und es öffnet sich eine kleine Tür, hinter der zwei Flaschen Riesling und zwei Weingläser versteckt sind.

■ **St. Martin,** Oberweg 13, Öffnungszeiten neben den Gottesdiensten: Ostern bis Oktober Sa/So 14–17 Uhr. Außerdem ist die Kirche tgl. zwischen 8 und 17 Uhr bis zum Gitter geöffnet, das einen Blick ins Innere ermöglicht.

Robert-Struppmann-Museum

Das **Kunst- und Heimatmuseum** zeigt unter anderem Schnitzarbeiten, Plastiken, Reliquienbehälter und sakrale Gegenstände wie einen holzgeschnitzten Kopf des enthaupteten Johannes des Täufers aus dem Mittelalter, eine Madonna mit Jesuskind aus dem frühen 14. Jahrhundert und zwei Reliquiarbüsten der heiligen Ursula. Dazu kommen liturgische Geräte sowie ein Choralbuch aus der Zeit um 1600.

■ **Robert-Struppmann-Museum,** Markt 5, Tel. 06726 1815, www.lorch-rhein.de, Ostern bis Ende Oktober Sa und So 14–17 Uhr. Im kleinen **Museumscafé** gibt es preiswert Kaffee und selbst gebackenen Kuchen.

☐ Blick über die Kirche St. Martin – gegenüber erheben sich die Hunsrück-Höhen

053rh gs

Ransel und Espenschied

Auf den **Taunushöhen** liegen die Stadtteile Ransel und Wollmerschied, die wie Espenschied von Lorch aus über das Wispertal zu erreichen sind. Dem heiligen Nikolaus ist Espenschieds Kirche aus der Mitte des 18. Jahrhunderts geweiht, Ransels Gotteshaus der heiligen Katharina.

Publikumsmagnet von Ransel aber ist sein **Landmuseum,** das Einblicke ins einstige Landleben vermittelt, nicht mit wissenschaftlichem Anspruch, sondern ganz praktisch. So wird im **Museumsofen** jeden Freitag frisches Brot gebacken, das ab 14.30 Uhr zum Verkauf steht. Auf 1,5 Hektar zeigt das Museum zudem viele Hundert Handwerkszeuge und Maschinen. Zu sehen sind außerdem komplett eingerichtete Werkstätten für Schuster und Schmiede und eine kleine Schnapsbrennerei, die ebenfalls noch betriebsbereit ist. Daneben gibt es eine Gaststätte mit Biergarten.

Landmuseum Ransel, Gewerbegebiet 1, 65391 Ransel, Tel. 06726 2088, www.flk-ransel.de, Mai bis Okt. 11–18 Uhr. Gaststätte: Do–So 11–21 Uhr.

Praktische Tipps

Informationen

Tourist Information Lorch am Rhein, im historischen Hilchenhaus, Rheinstr. 48, 65391 Lorch, Tel. 06726 8399249, www.lorch-rhein. de, Mo, Mi, Sa 10–14, Do, Fr 10–12 und 13–16 Uhr (Okt. bis März Sa geschlossen). Außenstelle: **Kiosk Rheinblick,** Rheinuferstr. 2, Tel. 06726 807511, Ostern bis Oktober tgl. 9.30–18.30 Uhr.

Unterkunft

Hotel im Schulhaus③, Schwalbacher Str. 41A, 65391 Lorch, Tel. 06726 807160, www.hotel-im-schulhaus.com. Garni-Hotel mit 44 Zimmern und Suiten im alten Schulhaus. Vollwert-Frühstück und Lunch-Pakete für Wanderer. Auch mit Hund ist man gern willkommen!

Hotel Restaurant Weingut Rößler②, Rheinstraße 20, 6539 Lorch, Tel. 06726 1658, www.weingut-roessler.de. Familiengeführtes Weingut mit sieben einfachsten Zimmern im Gästehaus und zwei Ferienwohnungen. Fahrradverleih. Von April bis Oktober außer Mi und Do täglich geöffnete **Winzerwirtschaft** (werktags ab 15, am Wochenende ab 14 Uhr) in urigem Keller in Bahnhofsnähe.

Gästehaus①, Römerberg 2, 65391 Lorch, Tel. 06726 8009300, www.lebensraum-mittelrheintal.de. Direkt neben der Martinskirche unterhält der Verein Lebensraum, ein Beschäftigungsprojekt für psychisch erkrankte Menschen, zwei sehr preiswerte Übernachtungsmöglichkeiten.

Essen und Trinken

Weinwirtschaft Laquai①-②, Schwalbacher Str. 20, 65391 Lorch, Tel. 06726 839213, www.weingut-laquai.de, Mi–Fr ab 17, Sa und feiertags ab 16 Uhr. Riesling-Oase in Fachwerkambiente mit regionaler Frischeküche. Spezialität sind die gebratenen Wisperforellen oder die hausgemachte Wildschweinsülze.

Bioweingut Mohr②, Rheinstraße 21, 65391 Lorch, Tel. 06726 9484, www.weingut-mohr.de. Zum renommierten Bioweingut gehört auch eine unregelmäßig geöffnete Straußwirtschaft, in der türkische Speisen auf den Tisch kommen. Besonders begehrt sind die Kochkurse für Vegetarier!

Feste und Veranstaltungen

- **Hilchenfest:** traditionelles Weinfest rund um das Hilchenhaus, drittes Juli-Wochenende.
- **Lorcher Zwiebelkuchentage:** Weinfest mit Federweißem und Zwiebelkuchen, Mitte Oktober.

Öffentliche Verkehrsmittel

- Lorch und Lorchhausen liegen an der **Bahnstrecke** Wiesbaden – Koblenz.
- Vom Bahnhof Lorch verkehrt ein sogenannter **Rufbus** nach Ransel, Espenschied und Wollmerschied. Er muss mind. 90 Minuten vor Fahrtantritt unter Tel. 06124 7265913 angefordert werden.

Wispertal

Die Wälder und Wiesen auf den Taunushöhen oberhalb von Lorch sind ein noch wenig bekanntes **Wanderparadies,** in dem seltene Vögel, Schmetterlinge und Insekten ebenso zu Hause sind wie Fledermäuse und Wildkatzen.

Hirsch, Mufflon,Wildschwein und Reh fühlen sich hier wohl. Fast ein Drittel aller in Deutschland bekannten Pflanzen, wollen Fachleute herausgefunden haben, sind hier zu finden. Einen **Spielplatz der Artenvielfalt** nennen die Touristiker die Gegend. Auch einige unter Naturschutz stehende Seltenheiten gibt es zu entdecken. Am besten auf dem **WispertalSteig** (www.wispertalsteig.de), einem gut ausgeschilderten, rund 15 Kilometer langen Rundwanderweg (→ Kapitel „Wandern"). Die Wälder rechts und links der Wisper gehören zum größten zusammenhängenden Waldgebiet Hessens und waren schon im Mittelalter begehrte Mastplätze für Schweine.

Die durch das Wispertal führende Straße, wegen ihrer vielen Kurven vor allem bei Motorradfahrern beliebt, verbindet den Kurort Bad Schwalbach mit Lorch und war schon im Mittelalter ein wichtiger Verkehrsweg, wie die vielen **Burgruinen und Kapellen** im Tal belegen.

Bis Mitte des 19. Jahrhunderts diente die **Wisper** Lachsen als Laichgebiet – bis die zunehmende Rheinverschmutzung dem ein Ende machte. Inzwischen aber sind die Lachse wieder in der Wisper zurück, trug ein wissenschaftliches Großprojekt, bei dem Zehntausende schwedischer und dänischer Junglachse ausgesetzt wurden, Früchte. Das Wasser der Wisper speist auch zwei **Forellenhöfe** unterhalb der **Ruine Lauksburg,** wo die „Wisperforelle" als regionales Markenprodukt nach strengen Qualitätsvorgaben erzeugt wird. Die Hälfte der Jahresproduktion von gut 20 Tonnen wird direkt vor Ort an Endverbraucher vermarktet.

Einkaufen

- **Forellenhöfe unter der Lauksburg,** Schwalbacher Str. 74, 65391 Lorch, Tel. 06726 586, www.wisperforelle.de, Mo–Sa 9–13 und Mo–Fr 14–17 Uhr. Frische und geräucherte Forellen direkt vom Erzeuger. Im Angebot sind zudem Aale aus eigener Räucherei und zu Weihnachten Karpfen aus dem Wisperwasser.

Leder Chic

056rh gs

3

Mainz

» Am Zusammenfluss von Rhein und Main gelegen, zählt in Mainz das Ambiente, fasziniert die Kulisse. Gotik mischt sich mit Romanik, Barock mit Klassizismus. Tradition trifft auf Moderne, Lebensfreude und Lebenslust, wie sie sich in unzähligen Festen das ganze Jahr über manifestiert. Dabei ist Mainz kein urbaner Moloch, sondern mit rund 220.000 Einwohnern überschaubar.

< Der Mainzer Dom mit dem Marktbrunnen

MAINZ

Im Zentrum der rheinland-pfälzischen Landeshauptstadt ballen sich römische Denkmäler, ein romanischer Dom, gotische Gotteshäuser und barocke Adelspaläste, aber auch moderne Bauten wie das Rathaus und die neue Synagoge in der Neustadt. Und nun gehört auch der jüdische Friedhof zum UNESCO-Weltkulturerbe. Vom einen ins nächste Museum, von einem sehenswerten Bau zum nächsten sind es oft nur ein paar Schritte. Wie viele andere Städte am Rhein hat auch Mainz in den letzten Jahren sein Ufer neu entdeckt, und rund um die alten Hafenanlagen mit ihren Kränen und Lagerhallen sind Wohnviertel mit hohen Freizeitwert entstanden. Dass sich Mainz oft jünger und weltoffener als die Nachbarstadt Wiesbaden anfühlt, verdankt sie den über 30.000 Studierenden.

NICHT VERPASSEN!

- Der **Mainzer Dom,** ein Bau von Weltrang | 125
- Das **Gutenberg-Museum** – Weltmuseum der Druckkunst | 131
- Die **Stephanskirche** mit schönem Kreuzgang und Fenstern von Marc Chagall | 137
- Wertvolle Schätze aus allen Kunstepochen zeigt das **Landesmuseum** | 139

Diese Tipps erkennt man an der gelben Markierung.

Orientierung

„Es ist diese Stadt sehr lang, aber schmal. Dann auf der Seite gegen Frankreich hat sie einen etwas erhöhten Berg. Auf der anderen aber, wo sie gegen Deutschland steht, den Rhein.“

Matthäus Merian, 1646

Mainz besteht aus 15 Stadtteilen, die sich vom Rhein bis weit ins hügelige Rheinhessen erstrecken. Dazu gehören Weisenau, Hechtsheim, Bretzenheim, Gonsenheim oder Finthen, die über kleinstädtische Strukturen und zum Teil gastronomische Preziosen verfügen und mit Bahn und Bus bestens ans Zentrum angebunden sind. Mainz verbunden fühlen sich auch die ehemaligen, heute von Wiesbaden verwalteten rechtsrheinischen Vororte Kastel und Kostheim.

Verlaufen kann man sich in Mainz eigentlich nicht. Dafür sorgen neben dem Dom als zentralem Richtungsanker in der Innenstadt **rote und blaue Straßenschilder:** Alle Straßen mit roten Schildern führen zum Rhein, blaue Schilder parallel zum Fluss. Dabei steigen die Hausnummern in den Straßen mit roten Schildern in Richtung Rhein, in den Straßen mit blauen mit der Fließrichtung des Rheins. Mit dem Zweiten Deutschen Fernsehen (ZDF) verfügt die Stadt zudem über einen der größten Fernsehsender der Welt, mit dem Fußballverein Mainz 05 über einen erstklassigen Bundesligaclub. Wer will, kann als Mainz-Besucher so auch häufig Spitzenfußball live erleben oder an einer der vielen Livesendungen des ZDF aus seinen Studios im Stadtteil Lerchenberg teilhaben.

Stadtgeschichte

Mogontiacum, „Land des Mogon“, hieß Mainz zur **Römerzeit.** Wenige Jahre vor Christi Geburt gründete das Imperium Romanum dort ein großes Lager, das langsam zur Garnisonsstadt wuchs. Nach dem Zerfall des Römischen Reiches wurde aus dem römischen Mogontiacum die **Bischofsstadt Moguntia,** in der Männer wie *Bonifatius* oder *Willigis* den Ton angaben. Mit der Zeit wuchs die Stadt zum „goldenen Mainz“, dessen Wahrzeichen der Dom wurde.

Mit der Gründung des **Rheinischen Städtebundes** (1254) gewann die Wirtschaft weiter an Fahrt, blühte der Handel. Eine besondere Einnahmequelle war das sogenannte Stapelrecht. Danach mussten alle auf dem Rhein transportierten Waren in Mainz ausgeladen und für ein paar Tage zum Verkauf angeboten werden. Streitereien um den Mainzer Bischofsstuhl, blutige Konflikte zwischen Kirche und Bürgern, der Verlust der Stadtfreiheit und die Wirren der Reformation aber bremsten schließlich die Weiterentwicklung.

Erst der **Barock** brachte eine neue Blüte, von der bis heute viele Bauten in der Stadt zeugen, herrschaftliche Adelspaläste und sehenswerte Kirchen. Ende des 18. Jahrhunderts nahmen **französische Revolutionstruppen** die Stadt ein, wurde der Mainzer Kurstaat aufgelöst. Bis zu den Befreiungskriegen war Mainz

https://stock.adobe.com © Circumnavigation

jetzt französisch, hieß die Stadt *Mayence*. Erst im Mai 1814 zogen die Franzosen ab, zwei Jahre später wurde die Stadt dem Großherzogtum Hessen mit der Hauptstadt Darmstadt zugeschlagen, war Mainz nur noch **Provinzhauptstadt des neuen Rheinhessen.**

Ende des 19. Jahrhunderts aber kam neuer Aufschwung, als man die einengenden Festungsanlagen schleifte und die Neustadt erschloss. Ein neuer **Bahnhof** und ein großer **Hafen** signalisierten den Umbruch, an dessen Ende die Verdoppelung der Stadtfläche stand. Industriebetriebe siedelten sich an, der Weinhandel blühte. 1908 zählte man erstmals über 100.000 Einwohner: Mainz war Großstadt.

Besonders schlimm traf der Zweite Weltkrieg die Menschen. Mehr als zwei Drittel der Stadt wurden zerstört. Doch mit Mut und Elan schaffte man den Wiederaufbau. Mit der Gründung des **Bundeslandes Rheinland-Pfalz** und seiner neuen Hauptstadt Mainz war zudem die fast 150-jährige Periode politischer Bedeutungslosigkeit beendet. Mainz war wieder eine Metropole, bald auch wieder **Universitätsstadt.** Mit der Ansiedlung neuer Firmen, Dienstleister und Behörden sowie der Errichtung des **ZDF** schuf Mainz schließlich eine solide Basis für Wachstum und Stabilität.

rh0121 gs

Zwei Mainzer Berühmtheiten: der Dom und das Mainzelmännchen (hier Edi)

Sehenswertes

Rund um den Dom

Mainzer Dom

Der Dom ist die größte Touristenattraktion der Stadt und Ziel fast aller Besucher. Seit mehr als tausend Jahren thront er mitten im Zentrum, ein steinernes Zeugnis kirchlicher ud früher auch weltlicher Macht. Kaiser, Könige und Päpste waren hier zu Gast, aber auch US-Präsidenten und andere Weltenlenker. Immer wieder im Laufe der Jahrhunderte veränderte der Dom sein Gesicht, wurde an- und umgebaut. Romanik findet sich heute neben Gotik und Barock. Fast jede Stilepoche hat innen wie außen Spuren hinterlassen. Obwohl die Kathedrale im Laufe der Jahrhunderte mehr als die Hälfte ihrer ursprünglichen Ausstattung verloren hat, ist der Mainzer Dom noch immer eine der an Grabmälern und Bildwerken reichsten Bischofskirchen Deutschlands. Geweiht ist er dem heiligen *Martin,* von dem sich viele Darstellungen im Dom finden – die schönste und größte hoch oben auf einem der Dächer.

⌃ Der Kreuzgang des Doms

‹ Taufbecken aus dem frühen 14. Jahrhundert

Mainz Zentrum

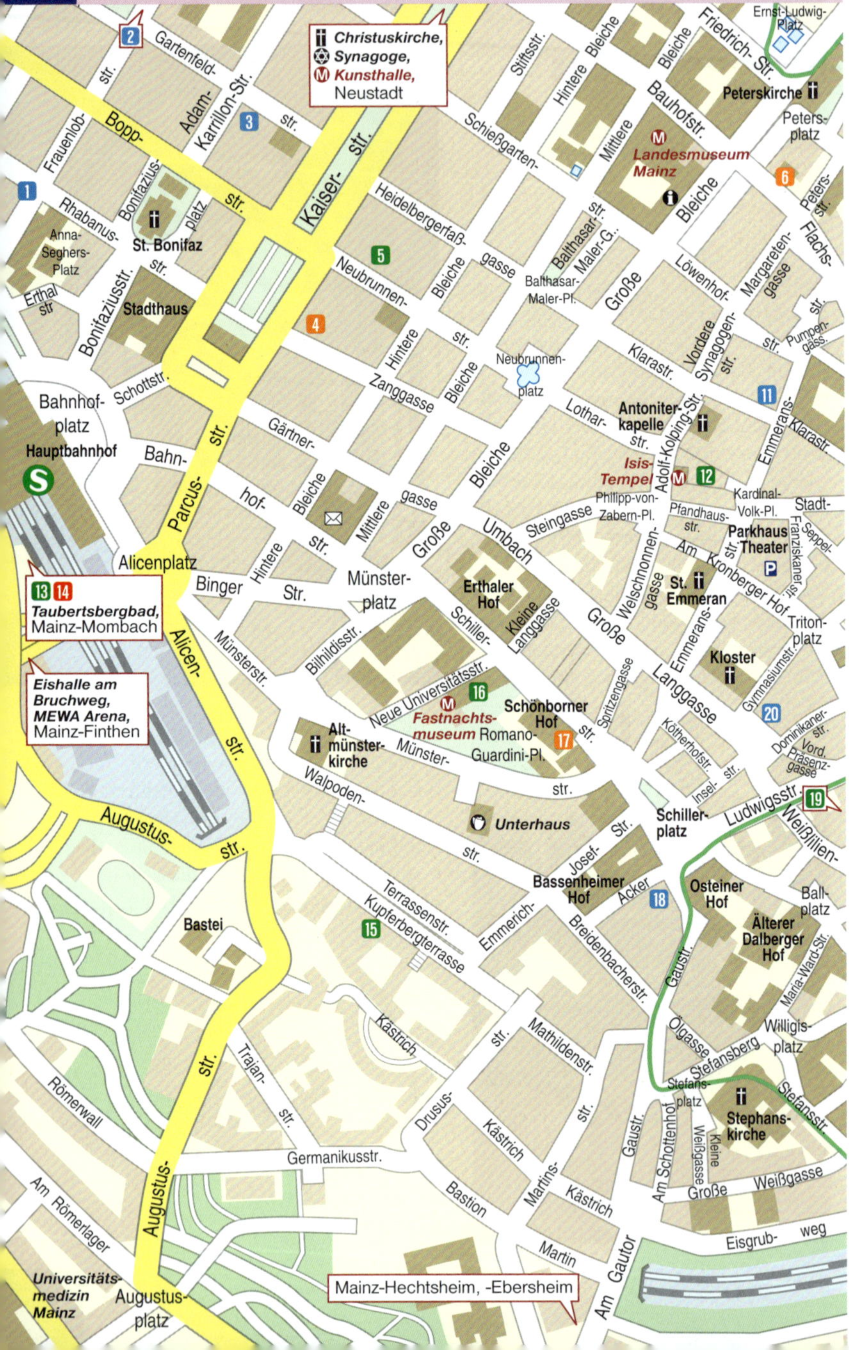

Theodor-Heuss-Brücke
Stadtrundgang
8 Freibad Maaraue
9 10 ★ Kurfürstliches Schloss, Zollhafen
7
Landtag
Peters-str.
Platz der Mainzer Republik
Staatskanzlei
Zeughausgasse
Mitter-nacht
Altmeier-Allee
Rhein-str.
Ufer-
M Naturhist. Museum
Reichklara-str.
Mitternachts-gasse
Brücken-platz
Hilton Hotel
RHEIN
Bauerngasse
Karmeliter-kirche
Hintere Flachsmarktstr.
Karmeliter-platz
Karmeliterstr.
Löhr-str.
Adenauer-Ufer
marktstr.
Flachs-markt
Christofsstr.
Christofs-gäßchen
Ottilien-gasse
Christophs-kirche
Hintere Christofs-gasse
Birnbaums-gasse
Altenauergasse
Rheingoldhalle
Rheinstr.
Rheinufer-promenade
Schuster-str.
Jockel-Fuchs-Platz
Quintinskirche
Parkhaus Am Brand
Eisenturm
Rathaus
haus-str.
Sonnen-gäßchen
Quintins-str.
21 P
Rathausbrücke
Am Alten Kaufhaus
Am Brand
Jesuitenbogen
Betzels-str.
Alte Univ.
Universitätsstr.
Gutenberg-Museum
Rentengasse
Spitalgasse
Am Rathaus
Ufer-str.
Glückert-Passage
Georg-Moller-Pass.
Kleine Schöffer-str.
Korb-gäss.
Rebstock-platz
Mailands-gasse
Fischergasse
Salmen-gäss.
Fischtorplatz
Stresemann-Ufer
Staats-theater
Domplätze
Seiler-gasse
Rotekopfgasse
Schöffer-str.
Höfchen
22 Markt
Liebfrauen-platz
Fischtorstr.
Scharn-gasse
Lauteren-str.
Weintor
Fust-str.
Gutenberg-platz
23
Mainzer Dom
Liebfrauen-str.
Dom-str.
St. Johannis
M Bischöfliches Dom- und Diözesan-museum
Heugasse
Gallusgasse
Weintor-str.
Ufer-str.
Holztor
Johannisstr.
Leichhof
Leichhofstr.
Nasen-gäßchen
Greben-str.
24
Mauritzen-platz
Bischofs-platz
Heiliggrab-gasse
Kirsch-garten
Kloster-str.
Schlossergasse
Rhein-str.
Eppich-mauer-gasse
Weihergarten-str.
Bocks-höfchen
Himmelgasse
Augustiner-kirche
Holz-str.
Kathinka-Zitz-Weg
Frankf. Hof
Augustinerstr.
Kappelhofgasse
Fachhoch-schule Mainz
Pfaffen-gasse
Hollagässchen
Badergasse
Augustiner-gäss.
Wolfs-gäss.
Willigis-str.
Kirschgarten
Augus-tinerstr.
Templer-gasse
Templer-str.
30 Malakoff-Terrasse
Goldenbrunneng.
Weihergarten
Heringsbrunnen-gasse
Rochus-str.
Schön-str.
Karthäuserstr.
Kammer-spiele
Ignazgäßchen
Ignazkirche
Malakoff-Passage
Weißlilien-gasse
Kartäuserreul
Bornstr.
Hopfen-garten
Hänleingasse
Scharfen-steiner-gäss.
29 Winterhafen
Goldenluftgasse
Berger-hofstr.
Holz-hof-str.
Graben
Kapuziner-str.
Färber-gasse
Fürsten-str.
Eisgrub-weg
Jakobs-bergstr.
Neutor-str.
Dagobertstr.
Am 87er Denkmal
Windmühlen-str.
Albanstr.
27
28
26 RÖMISCHES THEATER
Holzhofstr.
M Museum für Antike Schifffahrt
Römisches Theater
25 Stadthistorisches Museum M Zitadelle
S

058rh gs

Prägt die Romanik den Osten, ist es im Westteil des Doms die Gotik. Die Domtürme verbindet ein eher **schlichtes Langhaus.** Mit seinen drei Schiffen und einem Saum kleiner Kapellen bildet es den Kern des Gotteshauses, zu dem auch die dem heiligen *Godehard* geweihte **Gotthardkapelle** gehört: ein Bau aus dem frühen 12. Jahrhundert, der heute dem stillen Gebet dient. Ihr Schmuckstück ist das **Udenheimer Kreuz,** ein mittelalterliches Holzkruzifix.

Bis heute ist der Dom samt angrenzendem Kreuzgang aber auch ein riesiger Friedhof. Viele Hunderte Kleriker haben hier ihre letzte Ruhestätte gefunden. An die einflussreichsten erinnern prächtige **Denkmäler** wie man sie in dieser Dichte sonst kaum findet. Dazu gehört vor allem die letzte Ruhestätte des großen Sozialreformers Bischof *Wilhelm*

⌃ Wochenmarkt vor dem Dom

Emmanuel Freiherr von Ketteler (1811–1877), des Gründers der Katholischen Arbeitnehmerbewegung, oder das Grabmal des Kardinals *Albrecht von Brandenburg* (1490–1545).

Schönster und meist genutzter Zugang zur Kathedrale ist das **Marktportal,** eine romanische Pforte aus Sandstein mit einmaliger Bronzetür, die zwei Löwenköpfe schmücken. Die Tür hat Erzbischof *Willigis* bereits um das Jahr 1000 gießen lassen. Im Inneren des Doms ist die **Krypta** unter dem Ostchor einen Abstieg wert. Dort auch findet sich eine der Preziosen des Doms, der 1960 gestiftete goldene Schrein mit den **Reliquien** von 22 im Bistum Mainz besonders verehrten Heiligen.

■ **Mainzer Dom,** Markt 10, Tel. 06131 253412, https://bistummainz.de/dom-mainz. Besichtigung gewöhnlich außerhalb der Gottesdienstzeiten: Mo–Sa 9–17, So 13–17 Uhr. Vor dem Marktportal befindet sich die Dom-Information (Mo 10–14.30, Di–Fr 10–17, Sa 10–15 Uhr), die Informationsmaterial und einen Hörführer bereithält.

Bischöfliches Dom- und Diözesanmuseum

Im Obergeschoss des **Kreuzgangs** und in den ehemaligen **Kapitelräumen** des Doms ist dieses Museum zu Hause. Es dokumentiert fast zweitausend Jahre Kirchengeschichte und gilt als eines der schönsten religiösen Museen Deutschlands. Meisterwerke aus dem Spätmittelalter und der Neuzeit künden von der Macht der Kirche, aber auch vom Glauben der Menschen. Zu den ältesten Museumsschätzen gehören **Steinskulpturen** wie die Arbeiten des sogenannten

Übernachtung
- 8 Campingplatz Maaraue
- 9 Super 8 by Wyndham Mainz Zollhafen
- 14 me and all hotel
- 24 Erbacher Hof
- 25 INNdependence
- 27 Ibis
- 28 Rhein-Main-Jugendherberge Mainz
- 30 Hyatt Regency

Essen und Trinken
- 1 Café Hygge
- 2 Gasthof Grün, Annabatterie
- 3 Laurenz
- 7 RheinTisch
- 10 Geberts Weinstuben
- 11 Le Cedre du Liban
- 18 Zur Andau
- 20 Souperie
- 23 Dom-Café
- 29 Restaurant Bootshaus
- 30 Hyatt Regency

Nachtleben
- 4 Dorett Bar
- 6 Kulturclub schon schön
- 17 Caveau
- 26 Roxy

Einkaufen/Sonstiges
- 5 asphaltinstrumente
- 12 Römerpassage
- 13 Anja Gockel
- 15 Eulchen Bier
- 16 Rheinhessen Vinothek
- 19 Lulu
- 21 Einkaufszentrum Am Brand
- 22 Wochenmarkt

— Stadtrundgang

061rh gs

Naumburger Meisters, der Mitte des 13. Jahrhunderts als Dombildhauer einmalige Kunstwerke schuf. Beachtung verdienen auch die schönen **Muttergottesfiguren.** Im Obergeschoss des Domkreuzgangs finden sich vor allem Kunstwerke aus Spätgotik und Barock. Liturgisches Gerät, von dem manches an hohen Festtagen noch immer zum Einsatz kommt, birgt die **Schatzkammer:** Monstranzen, Kelche, Bischofsstäbe, Mitren und Weihwasserkessel – einmalige Schätze aus Silber und Gold, die daran erinnern, dass Mainz einmal einen der größten Domschätze Europas besaß.

■ **Bischöfliches Dom- und Diözesanmuseum,** Domstr. 3, Tel. 06131 253344, www.dommuseum-mainz.de, Di–Do 13–17, Fr 10–17, Sa, So 11–18 Uhr, Eintritt 5 €.

Markt

Rund um den Dom schlägt der Puls der Stadt – vor allem an Markttagen, wenn die Händler ihre Stände aufgeschlagen haben. In der Mitte des Marktes steht unübersehbar die **Heunensäule,** ein 16 Tonnen schwerer Steinhüne, zu dessen Füßen Bronzeplastiken aus der Stadtgeschichte erzählen.

Den Markt umrunden eine Reihe sehenswerter Bauten, von denen die auf der Nordseite allerdings ab Ende der 1970er Jahre historisierend erneuert wurden. Trotzdem gehören die zum Teil mit Sandsteinskulpturen geschmückten Häuser und ihre mit Malereien ge-

⌃ Skulpturenreichtum am Marktbrunnen

schmückten Giebel zu den populärsten Mainzer Fotomotiven.

Weitgehend original dagegen ist der 1526 von Kurfürst *Albrecht von Brandenburg* gestiftete **Marktbrunnen.** Eine Besonderheit schräg vor dem Ostchor des Domes ist die **Nagelsäule** aus dem Jahr 1917. Sie sollte während des Ersten Weltkriegs Gelder für die Betreuung von Kindern und Soldatenfrauen einwerben.

Gutenberg-Museum

Das Gutenberg-Museum ist dem größten Sohn der Stadt und der **Geschichte der Druckkunst** gewidmet. Mitte des 15. Jahrhunderts hatte *Johannes Gutenberg* in Mainz den Druck mit beweglichen Lettern perfektioniert und die **ersten Bibeln** gedruckt. Zwei liegen heute hinter Panzerglas im Tresorraum und

Empfehlenswerter Stadtrundgang

Am besten startet man seinen Mainz-Rundgang am **Dom,** einem der zentralen Treffpunkte der Stadt. Als Erstes geht es in die Altstadt, vorbei an Johanniskirche, Leichhof und Kirschgarten, wo kleine Gassen zum Bummeln einladen. An der **Augustinerkirche** entlang Richtung Süden ist die **Ignazkirche** nächster Halt. Wenig weiter lockt das **Museum für Antike Schifffahrt.** Nach Unterquerung der Bahnlinie – rechts liegt das ausgegrabene Römische Theater – führt der Weg leicht bergauf zur **Zitadelle,** der alten Stadtfestung mit dem römischen Drusustein. Ein paar Hundert Meter weiter steht die **Stephanskirche** mit den faszinierenden Chagall-Fenstern. Die Gaustraße mit ihren zahlreichen Kneipen, Restaurants und kleinen Geschäften führt bergab zum **Schillerplatz** mit dem sehenswerten Fastnachtsbrunnen und schönen Barockpalästen.

Den Dom vor Augen, leitet die breite Ludwigsstraße die Besucher zum **Gutenbergplatz** mit Stadttheater und Gutenbergdenkmal. Vorbei an einer der ältesten Mainzer Kirchen, **St. Quintin,** erreichen die Stadtbummler die Kirche **St. Christoph,** deren restaurierte Ruine heute an Krieg und Leid mahnen soll. In Sichtweite liegt die **Karmeliterkirche,** eine viel zu wenig beachtete Mainzer Schönheit. Rund fünf Minuten weiter sind die Mainz-Besucher dann mitten im **Regierungsviertel.** Hier haben die meisten rheinland-pfälzischen Ministerien, das Parlament im gerade sanierten Landtag und die Regierung ihren Sitz. Immer einen Halt ist **St. Peter** wert, die sicher schönste Mainzer Barockkirche. Die **Christuskirche** schließlich markiert den nördlichsten Punkt des Stadtspaziergangs. Es ist das größte evangelische Gotteshaus der Stadt, an das sich die Neustadt anschließt.

Die **Kaiserstraße** leitet zur Rheinufer-Promenade, die am Kurfürstlichen Schloss vorbei und unter der **Theodor-Heuss-Brücke** hindurch zur Rheingoldhalle und dem Rathaus führt. Jetzt ist man wieder im Mainz der Gegenwart. Vor dem **Rathaus,** von wo man einen Blick auf den Eisenturm hat, den Rest der alten Stadtmauer, überquert man auf einer Fußgängerbrücke die geschäftige **Rheinstraße.** Gleich danach finden sich die Stadtbummler mitten im größten Einkaufszentrum der Stadt, dem **Brand-Zentrum.** Von hier zum Gutenberg-Museum ist es jetzt nur noch ein Katzensprung. Damit ist man wieder auf den Domplätzen angelangt, dem Start der Tour, die auf alle Fälle ein Besuch im Dom krönen sollte.

gehören neben einmaligen Handschriften und Büchern zu den Prunkstücken des Museums. In der rekonstruierten Druckerwerkstatt zeigen Spezialisten, wie *Gutenberg* gearbeitet hat. So kann jeder nacherleben, wie der Drucker einst seine Buchstaben goss, sie kunstvoll zu Texten zusammensetzte und schließlich druckte.

Auf 2700 Quadratmetern erzählt das Weltmuseum der Druckkunst auch die **Geschichte der Schrift** – von Jahrtausende alten Keilschriften bis zu den Kurzbotschaften der Handy-Generation. Beim Museumsrundgang erfahren Besucher zudem, wie aus Handschriften Bücher wurden. *Gutenbergs* Erfindung aber – Buchstaben und Satzzeichen als bewegliche Lettern, die man zu Zeilen und ganzen Textseiten zusammensetzen konnte – revolutionierte die Medienwelt. Je mehr sich später die Drucktechniken verfeinerten, desto größer wurde das Angebot an Gedrucktem. Eigene Abteilungen im Museum künden so von der Geburt der Zeitung, von der Kunst der **Lithografie** oder des **Buchbindens,** vor allem aber von immer neuen Maschinen, die immer schneller druckten.

■ **Gutenberg-Museum,** Liebfrauenplatz 5, Tel. 06131 122640, www.gutenberg-museum.de, Di–Sa 9–17, So 11–17 Uhr, feiertags meist geschl., Druckvorführungen, Audioguide, Eintritt 5 €.

Auf dem Programm des Gutenbergmuseums stehen auch interessante **Kinderführungen.** Für Kinder ab 4 Jahren und ihre Eltern erzählt sonntags um 15 Uhr eine Museumspädagogin **„Von tanzenden Buchstaben und bunten Blättern“,** ehe es in die Mobile Druckwerkstatt geht. Für Kinder besonders interessant ist auch der Besuch des benachbarten Druckladens (Mo–Fr 9–17, Sa 10–15 Uhr), in dem man selbst drucken und die Technik des Handwerks erleben kann.

Der Römische Kaiser, Verwaltungssitz des Gutenberg-Museums

rh022 gs

rh023 gs

In der Altstadt

Gleich hinter dem Dom erstreckt sich die Altstadt mit der **Augustinerstraße** als wichtigster Achse. Es ist die schönste Mainzer Fußgängerzone. Gemütliche Gassen zweigen rechts und links von ihr ab. Weinstuben und Cafés locken dort, kleine Boutiquen und Läden. Altstadtherz ist der **Kirschgarten** mit seinen Fachwerkhäusern aus dem 15. bis 18. Jahrhundert und einem Brunnen, den eine Muttergottesfigur krönt.

Touristenbähnchen vor dem Weinhaus zum Spiegel in der Mainzer Altstadt

Altstadtkirchen

Zum Bild der Altstadt gehören auch zahlreiche Kirchen, etwa die evangelische **Johanniskirche,** gleich gegenüber dem Westchor des Doms. Es ist die erste Mainzer Bischofskirche, sozusagen der alte Dom, und einer der ältesten Zeugen christlichen Lebens in der Stadt. Zahlreiche Funde bei Ausgrabungsarbeiten in den letzten Jahren, bei der auch ein Bischofsgrab aus dem 11. Jahrhundert zutage kam, haben dies bestätigt. Derzeit steht die Kirche nur Gruppen zum Besuch nach Voranmeldung offen. Als Rokoko-Schmuckstück zeigt sich die im Krieg kaum beschädigte **Augustinerkirche,** die ihre ganze Schönheit im Inneren entfaltet. Nicht zu übersehen ist fünf Fußminuten weiter auch der renovierte barocke Prachtbau **St. Ignaz.**

Johannes Gutenberg – der Medienrevolutionär

Manche meinen, seine Erfindung sei die wichtigste im letzten Jahrtausend gewesen: der **Druck mit beweglichen Lettern.** *Johannes Gutenberg* jedenfalls revolutionierte den Buchdruck und beschleunigte damit die Verbreitung des Wissens. Ähnlich wie heute das Internet veränderten seine Techniken und Materialien, zu denen neben beweglichen Metalllettern auch die **Druckerpresse** gehörte, die europäische Gesellschaft. Ohne ihn, behaupten Kulturhistoriker, hätten Humanismus, Reformation und Aufklärung kaum so schnell den Weg in unsere Welt gefunden.

Wer aber war der Mann, den die Mainzer lange Jahre kaum beachtet hatten? Geboren wurde er um das Jahr 1400 in **Mainz** als drittes Kind des Patriziers *Friele Gensfleisch zur Laden.* Erst Jahre später wurde er nach seinem Geburtshaus, dem „Hof zum Gudenberg", *Henchin zu Gudenberg* genannt, aus dem schließlich der heutige Name *Johannes Gutenberg* wurde. Über seine Jugend weiß man nichts. Wahrscheinlich besuchte er eine der vielen Klosterschulen. Gesichert ist sein Aufenthalt in oder der Nähe von Straßburg, wo er Mitte des 15. Jahrhunderts unter anderem als **Erfinder** arbeitete und seinen Schülern das Schleifen und Polieren von Edelsteinen beibrachte. Mehr Geld aber verdiente er mit der Fertigung sogenannter **Wallfahrtsspiegel:** aus Zinn gegossener Metallrähmchen mit Minispiegeln. Die Pilgerabzeichen wurden gewöhnlich am Hut getragen und sollten die angeblich von Reliquien ausgehenden heil- und segenbringenden Strahlen auffangen.

Spätestens 1448 aber war *Gutenberg* wieder in Mainz, wo er mit *Johannes Fust* eine **Druckwerkstatt** einrichtete. In der entstand ab 1453 die weltberühmte 42-zeilige (pro Seite) **Gutenberg-Bibel.** Finanziert hatte er das Unternehmen zum Großteil mit Geldern seines Partners, der ihn schließlich auf eine höhere Gewinnausschüttung verklagte. *Gutenberg* verlor den Rechtsstreit und musste seine Werkstatt samt der fast fertigen Bibeln an *Fust* abtreten. Dieser führte den Betrieb mit *Gutenbergs* Gehilfe *Peter Schöffer* erfolgreich weiter und rühmte sich später, die Druckkunst erfunden zu haben. *Gutenberg* selbst arbeitete in seinem Elternhaus wei-

062rh gs

063rh gs

ter, wo er er seine Erfindung bis zu seinem Tod 1468 weiterentwickelte.

Gutenberg war ein Bastler und Tüftler, technisch versiert, und ein hoch angesehener Patrizier. Sein Verdienst war es, die Mitte des 15. Jahrhunderts bestehenden **Druck- und Reproduktionstechniken zu vervollkommnen.** Dazu gehörte vor allem die Entwicklung eines Handgießinstrumentes, mit dem er einzelne Buchstaben schnell und exakt gießen konnte. Diese Lettern wurden in **Setzkästen** geordnet und mit Hilfe eines Winkelhakens zusammengefügt. Ergänzt mit sogenanntem Blindmaterial, wurden sie zu gleich langen Zeilen gesetzt und anschließend zu druckfertigen Seiten montiert. Diese wurden mit Hilfe von Ballen aus Rosshaar und Leder schließlich mit **Druckfarbe** bestrichen, einer von *Gutenberg* entwickelten Emulsion aus Ruß und Leinölfirnis. Zum Schluss kamen die Blätter zum Druck unter eine **Spindelpresse,** deren Prinzip er sich vermutlich bei den Winzern abgeschaut hatte.

Druck-Kunst: Impressionen aus dem Gutenberg-Museum Mainz

065rh gs

- **Johanniskirche,** Johannisstraße. Führungen für Gruppen möglich, Tel. 06131 9205886.
- **Augustinerkirche,** Augustinerstr. 34, Tel. 06131 2660, www.bistummainz.de, Mo–Fr 8–17, Sa 9–14 Uhr.
- **St. Ignaz,** Kapuzinerstr. 36, Tel. 06131 224264, www.bistummainz.de, tgl. 9.30–19 Uhr.

Museum für Antike Schifffahrt

Ganz im Süden der Altstadt findet sich das Museum für Antike Schifffahrt. Es gibt Einblicke in die Anfänge mobiler Gesellschaften: von den Einbäumen der Jungsteinzeit und den Booten ägyptischer Pharaos bis zu den Schiffen der Römerzeit.

- **Museum für Antike Schifffahrt,** Neutorstr. 2b, Tel. 06131 2866316, web.rgzm.de, voraussichtlich bis Frühjahr 2023 wegen Umbauarbeiten geschlossen, dann Di–So 10–18 Uhr, Eintritt frei. Fotografieren verboten.

Zitadelle und Römisches Theater

Am Rand der Altstadt erhebt sich der **Jakobsberg** mit der Zitadelle, einer alten **Festung** mit weitläufigen Grünanlagen.

⌃ Die Stephanskirche

› Der Drusus-Stein in der Mainzer Zitadelle

Heute gehört die unter Denkmalschutz stehende Anlage samt ihrer Festungsgräben der Stadt. Geschichtlich von Bedeutung ist der **Drususstein,** ein rund 20 Meter hoher Steinblock aus der Römerzeit. Es ist der Rest eines Ehrenmals für den römischen Feldherrn *Drusus,* das aufwendig renoviert wurde. Zu Füßen der Zitadelle finden sich auch die Reste eines erst in den letzten Jahren freigelegten römischen Theaters. Mit gut 10.000 Sitzplätzen, einem Durchmesser von 116 Metern und einer Bühnenbreite von 42 Metern gehörte es zu den größten Musentempeln nördlich der Alpen.

Stephanskirche

Auf der höchsten Erhebung der Stadt errichtete Bischof *Willigis* kurz vor der ersten Jahrtausendwende die Stephanskirche. Sie ist damit eine der ältesten deutschen Hallenkirchen und neben dem Dom das bedeutendste Mainzer Gotteshaus. Seinen heutigen Rang allerdings verdankt es den leuchtenden **Glasfenstern** des weltberühmten Malers **Marc Chagall.** Bis zu seinem Tod 1985 schuf der jüdische Künstler für das Gotteshaus insgesamt neun Fenster im typischen Chagall-Blau. Sie erzählen Geschichten aus dem Alten und Neuen Testament. Beachtung verdient auch der **Kreuzgang,** einer der schönsten der Spätgotik. Seine Gewölbe sind Spitzenwerke der Steinmetzkunst mit bunten Schlusssteinen in den Bogenrippen.

■ **Stephanskirche,** Weißgasse 12, Tel. 06131 231640, www.st-stephan-mainz.de, Nov. bis Feb. Mo–Sa 10–16.30, So 12–16.30 Uhr (März bis Okt. bis 18 Uhr), Eintritt frei.

Schillerplatz mit Fastnachtsbrunnen

Der Schillerplatz mit seinen **Adelspalästen** gilt manchem als der schönste Treffpunkt der Stadt. Seinen Namen verdankt der ehemalige Viehhandelsplatz dem dort 1862 aufgestellten Schillerdenkmal. Blickfang heute aber ist der Fastnachtsbrunnen mit mehr als **200 bronzenen Figuren,** die Einblicke in das größte Mainzer Volksfest vermitteln. Zu den dort verewigten Gestalten zählen Narren aller Art wie Till Eulenspiegel, Harlekin oder Hanswurst, aber auch Schwellköppe und Komiteeter. Auch die früher traditionelle Geldbeutelwäsche am Aschermittwoch und andere **närrische Bräuche** haben im Fastnachtsbrunnen Gestalt gefunden.

Mainz, wie es singt und lacht

Die *Fassenacht* ist zum Mainzer Markenzeichen geworden. Zum Aushängeschild eines Festes, das bei gutem Wetter am Rosenmontag mehr als eine halbe Million Menschen auf die Beine bringt. Voraus gehen ein paar närrische Wochen, in denen vor allem im Saal gefeiert wird. Traditioneller Auftakt der närrischen Kampagne ist der Neujahrstag, wenn die uniformierten Streiter für Gott Jokus, *Garden* heißen sie, erstmals durch die Stadt paradieren. Auch am Fastnachtssonntag ist ihnen ein eigener Umzug gewidmet. Der närrische Nachwuchs zeigt sich am Fastnachtssamstag beim Jugendmaskenzug, einem der größten Europas. Höhepunkt des närrischen Treibens aber ist der Rosenmontag, wenn bis zu Zehntausend Narren durch die Stadt ziehen. Im Mittelpunkt stehen dabei die Motivwagen, dreidimensionale, rollende Karikaturen, die gesellschaftliche Missstände auf die Schippe nehmen.

Wurzelten die ersten Rosenmontagszüge im romantischen Denken des frühen 19. Jahrhunderts, wurden sie mit der Zeit immer politischer. Aber erst Ende des 19. Jahrhunderts kamen die großen Rosenmontagswagen mit ihren gigantischen Aufbauten in Mode, als Architekten und Handwerker die Gestaltung der närrischen Karossen übernahmen. 1927 bereicherten den Rosenmontagszug die ersten, damals *Dickköpp* genannten Pappmaché-Figuren. Heute firmieren sie als *Schwellköpp(e)* und gelten als Markenbotschafter des größten und schönsten Mainzer Volksfestes.

Noch mehr als die Straßenfastnacht aber bestimmt die Saalfastnacht das öffentliche Bild. Denn seit 1955 erscheinen die Mainzer Narren Jahr für Jahr im deutschen Fernsehen. Zwar ist die TV-Sitzung „Mainz bleibt Mainz, wie es singt und lacht" längst kein Straßenfeger mehr wie in den Anfangsjahren, noch immer aber gilt sie als erfolgreichste deutsche Karnevalssendung. Manchen Narren machte die Fernsehsitzung gar zum Star. So wie *Ernst Neger*, den singenden Dachdeckermeister, der mit seinem „Heile, Heile Gänsje" Millionen Menschen im Nachkriegsdeutschland Trost spendete oder sie mit Gassenhauern wie „Rucki Zucki" oder „Humba Tätärä" von den Sitzen riss.

067rh gs

Im Regierungsviertel

Zentrum des Regierungsviertels – es verdankt seinen Namen den vielen dort beheimateten rheinland-pfälzischen Ministerien – ist der **Platz der Mainzer Republik** mit der Nachbildung der römischen **Jupitersäule**, deren originale Überreste unweit im Landesmuseum zu finden sind. Sie zeigt neben Jupiter, dem höchsten Gott der römischen Staatsreligion, 27 weitere römische und keltische Gottheiten.

Landtag und Staatskanzlei

In Sichtweite des Denkmals stehen das für über 70 Millionen Euro von 2016 bis 2021 erweiterte und sanierte sowie mit einem öffentlich zugänglichen Restaurant versehene **Deutschhaus,** Sitz des rheinland-pfälzischen Landtags, und das **Neue Zeughaus,** die Staatskanzlei, in der die Ministerpräsidentin ihren Sitz hat. Das Gebäude wurde zur gleichen Zeit wie das benachbarte Deutschhaus errichtet und diente eine Zeit lang als Waffenlager der Kurfürsten.

Kurfürstliches Schloss

Nördlich vom Deutschhaus findet sich das ehemalige Kurfürstliche Schloss. Der dreigeschossige Sandsteinbau gehört ebenfalls zu den Wahrzeichen der Stadt und wird heute für Veranstaltungen aller Art genutzt, vom Medizin-Kongress bis zur TV-Fastnacht.

m024 gs

Landesmuseum Mainz

Als zeitgenössischer Musentempel zeigt sich das Landesmuseum Mainz. Seine Heimstatt ist ein **barocker Marstall,** in dem einst die Pferde der Kurfürsten untergebracht waren. Heute ist das Ross auf dem Dach allerdings nicht mehr wie früher aus Kupfer, sondern aus vergoldetem Aluminium.

Die wichtigsten Ausstellungsstücke erschließen Audioführungen. Dazu ge-

☐ Schwellköppe, das Markenzeichen der Mainzer Straßenfastnacht

☐ Eingang zum sanierten rheinland-pfälzischen Landtag

hören Funde aus der Alt- und Jungsteinzeit sowie der Bronzezeit. Größter Schatz des Museums aber sind die vielen Hundert steinernen Zeugen aus der Römerzeit, die in einer eigenen Halle ausgestellt sind. Viele weitere Preziosen wie Landschaftsmalereien oder Heiligenfiguren entstammen dem Mittelalter und der frühen Neuzeit. Barocke Opulenz verströmen Möbel, Porzellan und großformatige Gemälde. Mit impressionistischen Landschaftsbildern von *Max Slevogt* nähern sich Besucher auf ihrem Museumsrundgang der Moderne, zu der Werke von *Picasso* bis *Arnulf Rainer* gehören.

■ **Landesmuseum Mainz,** Große Bleiche 49–51, Tel. 06131 2857210, www.landesmuseum-mainz.de, Di 10–20, Mi–So 10–17 Uhr. Eintritt 6 €. Audio- und Multimedia-Guide vorhanden.

Peterskirche

Zu den schönsten Mainzer Gotteshäusern zählt die Peterskirche mit ihren weithin sichtbaren Türmen. Im Krieg total zerstört, wurde die Kirche in den letzten Jahrzehnten im barocken Geist neu beseelt. Seitdem glänzt sie wieder, erzählen die **Fresken** an der Decke aus dem Leben des Kirchenpatrons. Neben den Deckengemälden fallen die **fünf Altäre** ins Auge. Sie sind – von links nach rechts – dem Herzen Jesu, dem Kreuz Christi, dem Kirchenpatron Petrus (Hauptaltar im Chor), Maria und dem heiligen Nikolaus gewidmet.

■ **St. Peter,** Petersstr. 3, Tel. 06131 222035, www.bistummainz.de, tgl. 9–18 Uhr, im Winter bis 17 Uhr.

In der Neustadt

Nördlich der **Kaiserstraße,** einem viel befahrenen Boulevard mit breitem Grünstreifen in der Mitte, liegt die Neustadt. Sie ist der einwohnerstärkste und am dichtesten besiedelte Mainzer Stadtteil. Früher prägten ihn Arbeiter und weniger gut Verdienende, heute ist er Hort einer multikulturellen Gesellschaft mit Szenekneipen, Buchhandlungen und Bioläden, türkischen Supermärkten, angesagten Restaurants und gemütlichen Cafés. Wer das junge Mainz spüren will, ist hier richtig. In der Neustadt finden sich auch die wichtigsten Mainzer **Hafenanlagen,** allen voran der über hundert Jahre alte **Zollhafen,** auf dessen Gelände ein ganz neues Stadtquartier entstanden ist. Alte Kräne und ausgediente Warenlager dienen heute als Kulisse eines modernen Wohnviertels mit hohem Freizeitwert. Dazu gehören nicht nur Restaurants, sondern auch eine Marina.

Touristisch von Bedeutung ist die **Kunsthalle** (Am Zollhafen 3–5, s.u.: „Museen") am Südende des Zollhafens und die **Christuskirche,** das größte evangelische Gotteshaus der Stadt. Vor mehr als hundert Jahren wurde sie an der Naht zwischen Alt- und Neustadt als sichtbares Zeichen für das gewachsene Selbstbewusstsein der Protestanten in der bis dahin mehrheitlich katholischen Stadt errichtet – als evangelisches Pendant zum Dom sozusagen.

Eine Stippvisite verdient auch die neue **jüdische Synagoge** (Synagogenplatz; Ecke Hindenburg- und Josefstraße), die architektonisch sicher gelungenste Neuschöpfung in der Stadt, die auch von außen immer einen Blick wert ist. Bislang nur begrenzt zugänglich ist

rh025 gs

der alte **jüdische Friedhof** in der Zahlbacher Straße unweit des Hauptbahnhofs, der inzwischen zum **Weltkulturerbe** zählt.

■ **Christuskirche,** Kaiserstraße 56, Tel. 06131 234677, www.christuskirche-mainz.de, Mo–Do 9–18, Fr 12–18, Sa, So 11–18 Uhr.

Schöner Wohnen im Alten Hafenviertel am Zollhafen

Am Rheinufer

Wann immer das Wetter es zulässt, trifft man sich entlang der **Rheinuferpromenade,** sitzt auf den Treppen zum Fluss oder aalt sich auf den wenigen Grünflächen in der Sonne. Vom neuen Drang zum Rhein zeugen auch Biergärten und Weinstände sowie **künstliche Strände** mit Liegestühlen und Hängematten, die Mainz im Sommer scheinbar ans Mittelmeer versetzen. Die Uferpromenade beginnt im Süden gegenüber der Mainmündung gleich neben der 1862 in Betrieb genommenen Alten Eisenbahnbrücke. Anfangs führt sie am **Winterhafen** entlang, einem kleinen Sportboothafen. Reste ehemaliger Festungsmauern samt ihrer **Tore** begleiten den Promenadenbummler bis zur **Rheingoldhalle** und zum benachbarten **Rathaus.** Mit seinen vergitterten Fenstern erinnert der weiße

069rh gs

Das rechtsrheinische Kastel hat einen beliebten Strand

Zweckbau eher an ein modernes Gefängnis als an ein bürgernahes Verwaltungsgebäude. Inzwischen ist das vom dänischen Stararchitekten *Arne Jacobsen* gebaute Rathaus in die Jahre gekommen, es soll für über hundert Millionen Euro in den nächsten Jahren saniert werden. Dies hat die gegenüberliegende Rheingoldhalle schon hinter sich, ein Kongresszentrum mit großem Foyer und vielen Sälen.

Vor der Nordfront des **Hilton-Hotels** fällt ein Brunnen mit dem sogenannten **Mainzer Kurfürstenzyklus** ins Auge. Er zeigt von links nach rechts König Ludwig den Bayern, die Erzbischöfe von Mainz, Köln und Trier, den König von Böhmen, den Pfalzgrafen bei Rhein, den Herzog von Sachsen und den Markgrafen von Brandenburg. Es sind die einst mächtigsten Männer Deutschlands, die im Mittelalter gemeinsam den deutschen König wählten.

Wenig weiter überspannt die **Theodor-Heuss-Brücke** den Rhein, deren Bau man Ende des 19. Jahrhunderts mit einem Brückengeld finanzierte. Inzwischen führt die Uferpromenade weiter bis zur Kaiserbrücke, wobei den Eingang zum Zollhafen eine moderne Fußgängerbrücke überspannt. Und auch auf diesem Abschnitt findet sich das eine oder andere Kunstdenkmal.

Erstklassiger Bundesliga-Fußball wird in der MEWA Arena geboten

Im Mainzer Umland

Mainz-Kastel

Gefühlt gehört der **rechtsrheinische Stadtteil** Kastel noch immer nach Mainz, verwaltungstechnisch aber nach Wiesbaden. Die strategische Lage Kastels nutzten nicht nur die Römer, die hier eine Brücke über den Rhein geschlagen hatten, sondern auch andere Truppen. 1816 legte man am Kasteler Rheinufer eine große **Festung** an, deren Reste das Ufer bis heute prägen. Prunkstück des Stadtteils aber ist der schöne **Strand,** der bei gutem Wetter viel Feier-Volk vereint.

MEWA Arena

Die MEWA Arena ist das Stadion der Bundesliga-Kicker von **Mainz 05.** Sie bietet Platz für rund 34.000 Fans. Gewöhnlich freitags (17 Uhr) bietet der Fußballverein Gelegenheit zur Besichtigung der Sportanlage im Rahmen einer neunzigminütigen Führung. Dabei können Interessierte einen Blick in die Umkleidekabinen der Spieler werfen, auf dem Trainerstuhl Platz nehmen oder aus einer der VIP-Logen den Blick auf den Rasen genießen.

■ **MEWA Arena,** Eugen-Salomon-Str. 1, 55128 Mainz, Tel. 06131 375500, www.mainz05.de, Stadionführung 6 €, Kinder 4 €.

■ **Anfahrt:** Straßenbahnlinien 51 und 53, Haltestelle: „Plaza" (www.mvg.de).

Zweites Deutsches Fernsehen

Auf dem **Lerchenberg** im Mainzer Westen ist eine der größten Fernsehanstalten Europas zu Hause: das **ZDF.** Fast 3000 Mitarbeiter gestalten vor den Toren der

rh097 gs

Stadt rund um die Uhr seine TV-Programme. Besucher haben die Gelegenheit, den Fernsehmachern bei ihrer Arbeit über die Schulter zu schauen – besonders gern im Sommer, wenn sonntags der „ZDF-Fernsehgarten" lockt. Samstagabends sucht das „Aktuelle Sportstudio" hin und wieder Gäste. Der Sender selbst kann im Rahmen kostenloser Führungen besichtigt werden. Und natürlich gibt es einen Shop, in dem man nicht nur Mainzelmännchen kaufen kann.

■ **ZDF,** ZDF-Str. 1, 55127 Mainz-Lerchenberg, www.zdf.de, Anmeldung: Tel. 06131 7014972. Über die verschiedenen Führungen werktags und samstags informiert die Website https://zdf-service.de/fuehrungen-mainz.
■ **Anfahrt:** Zum ZDF fahren die Straßenbahnlinien 51 und 53, Haltestelle: „Medienberg" oder „ZDF" (www.mvg.de).

Weitere Museen

■ **Naturhistorisches Museum Mainz,** Reichklarastr. 10, Tel. 06131 122646, www.mainz.de, Di–Fr 10–17, Sa, So 10–18 Uhr, Eintritt: 5 €. Bedeutendstes Naturkundemuseum in Rheinland-Pfalz: Pflanzen und Tiere, aber auch Mineralien.
■ **Mainzer Fastnachtsmuseum,** Neue Universitätsstr. 2 (Proviant-Magazin), Tel. 06131 1444071, www.mainzer-fastnachtsmuseum.de, Di–So 11–17 Uhr, Eintritt 2,50 €. Kostüme, Uniformen, Orden, Narrenkappen, Zepter, Schwellköppe und historische Dokumente.
■ **Isis-Tempel** (Taberna archaeologica), Römerpassage 1, Tel. 06131 6007493, www.roemisches-mainz.de, Mo–Sa 13–18 Uhr, Eintritt frei. Römischer Tempel im Keller eines Einkaufszentrums.
■ **Kunsthalle Mainz,** Am Zollhafen 3–5, Tel. 06131 126936, www.kunsthalle-mainz.de, Di, Do, Fr 10–18, Mi 10–21, Sa/So 11–18 Uhr, Eintritt 6 € (Familienkarte 14 €). Zeitgenössische Kunst in der Mainzer Neustadt.
■ **Stadthistorisches Museum,** Zitadelle (Bau D), Tel. 06131 629637, www.stadtmuseum-mainz.de, Fr 14–17, Sa/So 11–17 Uhr, Eintritt 3 €. Dauer- und Wechselausstellungen zur Stadtgeschichte.

Bronzestatue vor dem Fastnachtsmuseum

rh026 gs

Praktische Tipps

Informationen

■ **Tourist Service Center,** Am Markt 17, 55116 Mainz, Tel. 06131 242888, www.mainz-tourismus.com, Mo–Sa 10–18 Uhr.
■ **Tourist Service Center im Landesmuseum Mainz,** Große Bleiche 49–51, Tel. 06131 2857191, Di 10–20, Mi–So 10–17 Uhr.

Stadtführungen

Öffentliche Stadtführungen gibt es ganzjährig, vorwiegend aber von Mai bis September. Zu den beliebtesten gehören die öffentlichen Führungen Fr, Sa und So nachmittags. Spezielle Führungen zu bestimmten Themen werden kostümiert angeboten. Dann schlüpfen die Führerinnen und Führer zum Beispiel in Rollen wie die der Geliebten des Räubers Schinderhannes. Über alle Angebote informiert die Webseite www.mainz-tourismus.com/stadtfuehrungen. Spezialisierter sind die Führungen, die der Verein „Geographie für Alle e.V." das Jahr über anbietet, z.B. über das römische, jüdische oder mittelalterliche Mainz.

■ **mainzplus CITYMARKETING GmbH,** Stadtführungen Tel. 06131 242827.
■ **Geographie für Alle e.V.,** Tel. 06131 3925145, www.geographie-fuer-alle.de.

☐ Stadtführung am Marktplatz

Graffiti-Metropole Kastel

Bund und schrill, manchmal auch nachdenklich und politisch, zeigt sich die **Street Art** gleich unter dem Kopf der Rheinbrücke in der Unterführung und auf den Mauern und Wänden der umliegenden Gebäude. Auf 5000 Quadratmetern Fläche zeigen Sprayer aus aller Welt das ganze Jahr über Tag und Nacht ihre Graffiti, die jährlich im Sommer beim Festival **„Meeting of Styles"** neu entstehen. Besonders ins Auge fallen die großformatigen Hausbemalungen, bei denen auch Türen, Fenster und Garagen einbezogen werden.

⊻ Kunstwerk in Mainz-Kastel

rh027 gs

Unterkunft

24 **Erbacher Hof**③, Grebenstr. 24, 55008 Mainz, Tel. 06131 2570, www.ebh-mainz.de, Tagungszentrum des Bistums Mainz, das 73 Zimmer (auch Dreibettzimmer) im Schatten des Doms anbietet, eigene Parkgarage.

9 **Super 8 by Wyndham Mainz Zollhafen**①-②, Inge-Reitz-Str. 1–3, 55120 Mainz, Tel. 06131 2657000, www.wyndhamhotels.com. Einfaches und ganz modernes Haus in der Mainzer Neustadt.

30 **Hyatt Regency**④-⑤, Templerstr. 6, 55116 Mainz, Tel. 06131 731234, mainz.regency.hyatt.com. In eine alte Festung integrierter Hotelbau mit Spa und 30 **Restaurant,** Tiefgarage und geräumigen Zimmern, die schönsten mit Rheinblick.

27 **Ibis**②, Holzhofstr. 2, 55116 Mainz, Tel. 06131 2470, www.ibishotel.com. Ideal für Nachteulen, da mitten im Mainzer Ausgehviertel. 144 einfache, klimatisierte Zimmer, Tiefgarage.

25 **INNdependence**②, Gleiwitzer Str. 4, 55131 Mainz, Tel. 06131 2505380, www.inndependence.de. Als Integrationsbetrieb ist man hier auf Menschen mit Behinderungen besonders professionell eingestellt. Alle (rauchfreien) Zimmer mit Balkon.

mainzcardplus

MEIN TIPP: Für alle, die Geld sparen wollen, bietet die mainzcardplus viele Vergünstigungen. Außerdem erlaubt die **48 Stunden gültige Karte** die kostenlose Nutzung aller nicht zuschlagpflichtigen öffentlichen Verkehrsmittel in Mainz und Wiesbaden und gewährt freien Eintritt in die meisten Mainzer Museen. Im Preis von 11,95 € ist außerdem eine kostenlose Stadtführung eingeschlossen. Die mainzcardplus gibt es als Einzel- oder Gruppenkarte (25 €) für bis zu fünf Personen in den touristischen Service-Centern und an vielen Hotel-Rezeptionen.

14 **me and all hotel mainz**②, Binger Str. 2, Tel. 06131 894460, https://mainz.meandallhotels.com. Modernes Hotel in Bahnhofsnähe mit Raucherlounge und einem Fahrradverleih, zieht viel junges Publikum an.

28 **Rhein-Main-Jugendherberge Mainz**①, Otto-Brunfels-Schneise 4, 55130 Mainz, Tel. 06131 85332, www.diejugendherbergen.de. Rollstuhltaugliches Gästehaus am Rand der Innenstadt mit 173 Betten. Einzel- und Mehrbettzimmer, alle mit Dusche und WC.

Camping

8 **Campingplatz Maaraue,** Maaraue 48, 55246 Mainz-Kostheim, Tel. 06134 2575922, www.camping-maaraue.de, April bis Okt. Gegenüber der Innenstadt auf der rechten Rheinseite. Fußweg in die Innenstadt ca. 20 Minuten.

Essen und Trinken

2 **Gasthof Grün**①, Leibnizstr. 27/29, Tel. 06131 9087600, www.gasthofgruen.de, Mo–Fr 9.30–16 Uhr. Straßen-Café in der Neustadt mit gutem Preis-Leistungs-Verhältnis. Integrationsbetrieb, der täglich Frühstücksbuffet und werktags preiswertes Stammessen anbietet. Dazu gehört auch ein vegetarisches Angebot.

MEIN TIPP: 10 **Geberts Weinstuben**④, Frauenlobstr. 94, Tel. 06131 611619, www.geberts-weinstuben.de, Mi–So 11.30–14.30 und 18–24 Uhr. Gehobenes Restaurant in der Neustadt, viel gelobte Regional- und saisonale Frischeküche.

3 **Laurenz**④, Gartenfeldstr. 9, Tel. 06131 2168 660, www.laurenz-mainz. de, Mo–Do 17–24, Fr, Sa 17–1 Uhr. Restaurant und Weinbar in der Neustadt, nicht weit vom Hauptbahnhof. Gehobene Küche mit kleiner Karte und großem Weinangebot.

11 **Le Cedre du Liban**①, Emmeransstr. 35, Tel. 06131 236697, Mo–Fr 11–21, Sa 11–20 Uhr. Libanesische Küche im Stehimbiss zu unschlagbaren Preisen, viel Gemüse, Reis und Lammfleisch.

064rh gs

20 Souperie①, Große Langgasse 6, Tel. 06131 9726787, www.souperie.de, Mo–Fr 11–17, Sa 11–16 Uhr. Leckere, fast täglich wechselnde Suppen. Spezialität ist der Linseneintopf.

29 Restaurant Bootshaus②-③, Victor-Hugo-Ufer 1, Tel. 06131 1438700, www.bootshausmainz.de, Di–So 11–23 Uhr. Am Rheinufer gelegenes Restaurant mit häufig wechselndem Mittagstisch an Werktagen, im Sommer wegen der großen Terrasse sehr gefragt.

7 RheinTisch①-②, Platz der Mainzer Republik 1, Tel. 06131 2082630, www.rheintisch.de, Mo–Fr 9–16 Uhr. Frühstück, Mittagessen und nachmittags Kaffee und Kuchen serviert das neu gestylte Restaurant im Mainzer Landtag.

In Mainz-Finthen

■ **Steins Traube**⑤, Poststr. 4, 55126 Mainz-Finthen, Tel. 06131 40249, www.steins-traube.de, Mi–Sa 12–13.30, Di–Sa 18–20.30, So 12–20 Uhr. Traditionsreicher Familienbetrieb im Vorort Finthen. Gutbürgerliche Regional- und Frischeküche, deren Handschrift ein Sternekoch prägt.

Für den späten Hunger

Mein Tipp: **18 Zur Andau**①, Gaustr. 77, Tel. 06131 231586, www.zurandau.de, Mo–Do 11–1, Fr 12–1, Sa 12–2, So 18–1 Uhr. Bekannte Kneipe am Schillerplatz mit Fassbier und einfachen Speisen wie Suppen, Schnitzel, Flammkuchen oder Frikadellen. Auch Raucher haben hier ihr eigenes Plätzchen.

Cafés

2 Annabatterie, Am Gartenfeldplatz 2, www.annabatterie.de, Mi–So 10–17 Uhr. Populäre Location im Vintage-Stil in der Mainzer Neustadt mit meist jungem Publikum. Selbst gemachte Limonade, Kuchen und Torte, Selbstbedienung.

1 Café Hygge, Rhabanusstr. 13, www.facebook.com/hyggeinmainz, Di–Sa 10–18 Uhr. Skandinavisch angehauchtes Café in Bahnhofsnähe, dessen Zimtschnecken viel Lob finden. Frühstück und Mittagstisch – nicht billig, aber gut.

23 Dom-Café, Markt 12–16, Tel. 06131 222365, www.domcafe-mainz.de, tgl. 9.30–18 Uhr. Ältestes Mainzer Café, hausgebackene Kuchen, aber auch Suppen; schöne Außenterrasse.

Bars und Clubs

17 **Caveau,** Schillerstr. 11, Tel. 06131 6720827, www.caveau.de, Do 19–1, Fr, Sa 22–5 Uhr. Gewölbekeller mit Rockmusik, gelegentlich Livekonzerte.
4 **Dorett Bar,** Zanggasse 36, Tel. 06131 385850, www.facebook.com/dorett.bar, Mo–Sa ab 20 Uhr. Bar mit gelegentlichem Kulturprogramm, laut Eigenwerbung eine „kulturbeflissene Tränke für alle, aber nichts für jeden".
6 **Kulturclub schon schön,** Große Bleiche 60–62, Tel. 06131 4944411, www.schon-schoen.de, Mo–Do 19.30–22.30 Uhr. Beliebter Party-Treff mit Live-Konzerten, junges, studentisches Publikum.
26 **Roxy,** Holzhofstr. 7, Tel. 06131 6007580, www.myroxy.de, Fr/Sa 22–4 Uhr. Glamour-Disco für Gäste ab 25 Jahren, House, Black und Dance Classics. Eigener Raucherraum.

Nachtleben in der Mainzer Altstadt

070rh gs

Kultur

■ **Frankfurter Hof,** Augustinerstr. 55, Tel. 06131 242914, www.frankfurter-hof-mainz.de. Veranstaltungssaal inmitten der Altstadt, Kunst und Kultur in allen Variationen.
■ **Halle 45**, Hauptstr. 17–19, Tel. 06131 5542290, www.halle45.de. Event-Location im **Stadtteil Mombach,** in der Samba-Partys ebenso zu Hause sind wie Kabarett, Rock und Pop, Street-Food-Festivals und vieles mehr.
■ **Mainzer Kammerspiele,** Rheinstr. 4 (Malakoff Passage), Tel. 06131 225002, www.mainzer-kammerspiele.de. Privattheater mit großem Repertoire, Erstaufführungen, Festivals und Sondergastspiele.
■ **Unterhaus,** Münsterstr. 7, Tel. 06131 232121, www.unterhaus-mainz.de. Renommiertes Kleinkunsttheater mit zwei Bühnen, im Programm Kabarett und Comedy, aber auch Chanson und Travestie.
■ **Rheingoldhalle,** Rheinstr. 66, Tel. 06131 2420, www.mainzplus.com. Mit über 7000 Quadratmetern größte Mainzer Veranstaltungs- und Ausstellungsfläche.
■ **Staatstheater Mainz,** Gutenbergplatz 7, Tel. 06131 2851222, www.staatstheater-mainz.com. Schauspiel, Musical, Operette, Oper, Ballett, Kinder- und Aktions-Theater auf verschiedenen Bühnen.

Einkaufen

22 **Großer Wochenmarkt** auf dem Markt/Liebfrauenplatz, Di, Fr, Sa 7–14 Uhr.
12 **Römerpassage,** Adolf-Kolping-Str. 4, http://roemerpassage.com, Mo–Fr 9.30–19.30, Sa 9.30–18 Uhr. Fachgeschäfte und Gastronomie auf rund 10.000 Quadratmetern – vom Eissalon bis zum Buchladen. Die Gastronomiebetriebe haben auch länger geöffnet.
21 **Einkaufszentrum Am Brand,** Am Brand, Mo–Sa 10–20 Uhr. Rund zwei Dutzend Läden im modernen Ambiente, vom Textilgroßhändler bis zum Elektronikriesen.

19 **Lulu,** Ludwigsstraße 12, Tel. https://lulu-mainz.de, Mo–Sa 10–18.30 Uhr. Concept Store mit vielen kleinen Pop-Up-Shops und großen Ausstellungsflächen.

Empfehlenswerte Läden

13 **Anja Gockel,** Am Judensand 59e, Tel. 06131 634160, www.anja-gockel.com, Mo–Fr 10–18, Sa 10–16 Uhr. Exklusive Damenmode von internationalem Rang.

5 **asphaltinstrumente (Olson & Hekmati),** Neubrunnenstr. 10, Tel. 06131 4875368, www.olsonhekmati.de, Mo–Fr 13–18, Sa 11–17 Uhr. Handgefertigte Longboards sind die Spezialität der Manufaktur, die auch passendes Zubehör bietet.

15 **Eulchen Bier Brauereiausschank,** Kupferbergterrasse 17, Tel. 06131 5542002, www.eulchen-bier.de, Brauereiausschank und Verkauf: Di–Sa 17.30–23 Uhr. In einer ehemaligen Sektkellerei unweit des Hauptbahnhofs bieten die beiden Bierbrauer ihre Erzeugnisse zur Verkostung an: u.a. ein Helles und ein Weißbier, alle selbst gebraut. Im Sommer betreiben die Brauer einen Biergarten im Hof des Kurfürstlichen Schlosses.

16 **Rheinhessen Vinothek,** Schillerstr. 11a, Tel. 06131 9061638, Di–Sa 11–23 Uhr. In der Stadtmitte gelegene Vinothek, in der mehr als hundert rheinhessische Weingüter ihre Erzeugnisse präsentieren, vom einfachen Schoppenwein bis zum großen Gewächs. Fachmännische Beratung.

Markt auf den Domplätzen

071rh gs

In Mainz-Hechtsheim

■ **Weingut Fleischer** (Weingut der Stadt Mainz), Rheinhessenstr. 103, 55129 Mainz-Hechtsheim, Tel. 06131 59797, www.weingut-fleischer.de, Mo–Fr 10–12 und 13–18 (Do bis 20), Sa 10–18 Uhr. Rote und weiße Rheinhessen-Weine, aber auch Liköre, Edelbrände und Rebsortensekte.

In Mainz-Ebersheim

Weingut Dr. Eva Vollmer, Nieder-Olmer-Str. 65, Tel. 06131 46472, www.evavollmer-wein.de, Mo, Di, Do 16–19, Fr 13–19, Sa 9–18 Uhr. Ökologisch orientierte Winzerin, die elf Hektar Weinberge mit verschiedensten Rebsorten bewirtschaftet. Rarität ist der Rote Riesling.

Aktivitäten

■ **Taubertsbergbad,** Wallstr. 9, Tel. 06131 129100, www.mainzer-taubertsbergbad.de, tgl. 9.30–22 Uhr. Badeanlage in Bahnhofsnähe mit Hallen- und Freibad.

■ **Freibad Maaraue,** Maaraue 27, Tel. 06134 603355, www.mattiaqua.de/baeder/maaraue. Direkt am Rhein gelegenes Freibad im Stadtteil Kastel mit Wasserkletterwand, 50-Meter-Sportbecken und großer Liegewiese. Im Sommer tgl. 10–20 Uhr.

■ **Eishalle am Bruchweg,** Dr. Martin-Luther-King-Weg 19, 55122 Mainz, Tel. 06131 320050, www.eishalleambruchweg.de. Okt. bis Juni geöffnete Indoor-Eisbahn, wechselnde Laufzeiten, Sa abends Discoparty.

Feste und Veranstaltungen

■ **Fastnacht:** Sitzungen, Umzüge, Bälle, Februar/März.

■ **Flohmarkt am Rheinufer,** März bis November an knapp 20 Terminen, Sa ab 7 (im Winter ab 9) Uhr.

■ **Gutenberg-Marathon:** Traditioneller Stadtlauf, auch als Halbmarathon, Mai.

238rh-gs

■ **Open Ohr Festival:** Open-Air-Festival mit großer Tradition, Pfingsten.

■ **Mainzer Johannisnacht:** Riesiges Volksfest um den Dom, Ende Juni.

■ **Mainzer Weinmarkt:** Traditionelles Weinfest im Stadtpark, August/September.

■ **Mainzer Weihnachtsmarkt:** Domplatz, November/Dezember.

☒ Goldenes Mainz nannte man die Stadt im Mittelalter gern: An der Mainmündung lässt sich davon noch heute manchmal träumen

rh028 jb

Große Sause: die Mainzer Johannisnacht

Medizinische Versorgung

■ **Universitätsmedizin Mainz,** Langenbeckstraße 1, Tel. 06131 170, www.unimedizin-mainz.de. Große Klinik aller Fachrichtungen mit rund um die Uhr geöffneter Notfallversorgung.

Post

■ **Hauptpost,** Bahnhofstr. 2, Mo–Fr 8.30–18, Sa 9-12.30 Uhr.

Autofahren

Die Mainzer Innenstadt ist eine Umweltzone, in die nur Fahrzeuge mit **grüner Abgasplakette** (EU-Norm 4) oder einer Ausnahmegenehmigung einfahren dürfen.

Parken

Kostenlose Parkplätze gibt es im Stadtzentrum kaum. Am besten parkt man in einem der mehr als ein Dutzend **Parkhäuser** (www.parken-in-mainz.de). Alle Parkbelege der „Parken in Mainz GmbH" gelten auch als kostenlose Fahrscheine für bis zu fünf Personen in Bussen und Bahnen der Mainzer Verkehrsgesellschaft. Über die Lage der Parkhäuser informiert die Website www.mainz.de/geoinformationen/verkehr/parkhaeuser.php. Zentral liegen die Parkanlagen:

■ **Parkhaus Theater,** Zufahrt über Tritonplatz.
■ **Parkhaus Am Brand,** Zufahrt über Quintinsstraße.

Radfahren

Wie in vielen Universitätsstädten prägen auch in Mainz Radfahrer das Bild. Fahrräder können problemlos in Busse und Straßenbahnen mitgenommen werden – kostenlos! Im neuen Fahrradparkhaus am Hauptbahnhof können Drahtesel kostenfrei geparkt werden.

Fahrradverleih

■ **MVGmeinRad,** Tel. 06131 127777, www.mvg-mainz.de. Über tausend Räder an über 110 Verleihstationen bietet die städtische Gesellschaft rund um die Uhr an. Dazu kommen eine Vielzahl von Rädern in Wiesbaden, die den Radverleih gemeinsam mit Mainz betreut. Die erste Stunde kostet 1,50 €, jede weitere halbe Stunde 1,50 €. Wer ein Rad einen ganzen Tag nutzen will, ist bei einem privaten Vermieter manchmal besser dran! Über die Mietstationen und -bedingungen informiert: www.mainzer-mobilitaet.de/mehr-mobilitaet/meinrad.

Öffentliche Verkehrsmittel

Busse und Straßenbahnen

Busse und Straßenbahnen verkehren im Großraum Mainz unter der Regie der **Mainzer Verkehrsgesellschaft (MVG).** Telefonische Fahrplanauskunft: 06131 127777. Am besten sind Touristen mit einer **Tageskarte** bedient, die bis 5 Uhr des Folgetages gilt (Erwachsene 6 €, Kinder 3,30 €). Sie berechtigt zu beliebig vielen Fahrten mit Umsteigen. Gruppen bis fünf Personen, gleich ob Erwachsene oder Kinder, fahren am besten mit einer Gruppentageskarte (11,50 €). Einzelfahrscheine kosten 3 € (Kinder 1,75 €), berechtigen nur zum sofortigen Fahrtantritt und werden bereits entwertet ausgegeben. Die meisten Tickets sind an Fahrkartenautomaten oder auch über eine App erhältlich.

■ www.mainzer-mobilitaet.de

Taxi

Taxistände finden sich in der Innenstadt unter anderem am Höfchen (Dom), am Hauptbahnhof und am Bahnhof in der Altstadt.

■ **Taxizentrale:** Tel. 06131 910910, www.taxi-mainz.de.

Lasst Blumen sprechen.
Das Mainzer Stadtwappen im Stadtpark

rh111 gs

072rh gs

4 Nördliches Rheinhessen

» Stärker als der Rest Rheinhessens ist der Norden der Region bevölkert, der von der Mündung der Nahe in den Rhein bis zur rheinland-pfälzischen Landeshauptstadt Mainz reicht und sich Richtung Süden weit ins Hügelland erstreckt. Wein- und Obstbau sind hier zu Hause, aber auch viele Betriebe und Firmen. Metropolen sind Bingen und Ingelheim, geschichtsträchtige Städte mit bedeutenden Sehenswürdigkeiten.

☐ Blick vom Binger Rochusberg: links der hessische Rheingau, rechts das nördliche Rheinhessen, Teil von Rheinland-Pfalz

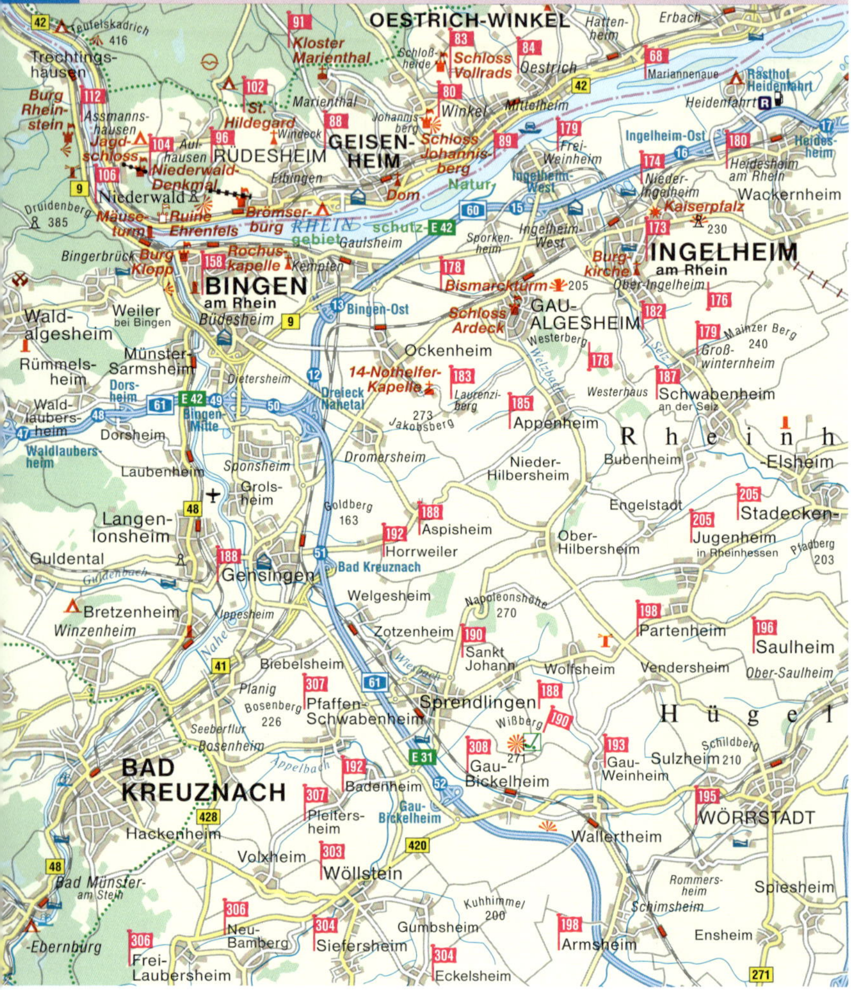

NÖRDLICHES RHEINHESSEN

Zwischen Mainz und Bingen verläuft der Rhein nicht in seiner gewohnten Süd-Nord-Richtung, sondern von Osten nach Westen. Hinter der rheinland-pfälzischen Hauptstadt schwenkt er nach Südwesten und trennt dabei den Rheingau an seinem Nordufer von Rheinhessen im Süden,

um beim Binger Loch wieder nach Norden zu fließen. Entlang des Südufers hatten schon die alten Römer eine Fernstraße gebaut. Das Gebiet ist, obwohl heute eine Autobahn mitten hindurch führt und auch Industrie ansässig ist, vom Wein- und Obstbau geprägt.

Am Rheinufer finden sich zum Teil noch alte Auenlandschaften. Bingen, die Heimat der Heiligen Hildegard, und Ingelheim mit seiner Kaiserpfalz und einer kleinen mittelalterlichen Stadtbefestigung sind sehenswerte Städte mit großer Vergangenheit.

Richtung Süden geht die Uferregion ins Rheinhessische Hügelland über. „Land der tausend Hügel" wird die wellige, liebliche Landschaft gern genannt.

NICHT VERPASSEN!

- Das **Museum am Strom** in Bingen | 162
- Der **Mäuseturm** auf einer Rheininsel | 163
- Blick vom **Rochusberg** über Rheingau und Rheinhessen | 169
- **Kaiserpfalz in Ingelheim:** wo Karl der Große residierte | 174
- Gotisches Schmuckstück: Ingelheims **Burgkirche** | 177
- Natur erleben in den **Rheinauen** an der Selzmündung | 179
- Der **Wißberg** bei Sprendlingen: einmalige Panorama-Blicke | 190
- Pisa in Rheinhessen: der **schiefe Turm von Gau-Weinheim** | 193
- **Partenheims Wallfahrtskirche** mit eindrucksvollen Fresken | 198, 200
- Spektakulär gelegen, mit sehenswerten Wandmalereien: **Bergkirche in Udenheim** | 202

Diese Tipps erkennt man an der gelben Markierung.

Bingen am Rhein

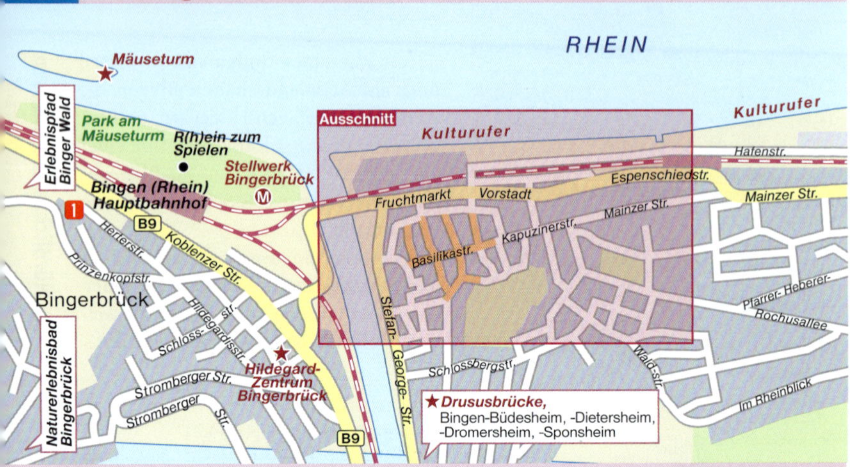

Sogar zur italienischen Toskana hat mancher schon Parallelen gezogen. Vor allem der Weinbau prägt diese Gegend. Größere Städte sind hier nicht zu finden, dafür idyllische Dörfer und kleine Fachwerkorte. Wanderer kommen hier auf ihre Kosten – etwa auf dem Wißberg, um den schöne Panoramawege führen. Aber auch Kunstfreunde können manches entdecken: Partenheims Wallfahrtskirche mit ihren eindrucksvollen Wandmalereien oder Udenheims Bergkirche, ein mittelalterliches Kleinod.

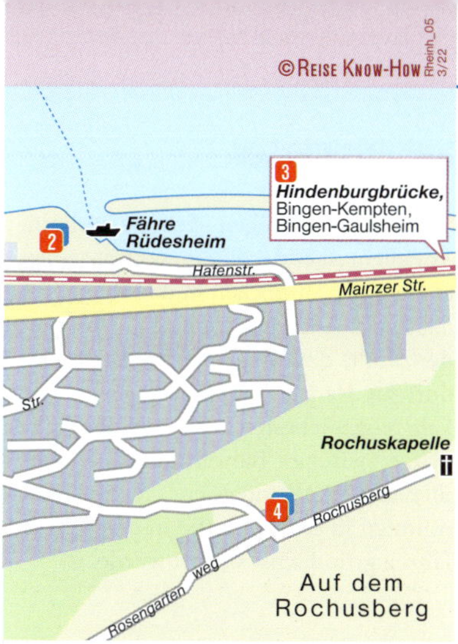

Übernachtung
1 Rhein-Nahe-Jugendherberge
2 Hotel Papa Rhein
3 Campingplatz Hindenburgbrücke
4 Hildegard-Forum
7 Hotel Köppel
9 Hotel Würth am Freidhof

Essen und Trinken
2 Bootshaus
4 Hildegard-Forum
5 Vinothek Bingen am Rhein
6 Heimat No 5
7 Café Köppel
8 Restaurant Burg Klopp

Bingen am Rhein

Wo der Rhein sich in einem großen Bogen nach Norden wendet und die Nahe einmündet, liegt Bingen. Gleich vier deutsche Weinbaugebiete – Mittelrhein, Rheingau, Rheinhessen und Nahe – stoßen hier zusammen. Heimliche **Hauptstadt des deutschen Weines** nennt sich Bingen deshalb selbstbewusst. Weinlagen wie **Scharlachberg** oder **Rochusberg** haben die Stadt weltweit bekannt gemacht. Und mit elf Tagen feiert Bingen eines der längsten deutschen **Winzerfeste.**

Bingium hieß die Stadt zur Römerzeit, was soviel wie „Loch im Fels" bedeutet haben soll. Jahrtausende markierte das **Binger Loch,** wo ein Quarzitriff den Rhein bremste, eine der engsten und am schwierigsten zu passierenden Stellen des Flusses. Erst mehrere Sprengungen im 17. Jahrhundert, denen das Binger Loch seinen Namen verdankt, verschafften der Schifffahrt mehr Platz. Bis dahin wurden die Waren in der Regel in Lorch oder Geisenheim auf kleinere Schiffe umgeladen oder auf dem Landweg weiter transportiert. Erst mit dem Aufkommen der Dampfschifffahrt Mitte des 19. Jahrhunderts verschwand die Engstelle ganz, dehnte man mit neuen Sprengungen die Öffnung im Riff weiter, wurde der Rhein hinter Bingen auf über hundert Meter Breite befahrbar.

Eine Holzbrücke führte schon zur Römerzeit in Bingen über die Nahe. Sie wurde später flussaufwärts durch die nach einem römischen Feldherrn benannte **Drususbrücke** ersetzt, die als eine der ältesten mittelalterlichen Steinbrücken gilt und noch heute genutzt wird. Ihr Kern stammt aus dem 11. Jahrhundert. Wie die meisten Städte war auch Bingen im Mittelalter von einer Mauer umgeben. Ihre letzten Reste finden sich heute unter anderem an der Westseite von Burg Klopp.

Größere Bedeutung gewann Bingen mit der Gründung Rheinhessens, als das auf der anderen Seite der Nahe gelegene Bingerbrück dem Königreich Preußen zufiel und Bingen bis zur Gründung des Deutschen Reiches zur Grenzstadt wurde. Das ist auch der Grund, warum Bingens **Hauptbahnhof** auf der anderen Seite der Nahe im **Stadtteil Bingerbrück** liegt, wo die Nahetal-Bahn von Saarbrücken endet und die IC- und EC-Züge in der Regel Station machen.

Sehenswertes

Touristisch ist Bingen leicht zu erobern. Vor allem ist es das Rheinufer mit seinen einmaligen Ausblicken in den Rheingau, das lockt. Auch das wichtigste Museum der Stadt, das Museum am Strom, ist dort zu Hause. Autofahrer stellen ihr Fahrzeug am besten auf einem der Parkplätze zwischen Bahnlinie und Rheinufer ab. Von da sind es nur ein paar Fußminuten in die Stadt, die in den letzten Jahren gründlichst saniert wurde.

Bingens einmalige Lage – die Landschaft genießt Welterbe-Status

074rh gs

https://stock.adobe.com © Fotolyse

Rheinufer (Kulturufer)

Die Schokoladenseite der Stadt ist die zur **Landesgartenschau 2008** neu gestaltete Rheinfront, wo sich Bier- neben Kräutergarten findet. Kulturufer nennt sich die rund drei Kilometer lange Uferpromenade. Von ihm aus bieten sich einmalige Blicke in die Welterbelandschaft Oberes Mittelrheintal, die in Bingen beginnt. Gegenüber thront das Niederwalddenkmal oberhalb von Rüdesheim, nach links geht der Blick zur Burgruine Ehrenfels und zum auf einer Flussinsel stehenden Mäuseturm (s.u.).

Die großen **Kräne** am Binger Rheinufer – unter ihnen der älteste Rheinkran zwischen Mainz und Köln – stehen heute als Industriedenkmäler unter Schutz, ebenso wie das alte Stellwerk in Bingerbrück (s.u.), das über die nördlichste Nahebrücke schnell erreicht ist. Mit dem direkt an der **Rheinpromenade** gelegenen Museum am Strom (s.u.) hat Bingen zudem eine weitere Besucherattraktion.

Zum Kulturufer, dem Entree zum Weltkulturerbe Oberes Mittelrheintal, zählen die Binger neben dem Mäuseturm mit seinem ihm gegenüberliegenden Park vor allem die **Hindenburganlage.** Dort finden sich ein **Denkmal,** das an die eher zufällige Entdeckung des Eisweins im Binger Vorort Dromersheim erinnert, das alte Lotsenhaus (s.u.) und zahlreiche **Schiffsanlegestellen.** Von hier aus verkehren von Frühjahr bis Herbst Passagierschiffe und Charterboote, manchmal auch im Winter. Schön hergerichtet zeigt sich das Ufer auch an

⌃ Kran und Fachwerkhaus an Bingens Rheinufer

206rh gs

der Nahe-Mündung, von wo aus man den Sonnenuntergang besonders schön erleben kann. Ebenfalls zum Kulturufer gehören das auf der anderen Nahe-Seite gelegene ehemalige Stellwerk Bingerbrück, das heute als Natur- und Technikmuseum dient, und der Park am Mäuseturm mit seinen Spiel- und Sportangeboten. Naturnahe Erlebnisräume wie die sogenannten Dichterkabinette lassen die Rheinromantik aufleben. Am östlichen Ende des Kulturufers verkehrt die **Fähre nach Rüdesheim.**

- www.bingen.de/kultur/tor-zum-unesco-welterbe

Der Hildegarten am Museum am Strom

Museum am Strom

In einem ehemaligen Elektrizitätswerk ist das populärste Museum der Stadt zu Hause. Es dokumentiert die Stadt- und Regionalgeschichte. Die Maschinenhalle von 1898 mit ihrer großen Empore ist dem **Leben der Hildegard von Bingen** gewidmet.

Nirgends sonst ist ihr Werk so umfangreich dokumentiert – es finden sich sogar Exponate aus ihrem Alltagsleben wie etwa ein Kamm. Der ans Museum grenzende **Hildegarten** erklärt die Heilkunst der Kirchenlehrerin (→ Exkurs „Grünkraft, das Lebenselixier des Mittelalters", S. 164).

Drucke, illustrierte Bücher, Gemälde und Möbel in Salons und Galerieräumen lassen die **Rheinromantik** lebendig werden. Brückenmodelle und andere Ausstellungsstücke erinnern an Bingens

Stadtgeschichte. Eine weltweit einmalige Rarität ist das **Binger Ärztebesteck,** ein vollständig erhaltenes Medizin-Instrumentarium aus der Römerzeit, das 1925 bei Ausgrabungen entdeckt wurde. Die 67 Einzelteile, u.a. Schröpfköpfe, Skalpelle, Knochenheber, Pinzetten und Messerklingen, gelten als weltweit größter Bestand antiker medizinischer Gerätschaften.

■ **Museum am Strom,** Museumstraße 3, Tel. 06721 184353, www.bingen.de/kultur/museum-am-strom, Di–So 10–17 Uhr, Eintritt 3 €.

Hildegard-Zentrum Bingerbrück

Etwa dort, wo einst der Friedhof des von der heiligen *Hildegard* gegründeten Klosters Rupertsberg lag, findet sich heute die katholische Pfarrkirche, die sich zum **Meditationsraum** gewandelt hat. Über einen Touchscreen können Besucher das Kircheninnere in die Farben Gelb, Rot oder Blau tauchen und dazu meditative Texte und Lieder hören. In einer kleinen, eintrittspflichtigen **Ausstellung** in der Reliquienkapelle findet sich u.a. eine gotische Hildegardstatue, die angeblich noch aus dem alten Kloster stammt.

■ **Hildegard-Zentrum,** Gutenbergstraße 2, http://rupertsberg.com, tgl. 10–18 Uhr.

Lotsenhaus

Von der Arbeit der Lotsen erzählt ein kleines Museum im ehemaligen Lotsenhaus am Rheinufer. Der Binger Schifferverein hat hier dokumentiert, wie man bis in die 1970er Jahre größere Schiffe zwischen Mainz und Kaub durch die Stromschnellen des Rheins lotste.

■ **Lotsenmuseum,** Mai bis Sept. Sa/So 14–18 Uhr geöffnet, Eintritt frei.

Stellwerk Bingerbrück

Das Museum im **ehemaligen Eisenbahnstellwerk** nahe dem Hauptbahnhof in Bingerbrück ist Hort einer Erlebnisausstellung, die Besuchern die Menschen der Region, ihre Umgebung, Natur und **Technik** näherbringen will. Interessierte können hier durch 600 Millionen Jahre Geschichte reisen. Mit den historischen Hebeln des alten Stellwerks steuern Besucher heute Modelleisenbahnen und Trajektboote. Im Erdgeschoss erzählen Ritter, Römer und Romantiker aus ihrem Leben. Im rundum verglasten Obergeschoss dösen Smaragdeidechsen und Laubfrösche in **Terrarien,** schwimmen Fische im **Aquarium** – Tiere, die in Bingen und Umgebung zu Hause sind.

■ **Stellwerk Mensch Natur Technik,** Park am Mäuseturm, Tel. 0170 5082877, www.stellwerk-bingen.de, April bis Okt. Fr–So 11–17 Uhr, häufig Sonderausstellungen, Eintritt frei.

Mäuseturm

Viele Legenden ranken sich um den Turm auf der **Rheininsel vor Bingerbrück.** Bis 1974 diente er der Schifffahrt als Signalstation. Sein Dasein verdankt er vermutlich den Mainzer Erzbischöfen, die ihn Anfang des 14. Jahrhunderts auf die kleine Flussinsel setzten. 1516 ist

Grünkraft, das Lebenselixier des Mittelalters

Am Binger Rheinufer findet sich ein grün bepflanztes Quadrat mit bunten Tupfern, in dem Insekten und Schmetterlinge Stammgäste sind. **Hildegarten** heißt das Areal, in dem das benachbarte Museum am Strom die magische Kraft mittelalterlicher Gewächse dokumentiert, auf deren heilende Wirkung heute immer mehr Menschen setzen. Es ist ein Füllhorn der **Klostermedizin,** die auf der antiken Lehre der Säfte fußte. Danach bestimmen Blut, Schleim, gelbe und schwarze Galle die Physiologie des Menschen. Solange sie sich in einem ausgewogenen Gleichgewicht befinden, gilt der Mensch als gesund – wenn nicht, als krank.

Das war auch der einst hier lebenden *Heiligen Hildegard* bewusst, deren Wissen in medizinischen Wirkmechanismen wurzelte, wie sie schon der griechische Arzt *Hippokrates* in der Antike propagierte und die heute in der **Homöopathie** gebündelt sind. Im Prinzip hieß das, Kranke mit Mitteln zu heilen, die beim Gesunden ähnliche Beschwerden erst verursachen.

So empfahl die Heilige etwa **Glühwein** gegen Blasenschwäche, weil „die Wärme des am Feuer veränderten Weins, so im Trank eingenommen, den Magen und die Blase des Menschen erwärmt und den Harn zur rechten Verdauung zurückhält." Lungenkranken legte sie zerstoßene **Hagebutten** samt Blättern ans Herz, die zusammen mit Honig gekocht „die Fäulnis der Lunge" heilen sollten. Und die **Königskerze,** die sich im Binger Hildegarten mit ihren gelben Blüten aus dem umgebenden Grün reckt, empfahl Hildegard bei Gemütskrankheiten: „Wer ein schwaches oder ein trauriges Herz hat, der koche Königskerze zusammen mit Fleisch oder Fisch oder zusammen mit Küchlein ohne andere Kräuter und esse das oft. Es stärkt und erheitert sein Herz."

Fieberkranke sollten **Blutwurz,** ein gelb blühendes Rosengewächs, in Wein kochen, mit Honig verfeinern, durch ein Tuch passieren und dann abends auf nüchternen Magen trinken. Fenchel galt als Wohltäter für Magen und Darm. „Wie auch immer man ihn isst, er macht den Menschen fröhlich, vermittelt ihm angenehme Wärme und gesunden Schweiß und verhilft ihm zu guter Verdauung." Tuberkulöse Hauterkrankungen suchte Hildegard mit **Katzenminze** zu lindern, die man in Brot verbacken oder mit Brei vermengt essen sollte. Gegen Ausschlag schwor die Ordensfrau auf **Ziegenmilch** und zerstoßene Lilienblätter, deren Saft man mit Fett zusammengeknetet auf die betroffenen Hautstellen auftrug.

Besonders umfangreich waren Hildegards Ratschläge zu Frauenleiden. Die echte **Betonie,** auch als Heil-Ziest bekannt, sollte Menstruationsbeschwerden lindern. „Eine Frau, die zur unrechten Zeit und unregelmäßig ihre Menstruation hat, lege Heil-Ziest in Wein, sodass er ihren Duft annimmt, und trinke den oft." Oder: „Eine

222rh-gs

rh030 gs

Frau, die an verstopftem Monatfluss leidet und deswegen Schmerzen hat, nehme **Rainfarn und Mutterkraut** zu gleichen Teilen, dazu etwas mehr Königskerze als Rainfarn oder Mutterkraut." Brühe aus Mutterkraut, schrieb Hildegard weiter, „führt den Schleim und den inneren Unrat schmerzlos und leicht ab und bewirkt, dass die Monatsregel schmerzlos abgeht".

Viele Rezepte kannte die Klostermedizin auch bei Schwangerschafts- und Geburtsproblemen, die im Mittelalter häufig den Tod bedeuteten. „Wenn eine schwangere Frau große Mühe und Schmerzen bei der Geburt hat, dann sollen sanfte Kräuter wie **Fenchel und Gundelrebe** in Wasser gekocht und nach Auspressens des Wassers warm auf Schenkel und Rücken der Frau gelegt und behutsam mit einem darüber gebundenen Tuch festgehalten werden, damit sich der Schmerz löse und ihre verschlossene Pforte sich sanft und leicht öffne."

⌃ Der Hildegarten mit Blick auf das Niederwalddenkmal am anderen Rheinufer

‹ Ein Blumenmeer im Hildegarten

Selbst die strengen Moralvorstellungen der damaligen Zeit, die Sex mit sündhafter Begierde verknüpften und hinter der Libido den Teufel wähnten, schlugen sich in manchen Rezepten Hildegards nieder. Wenn einer Frau „die Gebärmutter schwillt, sodass sie sich nicht enthalten kann, dann bereite sie mit **Stachel-Lattich** ein Schwitzbad". Umgekehrt wusste Hildegard aber auch um die aphrodisierende Wirkung mancher Pflanzen wie dem **Benediktenkraut,** einem Korbblüter, dessen Wirkung man heute bei Blähungen und Völlegefühl vertraut. „Das Benediktenkraut ist warm, wenn jemand es isst oder in einem Trank einnimmt, entzündet es in ihm brennende Begierde." Die aber konnte der Saft des **Wegerichs** wieder stoppen, den man verabreichen sollte, „wenn ein Mann oder eine Frau einen Liebeszauber gegessen oder getrunken hat, durch den er oder sie in schändlicher Liebe entbrennt". Dank vieler Informationstafeln kann der Gang durch den Binger Hildegarten für Besucher zur Entdeckungsreise des eigenen Körpers werden.

■ Der Zutritt zum Museumsgarten (tgl. 10–17 Uhr geöffnet) ist kostenlos.

075rh gs

Wie andere Burgen am Rhein wurde auch der Mäuseturm 1689 von französischen Soldaten zerstört. Erst 1855 baute der preußische Staat nach Plänen des Kölner Dombaumeisters einen neuen, **viergeschossigen Signalturm,** der heute an ausgesuchten Sonntagen im Jahr zu **besichtigen** ist. Die einstündigen Führungen, welche die Überfahrt auf die Insel einschließen, organisiert die Touristinformation (s.u.).

Basilika St. Martin

Eine Stippvisite hat die Martinsbasilika unweit des Naheufers verdient, eine der sehenswertesten Kirchen Rheinhessens. Großbrände hat Bingens ältestes Gotteshaus ebenso überlebt wie Plünderungen, Bombenhagel und andere Katastrophen. Wie viele Kirchen Rheinhessens ist es

der Name Mäuseturm erstmals belegt. Er geht höchstwahrscheinlich auf das mittelhochdeutsche Wort *musen* zurück, das soviel wie „lauern" bedeutet und auf die Funktion des Bauwerks als Wachturm verweist. Schon bald aber brachte das Volk den Mäuseturm mit der Legende um den Mainzer Bischof *Hatto* in Verbindung, den die kleinen Nager hier angeblich bei lebendigem Leibe als Strafe für sein unbarmherziges Leben aufgefressen haben.

⌃ Der Mäuseturm im Rhein

› » St. Martin: Bingens gotisches Prachtstück

https://stock.adobe.com © mojolo

dem heiligen *Martin* geweiht und steht höchstwahrscheinlich an der Stelle eines römischen Tempels. Erstmals urkundlich erwähnt wurde das Gotteshaus anno 793. Im Laufe seiner Geschichte wurde es mehrmals zerstört, neu aufgebaut und erweitert. 1930 erhob Papst *Pius XI.* die Kirche in den Rang einer päpstlichen Basilika, womit das Kirchenoberhaupt seinen kulturellen Rang unterstrich.

Zu den ältesten Teilen, die noch vom romanischen Bau aus der ersten Hälfte des 11. Jahrhunderts stammen, gehört die **Krypta.** Noch älter ist der Grabstein des Priesters *Aetherius* aus der zweiten Hälfte des 5. Jahrhunderts, der auf die christlichen Wurzeln der Region verweist. An die gotischen Glanzzeiten erinnert manches Gewölbe, aus dem wilde Männer, freche Affen und Teufel grinsen. Eine Besonderheit ist die Sakramentsnische im Chor aus der zweiten Hälfte des 14. Jahrhunderts, die **Reliquien** der Binger Heiligen *Hildegard, Rupertus, Berta* und *Wigbert* sowie der vierzehn Nothelfer birgt.

Barocke Prunkstücke sind der Hochaltar und die Kanzel. Ursprünglich in Utrecht stand der Marienaltar von 1579 mit fünf Gemälden aus dem Marienleben. Wie sehr man in Bingen die Gottesmutter verehrte, wird auch an einer um das Jahr 1320 geschnitzten Madonnenfigur deutlich. Als Schmerzensmann zeigt sich Christus auf einem um 1440 entstandenen Sandsteinrelief. Und als Patron der Winzer thront Papst *Urban I.*, eine um 1500 gefertigte Figur aus Lindenholz, am ersten Pfeiler im Hauptschiff.

■ **St. Martin,** Basilikastr. 2, Tel. 06721 990740, www.pfarrei-bingen.de, Mo, Mi, Do und Fr 8–17 Uhr, Di, Sa und So 8–20 Uhr.

077rh gs

Wallfahrt auf den Rochusberg

Eine der **populärsten Prozessionen Rheinhessens** führt jährlich Mitte August von Bingen auf den Rochusberg. Ihren Anlass verdankt sie der Pest, die 1666 rund um die Nahemündung wütete. Deshalb gelobten die Bürger damals, dem Pestheiligen *Rochus* eine Kapelle zu bauen und jährlich an seinem Todestag eine Prozession auf den Rochusberg zu führen. 1814 war **Johann Wolfgang von Goethe** ihr Augenzeuge. „Die Prozession kommt bergauf, gereiht und geordnet wie die übrigen. Vorweg die kleinsten Knaben, Jünglinge und Männer hinterdrein. Getragen der heilige Rochus, in schwarzsamtenem Pilgerkleide, dazu, von gleichem Stoff, einen langen goldverbrämten Königsmantel, unter welchem ein kleiner Hund, das Brot zwischen den Zähnen haltend, hervorschaut. Folgen sogleich mittlere Knaben in kurzen schwarzen Pilgerkutten, Muscheln auf Hut und Kragen, Stäbe in Händen..." Besonders angetan hatte es dem Dichter auch die Atmosphäre auf dem Festplatz hoch über der Stadt, wo Zelte, Buden und Bänke aufgeschlagen waren. „Freundliche Leute rückten zusammen, und wir erfreuten uns angenehmer Nachbarschaft, ja liebenswürdiger Gesellschaft, die von dem Ufer der Nahe zu dem erneuten Fest gekommen war. Muntere Kinder tranken Wein wie die Alten. Braune Krüglein, mit weißem Namenszug des Heiligen, rundeten im Familienkreise ..."

Auch heute findet die einwöchige Rochuswallfahrt **Mitte August** statt. Ihr Auftakt ist gewöhnlich die große Prozession am Sonntag nach dem 16. August. In ihrem Mittelpunkt stehen die hölzerne **Statue des Heiligen** aus der Mitte des 18. Jahrhunderts und die **Pestkerze,** die seit 1766 bei der Prozession mitgeführt wird.

079rh gs

Burg Klopp

078rh gs

Bergauf führt der Weg von der Martinsbasilika weiter zur Burg Klopp. Die strategisch über der Nahemündung gelegene und im 13. Jahrhundert erstmals erwähnte Burg war immer wieder Ziel verschiedener Belagerer. Aber erst der Pfälzische und der Spanische Erbfolgekrieg bedeuteten ihr Ende. Zurück blieben Trümmer und Ruinen, die in der Romantik zu einem beliebten Ausflugsziel wurden. Mitte des 19. Jahrhunderts baute ein Kölner Reeder und Großkaufmann deshalb Teile der einst mächtigen Burg wieder auf. Auch der nächste Burgherr investierte viel Geld in den Ausbau der Anlage, die seit 1897 die **Stadtverwaltung** beherbergt. An ihre mittelalterliche Vergangenheit erinnern noch die untersten Mauern des Bergfriedes, der Burggraben und Reste des Wehrgangs. Wer will, kann den **Bergfried** besteigen, der schöne Rundumblicke erlaubt. Schon seit Jahrhunderten übrigens.

„Selbst bei gemessener Zeit versäume man den Besuch der Klopp nicht", heißt es in einem Reiseführer von 1865. Im Besucherzimmer der Burg erinnert eine **Ausstellung** an die Turmbesteiger, darunter *Victor Hugo* oder auch *Richard Wagner*.

■ **Burg Klopp,** Kloppgasse 1, Besteigung des Bergfrieds April bis Okt. 8–18 Uhr.

☐ Burg Klopp

Rochusberg mit Rochuskapelle

Mindestens so schön wie von Burg Klopp ist der **Panoramablick** vom Rochusberg, auf den eine eigene Straße führt. Bei gutem Wetter ist er einen Ausflug wert. Für Besucher ohne eigenes Fahrzeug gibt es einen Bus – und einen schönen, im Hochsommer aber manchmal auch schweißtreibenden Fußweg.

Prächtige Blicke weit in den Rheingau und tief ins rheinhessische Hinterland bieten die **Wanderwege** auf dem **Hochplateau,** in dessen südlichem Teil sich die gewöhnlich nur zu Gottesdienstzeiten ganz zugängliche **Rochuskapelle** findet – ein Ende des 19. Jahrhunderts eingeweihtes Prachtstück der Neogotik.

Ebenfalls auf dem Rochusberg halten die Schwestern vom Heiligen Kreuz im **Hildegard Forum** bis heute das Wissen der *Hildegard von Bingen* lebendig. Im mittelalterlichen **Kräutergarten** finden sich ca. 80 Pflanzen – vom Liebstöckel bis zum Huflattich, deren heilende Wirkung *Hildegard* in ihrem Buch „Physica" beschreibt. Im **Restaurant** (s.u.) gibt es ein tägliches Mittagsbuffet, die vor allem *Hildegard* suchenden Menschen sind in den Hotelzimmern der Schwestern willkommen, die auch Meditationen und andere Programme zur inneren Einkehr anbieten.

- **Rochuskapelle,** Rochusberg 2. Die Kapelle ist zu Gottesdienstzeiten zugänglich und gewöhnlich Sa und So 14–17 Uhr.
- **Anfahrt:** Vom Binger Stadtbahnhof fährt **Bus 607** zum Hildegard Forum, sonntags gelegentlich bis zur Rochuskapelle.

Stefan-George-Museum

In einem aus dem Jahr 1689 stammenden **Fachwerkhaus** in Bingens Stadtmitte ist eine kleine Ausstellung zu Ehren des **Lyrikers und Übersetzers** *Stefan George* (1868–1933) zu sehen. Sie zeigt seinen Schreibpult, Teile seiner einstigen Bibliothek sowie Übersetzungen seiner Bücher in andere Sprachen. Der Binger Gastwirts- und Weinhändler-Sohn, der fast ein Dutzend Sprachen beherrschte, schrieb schon zur Schulzeit erste Gedichte. Überwiegend hatte der homosexuelle Bohemien keinen festen Wohnsitz, wohnte mal bei Freunden, seinen Verlegern oder seinen Eltern in Bingen. Tod, Naturerfahrungen und tragische Liebe gehörten zu seinen lyrischen Themen.

- **Stefan-George-Museum,** Freidhof 9, Tel. 06721 991094, www.stefan-george-gesellschaft.de, Di, Do, Sa 14–17 Uhr (n. feiertags), Eintritt frei.

Sehenswertes in anderen Ortsteilen

Auch in den Binger Vororten finden Kunstfreunde die eine oder andere Perle: in **Büdesheim** ein spätgotisches Rathaus (Burgstr. 2) und die Katholische Pfarrkirche St. Aureus und Justina (Pfarrer-Michel-Str. 4), in **Dietersheim** die den beiden frühchristlichen Märtyrern St. Gordianus und Epimachus geweihte, neugotische Pfarrkirche (Saarlandstraße 329). Noch älter ist dort die romanische **Pfarrkirche im Ehrenfriedhof** (Zur Mühle 47), deren spätgotische Malereien sich heute allerdings im Mainzer Landesmuseum finden. Am Osthang des Rochusberges, im Ortsteil **Kempten,** steht die Drei-Königs-Kirche (Dreikönigstr. 4) mit romanischem Turm. Barocke Elemente dominieren St. Peter und Paul (Rheinhessenstr. 54) in **Dromersheim.** Als „Kräuterkirche" genießt St. Pankratius und St. Bonifatius (Mainzer Str. 389) in **Gaulsheim** überregionale Popularität. Bei der Renovierung des neugotischen Gotteshauses mit seinem Turm im romanischen Stil in den 1970er Jahren wurde das Deckengewölbe mit über 50 Heil- und Nutzpflanzen ausgemalt – vom Beifuß bis zur Schafgarbe (www.kräuterkirche.de).

☒ Der Rochusberg mit seiner Kapelle

Praktische Tipps

Informationen

■ **Touristinformation,** Rheinkai 21, 55411 Bingen am Rhein, Tel. 06721 184200, www.bingen.de, Mo–Do 9–16, Fr 9–13 Uhr.

Unterkunft, Essen und Trinken

2 **Hotel Papa Rhein**④-⑤, Hafenstr. 47a, 55411 Bingen, Tel. 06721 35010, ww.paparheinhotel.de. Neues Lifestyle-Hotel am Rheinufer mit dem sehr guten und täglich geöffneten Restaurant namens 2 **Bootshaus.** Es überrascht mit gehobener Küche. Zum Haus gehören zudem zwei Bars.

7 **Hotel Köppel**③, Kapuzinerstr. 12, 55411 Bingen, Tel. 06721 14770, www.hotel-koeppel.de. Hotel in der Innenstadt über einer Konditorei mit 7 **Café** (Di–Sa 9–18, So 13–18 Uhr), das zum Frühstück auch schon ein Stück Torte garantiert. Alle Zimmer mit Boxspringbetten.

8 **Restaurant Burg Klopp**④, Burg Klopp 1, 55411 Bingen, Tel.06721 15644, www.restaurant-burg-klopp.de, Mi–So 12–14 und 18–22 Uhr. Stilvolles Burgrestaurant mit großer Gartenterrasse und schönem Rheinblick, internationale Küche.

4 **Hildegard-Forum der Kreuzschwestern**③, Rochusberg 1, 55411 Bingen, Tel. 06721 181000, www.hildegard-forum.de. 13 EZ und DZ für Menschen auf den Spuren der Heiligen. Das 4 **Restaurant** (Di–So 11–18 Uhr, Sommer auch Mo) bietet gewöhnlich ein reichhaltiges Mittagsbuffet.

9 **Hotel Würth am Freidhof**④, Freidhof 2, Tel. 06721 7071801, www.wuerth-am-freidhof.de. Inhabergeführtes Stadthotel mit nur zehn Nichtraucherzimmern, davon zwei behindertengerecht. Eigener Fahrradkeller.

1 **Rhein-Nahe-Jugendherberge**, Herterstr. 51, 55411 Bingerbrück, Tel. 06721 32163, www.diejugendherbergen.de. Beliebtes Familien- und Gästehaus hoch über Bingerbrück.

6 **Heimat No 5**②, Salzstr. 5, Tel. 0151 50494225, Mi–Fr 12–18, Sa 10–16 Uhr. Auftankplatz für alle, die Entschleunigung suchen. Regionale Bioküche auch für Vegetarier. Stilvolles Delikatessenlädchen zum Frühstücken oder Kaffeetrinken.

MEIN TIPP: 5 **Vinothek Bingen am Rhein** ③, Hindenburganlage 2, Tel. 06721 3098992, www.vinothek-bingen. de, Mai bis Sept. Di–Sa 11–23, So 11–22, Okt. bis April Di–Fr 15–23, Sa 11–23, So 11–22 Uhr. Regionale Küche direkt am Rheinufer, die auch einiges für den kleinen Hunger oder Kaffee und Kuchen anbietet. Große Auswahl regionaler Weine!

Camping

3 **Campingplatz Hindenburgbrücke,** Mainzer Str. 199, 55411 Bingen-Kempten, Tel. 06721 17160, www.bauer-schorsch.de. Ganzjährig geöffneter Platz im Ortsteil Kempten direkt am Rheinufer, etwa drei Kilometer vom Zentrum entfernt, mit Imbiss und Gartenlokal.

Aktivitäten

MEIN TIPP: **Naturerlebnisbad Bingerbrück,** Wilhelm-Beumer-Weg, 55411 Bingerbrück, Tel. 06721 32735, https://naturbad.rheinwelle.com, Mitte Mai bis Mitte Sept. tgl. 10–20 Uhr, Eintritt 3 € (Kinder 1,50 €). Einmalig gelegener, rund 2000 m^2 großer Schwimmteich mit Panoramablick auf Bingen und den Rheingau, große Liegewiesen.

- **Erlebnispfad Binger Wald:** 4,5 km langer Rundweg. Hängebrücke, Waldxylophon und andere Elemente sorgen für viel Abwechslung und Spaß. www.erlebnispfad-bingen.de.
- **Schiffstouren:** Am Binger Rheinufer starten das ganze Jahr über Schiffe zu Ausflugsfahrten auf dem Mittelrhein. Nach festem Fahrplan verkehren sie allerdings nur von Ostern bis in den Spätherbst. Infos unter www.k-d.com, www.bingen-ruedesheimer.de, www.roesslerlinie.de.

R(h)ein zum Spielen. Naturnahe Spiellandschaft im Park am Mäuseturm. Holzflöße, Kletter-

rh031 jb

wand, Rutschen und mehr. Täglich bis 20 Uhr geöffnet, im Winter bis Sonnenuntergang.

Kinderspielplatz Hindenburganlage, am Rheinufer lockt der Nachbau eines 50 m langen und 8 m breiten Schiffsmodells, durch das Kinder jeden Alters toben können – vor allem im Sommer ein viel besuchter Spielort.

Flummyland, Esperantostr. 28, 55411 Bingen-Büdesheim, Tel. 06721 9792950, www.flummyland.de, Mi–Fr 14–18.30, Sa/So 10–18.30 Uhr, in Ferienzeiten auch länger. Kinder-Indoor-Spielplatz mit Trampolin, Go-Kart, Hüpfburg, Disco und mehr.

Feste und Veranstaltungen

- **Nacht der Verführung:** Weinfest auf dem Rochusberg, Mai/Juni.
- **Bingen swingt:** Internationales Jazz-Festival, Juni.
- **Rhein in Flammen:** Feuerwerke am Rhein, Juli.
- **Rochusfest:** Volksfest mit großer Wallfahrt, August.
- **Binger Winzerfest:** Weinfest am Rhein, elf Tage im September.

Öffentliche Verkehrsmittel

- Bingen liegt an der Bahnlinie Mainz – Koblenz. Von den schnellen Zügen halten die meisten im **Hauptbahnhof in Bingerbrück,** nicht im Stadtbahnhof Bingen. Von dort starten nur die Züge nach Worms über Alzey. Die Nahetalbahn Richtung Saarbrücken hält im Hauptbahnhof links der Nahe.
- Im Stadtbereich und nahen Umland operieren mehrere **Buslinien.**
- www.rnn.info

◁ Der Rhein in Flammen

Ingelheim am Rhein

Stolz nennt sich Ingelheim, das etwa in der Mitte zwischen Bingen und Mainz gelegen ist, **Rotweinstadt.** Touristisch punktet es aber nicht nur mit Spätburgunder, Portugieser und Dornfelder, sondern vor allem mit seiner Geschichte. Ingelheim ist eine Stadt mit großer Vergangenheit und, was längst eine Ausnahme ist, schuldenfrei. Das liegt am größten Steuerzahler der Stadt, dem Pharma-Konzern Boehringer. Kein Wunder, dass Ingelheim dank Deutschlands größtem pharmaforschenden Unternehmen die reichste Stadt in Rheinland-Pfalz ist.

Mit der Kaiserpfalz besitzt Ingelheim bedeutende architektonische Reste aus der **Zeit Karls des Großen.** Vom 8. bis 11. Jahrhundert war die Pfalz für die Kaiser und Könige ein wichtiger Aufenthalts- und Regierungsort. Nach den Karolingern diente die Kaiserpfalz lange Zeit Ottonen und Saliern als Stützpunkt und auch Bischöfe hielten in Ingelheim gern ihre Synoden ab. Als die Kaiser die Lust am „Ingelheimer Grund" verloren hatten, ging das Gebiet erst an die Mainzer, später an die pfälzischen Kurfürsten. Politisch änderte sich diese Situation erst mit dem Ende der Kurfürstenstaaten, als die heute in der Stadt Ingelheim zusammengeschlossenen Dörfer Teil des neuen Rheinhessen wurden. Ein Meilenstein in der Stadtentwicklung war schließlich der Bau einer chemischen Fabrik Ende des 19. Jahrhunderts, aus der das heute weltweit tätige Pharma-Unternehmen **Boehringer Ingelheim** hervorgehen sollte.

080rh gs

Genauer betrachtet ist Ingelheim keine über Jahrhunderte gewachsene Stadt, sondern ein Verbund zusammengewachsener Dörfer, die alle ihren eigenen Reiz und Charme haben und sich vom Rhein weit ins rheinhessische Hügelland erstrecken. Die Innenstadt liegt südlich des Hauptbahnhofs zwischen den Ortsteilen Nieder- und Ober-Ingelheim. Sie hat sich mit Ladenpassagen und Fußgängerzonen in ein modernes Zentrum verwandelt, in dem es sich zu Bummeln lohnt.

Nieder-Ingelheim

Kaiserpfalz

Zu Ingelheims historischem Kern gehört die Kaiserpfalz, ein archäologisches Gelände in Nieder-Ingelheim. Es wurde erst in den letzten Jahrzehnten neu erschlossen und gibt einen guten Einblick in die Welt der **Karolinger und Ottonen,** die im heutigen Nieder-Ingelheim eines ihrer wichtigen **Verwaltungs- und Repräsentationszentren** hatten. *Karl der Große* (747–814) schätzte die Lage am Rhein ebenso wie sein Sohn *Ludwig der Fromme* (748–840).

Die Kaiserpfalz liegt mitten in einem Wohngebiet. Jahrhunderte wurden ihre **Ruinen** kaum beachtet, ehe die Wissenschaft die von Pflanzen überwucherten und verfallenen Mauern der Vergessenheit entriss. Ein Rundgang zu mehr als einem Dutzend markierter Stationen lässt ahnen, wie gewaltig die feudalen Bauten einst gewesen sein müssen. Pflastersteine signalisieren die bauliche Erweiterung der Kaiserpfalz: helle Steine zeigen ihr Ausmaß zu Zeiten *Karls des Großen,* dunkle die nach den Erweiterungen der Stauferzeit.

⌃ Ruinen der Kaiserpfalz, anschaulich präsentiert: das Heidesheimer Tor

› Die Saalkirche

Sehenswert sind das **Heidesheimer Tor,** wohl der einstige Hauptzugang zur Kaiserpfalz, und die **Aula Regia,** der ehemalige Thronsaal Kaiser *Karls*. Lange Zeit war er Treffpunkt mittelalterlicher Herrscher, Schauplatz spektakulärer Verhandlungen und Gerichtsverfahren. Im Sommer dienen beide Schauplätze, an denen noch heute sichtbar römische Steine verbaut wurden, als **Freilichtbühne** für kulturelle Veranstaltungen. In einem einfachen Bau neben dem Heidesheimer Tor gibt es zudem eine kleine **Ausstellung** über die Pfalz der Staufer und die Entwicklung des Gebietes bis heute.

Am besten startet man die Erkundung der Kaiserpfalz im **Besucherzentrum** neben dem neuromanischen Rathaus mit dem davorstehenden Marktbrunnen von 1811. Ein Modell der Pfalz im großen Maßstab findet sich im Museum ebenso wie rekonstruierte Teile des Palastes – und eine bei Ausgrabungen gefundene Goldmünze, die weltweit einzige aus der Kaiserzeit *Karls des Großen*. Sie dreht sich heute in einem Glaskasten. Bildschirme versetzen Besucher mithilfe digitaler Rekonstruktionen in die Zeit der Karolinger.

■ **Besucherzentrum Kaiserpfalz Ingelheim,** François-Lachenal-Platz 5, Tel. 06132 714701, www.kaiserpfalz-ingelheim.de, April bis Okt. Di–So 10–17 (Fr–So bis 18), Nov. bis März Di–So 10–16 Uhr. Die Außenanlagen sind auch montags zu besichtigen. Von April bis Okt. gibt es jeden Samstagmittag ab 14 Uhr Führungen über das Gelände.

Saalkirche

Die Saalkirche wurde in ottonischer Zeit der karolingischen Kaiserpfalz einverleibt. Zu ihren ältesten Teilen zählen die über tausendjährigen Mauern des Querschiffs. Den im Laufe der Jahrhunderte

rh032 gs

rh076 gs

immer mehr verfallenen Bau nutzten die Franzosen Ende des 18. Jahrhunderts als Hospital, Pferdestall und Gefängnis. Erst ab 1804 wurden in der evangelischen Saalkirche wieder Gottesdienste abgehalten. Seine hochmittelalterliche Gestalt erhielt das Gotteshaus in den 1960er Jahren wieder, als man das Längsschiff auf seinen historischen Fundamenten rekonstruierte. Innen informiert eine **Ausstellung** über Ingelheims ottonische Zeit und die Baugeschichte der Kirche, die heute gleich drei Orgeln beherbergt und deshalb immer wieder zu **Konzerten** einlädt.

Kirche St. Remigius mit Münster-Denkmal

■ **Saalkirche,** Karolingerstraße, Tel. 06132 2325, die Kirche ist im Sommer gewöhnlich tagsüber geöffnet.

St. Remigius

St. Remigius gilt als ältestes Ingelheimer Gotteshaus. Jüngste archäologische Untersuchungen datieren den heute verlorenen Ursprungsbau in die zweite Hälfte des 7. Jahrhunderts. Zunächst diente sie als Friedhofs- und Taufkirche, später auch als Pfalzkirche. Um 1300 wurde der Turm mit romanischen Schmuckformen errichtet. An ihn schließt sich die 1739/40 gebaute Kirche mit schönen **Wand- und Deckenmalereien** an. Prunkstücke sind der barocke Hochaltar, zwei Seitenaltäre und ein Taufstein aus dem frühen 18. Jahrhundert.

Vor der Kirche erinnert ein Denkmal an einen der größten Söhne der Stadt, den 1488 unweit der Kirche geborenen *Sebastian Münster*, einen der bekanntesten Kosmografen Europas.

■ **Katholische Pfarrkirche St. Remigius,** Belzer Str. 3, Tel. 06132 64980, Kirche tagsüber meist geöffnet.

Ober-Ingelheim

Spätestens im 14. Jahrhundert hatte Nieder-Ingelheim mit seiner Kaiserpfalz an Bedeutung verloren, versank der Stadtteil im Dornröschenschlaf. Wichtiger wurde jetzt Ober-Ingelheim, wo der einst in der Kaiserpfalz beschäftigte Adel zu Hause war. An diese Zeit erinnert bis heute eine sehenswerte **Wehranlage** mit meterhohen Rundtürmen und Mauern.

081rh gs

Zu ihren schönsten Teilen gehören das **Uffhubtor** aus dem 14. Jahrhundert am oberen Ende der Aufhofstraße und das teilweise rekonstruierte **Ohrenbrücker Tor** am unteren Ende der Edelgasse.

Den besten Eindruck von der ehemaligen Ortsbefestigung aber vermitteln die Wehrgänge rund um die sehenswerte Burgkirche.

Burgkirche

Die evangelische Burgkirche ist das Wahrzeichen Ober-Ingelheims. Die ehemalige Wehrkirche findet sich innerhalb eines sehenswerten mittelalterlichen Mauerrings am Rand des historischen Ortskerns. Das spätgotische Gotteshaus mit seinem **romanischen Turm** aus dem frühen 12. Jahrhundert diente einst dem Ober-Ingelheimer Adel als Grablege. Daran erinnern bis heute zahlreiche **Grabdenkmäler** vor und in der Kirche. Während die dreischiffige Kirche von außen eher wie ein Bollwerk wirkt, glänzt sie im Inneren mit schönstem Maßwerk und Schlusssteinen. Man sollte deshalb den Blick auch nach oben richten, wo die erst vor einem guten halben Jahrhundert wieder freigelegten **Deckenmalereien** begeistern. Chorfenster zeigen die Anbetung der Heiligen Drei Könige und die Krönung Mariens. Es sind **Glasmalereien,** deren Kern ebenfalls noch aus dem 15. Jahrhundert stammt.

■ **Burgkirche Ingelheim,** An der Burgkirche 17, Tel. 06132 73031, https://burgkirche-ingelheim.ekhn.de. Besichtigung vor allem am Wochenende gewöhnlich nachmittags. Aktuelle Infos auf der Website.

⌃ Burgkirche und Teile der alten Stadtmauer

223rh-gs

Westerberg

Bismarckturm und Tigergarten Waldeck

Hoch über Ingelheim erhebt sich der Westerberg, wo sich vom Bismarckturm schönste Blicke in die Weiten Rheinhessens und des Rheingaus bieten. „Zu Bismarcks Ehr", wie es über dem neoromanischen Eingangstor auf einer Sandsteintafel heißt, wurde der Turm Anfang des 20. Jahrhunderts im nationalistischen Geist des deutschen Kaiserreiches erbaut. Der Bismarckturm ist ein beliebtes **Wander- und Ausflugsziel,** was auch an der Gaststätte zu seinen Füßen liegt. Der Betreiber des Bergrestaurants Waldeck hält dort nämlich in einem großen Freigehege ein halbes Dutzend Bengal-Tiger. Zum Bismarckturm führt von Ober-Ingelheim eine kleine Fahrstraße.

■ **Tiger-Garten und Bergrestaurant Waldeck,** Waldeck 1, 55218 Ingelheim, Tel. 06725 4313, www.tiger-garten-waldeck.de, www.waldeck-ingelheim.de. Das **Restaurant** mit saisonaler Frischeküche ist gewöhnlich von Mitte März bis Ende Oktober (Mi–Fr 14–20, Sa 13–20, So 12–20 Uhr) geöffnet, im Winter meist nur Fr–So. Das Freigelände ist gewöhnlich am Wochenende nachmittags kostenfrei zugänglich. Eine kostenpflichtige Führung zu den Tieren, bei der man ihnen besonders nahe kommt, organisiert man unter Tel. 0172 6121741.

Schloss Westerhaus

Ebenfalls auf dem Westerberg findet sich mit Schloss Westerhaus **Rheinhessens größtes Hofgut.** Jahrhundertelang diente es verschiedenen Grafen als Wohnsitz, ehe es anno 1900 *Heinrich von Opel,* einer der Söhne des Automobilbauers *Adam Opel,* übernahm und eine Straße auf den Berg bauen ließ. Heute wird das Schlossgut mit seinen vielen Hektar Weinbergen in vierter Generation von der Ururenkelin des Rüsselsheimer Autobauers geführt.

Ingelheims Bismarckturm

Herbst in Ingelheim unweit der Selzmündung

Frei-Weinheim

Vom am Rhein gelegenen Stadtteil Frei-Weinheim (Ingelheim-Nord) führt eine **Fähre nach Oestrich-Winkel** in den Rheingau. Das renovierte und als Museum auf Anfrage zugängliche **Fischerhaus** (Schubertstr. 5) zeigt eines der typischen Häuser des Ortes, in denen einst Fischer und Korbflechter lebten.

Rheinauen und Selzmündung

Die **Selz** ist eine der Lebensadern Rheinhessens. Mehr als 60 Kilometer fließt sie mitten durch die Region, vom Alzeyer Hügelland bis zu ihrer Mündung im Ingelheimer Ortsteil Frei-Weinheim. Derzeit wird der Fluss aus Naturschutzgründen Stück für Stück renaturiert. So entstanden neue Feuchtgebiete, in denen Amphibien, Wasservögel und Insekten Unterschlupf fanden. Die umliegenden Rheinauen stehen unter **Naturschutz** und geben einen guten Einblick ins Ökosystem. Rund um die Selzmündung können sich Besucher auf ausgeschilderten Wegen einen Eindruck von den Auwäldern des Rheins machen, die hier noch weitgehend erhalten sind. Ein **Erlebnispfad** führt durch das Gebiet.

Großwinternheim

Der Ingelheimer Stadtteil Großwinternheim liegt ganz im Süden an der Selz. Der Ort beherbergt alte Höfe und Adelspaläste und zwei Kirchen, darunter die als **Selztaldom** bekannte Kirche St. Johannes Evangelist (Oberhofstr. 21) mit ihrem Turm aus dem 10. Jahrhundert. Ein Deckengemälde mit der Kreuzauffindung der hl. Helena verweist auf die lange Tradition der Kreuzverehrung in Großwinternheim, die auf einer wertvollen Kreuzreliquie basiert.

Heidesheim

Heidesheim und Wackernheim sind die jüngsten Kinder Ingelheims. Sie wurden erst 2019 eingemeindet. Viele Obstbauern sind hier zu Hause.

Mitten in den Heidesheimer Obstfeldern liegt Rheinhessens ältester Sakralbau, die **Georgskapelle.** Sie wurde vermutlich schon im 7. Jahrhundert auf den Fundamenten eines römischen Landhauses errichtet. Bis ins 13. Jahrhundert war sie die Pfarrkirche des Dorfes, ehe man die neue Kirche St. Philippus und Jakobus (Römerstr. 4) im Ort errichtete, die später ihr heute barockes Aussehen fand.

Unterkunft, Essen und Trinken

MEIN TIPP: **Landgasthof Kirschgarten**②-③, Kleine Hohl 2, 55263 Wackernheim, Tel. 06132 899790, www.landgasthof-kirschgarten.de. Klassischer Landgasthof mit acht einfachen, aber gemütlichen Zimmern. Das **Restaurant** (Mo–Sa 18–21.30, So 12–14 und 18–20.30 Uhr) bietet eine saisonale Frischeküche.

Praktische Tipps

Informationen

- **Tourist-Information Ingelheim,** im Winzerkeller, Binger Str. 16, 55218 Ingelheim, Tel. 06132 710009200, www.ingelheim-erleben.de, Mo–Fr 9–18, Sa 9–14 Uhr. Im Keller erzählt eine Ausstellung von der Geschichte des über hundert Jahre alten Ingelheimer Winzerkellers.
- Bei **Stadtrundgängen** durch Ingelheim hilft die Website www.ingelheim-erleben.de/stadtfuehrung-auf-eigene-faust/0.

Bei Heidesheim

rh034 gs

Unterkunft, Essen und Trinken

■ **Gästehaus im Weingut Dautermann**③, Unterer Schenkgarten 6, 55218 Ober-Ingelheim, Tel. 06132 1279, www.dautermannwein.de. Wohnen beim Winzer, dessen Rotweine preisgekrönt sind: zwei Doppelzimmer und zwei Appartements.

■ **Fetzer's Landhotel**④, Gaulsheimer Straße 14, 55218 Ingelheim-Sporkenheim, Tel. 06725 30130, www.fetzersgastro.de. 14 Doppelzimmer im Landhausstil und **Restaurant** (Mi–Sa 11.30–14 und 18–21.30, So 12–20 Uhr) mit klassischer Regionalküche.

■ **Peter & Silie**②, Bahnhofstr. 21, 55218 Ingelheim, Tel. 06132 7145519, www.petersilie-ingelheim.de, Mo–Sa 9–23 Uhr. Café-Restaurant mit kreativer Küche und wechselnden Tagesgerichten.

■ **Wasems Kloster Engelthal**③-④, Edelgasse 15, 55218 Ingelheim, Tel. 06132 2304, www.wasem.de, Di–Sa ab 16.30 Uhr. Familiengeführtes Weingut in Ober-Ingelheim mit Restaurant, im Sommer schöner Innenhof. Das benachbarte **Hotel** bietet diverse Einzel- und Doppelzimmer sowie ein Apartment mit kleiner Küche.

Wingert, Wein- und Esskultur②-③, Fridtjof-Nansen-Platz 3, 55218 Ingelheim, Tel. 06132 4220106, www.wingert-ingelheim.de, Fr, Sa 17–23, So 16–23 Uhr. Modern gestyltes Restaurant des diplomierten Wildkräutersommeliers *Elvir Boloban,* der mit regional geprägter Frischeküche aufwartet, zu der Blumenkohl-Curry ebenso gehört wie kross gebratene Blutwurst.

■ **Bistro Timorossi**①, Hammergasse 6, 55218 Ingelheim, Tel. 06132 8998740, www.timorossi.de, Mo–Sa 17–22 Uhr. Kleines, gemütliches Lokal mit wöchentlich wechselnden Tapas und anderen mediterranen Leckereien.

■ **Landgasthof Eulenmühle**②, Zur Eulenmühle, 55218 Großwinternheim, Tel. 06130 9400720, www.eulenmuehle.de. Am Rande Großwinternheims gelegene alte Mühle mit sechs Gästezimmern und einem Gasthof (Mi–Fr 17–22, Sa 14–22, So 12–22 Uhr).

Einkaufen

■ **Brennerei Heinz Dengel,** Aufhofstraße 46, Ober-Ingelheim, Tel. 06132 2398, www.schnapsideen.de, Mo, Di, Do, Fr 9.30–12 und 13–18.30, Mi 9.30–12.30, Sa 9.30–14 Uhr (bitte vorher anrufen). Trauben- und Obstbrände, dazu edle Liköre, etwa aus Schlehen, Sanddorn oder Waldmeister.

■ **Fünfundsechzig07,** Bahnhofstr. 123, 55218 Ingelheim, Tel. 06132 9732004, www.fuenfundsechzig07.de, Do, Fr 17–20, Sa 10–14 Uhr. Die nach der alten Ingelheimer Postleitzahl benannte Manufaktur überrascht mit einer Handvoll selbst gefertigter Gin-Sorten und einem Wodka. Die besten sind mehr als ein Jahr im Eichenfass gereift.

Aktivitäten

■ **Freibad Ingelheim,** Im Blumengarten, 55218 Nieder-Ingelheim, Tel. 06132 2166, www.ingelheim.de, Mo 13–20.30, Di–So 8–20.30 Uhr. Von Mai bis Sept. geöffnetes Freibad mit 50 Meter langer Wasserrutsche und großer Liegewiese.

Feste und Veranstaltungen

■ **Internationale Tage Ingelheim:** Kulturfestival mit Ausstellungen, Konzerten und Vorträgen.

■ **Hafenfest:** Volksfest im Stadtteil Frei-Weinheim mit Krammarkt, Weinständen und Konzerten.

■ **Ingelheimer Rotweinfest:** Feiern rund um die Burgkirche in Ober-Ingelheim, September/Oktober.

■ **Erntedankfest Heidesheim:** Weinfest mit großem Erntedankumzug, erstes Oktoberwochenende.

Öffentliche Verkehrsmittel

■ Ingelheim liegt an der **Bahnlinie Mainz – Bingen.** Vom dortigen Bahnhof aus sind die Stadtteile durch **Busse** angebunden (www.rnn.info).

Budenheim

Touristisch spielt Budenheim vor den Toren der Stadt Mainz keine große Rolle. Auch Weinberge finden sich hier längst nicht mehr. Dafür gibt es einen **Golfplatz** (siehe Kap. „Praktische Reisetipps A–Z / Sport und Erholung“) und mit dem **Lenneberg** ein großes **Waldgebiet,** das vor allem die Mainzer gern zur Naherholung nutzen.

Vom **Lennebergturm,** zu dessen Füßen ein Restaurant-Café (www.turmmainz.de) liegt, bieten sich bei gutem Wetter schöne Panoramablicke. Schloss Waldhausen, Sitz einer Sparkassenakademie, liegt ebenfalls im Lennebergwald.

Feste und Veranstaltungen

- **Budenheimer Blütenfest:** Wahl der Blütenkönigin, letztes Aprilwochenende.

Öffentliche Verkehrsmittel

- Budenheim ist von Mainz per **Bus und Bahn** zu erreichen (www.rnn.info).

Gau-Algesheim

Weit ins rheinhessische Hügelland erstreckt sich das südwestlich von Ingelheim gelegene Städtchen Gau-Algesheim mit seinen Ortsgemeinden. Es ist eine von Landwirtschaft, Wein- und Obstbau geprägte Region, die zum **Wandern und Fahrradfahren** einlädt und

084rh gs

mit der „Rheinwelle" über ein großes Freizeitbad samt Saunen verfügt. Ein beliebtes Naherholungsgebiet ist der **Gau-Algesheimer Kopf** am Ortsrand, ein in Rheinhessen sonst selten anzutreffender Laubmischwald. Für **Reisemobile** stehen in Gau-Algesheim, Ober-Hilbersheim, Ockenheim und Schwabenheim Stellplätze zur Verfügung.

Sehenswertes

Besuchermagnet in Gau-Algesheim ist der **Marktplatz** mit den wichtigsten Sehenswürdigkeiten der Stadt, dem historischen **Rathaus,** einem im Kern spätgotischen Bau, der im Erdgeschoss einmal eine offene Markt- und Gerichtshalle hatte, und der katholischen Pfarrkirche **St. Cosmas und Damian.** Mit ihrem 63 Meter hohen Turm ist die dreischiffige, neugotische Kirche nicht zu übersehen. Ihren Turm aus dem 16. Jahrhundert mit seinen romanischen Untergeschossen ließ man beim Umbau Ende des 19. Jahrhunderts stehen, setzte ihm aber einen neuen Glockenhelm auf. Weitgehend erhalten blieb auch der spätgotische Altarraum, in dem das Gnadenbild einer barocken Madonna Platz hat.

■ **St. Cosmas und Damian,** Neugasse 2, 55435 Gau-Algesheim, Tel. 06725 2421.

◁ Der Marktplatz von Gau-Algesheim

Fahrradmuseum

Im ehemaligen kurmainzischen Amts- und **Wasserschloss Ardeck,** heute im Besitz der Stadt, ist das Rheinhessische Fahrradmuseum zu Hause. Als „Moseburg" fand das Gebäude, das zeitweise den Mainzer Erzbischöfen als Wohnort diente, 1112 erstmals Erwähnung. Heute zeigt das Schloss in fünf Räumen Exponate zur Entwicklungsgeschichte des Fahrrades – von Laufmaschinen und Hochrädern aus dem 19. Jahrhundert bis zu aktuellen Gebrauchsrädern.

■ **Rheinhessisches Fahrradmuseum,** Schlossgasse 12, 55435 Gau-Algesheim, Tel. 06725 1787, www.fahrradmuseum-rheinhessen.de, Ostern bis Mitte Okt. So 14–18 Uhr, Eintritt frei.

St. Laurentius

Zu Gau-Algesheim gehört der Weiler **Laurenziberg** auf dem gleichnamigen Berg, zu dem jährlich eine große Wallfahrt führt. Die schön gelegene, barocke **Wallfahrtskirche** St. Laurentius ist ein beliebtes Ausflugsziel. Sehenswert ist ihr aus dem Mainzer Dom stammender, barocker Hochaltar. Die Statue des heiligen Laurentius stiftete der Mainzer Bischof *Emanuel Freiherr von Ketteler.* Die Fenster zeigen Bilder aus dem Leben des Kirchenheiligen. Unter der Empore mahnt eine Ausstellung an die Mainzer Märtyrer der nationalsozialistischen Zeit. Einmal jährlich pilgern Wallfahrer zur traditionellen Tiersegnung auf den Berg.

■ **St. Laurentius,** 55435 Laurenziberg, den Schlüssel zur Besichtigung gibt es im Weingut Lich (Laurenziberg 6).

https://stock.adobe.com © parallel_dream

Kloster Jakobsberg

Auch zum benachbarten Kloster Jakobsberg pilgern die Menschen seit Langem. Hoch über der Rheinebene beim Nachbardorf **Ockenheim** liegt das Kloster, in dem heute die Missionsbenediktiner von St. Ottilien und benediktinische Schwestern der *Congregation of Benedictine Sisters of the Eucharistic King* (Philippinen) zu Hause sind. Sie unterhalten ein Bildungshaus, in dem auch Einzelpilger, die bei Meditationen oder Exerzitien eine Auszeit suchen, willkommen sind. Die **Klosterkirche** entstammt der Mitte des 19. Jahrhunderts und ist den 14 Nothelfern geweiht, deren Reliquien sich im Barockaltar finden. Unterhalb der Klosteranlage liegt ein 1912 gepflanztes Wäldchen, in dem meterhohe Bildstöcke an die „Sieben Schmerzen Mariens" erinnern, an das Leiden der Muttergottes angesichts des Kreuzestodes ihres Sohnes.

Kloster Jakobsberg zur Weihnachtszeit

■ **Kloster Jakobsberg,** Jakobsberg 1, 55437 Ockenheim, Tel. 06725 3040, https://bistummainz.de/einrichtungen/kloster-jakobsberg, tagsüber meist geöffnet.

Heimatmuseen

Zwei kleine Heimatmuseen in Nachbardörfern von Gau-Algesheim dokumentieren regionale Kultur, Landwirtschaft, Handel und Handwerk.

■ **Ober-Hilbersheimer Museum,** Wassergasse 3, 55437 Ober-Hilbersheim, http://museum.ober-hilbersheim.de, April bis Mitte Dez. jeden 2. und 4. So im Monat 14–18 Uhr, Eintritt frei.
■ **Heimatmuseum Ockenheim,** Mainzer Str. 67/69b, 55437 Ockenheim, www.ockenheim.de, März bis Okt. jeden 1. und 3. So im Monat 14–17 Uhr, Eintritt frei.

Prozessionstragekreuz mit den 14 Nothelfern

rh091 gs

Appenheim

Appenheim mit altem **Fachwerk-Rathaus** (Hauptstr. 28) und zwei spätbarocken Kirchen rühmt sich einer **einmaligen Weinbergslage,** die den höchsten Carbonatgehalt Deutschlands aufweist – beste Voraussetzung für sehr mineralische und fruchtige Weine, mit denen ein paar angesehene Winzer im Ort bei Wettbewerben immer wieder kräftig punkten. So gehört die Lage „Hundertgulden" zu den deutschen Top-Adressen, rangieren die Appenheimer in allen Weinführern auf vorderen Plätzen. Am Rand der Spitzenlage lockt die **Hundertguldenmühle,** eine zum Restaurant umgebaute alte Mühle (s.u.).

Praktische Tipps

Informationen

- **Tourismusbüro Gau-Algesheim,** Marktplatz 1, 55435 Gau-Algesheim, Tel. 06725 910185, www.vg-gau-algesheim.de, Mo–Fr 9–13, Mo, Do 15–18, April bis Sept. auch Fr 14–16 und Sa 10–14 Uhr.

Unterkunft, Essen und Trinken

- **Restaurant Elder**③, Marktplatz 2, 55435 Gau-Algesheim, Tel. 06725 3077227, www.restaurant-elder.de, Mi–Sa 17.30–21, So 11.30–14 Uhr. Restaurant in der Stadtmitte, das mit saisonalen Menüs punktet.
- **Zum Kelterhaus**②-③, Wassergasse 21, 55437 Ober-Hilbersheim, Tel. 06728 94140, www.zum-kelterhaus.de. Ferienwohnung, Gästezimmer und Appartements auf zwei Etagen in einer 300 Jahre alten Hofreite im Ortskern, überdachter Grillplatz im Hof, Leihfahrräder.
- **Restaurant Hundertguldenmühle**③, Hundertguldenmühle, 55437 Appenheim, Tel. 06725 9990210, www.100guldenmuehle.de, Di–So 17–22 Uhr. Stilvolles Landhaus-Restaurant in alter Mühle mit großer Außenterrasse. Im Angebot unter anderem Kalbstafelspitz oder Steinbutt, aber auch Flammkuchen oder gebratene Blutwurst.

Einkaufen

- **Weingut Willems und Hofmann,** Vor dem Klopp 4, 55437 Appenheim, Tel. 06725 300063, www.schiefer-trifft-muschelkalk.de, Mo–Sa 8–12 und 14–18 Uhr (werktags vorher anmelden). Er ist aus Rheinhessen, sie von der Saar. Deshalb legte das Winzerpaar nach der Heirat die elterlichen Weingüter zusammen. In der Vinothek gibt es daher Saar- und Rheinhessen-Weine.
- **Weingut, Winzercafé und Gutsausschank Sankt Marienhof**①-②, Kirchstraße 46, 55435 Gau-Algesheim, Tel. 06725 2542, www.sankt-marienhof.eu. Von März bis November serviert das Winzercafé (Di–Do 14.30–18 Uhr) hausgemachten Kuchen frisch vom Backblech und Schwarzwälder Torte. Im Gutsausschank (Fr ab 18, So ab 16 Uhr) ist seit Jahrzehnten die Wildbratwurst mit Kartoffelstampf und Rahmwirsing einer der Bestseller.
- **Gutsschänke Am Römerberg**②, An der Kirchpforte 10, 55270 Engelstadt, Tel. 06130 2150270, www.amroemerberg.de, Mo, Do, 17–22, Fr, Sa 17–23, So 12–22 Uhr. Frische Schweinshaxen aus dem Ofen oder knusprige Hähnchen munden auf der großen Terrasse am besten!
- **Weingut Gres,** Ingelheimer Str. 6, 55437 Appenheim, Tel. 06725 3310, www.weingut-gres.de, Mo–Fr 9–12 und 14–18.30, Sa 9–18 Uhr (Anmeldung erbeten). Weingut mit einfachen **Gästezimmern.**

Aktivitäten

Rheinwelle, Binger Str. 99, 55435 Gau-Algesheim, Tel. 06725 30050, www.rheinwelle.com, tgl. 10–23 Uhr. Großes Schwimmbecken mit Sprungtürmen, Rutschen und ganzjährig geöffnetem Außenbecken, mehrere Saunen, Dampfbad und ein natürlicher Badeteich als Tauchbecken. Vom Ingelheimer Bahnhof verkehren Busse zum Richtung Bingen gelegenen Bad.

Feste und Veranstaltungen

- **14 Nothelfer-Wallfahrt** von Ockenheim zum Kloster Jakobsberg: große Prozession mit Festgottesdienst, Sonntag Ende Juli.
- **Fest des Jungen Weins:** Weinfest, Gau-Algesheim, zweites Oktoberwochenende.
- **Bauern- und Handwerkermarkt Nieder-Hilbersheim:** großer Markt und Attraktionen wie Strohballenrollen, drittes Oktoberwochenende.

MEIN TIPP: **Ober-Hilbersheimer Märchen-Weihnachtsmarkt:** zweites Adventswochenende. Einmal jährlich locken Kunsthandwerker, Hobby-Künstler, Floristen und andere Künstler in das Dorf, das dann aus allen Nähten platzt. Je früher man kommt, desto besser!

Öffentliche Verkehrsmittel

- Vom Gau-Algesheimer **Bahnhof** an der Schienenstrecke Mainz – Bingen verkehrt ein **Bus** nach Appenheim, Nieder- und Ober-Hilbersheim (www.rnn.info).

Wallfahrtsprozession auf den Laurenziberg in der Nähe von Gau-Algesheim

235rh-gs

Schwabenheim an der Selz

Mit seinen **vielen Weingütern und Gasthöfen** ist Schwabenheim eine beliebte Ausflugsadresse. Der Ort am Flüsschen Selz, das bei Ingelheim in den Rhein mündet, wartet mit einem hübschen Marktplatz auf, idyllische Innenhöfe locken vor allem sommerliche Genießer. Auch Gourmets sind in Schwabenheim wunderbar aufgehoben. Mit Hotels, Gästezimmern und mehreren Pensionen sowie einem Stellplatz für Wohnmobile bietet der Fremdenverkehrsort genügend Möglichkeiten zur Übernachtung.

Komplett unter Denkmalschutz steht der **Marktplatz,** einer der größten Rheinhessens, mit seinen historischen Gebäuden aus dem 18. Jahrhundert und einem alten Brunnen. Blickfang sind das barocke **Rathaus** und die **evangelische Kirche** aus der Mitte des 19. Jahrhunderts mit ihrer Jugendstilausmalung. Jahrhunderte älter ist die katholische Pfarrkirche **St. Bartholomäus** (Zur Probstei 1) mit ihrem romanischen Türsturz. Er zeigt zwei Vögel, die Fische im Schnabel halten und von zwei in sich verknoteten Schlangen umrahmt werden – eine Darstellung, die der Wissenschaft noch immer Rätsel aufgibt.

Zu den wichtigsten Kunstwerken im Kircheninneren gehören ein spätgotisches Sakramentshäuschen und der Hochaltar mit einer Figur des Kirchenpatrons. Fragmente einer mittelalterlichen Wandmalerei zeigen die Heiligen Drei Könige.

Praktische Tipps

Unterkunft, Essen und Trinken

- **Hotel und Restaurant Pfaffenhofen**③-④, Bubenheimer Str. 10, 55270 Schwabenheim, Tel. 06130 91990, www.hotel-pfaffenhofen.de. Landhotel mit barrierefreien Zimmern und reichhaltigem Frühstücksbuffet, Restaurant mit Frischeküche (Mo–Mi und Fr–Sa ab 17.30 Uhr).
- **Wohnmobilstellplatz,** Ingelheimer Straße 5, 55270 Schwabenheim, acht einfache Stellplätze am Ortsrand mit Stromanschluss.
- **Selztal**②, Am Sportfeld 90, 55270 Schwabenheim, Tel. 06130 2090203, www.gaststaette-selztal.de, Di–Sa 17–22, So 11.30–14.30 und 17–22 Uhr. Einfache und gute Landhausküche.
- **Margaretenhof**③, Am Sportfeld 25, 55270 Schwabenheim, Tel. 06130 2072797, www.margaretenhof-schwabenheim.de, Mi–Sa 17–22, So 12–22 Uhr. Helles und geräumiges Restaurant mit schöner Terrasse am Ortsrand. Serviert werden Schnitzel und Braten, aber auch grünes Thai-Curry mit Reis.

Öffentliche Verkehrsmittel

- Mainz und Ingelheim verbindet ein **Bus** über Schwabenheim (www.rnn.info).

Sprendlingen

Rheinhessische Toskana nennt sich die Region um Sprendlingen selbstbewusst, eine von sanften Hügeln geprägte Landschaft. Und wie in Italien ist auch hier der **Weinbau** das Markenzeichen. Bekannt ist Sprendlingen, Verwaltungszentrum der Verbandsgemeinde Sprendlingen-Gensingen, vor allem für seine **Winzersekte,** die nach alter Tradition der Flaschengärung in den kühlen Kellern einer Erzeugergemeinschaft reifen. Touristisch punktet die Region im Westen des Rheinhessischen Hügellands mit einem großen Golfplatz auf dem Wißberg, mehr als 70 Kilometer Rad- und Wanderwegen, Bädern und Wellness-Oasen sowie einem Wein-Erlebnispfad.

In den kleinen Dörfern **Welgesheim** und **Zotzenheim** sind die evangelischen Kirchen für alle Kunstfreunde eine Stippvisite wert. Die Kirche in Zotzenheim (Obergasse 15) hat einen Türsturz, den Fachleute ins Mittelalter datieren. Wunderschöne gotische Wandmalereien im Gotteshaus von **Aspisheim** (Kirchstraße 6) erzählen biblische Gleichnisse und die Passionsgeschichte.

Gensingen, ganz im Norden, ist die zweitgrößte Gemeinde der Verbandsgemeinde und wegen seines riesigen Warenhauses (s.u.) eine beliebte Einkaufsadresse.

In vielen Ortschaften der Verbandsgemeinde stehen große, rustikale **Holztische** für alle zur Verfügung, die ein Picknick im Freien lieben – meist umgeben von Weinbergen. Eine Karte mit den passenden Plätzen findet sich unter folgender Adresse:

- www.sprendlingen-gensingen.de/erleben/tourismus/tische-des-weines

rh092 gs

Sehenswertes

In einem Bauernhof aus der Mitte des 18. Jahrhunderts hat das **Heimatmuseum** von Sprendlingen Platz gefunden. Es gibt Einblick ins einstige Leben der Bauern und Winzer.

Neugotisch zeigt sich die katholische Michaelskirche (Schulstr. 40) in Sprendlingen, klassizistisch das evangelische Gotteshaus (Marktplatz 24).

■ **Heimatmuseum Sprendlingen,** St. Johanner Str. 14, Mai bis Okt. Besuch nach Absprache: Tel. 06701 901134.

Via Vinea

Ein **Erlebnispfad** in Sprendlingen widmet sich der Wein- und Naturgeschichte. Anders als bei den meisten anderen Weinlehrpfaden werden auf der Via Vinea alle Sinne angesprochen – etwa mit einem Kräuter- und Rebsortengarten und einer **Kneipp-Anlage.** Die Strecke ist auch für **Skater** und **Nordic Walker** geeignet.

https://stock.adobe.com © Stephan Dinges

[>] Optischer Telegraf auf der Napoleonshöhe: Die Stellung der Zeiger stand für bestimmte Wörter und Sätze

[<] Das Heimatmuseum in Sprendlingen

Napoleonsturm

Ein **optischer Telegraf** erinnert auf der **Napoleonshöhe** bei Sprendlingen wie übrigens auch in **Stadecken-Elsheim** an die Anfänge des Nachrichtenwesens. Anfang des 19. Jahrhunderts hatte man mitten durch Rheinhessen eine optische Telegrafenlinie gezogen. Sie erlaubte den damals links des Rheines regierenden Franzosen, Nachrichten aus Mainz möglichst schnell nach Metz und von dort weiter nach Paris zu übermitteln – und umgekehrt natürlich. Gewöhnlich waren die Stationen tagsüber mit zwei Leuten besetzt, die über fest montierte **Fernrohre** zu ihren beiden Nachbarstationen Ausschau hielten.

Wißberg

Der Wißberg zwischen Sprendlingen und Gau-Bickelheim ist mit 270 Metern eine der höchsten Erhebungen Rheinhessens und einer der Publikumsmagneten der Region. Oben auf dem Plateau liegt eine **18-Loch-Golfanlage** samt Hotel und Restaurant (s.u.). Hier beginnt auch ein **Panoramaweg,** der einmalige Rundblicke bietet. Zu Füßen der Südflanke findet sich mit der Gau-Bickelheimer Kreuzkapelle zudem ein beliebtes Fotomotiv.

Von jedem der Orte zu Füßen des Wißbergs führt ein Weg zum Plateau des Kalkstein-Gipfels. Immer wieder gibt der Berg Funde aus den Ablagerungen des Ur-Rheines frei, der hier vor vielen Millionen Jahren floss. Dazu gehören Zähne und Knochenreste der einst größten auf dem Land lebenden Säugetiere. Gefundene Tonscherben aus der Hallstattzeit und mit keltischen Runen verzierte Artefakte aber belegen auch, dass der Wißberg schon früh besiedelt war.

St. Johann

Zu Füßen des Wißbergs liegt St. Johann, eines der typischen rheinhessischen Weindörfer. Stattliche Höfe mit schönen **Fachwerkbauten** aus dem 18. und 19. Jahrhundert und die **Evangelische Kirche** (Kirchplatz 15), ein hochgotisches Prunkstück mit eindrucksvollen Wandmalereien, prägen das Dorfbild. Heute dient das Gotteshaus auch als Konzerthalle, was vor allem einer Orgel aus dem späten 18. Jahrhundert geschuldet ist.

Die Kreuzkapelle auf dem Wißberg

Schreiben in der Luft

Mitten in Rheinhessen, nur ein paar Meter neben der Landesstraße 415 von Ober-Hilbersheim nach Sprendlingen, ragt ein **steinerner Turm** weit ins Land – ein technikgeschichtliches Denkmal. Mitten in der Landschaft steht auch ein zweiter Turm neben dem Windhäuser Hof über Elsheim. Beide Türme krönen kleine Holzbalken, die für den normalen Betrachter aber kaum Sinn machen. Vor über 200 Jahren jedoch dienten die nachgebauten Gestelle der **Nachrichtenübermittlung.** Mit einer Geschwindigkeit von 300 Kilometern pro Stunde übertrugen sie optische Informationen, die von **vielen Dutzend Turmwächtern** verschlüsselt weitergegeben wurden. Ein ausgeklügeltes System, das allerdings nur bei guter Sicht funktionierte, die den kilometerweiten Blick von einer zur anderen Nachrichtenstation erlaubte.

Die **optische Telegrafenlinie** verband ab dem Jahr 1803 das damals französisch regierte Mainz mit der Hauptstadt Paris. Über den Knotenpunkt Metz, von wo eine weitere Verbindung Richtung Straßburg abzweigte, konnten die Militärs damals schnell Informationen austauschen. Vom Startpunkt in Mainz führten die ersten Stationen über Schwabenheim und Sprendlingen nach Kreuznach. Realisiert wurde das Projekt vom französischen Kaiser *Napoleon*.

Den ersten Telegrafen hatten die Franzosen in Mainz gepflanzt. Alle 6 bis 14 Kilometer fand sich so ein Nachrichtenturm, auf dessen Dach ein um seinen Mittelpunkt schwenkbarer Balken stand – samt ebenfalls über Rollen und Seile beweglichen Flügelarmen. Galt der Telegraf als Hardware, war die Software ein spezielles **Codebuch.** Codiert wurde in der Regel in Gruppen von je zwei Zahlen, wobei die erste Zahl die Seitenzahl des Codebuches, die zweite eine Zeile im Vokabular angab. Mehrere Hundert Seiten hatten diese Wörterbücher in der Regel, die nur in Mainz und Metz, also an den Anfangs- und Endstationen der Telegrafenlinie, zur Verfügung standen.

Niemand unterwegs und auch kein Außenstehender konnte die übermittelte Botschaft so entschlüsseln, was auch mögliche Geiselnahmen sinnlos machte. Zeitweise, so erfahren Besucher auf einer Informationstafel am Turm in Elsheim, gab es gar drei Codebücher: das Buch der meistgebrauchten Wörter, das Codebuch der Sätze (meist aus dem Militärjargon) und das geografische Codebuch mit Hinweisen auf Flüsse, Orte und Landschaften.

Allerdings war der Nachrichtenleitung nur ein kurzes Dasein beschieden. Schon Mitte Januar 1814 wurde ihr Betrieb eingestellt, nachdem preußische Soldaten die Station bei Kreuznach zerschlagen hatten. Heute sind es zwei Nachbauten, die inmitten Rheinhessens vom einstigen „Schreiben in der Luft" künden.

224rh-gs

☒ Technikgeschichtliches Denkmal – der optische Telegraf in Elsheim

https://stock.adobe.com © travelpeter

Horrweiler

In Horrweiler nahe Gensingen mit seiner evangelischen Kirche (Bergstraße/Kellergasse), einem Bau aus dem Mittelalter, hat man dem Leben in den Weindörfern ein eigenes **Museum** gewidmet, das auf drei Etagen Einblicke in die **Weinerzeugung** und das einstige Leben in den Dörfern der Region gibt.

■ **Weindorf-Museum Horrweiler,** Backhausstraße 35, 55457 Horrweiler, www.weindorfmuseum.de, Mai bis Okt. jeden 2. So 14.30–17 Uhr.

Badenheim

Badenheim, ganz im Süden der Verbandsgemeinde Sprendlingen-Gensingen, ist die Heimat des Schriftstellers **Isaak Maus** (1748–1833), einem bäuerlichen Intellektuellen der Goethe-Zeit, dessen Werke in diesen Tagen neu entdeckt werden. Ein Denkmal auf dem Friedhof (Friedhofsweg 11) erinnert an ihn. Badenheims **evangelische Kirche** (Hauptstr. 17) ist ein klassizistischer Bau, spätbarock zeigt sich die katholische Kirche **St. Philippus und Jakobus** (Hauptstr. 3).

Rastplatz am Wißberg

Schräger als Pisas schiefer Turm: Gau-Weinheims Gemeindeturm

Mit **Neigungswinkeln von bis zu 5,38 Grad** ist der schiefe Turm in Gau-Weinheim für Rheinhessen das, was Pisas Campanile für Italien ist: ein **Wahrzeichen.** Jahrhundertelang nur einer unter vielen Glockentürmen, ist der Gemeindeturm, der direkt neben der katholischen Pfarrkirche steht, heute eine Attraktion.

Das Alter des Turmes ist unbekannt. Nur seine Funktion ist klar, gehörte er doch zu den Eckpfeilern des ummauerten Kirchengeländes. In den Blick rückte er erst **Mitte des 18. Jahrhunderts.** „1749" prangt heute über seinem Eingang und erinnert an das Jahr, als aus dem Wehr- der Glockenturm mit der noch immer sein Bild prägenden barocken Haube wurde. Zeitweise diente er beiden Konfessionen als **Glockenturm.**

rh035 gs

Heute jedenfalls neigt er sich, wie die Statiker herausgefunden haben, stärker zur Seite als der berühmte schiefe Turm von Pisa, der längst zum Weltkulturerbe zählt.

Warum er so schräg liegt, weiß niemand genau. Vielleicht ist es das **Fundament,** das sich immer mehr senkt. Am besten sichtbar ist die Schieflage aus Richtung Westen, vom Kirchengarten neben der breiten Treppe aus, wo man den Turm fast zwei Grad nach rechts geneigt sieht. Dabei erscheint er aus Richtung Osten betrachtet noch viel schräger, neigt er sich doch von dort aus noch viel kräftiger nach links. Allerdings ist der direkte Blick auf den Turm hier verstellt. Unter anderem vom alten Feuerwehrhaus, dessen Wehrmänner nach Bränden oder Übungen im gemeindeeigenen Glockenturm einst ihre Schläuche zum Trocknen aufhängten.

Heute strukturieren seine Glocken zweimal täglich den **Alltag im Dorf.** Das erste Läuten um Elf bittet die Bauern oder Winzer von der Arbeit auf dem Feld oder im Weinberg nach Hause, das zweite um Eins mahnt zur Weiterarbeit. Zu Füßen des Wißbergs jedenfalls hat man sich an das Geläut des schiefen Turmes längst gewöhnt.

■ **Gau-Weinheims Gemeindeturm** liegt am nördlichen Ortsrand, wo Mittel- und Obergasse zusammenstoßen. Info-Tafeln informieren über die genaue Schräglage. Führungen in sein Inneres vermittelt die Gemeinde (www.gau-weinheim.de).

Der schiefe Turm ist das Wahrzeichen von Gau-Weinheim

Praktische Tipps

Informationen

■ **Tourist-Information Sprendlingen-Gensingen,** Gertrudenstr.11, 55576 Sprendlingen, Tel. 06701 201777, www.sprendlingen-gensingen.de.

Unterkunft, Essen und Trinken

■ **GudStubb**①, Hauptstraße 24, 55576 Badenheim, Tel. 06701 1573, www.gudstubb.de, Do–Sa 18–23, So 17–22.30 Uhr. Gutsschänke mit großem Garten und Kamin in altem Stallgebäude. Bodenständig, immer wieder wechselnde Karte.

■ **Hofgut Wißberg**④-⑤, 55578 St. Johann, Tel. 06701 916450, www.hofgut-wissberg.de. 21 modern eingerichtete Zimmer auf dem Hochplateau des Wißbergs. Ideal für Golfer: Vom Frühstück zum ersten Abschlag sind es angeblich nur 152 Schritte!

■ **Gramms Hofgut Restaurant Wißberg**③-④, Hofgut Wißberg, 55578 St. Johann, Tel. 06701 205 444, www.gramms-restaurant.de, Mi–So 11–21 Uhr. Restaurant mit abwechslungsreicher Küche und schöner Terrasse. Am Wochenende bietet man einen gefüllten Picknick-Korb samt Decke, mit dem man es sich auf dem Wißberg gemütlich machen kann.

■ **Weinhaus Engel**③, Alzeyer Str. 7, 55459 Grolsheim, Tel. 06727 357, www.weinhaus-engel.de. Mo–Sa 18–22.30, So 17–22.30 Uhr. Rustikales Landhaus-Restaurant mit schnörkelloser Küche und großem Garten.

Einkaufen

■ **Erzeugergemeinschaft Winzersekt,** Michel-Mort-Str. 3–5, 55576 Sprendlingen, Tel. 06701 932012, www.winzersekt.com, Mo–Fr 8–12 und 13–15.30 Uhr. Große Auswahl vorwiegend preisgünstiger Winzersekte.

■ **Globus SB-Warenhaus,** Binger Str. 1, 55457 Gensingen, Tel. 06727 9100, www.globus.de, Mo–Sa 8–21 Uhr. Warenhaus mit riesiger Lebensmittelabteilung, Mode, Schmuck und Drogerieartikeln. Erste Adresse für Selbstversorger in der Region zwischen Kreuznach und Bingen.

Aktivitäten

■ **Hallenbad Gensingen,** Am Hallenbad 2, Tel. 06727 8625, www.vgwerke-sg.de, Mo, Mi, Fr 16–21, Di und Do 16–18, Sa 13–16, So 8.30–12 Uhr. Generalsaniertes Hallenbad mit 25-Meter-Becken und Saunen, Mo, Mi und Fr Warmwassertag mit mindestens 30 Grad.

■ **Freibad Sprendlingen,** Außerhalb 15, Mai bis Aug. 9.30–20 Uhr, Verleih von Sonnenliegen und Gartenstühlen.

Feste und Veranstaltungen

■ **Genießernacht am Wißberg:** Winzerfest mit Live-Musik im Weinberg, Juni.

■ **St. Johanner Jahr- und Weinmarkt:** Ende Juni.

■ **„Lichterspiele" in Horrweiler:** Lichterfest in der Ortsmitte, Mitte Juli.

■ **Sprendlinger Jahrmarkt:** traditioneller Jahrmarkt, August.

Öffentliche Verkehrsmittel

■ Sprendlingen ist mit Bingen und Alzey per **Bahn** verbunden. Nach Mainz und Ingelheim sowie innerhalb der Verbandsgemeinde verkehren **Busse** (www.rnn.info).

Wörrstadt

Städtisches Zentrum im Rheinhessischen Hügelland ist Wörrstadt, das sich erst seit 2009 „Stadt“ nennen darf. Die nahe der von Mainz nach Kaiserslautern führenden Autobahn (A63) gelegene Gemeinde gehört zu den am schnellsten wachsenden Rheinhessens, was sie nicht nur ihrer verkehrsgünstigen Lage, sondern vor allem vielen neuen Unternehmen verdankt, etwa der auf erneuerbare Energien spezialisierten Juwi-Gruppe. Bereits heute decken die Windanlagen um Wörrstadt den Strombedarf von vielen Tausend Haushalten.

Fast überall in den **Dörfern der Verbandsgemeinde Wörrstadt** wurden in den letzten Jahren Neubaugebiete ausgewiesen, Infrastrukturen geordnet. Wo man früher Getreide oder Zuckerrüben anbaute, versucht man es heute mit Wein. So wird auf einem Viertel der Gesamtfläche der Verbandsgemeinde inzwischen Wein produziert. Zu den Sehenswürdigkeiten zählen jahrhundertealte, in den letzten Jahren meist fachmännisch renovierte **Kirchen,** die das Bild der Dörfer prägen.

Wie ein Leuchtturm ragt eine **Aussichtsplattform** aus dem Rebenmeer. Sie ist über Feldwege am Rand der Stadt zu erreichen und bietet einen weiten Blick ins „Land der Tausend Hügel“.

Sehenswertes

Unter Denkmalschutz stehen in Wörrstadt die **evangelische Kirche** (Pariser Str. 48), eine ehemals romanische Basilika, und die katholische **Laurentius-Kirche** (Pariser Str. 42) nebenan, ein klassizistischer Bau. Wahrzeichen des Ortes aber ist der 1608 erbaute **Neunröhrenbrunnen** im Herzen der Stadt. In der Wallstraße 18 erinnert das unter Denkmalschutz stehende **Tagelöhnerhaus** an die Zeiten, als sich einfache Handwerker und Tagelöhner erstmals eigene Häuser leisten konnten – wenn auch nur 36 Quadratmeter, auf denen man mit sechs und mehr Kindern hauste.

https://stock.adobe.com © fotografci

☐ Aussichtsturm in Wörrstadt

Der Lange Stein

Zahlreiche Sagen ranken sich um den „Langen Stein", einen mehr als drei Meter hohen **Kalkblock** an der Landstraße von Wörrstadt nach Saulheim. Er gilt als eines der ältesten rheinhessischen Denkmäler. Noch immer rätselt die Wissenschaft über sein Alter, fragen sich Experten, ob er aus der frühen Jungstein- oder Bronzezeit stammt oder als eine Art **Hinkelstein** zur Markierung der Grenze zwischen Franken und Alemannen diente. Kein Wunder, dass sich um den Stein **Sagen und Legenden** ranken. Eine erzählt von einem Teufel, der den kleinen Felsen auf das Geldversteck eines Wörrstädter Geizhalses gesetzt habe. Aus Verzweiflung, nicht mehr an sein Geld zu kommen, habe der sich schließlich erhängt. Ende des 19. Jahrhunderts beflügelte der Sagenstoff manchen Zeitgenossen, unter dem Stein nach dem angeblichen Schatz zu graben. Bei einem dieser Versuche fiel der schwere Stein um und erschlug zwei Männer – ein Ereignis, das den Mythos um den Langen Stein weiter nährte. 1886 wurde er wieder aufgerichtet.

Der Lange Stein bei Saulheim

089rh gs

Saulheim

Symbol der Doppelgemeinde Saulheim ist der Ritter *Hundt.* Mitten in **Nieder-Saulheim** steht sein Denkmal. „Herr Hundt von Saulheim soff den Wein, bei Sunn und auch bei Mondenschein", spottet bis heute der Volksmund. Bis heute erhalten blieb in Nieder-Saulheim das **Dienheimer Schloss** (Schlossgässchen 12–14), ein denkmalgeschützter Adelssitz aus der zweiten Hälfte des 16. Jahrhunderts, und das aus gleicher Zeit stammende **Rathaus** (Auf dem Römer 8). Die neugotische **evangelische Kirche** mit Rokoko-Orgel, holzgeschnitzter Kanzel aus dem 15. Jahrhundert und frühgotischem Taufstein aus der mittelalterlichen Vorgängerkirche steht in **Ober-Saulheim** (Wörrstädter Straße 5).

Schornsheim

Die heilige *Lioba,* Nichte des Mainzer Bischofs *Bonifatius,* hat die Weinbaugemeinde Schornsheim bekannt gemacht. Im Rahmen der Christianisierung der

088rh gs

Germanen hatte sie den Auftrag, Frauenklöster einzurichten. Gegen Ende ihres Lebens zog sie sich ins Kloster Schornsheim zurück, wo sie 782 starb. Heute erinnert ein großer **Brunnen** mitten im Dorf an die Ordensfrau – ebenso eine Statue in der auf einem Hügel am Ortsrand gelegenen katholischen Kirche **St. Wigbert** (Kirchstr. 19). Das kleine Gotteshaus mit seinem romanischen Chor hat vor allem wegen seiner gotischen Wandmalereien aus der Zeit um 1420 einen Besuch verdient. Sie zeigen neben den zwölf Aposteln neun weibliche Heilige, zu denen auch die hl. *Lioba* gehören soll. Eine Augenweide sind die musizierenden Engel im Kreuzrippengewölbe.

Gabsheim

Südlich von Schornsheim liegt in Gabsheim der **geografische Mittelpunkt Rheinhessens.** Ein kleiner Park vor dem Dorf markiert symbolisch die Stelle. Wahrzeichen ist die katholische Kirche **St. Alban** (Kirchberg), eine spätgotische Hallenkirche, außen schlicht und einfach, innen umso prunkvoller. Sehenswert sind Taufstein und Kanzel, beides Meisterstücke der Steinmetzkunst – ebenso wie die zahlreichen Grabplatten der ehemaligen Ortsherren.

Die evangelische Kirche in Wörrstadt

Sehenswertes in weiteren Nachbardörfern

Evangelische Kirche Armsheim

Mit ihrem über 60 Meter hohen Turm ist die Kirche (Bahnhofstr. 3) nicht zu übersehen. Armsheims Wahrzeichen ist eine der **größten und schönsten Dorfkirchen Rheinhessens.** Sie wurde Mitte des 15. Jahrhunderts zur „Verehrung des wundertätigen Blutes Christi" errichtet. Gleich mehrere Baumeister haben der dreischiffigen Kirche ihren Stempel aufgedrückt: Könner ihres Faches, die wunderbare Fenster und Sternengewölbe mit eindrucksvollen Malereien schufen – und einen **Turm mit achteckigem Glockengeschoss,** in dem heute Turmfalken hausen. Kleinod ist eine Orgel von 1739, die jedes Jahr beim **Armsheimer Orgelsommer** im Mittelpunkt steht.

■ **Evangelische Kirche,** Bahnhofstr. 3, 55288 Armsheim, www.kirche-armsheim.de, Mai bis Okt. Sa, So 11–18 Uhr.

Evangelische Kirche Partenheim

Die einstige Wehrkirche machte 1435 Geschichte, als ein Feuer das romanische Gotteshaus vernichtete. Nur der Tabernakel mit den darin befindlichen Hostien blieb unversehrt. Ein Wunder, das Anlass zu Wallfahrten gab und schnell zum Bau einer neuen Kirche führte, die Ende des 15. Jahrhunderts vollendet war. Neben dem Südportal erinnert ein Relief bis heute an das damalige Wunder. Es zeigt von Flammen umzingelte Hostien.

Die kunsthistorischen Juwelen finden sich im Kircheninneren, allen voran einmalige **gotische Wandmalereien.** Das älteste Fresko findet sich im Erdgeschoss des alten Turms. Es zeigt Maria und Jo-

092rh gs

rh036 gs

hannes trauernd neben dem Gekreuzigten. An der Südwand des Chores trägt ein riesiger Sankt Christophorus das Christuskind. Im südlichen Seitenschiff präsentiert sich das Jüngste Gericht, thront der Weltenrichter über der Erdkugel, steigen die Toten aus ihren Gräbern, werden die Verdammten zum Höllenschlund geführt. Die am besten erhaltenen Bilder sind an der Nordwand. Dort illustrieren sie unter anderem die Zehn Gebote (→ Exkurs „Du sollst Deine Eltern ehren – und nicht schlagen", S. 200). Ein schönes Zeugnis der Gotik sind auch die beiden Psalter und Laute spielenden Engel an den Chorkonsolen. Die spätgotischen Chorfenster der Kirche gehören heute zu den Kostbarkeiten im Darmstädter Landesmuseum. Gotische Gemälde – sie zeigen das Hostienwunder und eine Pilgerprozession – haben im Mainzer Landesmuseum einen neuen Platz gefunden.

Gleich um die Ecke der evangelischen Kirche finden sich das **Partenheimer Schloss** (Vordergasse 57) und die kleine barocke **katholische Kirche** (Pfarrgasse 8).

◁ △ Schätze in der Partenheimer Kirche, oben links die Zehn Gebote als Wandmalerei

■ **Evangelische Pfarrkirche,** Pfarrgasse 2, 55288 Partenheim, http://partenheim.dekanat-ingelheim.de, sonntags zu den Gottesdiensten geöffnet.

Du sollst deine Eltern ehren – und nicht schlagen

Die Zehn Gebote in der Partenheimer Kirche

Die Botschaften sind Jahrtausende alt, die Bilder an der Kirchenwand erst ein paar Hundert Jahre. In der **Evangelischen Kirche St. Peter** im rheinhessischen **Partenheim** illustrieren **spätgotische Fresken** die **Zehn Gebote,** die Moses nach biblischer Überlieferung auf steinernen Tafeln direkt von Gott entgegennahm. Sie zeigen Menschen, die das Goldene Kalb anbeten und so auf das gewichtigste aller christlichen Gebote verweisen: „Du sollst keine anderen Götter neben mir haben". Im Bild darunter bearbeitet ein Landmann den Ackerboden, der mit seiner Arbeit das Sonntagsgebot verletzt. „Du sollst den Tag des Herrn heiligen", heißt es. Daneben schlagen Kinder ihre Eltern. Auch das eine Botschaft, die den mittelalterlichen Menschen die Zehn Gebote, wie etwa Vater und Mutter zu ehren, näherbringen sollte. „Mag sein", heißt es in Partenheim, „dass die Pfarrer sonntags den Gläubigen, die weder lesen noch schreiben konnten, diese Bilder zeigten und erklärten."

rh037 gs

Viele der mittelalterlichen Fresken waren erst 1874 bei der Renovierung **übermalt** worden und erst bei **erneuten Restaurierungsarbeiten in den 1960er Jahren** wieder zum Vorschein gekommen.

So zeigt sich an der Südwand Christus als Weltenrichter, darunter das Jüngste Gericht. An der Decke des Seitenschiffes prangen die Kirchenväter, im Langhaus Christus und die zwölf Apostel. Heilkräuter zieren den Chor, aus dessen Höhe Fratzen grinsen. Lauten und Lyra spielende Engel schmücken die Gewölbekonsolen. Am besten erhalten aber sind die eingangs erwähnten Malereien an der **Nordwand des Hauptschiffes.** Neben den Zehn Geboten findet sich die Darstellung der zehn ägyptischen Plagen. Sie gingen dem Einzug des Volkes Israel ins gelobte Land voraus, wie *Martin Luther* die Region im heutigen Palästina bezeichnete.

Die spätgotischen Fresken brachten einst auch den Gläubigen, die nicht lesen konnten, die Zehn Gebote näher

Die Zehn Gebote waren als **Kompass für ein gottgefälliges Leben** gedacht und gelten bis heute Christen und Juden als Richtungsweiser. Schon zu Christi Zeiten wurden sie im Tempel zu Jerusalem täglich vorgelesen. Den Weg in die Kirchen wie im rheinhessischen Partenheim übrigens fanden sie nicht zufällig. Mit dem vierten Lateran-Konzil nämlich, einem der wichtigsten in der Kirchengeschichte, hatte man im frühen 13. Jahrhundert die sogenannte **Volksbeichte** festgeschrieben, nach der „jeder Gläubige beiderlei Geschlechts" mindestens einmal jährlich „seine Sünden treulich beichten" und wenigstens an Ostern zur Kommunion gehen musste. Der Priester sollte so zum Seelenarzt werden, der die Schwachen ermutigte, die Unduldsamen ermahnte und den Nachlässigen ins Gewissen redete. Beichtbüchlein, gegliedert nach den Zehn Geboten, sollten den Christenmenschen bei ihren Bußübungen helfen.

Eines der besten und populärsten dieser Büchlein, das aber erst 1478 in Druck ging, schuf 1407 der Frankfurter Pfarrer **Johannes Wolff.** Es machte die Zehn Gebote zur einzigen Richtschnur christlichen Lebens, nicht nur für Erwachsene, sondern vor allem auch für Kinder, für die man einen eigenen Beichtunterricht einführte. In diesem kulturellen Umfeld entstand Ende des 15. Jahrhunderts höchstwahrscheinlich Partenheims spätgotische Bilderwand mit den Zehn Geboten.

Partenheims Freskenmaler waren Medienprofis. So illustrierten sie ihren Beichtspiegel an der Kirchenwand im **zeitgenössischen Ambiente.** Ihre Darsteller sündigen Lebens tragen zeitgenössische Kleidung. Ehebruch vollzieht sich auf modern möblierten Liegestätten. Und ein Landsknecht im sogenannten Mi-parti-Kleid, wie es im späten 15. Jahrhundert Mode wurde, diente den Illustratoren zur Bebilderung der Gotteslästerung. Genau betrachtet waren diese Malereien quasi **Verbotsschilder,** die Übertretungen göttlicher Gebote markierten.

Man kann davon ausgehen, dass die Freskenmaler in Partenheim das Beichtbüchlein des Frankfurter Peterskirchenpfarrers *Johannes Wolff* gekannt haben. Der Großteil ihrer Bildmotive nämlich gleicht einem in seinem Buch veröffentlichten Bilderbogen – von der Anbetung des Goldenen Kalbes über den sonntags arbeitenden Landmann, der den Feiertag nicht heiligt, bis zu dem mit einer Art Schwert fuchtelnden Zeitgenossen, der daran gemahnt, dass Christen nicht töten sollen.

Der Frankfurter Vorlage gleicht auch das Bild mit den die Eltern schlagenden Kindern. Eine Illustration, die zudem unterstreicht, dass das Fresko wohl auch für den Beichtunterricht der Kinder gedacht war, der damals immer mehr in Mode kam und auch *Martin Luthers* Kindheit prägte. Die Zehn Gebote an der Wand passten deshalb auch gut ins Programm der evangelischen Kirche, die anno 1586 – so erzählt es die Kirchenchronik – das Gotteshaus übernahm.

Zu **Missverständnissen bei der Interpretation** der Bilder führt immer wieder ihre Reihung. Die Zehn Gebote wurden im Lauf der Geschichte nämlich immer wieder neu nummeriert und gedeutet. In *Wolffs* mittelalterlichem Beichtbuch etwa hieß es statt „Du sollst nicht ehebrechen" einfach „Vollbringe nicht unkeusche Werke", worunter einst auch Geschlechtsverkehr mit engen Verwandten, Homosexualität und Sodomie verstanden wurde. Partenheims Bilderwand ist so betrachtet auch ein **Geschichtsbuch,** in dem man stundenlang blättern könnte.

Info

- Die evangelische Kirche St. Peter in Partenheim ist immer zu den sonntäglichen Gottesdiensten und an vielen Feiertagen geöffnet. Anmeldung unter Tel. 06732 6009161.

Bergkirche Udenheim

Umgeben von Weinbergen, inmitten eines alten Friedhofs, liegt am Ortsausgang von Udenheim Richtung Schornsheim die Udenheimer Bergkirche. Bei gutem Wetter bieten sich den Besuchern von hier einmalige **Panoramablicke.** Schon die Römer, die auf dem Berg eine Jupitersäule errichtet hatten, fühlten sich hier wohl – später iroschottische Mönche, die in Udenheim eine erste Kapelle gebaut haben sollen. Vermutlich um 1100 entstand ein steinernes Gotteshaus, von dem sich neben den Außenwänden des Langhauses der Westturm erhalten hat. Im frühen 16. Jahrhundert wurde die romanische Kirche im gotischen Stil neu gestaltet, mit großen Maßwerkfenstern und Sternengewölbe. Zu ihren Preziosen zählen **Wandmalereien** mit Szenen aus dem Alten Testament. Reste der um das Jahr 1300 entstandenen Fresken zeigen unter anderem Adam und Eva und Kain, den Brudermörder.

■ **Bergkirche Udenheim,** An der Bergkirche 1, 55288 Udenheim, geöffnet meist nur zu Gottesdiensten.

Die Bergkirche in Udenheim geht auf das 12. Jahrhundert zurück

092rh-gs

Praktische Tipps

Informationen

■ **Tourismus GmbH „Im Herzen Rheinhessens"**, Bahnhofstr. 21, 55286 Wörrstadt, Tel. 06732 9519690, www.rheinhessen-mitte.de, April bis Sept. Mo–Fr 10–13 und 15–18, Sa 10–13 Uhr, Okt. bis März Mo–Fr 10–12 und Di, Do, Fr 15–17 Uhr. Das Büro hält auch E-Bikes zur Miete bereit.

Unterkunft, Essen und Trinken

■ **Böhms Weingewölbe**③, Schlagstr. 2–4, 55286 Wörrstadt, Tel. 06732 9659096, www.weingut-boehm.de, Do–Sa 17-21, So 11.30–21 Uhr, durchgehend warme Küche. Gemütliche Weinwirtschaft mit eigener Destillerie von Edelbränden und Likören. Zur Übernachtung stehen sechs Doppelzimmer und eine Wohnung zur Verfügung.

■ **N8Hotel by Villa Dörr**②, Spiesheimer Weg 43, 55286 Wörrstadt, Tel. 06732 9635988, www.n8-hotel.com. Inhabergeführtes Haus mit 15 Zimmern und einer Ferienwohnung im Gewerbegebiet.

■ **Gästehaus Am Hasensprung**②, Am Hasensprung, 55578 Vendersheim, Tel. 06732 1469, www.weingut-wetzler.de. Gästehaus des Weingutes Wetzler mit geräumigen Doppelzimmern, einem barrierefreien Appartement und einer Ferienwohnung für vier Personen.

■ **Mundart Restaurant**④-⑤, Weedengasse 8, 55291 Nieder-Saulheim, Tel. 06732 9322966, www.mundart-restaurant.de, Mo, Di, Fr, Sa 17.30–22 Uhr, So 11.30–14.30 und 17.30–22 Uhr. Anspruchsvolle saisonale Speisen wie geschmorte Ochsenbacken oder irischer Lammrücken, Gerichte auch für Vegetarier.

■ **Zum Gläsernen Trinkhorn**④, Kegelbahnstraße 3, 55286 Rommersheim, Tel. 06732 6005809, www.zum-trinkhorn.de, Mi–So 18–22, So 12–14 Uhr. Gemütliches Restaurant mit Frischeküche inmitten des Dorfes. Dazu passen die Weine aus der Region.

Aktivitäten

■ **Neubornbad,** Am Schwimmbad 3, Wörrstadt, Tel. 06732 8148,www.vgwoerrstadt.de, Mai bis Aug. tgl. 9–20 Uhr, 2,50 €. Eingebettet zwischen Wiesen und Weinbergen liegt das solarbeheizte Freibad mit Riesenrutsche und großem Freizeitgelände.

■ **Biblischer Weinpfad in Partenheim,** gut sieben Kilometer langer Wanderweg durch die Weinberge, auf dem Bibeltexte, die mit Wein zu tun haben, und passende Bilder zu sehen sind. Infos: www.woerrstaedterland.de/biblischerweinpfad.

■ **Kulturhof Oma Inge,** Schillerstraße 40, 55288 Schornsheim, Tel. 01575 1982684, www.omainge.de. Hof mit großem Außengelände für Konzerte und andere Kulturveranstaltungen.

Feste und Veranstaltungen

■ **Weinfeste:** jährlich in einer anderen Ortsgemeinde, Mai/Juni.

■ **Neuborn Open Air Festival:** Rockfestival vor Wörrstadts Toren, Ende August.

■ **Nieder-Saulheimer Ritter-Hundt-Weinkerb:** Weinfest, zweites Septemberwochenende.

Öffentliche Verkehrsmittel

■ Die **Bahn** verbindet Wörrstadt mit Alzey und Mainz. Wichtigster Bahnknotenpunkt ist Armsheim, wo sich die Bahnlinie Worms – Bingen mit der von Mainz nach Alzey kreuzt. Innerhalb der Verbandsgemeinde verkehren **Busse** (www.rnn.info).

094rh gs

Nieder-Olm

Die Kleinstadt Nieder-Olm mit ihren zugehörigen Ortsgemeinden liegt im Mainzer Speckgürtel und verfügt über eine gute Infrastruktur, die immer mehr Bauherren anlockt. Äcker und Weinberge prägen die Landschaft, dazu zwischen Mainz-Drais und Ober-Olm ein großer **Wald** mit rund 25 Kilometern markierter Waldwege. Die eine oder andere Dorfkirche lohnt die Besichtigung und manche Straußwirtschaft lockt mit regionalen Spezialitäten.

Einkaufs- und Verwaltungszentrum ist Nieder-Olm. Neben vielen Neu- und Geschäftsbauten prägen zwei alte Kirchen das Stadtbild: die spätklassizistische **evangelische Kirche** (Pariser Str. 77) und die barocke **Georgskirche** (Pariser Str. 99). Der Turm im Osten ist noch ein Überbleibsel der alten romanischen Kirche.

Noch älter ist die Martinskirche (Schulstr. 1–3) in **Ober-Olm.** Am Ortsrand steht die gotisch-barocke Valentinuskapelle mit einer Figur des Weinheiligen St. Urban aus dem frühen 16. Jahrhundert.

⌃ Weinbergsimpression

Stadecken-Elsheim

Stadecken-Elsheim ist eine Doppelgemeinde. In Elsheim gehört die Ruine der aus dem Mittelalter stammenden **Elftausend-Mägde-Mühle,** die an Legenden um die Heilige Ursula erinnert, zu den Sehenswürdigkeiten.

In Stadecken steht die **Burg Stadeck,** die im 13. Jahrhundert frei auf einer Landzunge des Flüsschens Selz thronte, heute mitten im Ortskern. Ihre Reste sind inzwischen völlig in die Umgebung integriert. Die neue **Burgscheune** dient als kulturelles Zentrum. Dahinter findet sich der Burggarten mit mittelalterlichen Heilkräutern.

Etwas außerhalb findet sich zudem eine Art **Technik-Denkmal,** das an die zu napoleonischen Zeiten geschaffene Telegrafenverbindung von Mainz nach Paris erinnert (→ Exkurs „Schreiben in der Luft“, S. 191).

Außerdem reklamieren die Elsheimer für sich, Heimstatt der Familie *Elsheimer* zu sein, welcher der weltberühmte Barockmaler *Adam Elsheimer* (1578–1610) entstammt. Ein sechs Kilometer langer **Rundweg** um die Gemeinde stellt einige seiner schönsten Gemälde vor (Infos: www.rheinhessen.de/adam-elsheimer rundweg-1).

Jugenheim

Mit ihren rund tausend Sitzplätzen war die barocke **Martinskirche** in der Kirchgasse in Jugenheim lange Zeit der Mittelpunkt lutherischen Glaubens in Rheinhessen. Der eigentliche Kirchenschatz verbirgt sich im gotischen Turmraum. Dort finden sich einmalige, aufwendig restaurierte **Wandmalereien** aus dem frühen 15. Jahrhundert. An der Wand des Ostfensters zeigt der auf einem Regenbogen thronende Christus seine Wundmale. Posaunenblasende Engel verweisen auf das Jüngste Gericht. Das Nordfenster präsentiert den von Petrus angeführten Zug der Seligen zum Himmel, im Südfenster gegenüber bewegt sich der Zug der Verdammten Richtung

093rh gs

☐ Gotische Fresken im Turm der Jugenheimer Martinskirche

Hölle. Über Petrus orgelt ein Engel, während auf der anderen Seite ein Teufel die Verdammten mit einem Dudelsack quält. Andere Wandmalereien illustrieren Jesu Leidensgeschichte.

Sörgenloch

Sörgenlochs frisch renovierte **Kirche** ist Hort eines populären **Gnadenbildes,** zu dem seit dem Mittelalter gewallfahrtet wird. Der Legende nach wurde die um 1420 am Mittelrhein entstandene Tonplastik einst vor Kriegern versteckt. Allerdings konnte sich danach keiner mehr erinnern, wo genau. Angeblich wies eine Himmelserscheinung schließlich den Weg zu ihr. Die große **Wallfahrt** findet am 8. September oder am Sonntag danach statt.

Praktische Tipps

Informationen

■ **Verbandsgemeinde Nieder-Olm,** Pariser Straße 110, 55268 Nieder-Olm, Tel. 06136 690, www.vg-nieder-olm.de/vg_niederolm, Unterpunkte „Kultur, Freizeit, Sport/Tourismus".

Unterkunft, Essen und Trinken

■ **Das Crass**③, Pariser Straße 129, 55268 Nieder-Olm, Tel. 06136 814480, www.dascrass.de. Modernes Landhotel mit großem **Restaurant** (Di–So ab 17 Uhr, So auch 12–14.30 Uhr). Regionale Frischeküche, die stark saisonabhängig orientiert ist. Köstlichkeiten von der Rehleber bis zum Ochsenkotelett.

■ **Nieder-Olmer Weinstuben**②, Pariser Str. 96, 55268 Nieder-Olm, Tel. 06136 766999, www.weinstube-nieder-olm.de, Di–Sa 17–24 Uhr. Urige Weinstube mit ländlicher Küche, zu der Schnitzel mit Bratkartoffeln ebenso gehören wie mit Preiselbeermarmelade gefüllte Pfannkuchen.

■ **Steckler's Nieder-Olm**①, Pariser Str. 155, 55268 Nieder-Olm, Tel. 06136 7667100, www.stecklers.de, Di–Fr 11–14, Di–So 16.30–23 Uhr. „Futtern wie bei Muttern" lautet das Küchenmotto, wozu werktags ein täglich wechselnder preiswerter Mittagstisch gehört. Er bietet u.a. Tafelspitz, Cordon Bleu oder Fischfilet, alles um 6 €.

■ **Zornheimer Weinstuben**②-③, Röhrbrunnenplatz 1, 55270 Zornheim, Tel. 06136 45616, www.zornheimer-weinstuben.de, Di–So 17–24, So 12–14 und 17–24 Uhr. Gemütliches Restaurant in der Dorfmitte von Zornheim. Im Winter sitzt man im rustikalen Fachwerkhaus, im Sommer auf der Terrasse.

■ **Oma Lotte & die Jungs**②, Hauptstr. 48, 55270 Klein-Winternheim, Tel. 06136 8141585, www.omalotte.de, Mi–Sa ab 17, So ab 11 Uhr. Einfache, regionale Frischeküche, etwa Spunde- oder Handkäs' oder Hausmacher Wurstplatte.

MEIN TIPP: **Weedenhof**③, Mainzer Str. 6, 55270 Jugenheim, Tel. 06130 941337, www.weedenhof.de, Mi–So ab 18 Uhr, So auch 12–15 Uhr. Landhotel mit sehr guter, gehobener Küche, von der Maispoulardenbrust bis zum Lammrücken, saisonal wechselnde Karte, auch vegetarische Menüs. Beachtenswerte Pauschalangebote mit **Unterkunft** und mehrgängigen Gourmetmenüs.

Aktivitäten

■ **Rheinhessen-Bad Nieder-Olm,** Pariser Straße 165, Tel. 06136 6462, www.vg-nieder-olm.de. Freibad Mo 13–20, Di–So 10–20 Uhr, Hallenbad Di, Mi, Fr 10.15–22, Do 14–22, Sa/So 9–20 Uhr. Frei- und Hallenbad mit großen Becken für Schwimmer und Nichtschwimmer sowie Kinderrutschen und Saunen.

Einkaufen

- **La Siesta,** Im Wiesenweg 4, 55270 Jugenheim, Tel. 06130 911919, www.lasiesta.com. Lagerverkauf, Öffnungszeiten telefonisch erfragen. Direktverkauf hochwertiger Hängematten in allen Variationen und Größen.

Feste und Veranstaltungen

- **Domherrnfest Essenheim:** Künstler-, Bauern- und Weinmarkt am zweiten Julisonntag.

Öffentliche Verkehrsmittel

- Die **Bahn** verbindet Nieder-Olm mit Mainz und Alzey. Die anderen Orte der Verbandsgemeinde erreichen **Busse** (www.rnn.info).

Wandern

Selztal-Terroir-Route

Die unter diesem Namen ausgeschilderten, bis zu zweistündigen Rundwege führen durch ausgesuchte Weinbergslagen der Verbandsgemeinde Nieder-Olm, insgesamt rund 40 km durch die Gemarkungen von Essenheim, Jugenheim und Stadecken-Elsheim.

☐ Auf dem Weg nach Jugenheim

095rh gs

5

Rheinterrassen

»Der Osten Rheinhessens wird vom Rhein begrenzt. Den schmalen Streifen, der sich von den Mainzer Vororten Richtung Süden erstreckt, bis sich hinter Guntersblum der Wonnegau anschließt, nennt man Rheinterrassen. Er geht im Westen ins Rheinhessische Hügelland über und umfasst die Uferstädte Nackenheim und Nierstein sowie Oppenheim mit seiner großartigen Katharinenkirche.

◁ Das Rheinufer: Blick auf Niersteins Kilianskirche

RHEIN-TERRASSEN

Früher firmierte die Gegend zwischen den südlichen Mainzer Vororten und dem Wonnegau als „Rheinfront". Heute nennt sie sich Rheinterrassen – das klingt weniger martialisch und ist den zum Rhein hin abfallenden Weinbergen geschuldet. Sie prägen mit

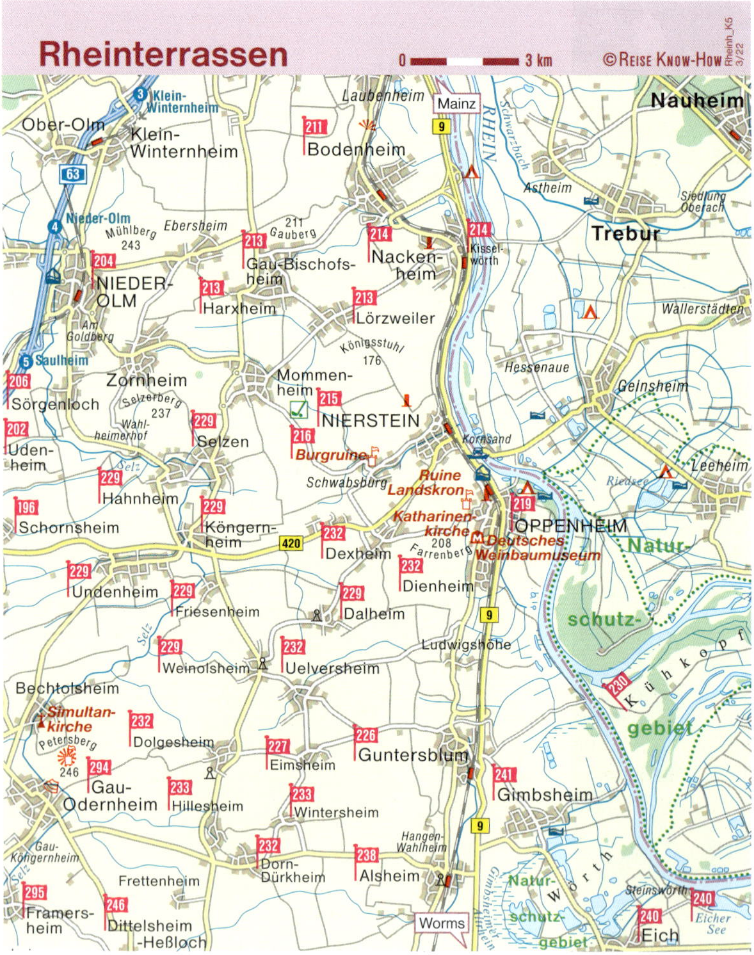

ihren Stützmauern und Böschungen die Landschaft zwischen Mainz-Laubenheim und Guntersblum. Städtischer Mittelpunkt der vor allem bei Kurzurlaubern beliebten Region ist Oppenheim mit der weltberühmten Katharinenkirche. Aber auch Guntersblum mit seiner „Heidenturmkirche" ist einen Abstecher wert. Verwaltungstechnisch gehören die Gemeinden entlang der Rheinterrasse und ihr Hinterland zur Verbandsgemeinde Rhein-Selz, die mit rund 42.000 Einwohnern die größte Verbandsgemeinde in Rheinland-Pfalz ist. Hier finden sich in Orten wie Bodenheim einige interessante Kirchen und andere Sehenswürdigkeiten. Am Rheinufer entlang führen schöne Rad- und Wanderwege, neben denen die namensgebenden Weinberg-Terrassen liegen. Fast alle nennen vorzügliche Weinlagen ihr Eigen, deren Weine in den zahlreichen Straußwirtschaften oder auf den Gutshöfen verkostet werden können. Der „Rote Hang" zwischen Nierstein und Nackenheim genießt gar Weltruhm.

NICHT VERPASSEN!

- Carl Zuckmayers Geburtsort **Nackenheim** | 214
- **Nierstein** mit weltbekanntem Rebhang und idyllischem Marktplatz | 215
- **Oppenheim** mit Katharinenkirche und unterirdischen Gängen | 219

Diese Tipps erkennt man an der gelben Markierung.

Zu Fuß oder per Rad von Mainz nach Worms

Von Mainz führt der gut beschilderte **RheinTerrassenWeg** über Bodenheim, Nackenheim, Nierstein, Oppenheim und Osthofen nach Worms (siehe Kapitel „Wandern"). Größter Vorteil des Weges ist, dass fast **parallel** zu den knapp 70 Wanderkilometern eine **Bahnlinie** führt, sodass man bequem an den Ausgangspunkt zurückkehren oder gar dem Ziel bei schlechtem Wetter entgegenfahren kann. Bei guter Fernsicht ist der Odenwald zum Greifen nah, ebenso die Skyline Frankfurts. Als **Rheinterrassenroute** firmiert ein gut 50 Kilometer langer, asphaltierter Radweg zwischen Worms und Mainz-Laubenheim.

- www.rheinhessen.de/rheinterrassenweg
- www.rheinhessen.de/rheinterrassenroute

Bodenheim

Bodenheim, nur ein paar Autominuten südlich von Mainz, überrascht mit vielen **Gutsausschänken und Straußwirtschaften.** Sie locken vor allem im Sommer Wanderer und Radfahrer, aber auch Ausflügler aus dem Rhein-Main-Gebiet, die sich hier bei Hausmacherküche und heimischen Weinen verwöhnen lassen.

Ein kleiner **historischer Rundweg** führt zu den wichtigsten Sehenswürdigkeiten. Der Weg ist gut ausgeschildert, die Gehzeit beträgt ca. 45 Minuten (Streckenverlauf unter www.bodenheim.de). Daneben gibt es noch eine neunzigminütige Route durch die Weinbaugemeinde.

Sehenswertes

Zu den Sehenswürdigkeiten in Bodenheim gehören das alte, 1608 erbaute **Fachwerk-Rathaus** (Rathausstr. 1) und der **Molsberger Hof** (Mainzer-Pfort-Str. 2) mit seinem prachtvollen Erker, ebenfalls aus dem frühen 17. Jahrhundert. Wahrzeichen der Ortsgemeinde mit ihren vielen alten Bauten aber ist die katholische **Albanskirche** (Kirchbergstr. 16) mit ihrer Innenausstattung aus dem 17. und 18. Jahrhundert. Besonders eindrucksvoll ist eine Marienfigur aus dem frühen 16. Jahrhundert, ein Gnadenbild. Neugotisch dagegen zeigt sich die **evangelische Kirche** (Kirchsteig 19) mit Glasfenstern und kunstvoll geschnitzter Kanzel.

Mehr über Bodenheims Geschichte verrät das an den meisten ersten Monatssonntagen nachmittags geöffnete **Heimatmuseum** im Bürgerhaus Dolles (Am Dollesplatz 3).

rh093 gs

Renommee genießt das Bodenheimer **Albansfest,** zu dem sich jährlich Anfang Juni Tausende in geselliger Runde in den Weinbergen treffen. Das Fest an der Mauer des ehemaligen Bodenheimer Reichsritterstiftes, nur ein paar Fußminuten vom Bahnhof entfernt, gilt als eines der stimmungsvollsten Weinfeste Rheinhessens.

⌃ Bodenheimer Ortsschild

⌄ Weinwirtschaft in Bodenheim

096rh gs

Gau-Bischofsheim

Drei Ortsgemeinden von Bodenheim liegen im Hinterland und haben sehenswerte Kirchen. Nur kurz „Bischem" heißt das Nachbardorf Gau-Bischofsheim im Volksmund. Die katholische Pfarrkirche **Sankt Petrus in Ketten** (Kirchstr. 20) ist stolz auf ihre aus dem Jahr 1667 stammende Orgel, eine der ältesten der Region.

Harxheim

Zwei alte Kirchen prägen das Bild im benachbarten Harxheim: das katholische Gotteshaus **St. Laurentius** (Gaustr. 25) und die **Evangelische Kirche** (Gaustr. 23) mit ihrem spätgotischen, ortsbildprägenden Turm. Nördlich des Dorfes findet sich der **Schlossbergturm,** ein beliebter Aussichtspunkt.

Lörzweiler

Auf dem **Königsstuhl,** einer 176 Meter hohen Erhebung beim Dorf Lörzweiler, wurde vermutlich einmal Geschichte geschrieben, als man 1024 dort *Konrad II.* zum deutschen König wählte.

Praktische Tipps

Informationen

- **Tourist-Info Bodenheim,** Obergasse 22, 55294 Bodenheim, Tel. 06135 704913, www.bodenheim.de, Mo–Fr 9–13 Uhr, Ostern bis Okt. auch Sa/So 15–18 Uhr. Bei schönem Wochenendwetter gibt es Informationen im Turm bei der Albansstatue („Am Reichsritterstift"). Dann ist auch der Weinausschank dort geöffnet.

Unterkunft, Essen und Trinken

- **Gästehaus Kirschgarten**②, Wormser Str. 93a, 55294 Bodenheim, Tel. 06135 93350, www.gaestehauskirschgarten.de. Zehn modern eingerichtete Gästezimmer, darunter zwei Ferienwohungen, manche mit Balkon oder Terrasse, reichhaltiges Frühstücksbuffet.

Mein Tipp: **Das Nack**③, Pfarrstr. 13, 55296 Gau-Bischofsheim, Tel. 06135 3043, www.restaurant-nack.de, Mi–Sa 17–24, So 11–15 und 17–24 Uhr. Restaurant mit einem mehrere Hundert Jahre alten Tonnengewölbe und Sommerterrasse. Eine preisgünstige Etagere bündelt alle Lieblingsspeisen des Hauses für zwei Personen!

- **Weingut Gutsschänke Reßler**②-③, Obergasse 21, 55296 Harxheim, Tel, 06138 7155, www.weingut-ressler.de. Weingut, Gutsschänke (Fr ab 18, Sa, So ab 17 Uhr) und stilvolles Gästehaus.

Feste und Veranstaltungen

- **Albansfest Bodenheim:** Weinfest inmitten der Weinberge, erstes Juniwochenende.
- **Weinhöfefest Harxheim:** im August.

Öffentliche Verkehrsmittel

- Bodenheim liegt an der **Bahnstrecke Mainz – Worms.** Nach Lörzweiler, Gau-Bischofsheim und Harxheim verkehrt **Bus 660** vom Mainzer Hauptbahnhof aus (www.rnn.info).

Nackenheim

Direkt am Rhein, nur durch die Bundesstraße vom Ufer getrennt, liegt Nackenheim. **Carl Zuckmayer,** der deutsche Schriftsteller, machte die Gemeinde mit einem Theaterstück bekannt. „Nackenheim im fröhlichen Weinberg" nennt sie sich heute deshalb selbstbewusst in ihren Werbeprospekten. Vor dem **Rathaus** (Carl-Zuckmayer-Platz 1) erinnert eine Büste an den berühmtesten Sohn der Stadt. Das Fachwerkhaus aus dem späten 18. Jahrhundert zählt neben der barocken katholischen Pfarrkirche **St. Gereon** (Kirchberg 8–10) zu den Wahrzeichen Nackenheims.

Insel Kisselwörth

Die vor Nackenheim gelegene und früher bewohnte Rheininsel Kisselwörth ist von Mai bis Mitte September gewöhnlich jedes Wochenende mit einem Boot zu erreichen (Sa 13–18, So 11–18 Uhr). Dort gibt es einen kleinen **Strand.**

Praktische Tipps

Unterkunft, Essen und Trinken

- **Gutsschänke Sans-Lorch**②, Mahlweg 4, 55299 Nackenheim, Tel. 06135 2344, https://sans-lorch.de. Im Sommer wird im Garten, im Winter im Gewölbekeller des Weinguts ausgeschenkt. Samstags wird gewöhnlich Flammkuchen im Garten serviert, sonst auch mehr. Die Öffnungszeiten ändern sich häufig, die aktuellen finden sich auf der Website.

Feste und Veranstaltungen

- **Weinfest Nackenheim:** letztes Juliwochenende.

Öffentliche Verkehrsmittel

- Nackenheim liegt an der **Bahnstrecke Mainz – Worms.**

⊻ Nackenheims Rathaus

rh094 gs

https://stock.adobe.com © SiRo

Nierstein

Rheinaufwärts folgt wenige Kilometer südlich von Nackenheim das etwas größere Nierstein. Zusammen mit seinem nach der gleichnamigen Burg benannten Stadtteil Schwabsburg gilt es als eine der größten und **bekanntesten deutschen Weinbaugemeinden.** Das verdankt die Stadt vor allem dem **Roten Hang,** wo auf rotem Tonschiefer Rieslinge der Extraklasse reifen.

Sehenswertes

Viel Gemütlichkeit strahlt Niersteins Zentrum mit der evangelischen Martinskirche (Tempelhof 2), seinen barocken Adelshäusern neben Winzerhöfen und dem **Marktplatz** aus, wo sich Restaurants und Cafés gruppieren.

Hier auch öffnet das **Paläontologische Museum** seine Türen, das einem Rheinhessens Urgeschichte näherbringt. In vier Räumen erfährt man anhand von Versteinerungen, wie die Pflanzen- und Tierwelt vor vielen Millionen Jahren einmal ausgesehen hat.

Etwas außerhalb liegt die katholische Kirche **St. Kilian** (An der Bergkirche 32) mit ihrer barocken Zwiebelhaube.

Wer Freude am **Glockenspiel** hat, ist im **Urbanshof** in der Glockengasse richtig, wo 16 Bronze-Glocken das **Weingut** zieren. Täglich um 12, 15, 17 und 19 Uhr ertönen Volks- und Weinlieder. Die passenden Texte dazu gibt es auf der Website des Weinguts unter „Liedfolgen", das stolz ist, die größte in Privatbesitz befindliche Glockenanlage Deutschlands präsentieren zu dürfen. Ihr Tonumfang beträgt 1½ Oktaven (G–C).

⌃ Am Marktplatz von Nierstein

Carl Zuckmayers Heimat

1896 wurde *Carl Zuckmayer*, einer der populärsten deutschen Schriftsteller, in **Nackenheim** geboren. Obwohl seine Familie bald darauf nach Mainz zog, blieb er seinem Geburtsort immer verbunden – und auch dem Nackenheimer Wein. „Viel reicher als der Rosen Elixier, viel voller als die Wolke aus Importen, viel heilger als Weihrauch duftet mir, die Blume Wein von edlen Heimatsorten", schrieb er in einem seiner wenigen Gedichte.

Die Nackenheimer übrigens meinten es nicht immer gut mit ihrem prominenten Mitbürger. Das bekam er vor allem 1925 nach der Premiere seines wohl bekanntesten Bühnenstückes **„Der fröhliche Weinberg"** in Berlin zu spüren. In Nackenheim nämlich fühlte sich nicht nur der Weingutsbesitzer *Carl Gunderloch* verhöhnt, dessen einprägsamen Namen *Zuckmayer* in seinem Lustspiel verwendet hatte. Den Volkszorn erlebte auch das Mainzer Theater bei der Aufführung des Stückes im März 1926, als eine Nackenheimer Delegation mit **Dreschflegeln und Mistgabeln** gegen die Aufführung protestierte und im Theater Stinkbomben warf. Den Nackenheimern missfiel vor allem, wie *Zuckmayer* ihr Dorf auf der Bühne dargestellt hatte, mit Misthaufen und fehlenden Toiletten. Erst nach dem Krieg versöhnte sich Nackenheim mit *Zuckmayer*, ernannte ihn 1952 gar zum **Ehrenbürger.** Und auch das Weingut Gunderloch gibt es noch, das seine Weine heute in alle Welt exportiert.

Paläontologisches Museum, Marktplatz 1, Tel. 06133 609462, www.museum-nierstein.de, So 11–16 Uhr sowie nach Vereinbarung, Eintritt frei.

Sironabad

Zu den Sehenswürdigkeiten Niersteins gehört auch das Sironabad, eine **römische Badehalle** aus dem ersten Jahrhundert nach Christus mit Schwefel- und Süßwasserquellen. Heute stehen die tonnengewölbten Räume zur Besichtigung offen.

Sironabad, Sironastraße 6, von Mai bis Okt. jeden 2. So im Monat 11–15 Uhr.

Schwabsburg

Von Nierstein führt ein schöner Spaziergang durch die Weinberge in den Ortsteil Schwabsburg mit seinem renovierten **Bergfried** aus dem frühen 13. Jahrhundert – vorbei an der **Niersteiner Warte,** einem spätgotischen Rundturm mitten in den Weinbergen.

Roter Hang

Der Rote Hang nördlich von Nierstein ist eine der renommiertesten Weinlagen Deutschlands, ein Terroir der Spitzenklasse mit **sieben Einzellagen.** Ihre Güte verdanken die Weine nicht nur dem Können der Winzer, sondern vor allem dem an Nährstoffen und Mineralien reichen Boden, aus dem die Reben ihre Kraft ziehen. Roter Ton- und Sandstein, dem die Weinlage ihren Namen verdankt, dominieren den viele Millionen

098rh gs

Jahre alten Hang, dessen Trauben von der wärmenden, im Hochsommer aber auch kühlenden Kraft des Rheines profitieren. Vor allem im Sommer ist der Rote Hang immer wieder Schauplatz kleiner und großer **Feste.** Niersteins Winzer führen Besucher gern durch die Rebanlagen, zeigen ihnen auf **Weinbergsrundfahrten** ihre Schätze (Infos unter www.roter-hang.de).

☐ Der mittelalterliche Bergfried bei Schwabsburg

Praktische Tipps

Informationen

- **Tourismus- und Kulturbüro Nierstein,** Bildstockstraße 10, 55283 Nierstein, Tel. 06133 960506, www.nierstein.de, Mo, Di, Do 9–12.30 u. 14–18, Fr 9–12 Uhr.

Unterkunft, Essen und Trinken

- **Rheinhotel Nierstein**③, Mainzerstraße 16, 55283 Nierstein, Tel. 06133 97970, www.rheinhotel-nierstein.de. Familiengeführtes Hotel in vierter Generation am Rheinufer mit Wintergarten und Weinlounge. Das **Restaurant** (tgl. 7–21 Uhr), das auch Frühstück anbietet, hat eine der größten und ausgefallensten Weinkarten der Region.

■ **Gehrings Weinwirtschaft**②, Außerhalb 17, 55283 Nierstein, Tel. 06133 5099160, https://gehringsweinwirtschaft.com, Do–Sa 17–21 Uhr. Weinwirtschaft an der Straße nach Köngernheim. Handkäs' oder Spundekäs', Flammkuchen und hausgemachte vegetarische Maultaschen. Zudem lockt die Weinwirtschaft auch mit einem Wohnmobildinner an einem vom Gast bestimmten Ort.

■ **Weinrestaurant Civitas**②-③, Marktplatz 9, 55283 Nierstein, Tel. 06133 5714995, https://civitasnierstein.eatbu.com, Mo, Do, Fr, Sa 17–22, So 12–21 Uhr. Französisch inspirierte Küche in der Stadtmitte mit lokalem Weinangebot.

■ **Café Erni & Illi**①-②, Marktplatz 7, 55283 Nierstein, Tel. 06133 5712517, www.ernie-und-illi.de, Do–So 9–17 Uhr. Beliebte Frühstücksadresse in der Ortsmitte. Der Kuchen ist selbst gemacht, ebenso wie die belegten Brote. Die Rezepte für Haselnuss- oder Käsekuchen stammen von Oma und Opa.

Aktivitäten

■ **Smeisser's Scheune,** Backhausstraße 11, 55283 Nierstein, Tel. 06133 927681, www.smeisser-s-scheune.de. Privater Theaterclub mit kleiner Bühne.

Feste und Veranstaltungen

■ **Wollfest Schwabsburg:** Schals, Pullover, Capes: großer Markt für Wollwaren, erstes Juniwochenende.

■ **Niersteiner Winzerfest:** im August.

Öffentliche Verkehrsmittel

■ Nierstein liegt an der **Bahnlinie Mainz – Worms.** Vom Bahnhof verkehrt **Bus 662** nach Schwabsburg (www.rnn.info).

100rh gs

◁ Die Niersteiner Warte

▷ Das Gautor in Oppenheim

https://stock.adobe.com © EKH-Pictures

Oppenheim

Von einem kleinen Wäldchen am Rhein und vielen Weinbergen umrahmt, zieren die Stadt Oppenheim heute die geschichtsträchtige Burgruine Landskron und die Katharinenkirche, eines der schönsten und größten gotischen Gotteshäuser am Rhein.

Der Geist der ehemals **freien Reichsstadt Oppenheim** ist beim Bummel durch ihre Gassen noch immer spürbar – auch ihre Geschichte, die mit *Karl dem Großen* Bedeutung erlangte. 765 hatte er dem Kloster Lorsch ein Hofgut geschenkt. Zu Füßen einer ersten Burg wuchs schließlich eine Stadt, die immer wieder ihre Herrschaft wechselte. „Man findet zu Oppenheim eine frische Luft, guten Wein und Fruchtgewächs', sehr tiefe Keller, viel Adels Sitz und Hoeff", schrieb *Matthäus Merian* einst zu seinem Kupferstich, der ein Schloss auf dem Burgberg mit der Katharinenkirche zu Füßen zeigte. Mehr als ein Dutzend Türme schützten damals die Stadtmauer, von der das **Gautor** bis heute übrig geblieben ist.

Sehenswertes

In der Altstadt

Oppenheims Altstadt steht komplett unter Denkmalschutz. Es gibt viele enge Gassen, durch die es sich zu bummeln lohnt. Neugotische Villen, barocke und klassizistische Verwaltungsbauten, Fachwerkhäuser – da ist manches zu entdecken. Zum Beispiel der **Geschlechterbrunnen** in der Dalbergerstraße, ein

rh125 gs

Zierbrunnen aus dem 16. Jahrhundert mit den Wappen dreier dort einst wohnenden Adelsfamilien. Einen Blick lohnen auch die Reste eines **Kreuzweges** aus dem 15. Jahrhundert, der den Weg von der Stadt zur Katharinenkirche wies.

Oppenheims Herz schlägt am **Marktplatz** mit Fachwerkhäusern aus dem 18. Jahrhundert und dem **Rathaus,** einem sehenswerten Renaissancebau. Ein paar Schritte weiter findet sich mit der **Bartholomäuskirche** (Kirchstr. 4) das katholische Gegenstück zur Katharinenkirche, auch das ein gotisches Gotteshaus, dem allerdings die filigrane Leichtigkeit fehlt. Kunsthistorisch am wertvollsten sind drei um 1500 entstandene Heiligenfiguren – sie zeigen Katharina, Barbara und Valentin – im Chor.

Burgruine Landskron

Nur noch Ruine hoch über der Stadt ist die ehemalige Ritterburg, die den Oppenheimern als Landskron ans Herz gewachsen ist. 1689 sprengten die Franzosen im Pfälzischen Erbfolgekrieg ihre mehrgeschossigen Mauern, die heute als Freilichtkulisse für Theateraufführungen und andere Veranstaltungen dienen.

Unterirdische Gänge

Oppenheims touristische Pfunde wuchern unter der Erde: viele Kilometer unterirdischer Gänge, die in den letzten Jahren auch für die Öffentlichkeit erschlossen wurden. Viele Hundert Meter rund um das Rathaus kann man im Rahmen von Führungen schon heute kennenlernen. Es sind spannende Erkundungen eines bis zu fünf Stockwerke tiefen **Kellerlabyrinths,** das noch längst nicht ganz erforscht ist. Fachleute gehen davon aus, dass ein Großteil aller Häuser in der historischen Altstadt durch unterirdische Gänge, Treppen und andere Wege miteinander verbunden ist.

■ **Führungen** zu den unterirdischen Gängen in Oppenheim vermittelt die Tourist-Info Oppenheim.

⌃ Die Burgruine Landskron

› Gotische Wasserspeier an der Katharinenkirche

Stadtmuseum

Wer mehr über die Historie der Stadt erfahren will, ist im Stadtmuseum bestens aufgehoben.

■ **Stadtmuseum Oppenheim,** Merianstraße 4 (Eingang über der Touristinformation), Do–Sa 10–15, So 11–15 Uhr, Eintritt frei.

Deutsches Weinbaumuseum

Das Deutsche Weinbaumuseum präsentiert die jahrtausendealte Geschichte der Weinerzeugung. Rund 4000 Exponate – darunter alte Flaschen, Etikette, Korkenzieher, Weingläser, aber auch Abfüllanlagen, Pressen und Fässer – nehmen Besucher mit auf eine Kultur- und Wirtschaftsreise. Im ersten Obergeschoss erfährt man alles über die **Arbeit im Weinberg,** über Rebzüchtung und -veredelung, Pflanzenschutz und Klimaveränderung. Ein Stockwerk höher stellen sich die deutschen **Weinbaugebiete** vor, geht es um Weingenuss und Weinhandel. Historische Fotos dokumentieren, wie die Arbeit der Winzer früher aussah. Technikfreunde kommen schließlich im großen Freigelände auf ihre Kosten, wo sich neben alten Keltern und einem riesigen Fass aus dem 19. Jahrhundert mehr als 50 alte Traktoren und andere Maschinen, welche die Arbeit im Weinberg erleichtern, in der **Maschinenhalle** zeigen.

rh126 gs

■ **Deutsches Weinbaumuseum,** Wormser Straße 49, Tel. 06133 2544, www.dwm-content.de, April bis Okt. Di–Fr 14–17, Sa, So 10–17 Uhr, Eintritt 5 €.

Katharinenkirche

Fast majestätisch thront die Katharinenkirche über der Stadt, ein mittelalterliches Kleinod aus **rotem Sandstein,** das seine schönste Seite zur Stadt streckt. Mit dem Kirchbau hatte man Anfang des 13. Jahrhunderts begonnen, beendet aber war er erst gut zweihundert Jahre später. So wurde im Laufe der Jahrhunderte aus einem romanischen Bau, an den noch die beiden Westtürme erinnern, ein **gotisches Schmuckstück.** Hochgotisch gibt sich das Langhaus mit seinen Seitenschiffen (1327–1370), spätgotisch der **Westchor.** Er stammt vom Frankfurter Stadt- und Dombaumeister *Madern Gerthener* (um 1360–1430), dessen Handschrift nicht nur am Frankfurter Kaiserdom, sondern auch am Heidelberger Schloss und an den Domen in Mainz und Speyer zu sehen ist. Mit dem spätgotischen Westchor in Oppenheim

rh038 gs

schuf er eines seiner Meisterwerke: mit herrlichem Maßwerk, filigranen Giebeln, Pfeilern und Wasserspeiern, an denen man sich kaum satt sehen kann.

Ab 1556 gehörte die Katharinenkirche zu den ersten protestantischen Gotteshäusern der Region, was schließlich auch Einfluss auf die Ausstattung hatte. 1565 wurde in einem dreitägigen Bildersturm ein Großteil dessen beseitigt, was in der Kirche noch an die katholische Vergangenheit erinnert hatte: Altäre, Bilder, kirchliches Gerät und Teile der Fenster. Auch Dreißigjähriger Krieg und Pfälzischer Erbfolgekrieg setzten der Kirche schwer zu und für umfassende Renovierungen fehlte danach das Geld. Die waren erst im 19. Jahrhundert wieder möglich, als der mächtige Bau 1889 schließlich zu seiner heutigen Gestalt fand. Besucherattraktion sind die **Glasfenster,** deren älteste Scheiben sich im Ostchor finden. Szenen aus dem alten und neuen Testament zeigen sie, viele Wappen und Bilder der Kirchenstifter. Prunkstück ist die berühmte **Oppenheimer Rose** in der Südfassade, deren Gläser aus dem 14. Jahrhundert noch weitgehend original erhalten sind. Ihre Mitte ziert der Reichsadler, das Oppenheimer Stadtwappen, um den sich die Ratsherren der Jahre 1332/33 gruppieren. Im Laufe der Jahrhunderte sind zu den alten Fenstern viele neue hinzugekommen, sodass Betrachter in der Katharinenkirche heute **Glasmalereien aus 700 Jahren** sehen können. Szenen aus *Luthers* Leben finden sich dort ebenso wie Bilder aus der Stadtgeschichte und viel Meditatives.

Hinter der Kirche steht eine dem Heiligen *Michael* geweihte **Kapelle** mit einem der größten **Beinhäuser** Deutschlands. Besonders gern übrigens erzählt man in Oppenheim die Geschichte, nach der sich am Vorabend des Siebenjährigen Krieges die dort lagernden Knochen Schlag Mitternacht erhoben hätten, um in Schlachtreihen angeordnet als feindliche Truppen gegeneinander zu kämpfen. Nach der Geisterstunde aber seien die Skelette wieder krachend zusammengefallen.

5 **Katharinenkirche,** Katharinenstr. 1, https://katharinen-kirche.ekhn.de/startseite.html, Mo–Sa 10–17, So 12–17 Uhr, Eintritt frei. Führungen: gewöhnlich Mai bis Okt. So 15 Uhr, Tel. 06133 2381. Einen Audioführer durch die Kirche gibt es als kostenlose App unter www.kirchenapp.de/download.php. Im Sommer ist auf dem Kirchenvorplatz das Katharinenlädchen (Do, Fr 11–17, Sa, So 14–17 Uhr) geöffnet. Es verkauft neben Wein, Kaffee und Honig auch CDs mit Orgelkonzerten aus der Kirche.

◁ Die Katharinenkirche ist für ihre Glasmalereien berühmt, darunter das ▷ Lutherfenster

Praktische Tipps

Informationen

■ **Tourist-Info Stadt Oppenheim,** Merianstr. 2a, 55276 Oppenheim, Tel. 06133 4909-14, www.stadt-oppenheim.de, März bis Okt. Do–Sa 10–15, So 11–15 Uhr.

Unterkunft, Essen und Trinken

■ **Hotel Altes Amtsgericht**③, Amtsgerichtsplatz 1, Tel. 06133 3724963, www.altesamtsgerichtoppenheim.de. Denkmalgeschützes ehemaliges Gerichtsgebäude mit 14 Zimmern und nostalgischem Frühstücksplatz.

■ **Gutsschänke Dietz**①, Wormser Str. 85, Tel. 06133 3385, www.weingut-dietz.com, Do/Fr ab 17, Sa ab 13, So ab 12 Uhr. Rustikale Gutsschänke auf zwei Stockwerken, großer Innenhof. Im Angebot sind neben den Gutsweinen einfache Speisen wie Kartoffelsuppe, Koch- oder Spundekäs'.

MEIN TIPP: **Restaurant Völker**③, Krämerstr. 7, Tel. 06133 2269, www.restaurant-voelker.de, Fr ab 18, Sa/So ab 12 Uhr. Gehobene Küche inmitten der Stadt. Unter dem Restaurant finden sich Gewölbekeller, in denen mehrmals jährlich die Silvesterposse „Dinner for One" in rheinhessischer Mundart zur Aufführung gelangt.

Aktivitäten

■ **Oppenheimer Rheinstrand,** Außerhalb 2, 55276 Oppenheim, Sand- und Kiesstrand am Rhein mit großer Liegewiese, Spielplätzen und einfachem Restaurant. Wegen der unberechenbaren Strömung wird vom Baden ausdrücklich abgeraten.

Naturnaher Spielraum Paradies, In den Weingärten 57, 55276 Oppenheim. Tel. 06133 579 4114, www.lilofee.org. Naturnaher Spielplatz, auf dem Kinder nach Herzenslust toben oder sich beim Bau eines Baumhauses beweisen können.

106rh gs

Mahnung an die Vergänglichkeit: Oppenheims Beinhaus

Es ist beeindruckend, schon wenn man nur durchs Gitter schaut, hinter dem sich die **Schädel und Knochen** bis zur Decke stapeln: Überreste von Menschen, alte und junge, Männer, Frauen und Kinder. Letzte sichtbare Zeugen eines Lebens, das irgendwann einmal ein Ende hatte. Bis zu **20.000 Menschen,** so schätzt man, haben in Oppenheims **Michaelskapelle** ihre letzte Ruhe gefunden, dem gotischen Karner neben der Katharinenkirche. Es ist das angeblich größte Beinhaus Deutschlands. Ja, sogar der Welt, wenn man nur die zählt, die zur protestantischen Kirche gehören.

Meterhoch stapeln sich die menschlichen Überreste in dem rund **70 Quadratmeter** großen Gewölbekeller. Sie stammen von Oppenheimer Bürgern zumeist, die zwischen den Jahren 1400 und 1750 nach einer gewissen Liegezeit auf dem zur Katharinenkirche gehörenden Friedhof umgebettet wurden. Viele waren **Opfer von Pest, Kriegen und Hunger,** den meisten aber setzte der Tod irgendwann nur eine natürliche Grenze.

Für moderne Kulturtheoretiker ist der Tod heute nichts anderes als eine gesellschaftliche Demarkationslinie. Das war nicht immer so. Für die Menschen des Mittelalters war der Tod Übergang von einer in eine andere Welt. Sie sahen das Aus für den Körper als Start ins **ewige Leben.** Auch die ersten Bischöfe predigten gern, dass auch nach dem Tod die Seele mit den Knochen emotional verbunden sei. Wenn immer möglich, suchte man deshalb seine letzte Ruhe nahe der Reliquien der Heiligen, auf deren Schutz sie auch posthum vertrauten.

Weil sich die meist um die Kirchen gelegenen Friedhöfe im Lauf der Zeit aber immer mehr füllten, wurde es Sitte, die nicht verwesten Knochen und Schädel nach einer gewissen Liegezeit für die **Auferstehung am Jüngsten Tag** in sogenannten Beinhäusern zu lagern. Damit wollte man verhindern, dass wie damals üblich Schweine oder andere Tiere Knochen und Schädel aus dem Erdreich buddeln.

Noch aber fehlten den Beinhäusen die gewöhnlich darüber liegenden Kapellen. Die wurden erst später populär, als man zu Ehren der Toten auch mehr und mehr Gedächtnisgottesdienste feierte. Es war die Geburtsstunde der sogenannten **Karner,** kleiner Friedhofskapellen, wie man sie auch in Oppenheim zur Wende vom 14. zum 15. Jahrhundert an die Nordseite der Katharinenkirche setzte. Genauer lässt sich das Baujahr nicht datieren, da alle Unterlagen während des Pfälzischen Erbfolgekrieges 1689 verloren gingen. Geweiht ist Oppenheims Karner wie fast alle Beinhäuser übrigens dem **Erzengel**

227rh-gs

226rh-gs

Michael, der mit der Seelenwaage am Jüngsten Tag über die Menschen mitrichten soll.

Weil die protestantischen Reformer auch aus hygienischen Gründen für die Stapelung von Skeletten wenig übrig hatten, gaben die Kirchenreformer alle Beinhäuser auf. Nur nicht in Oppenheim, wo die Katharinenkirche 1565 evangelisch wurde. Warum, weiß niemand genau und das nährte Spekulationen. So erzählte man sich lange Zeit, die in der Michaelskapelle gestapelten Gebeine seien spanische und schwedische Soldaten, die im Dreißigjährigen Krieg in der Region ums Leben gekommen seien. Das half den Protestanten, den katholisch geprägten Karner als eine Art Kriegsgräberstätte zu betrachten.

Zudem, hieß es im Volksmund, könne man die protestantischen Soldaten der Schweden gegenüber den katholischen Spaniern am größeren Schädelvolumen erkennen. Mitten in einem der Knochenstapel findet sich so heute noch ein großer **goldfarbener Schädel,** den Scherzbolde gern dem König von Schweden zuweisen und damit vertuschen, dass er einst für Fernsehaufnahmen diente.

Ein Mitte des 19. Jahrhunderts erschienenes Buch behauptete schließlich, der Stadtrat hätte den Protestanten den katholischen Karner mit dem Hinweis schmackhaft gemacht, dass es eine Abmachung mit Gott gebe, die allen Oppenheimern bis zum Jüngsten Tag den Aufenthalt im Beinhaus garantiere.

■ Der Karner an der Nordwand der Katharinenkirche ist nur im Rahmen von Führungen zugänglich. Immer aber kann man durch ein großes Gitter einen Blick auf die im Beinhaus gestapelten Knochen und Schädel werfen, dazu drückt man den Lichtschalter am Eingang.

⌃ Nichts für zarte Gemüter: Oppenheims Beinhaus

‹ Die Michaelskapelle beherbergt das Beinhaus

Feste und Veranstaltungen

- **Festspiele Oppenheim:** Theater und Aktionen an verschiedenen Orten, Juni bis September.
- **Oppenheimer Weinfest:** Wochenende im August.
- **Oppenheimer Weihnachtsmarkt:** Buden und Glühweinstände, drittes Adventswochenende.
- **Märchenweihnachtsmarkt:** dritter Advent, Budenzauber um Rathaus und Katharinenkirche.

Öffentliche Verkehrsmittel

- Oppenheim liegt an der **Bahnstrecke Mainz – Worms.** Werktags halten am Bahnhof meist auch die Regionalexpresszüge. Nach Nierstein, Bodenheim und Wörrstadt gibt es **Busverbindungen** (www.rnn.info).

☑ Oppenheimer Weinfest

Guntersblum und Umgebung

Eine viele Hundert Meter lange Straße am Westrand hat Guntersblum bekannt gemacht: Der **Kellerweg** vereint über hundert Kellergehöfte aus den letzten vier Jahrhunderten und steht komplett unter Denkmalschutz. Jährlich im August ist er stimmungsvolle Kulisse von einem der schönsten Weinfeste Rheinhessens. Den Rest des Jahres geht es geruhsamer zu, bleibt Zeit, die vielen Winzerhöfe genauer unter die Lupe zu nehmen. Ebenfalls im Kellerweg (Nr. 20) findet sich das kleine Museum des Kulturvereins, ein altes **Kelterhaus,** das gewöhnlich sonn- und feiertags nachmittags zu Kaffee und Kuchen lädt und die

rh039 jb

Geschichte des Ortes und seiner Bewohner dokumentiert.

Inzwischen ist eine zweite Straße ins Guntersblumer Blickfeld gerückt. Rund einen Kilometer nördlich an der alten B9 direkt am Radweg in Richtung Ludwigshöhe haben Archäologen die Reste einer sechs Meter breiten und gepflasterten **Römerstraße** ausgegraben, die im 1. Jahrhundert nach Christus von Worms nach Mainz führte. Vor Ort gefundene Scherben lassen vermuten, dass an der Grabungsstelle einst ein typisch römisches Haus stand (Infotel. für mögliche Besichtigungen 06249 8706).

Meistbesuchte Sehenswürdigkeit des Ortes ist aber die **evangelische Kirche** (Kirchstraße 2), die zu den sogenannten **Heidenturmkirchen** zählt (→ Exkurs „Ein Hauch von Orient in Rheinhessen: die Heidenturmkirchen", S. 228). Sie wurde um das Jahr 1100 als dreischiffige Basilika mit zwei fünfstöckigen Türmen errichtet, die durch ein aufwendiges Portal verbunden sind. Ende des 17. Jahrhunderts ersetzte man das baufällige Kirchenschiff durch einen Neubau. Im Innern hat der um das Jahr 1490 entstandene Taufstein genaueres Hinsehen verdient.

Viel jünger ist die neuromanische **katholische Kirche.** Sie steht gegenüber dem barocken **Leininger Schloss** (Alsheimer Str. 29), in dem heute die Touristinformation der Verbandsgemeinde Rhein-Selz ihren Sitz hat. Ganz in der Nähe finden sich mit dem **Homburger Hof** (Alsheimer Str. 19), dem **Neuen Leininger Schloss** (Hauptstraße 45/47), dem **Deutschherrenhof** (Hauptstr. 42) und dem **Polyschen Hof** (Ölmühlstraße 9/11) weitere barock geprägte denkmalgeschützte Bauten.

Rheinfähre

An wenigen ausgesuchten Sonntagen pendelt eine Fähre zum rechtsrheinischen **Europa-Reservat Kühkopf,** einer einmaligen, 24 Hektar großen Auen- und Waldlandschaft, die allerdings nur Fußgängern und Radfahrern zugänglich ist. Eines Tages soll eine **Elektrofähre** auf die sehenswerte Insel verkehren (→ Exkurs „Reine Natur am Rhein: Der Kühkopf", S. 230), die derzeit nur über die Niersteiner oder Eicher Fähre zu erreichen ist.

Gifttierzoo und Kirche in Eimsheim

Eine Besonderheit ist der **Zoo der giftigen Tiere** im Guntersblum benachbarten Eimsheim. Hinter schützendem Glas tummeln sich dort in zahlreichen **Terrarien** Kröten, Frösche, Spinnen, Skorpione und Schlangen wie eine Mamba. Auf Wunsch gibt es **Spezialführungen,** bei denen man den Tieren hautnah begegnen kann.

Die Vertreibung giftigen Gewürms schreibt die Legende übrigens dem heiligen *Pirmin* zu, dem die **katholische Kirche** Eimsheims (Hauptstr. 27) geweiht ist: ein spätbarocker Bau mit einem im Kern spätgotischen Turm.

■ **Zoo der giftigen Tiere,** Hauptstr. 5, 55278 Eimsheim, Tel. 06249 7720, www.gifttierhaus.de. Aufgrund von Renovierungsarbeiten ist der Zoo bis auf Weiteres geschlossen; aktuelle Infos hält die Website bereit.

Ein Hauch von Orient in Rheinhessen: die Heidenturmkirchen

Als typisch rheinhessisch gelten die sogenannten Heidenturmkirchen. Ihre weithin sichtbaren Türme sind ihr Wahrzeichen. Sie stammen aus den Zeiten der Kreuzfahrer, weshalb es Vermutungen gibt, dass ihre Bauherren und Planer im Raum Aleppo und Damaskus, wo es ähnliche Kirchenkuppeln gibt, inspiriert wurden. **Sarazenentürme** heißt man sie deshalb manchmal auch. Zu finden sind die Kirchen in Guntersblum, Alsheim, Dittelsheim-Heßloch und Worms.

Inzwischen geht die Wissenschaft davon aus, dass die Heidenturmkirchen Anfang des 12. Jahrhunderts entstanden, kurz nach Ende des ersten Kreuzzuges also. Dieser ging 1099 mit der Einnahme Jerusalems durch die Kreuzritter zu Ende, von denen viele aus dem heutigen Rheinhessen stammten. Im Überschwang der Rückeroberung der heiligen Stadt hätte man dann die Erinnerungen an das Heilige Land in architektonische Formen gepackt. Zugleich aber seien die Türme auch Mahnung gewesen, im Kampf gegen das Heidentum nicht nachzulassen. Andere Architekturdeuter dagegen sehen in den Türmen eine damals im Wormser Raum weit verbreitete Bautradition. Wie auch immer: Das Rätsel um die Heidenturmkirchen ist noch nicht gelöst.

Als schönster „Heidenturm" gilt der von **Dittelsheim.** Er gehört heute zu einer evangelischen Kirche, die aus einer mittelalterlichen Allerheiligenkirche hervorging. **Guntersblums evangelische Kirche** überrascht mit zwei sehr hohen Türmen, von denen allerdings nur der Nordturm original erhalten ist. Der im Süden

110rh gs

wurde 1842 an Stelle des 1702 eingestürzten Turmes formgetreu wieder errichtet. Wer genau hinsieht, merkt das auch. Besonders schön gelegen ist die **Alsheimer Kirche,** ebenfalls ein evangelisches Gotteshaus, das ein parkähnlicher Friedhof umgibt. Dominikaner betreuen die vermutlich älteste der Kirchen, **St. Paulus in Worms.** Ihre untersten Turmteile stammen aus dem 11. Jahrhundert, ihre orientalisch anmutenden Helme aus dem frühen 12. Jahrhundert.

Mit Ausnahme von Guntersblum, wo die Kirche von April bis Oktober täglich 10–18 Uhr (im Winter nur Sa/So von 10 Uhr bis Einbruch der Dunkelheit und Mi 8–13 Uhr) geöffnet ist, sollten Besucher zur Besichtigung die jeweiligen Pfarrämter oder in Worms das Kloster kontaktieren.

Auffällige Türme:
Dittelsheim und Guntersblum

111rh gs

Sehenswertes im Hinterland

Im Hinterland von Nierstein, Oppenheim und Guntersblum finden sich viele kleine Dörfer, die man auf einer Rundfahrt kennenlernen kann – etwa **Selzen,** das nicht nur eines der wenigen Sterne-Restaurants in Rheinhessen (s.u.), sondern auch eine evangelische Pfarrkirche (Kirchstr. 13) mit romanischem Turm und barockem Schiff hat. Eine Madonna Immaculata aus dem späten 18. Jahrhundert nennt Selzens katholische Kirche (Friedhofstr. 7) ihr eigen, ein nüchterner Zweckbau aus den 1870er Jahren.

Ein Renaissanceschloss (Schlossgasse) gehört zum benachbarten **Hahnheim** – und eine mittelalterliche Madonna in der Dreikönigskirche (Neugasse 6).

Ein paar Kilometer weiter südlich liegt **Köngernheim** mit spätgotischer evangelischer Kirche (Kirchgasse 1). Außerhalb findet sich die jahrhundertealte Untermühle, die heute als Hotel und Restaurant (s.u.) dient. **Undenheim** glänzt mit seiner reich ausgestatteten katholischen Pfarrkirche Mariä Himmelfahrt (Kirchstr. 19). In **Friesenheim** gehören Rathaus (Hauptstraße 37) und katholische Walburgakirche (Hauptstr. 23) zu den das Ortsbild prägenden Bauten.

Aus dem frühen 18. Jahrhundert stammt die katholische Kirche von **Weinolsheim** (Kirchgasse 6), deren Kreuzrippengewölbe in der Sakristei auf einen gotischen Vorgängerbau verweist. **Dalheim** präsentiert die evangelische Kirche (Borngasse 2), einen mittelalterlichen Bau mit barocker Ausstattung.

Eine besondere Attraktion in Dalheim ist das sogenannte **Maislabyrinth**

Reine Natur am Rhein: der Kühkopf

Eigentlich könnte der Kühkopf, die gegenüber Guntersblum gelegene **Insel,** noch heute zu Rheinhessen gehören, hätte man die damalige Halbinsel Anfang des 19. Jahrhunderts nicht vom linksrheinischen Festland abgetrennt. So gehört sie heute zu Hessen und ist das größte **Naturschutzgebiet** des Bundeslandes. Denn der Kühkopf ist eine **Auenlandschaft** wie aus dem Bilderbuch. Zahlreiche Wege führen durch die Altrheinregion, die zum Eldorado für Paddler und Kanuten, Jogger, Radler und Wanderer geworden ist.

Jahrhundertelang diente der Kühkopf dem wilden Rhein als Bett, der sich immer wieder neue Wege durch den grünen Dschungel suchte – zum Leidwesen der Schiffer, die ihre Boote vom Land aus nur schwer durchs Wasser bugsieren konnten und deshalb viel Zeit verloren. Kein Wunder, dass man immer wieder darüber nachdachte, den **Rhein zu begradigen.** Aber erst 1828 war es so weit, begannen rund 200 Lohnarbeiter mit Fuhrwerken, Hacken und Schaufeln, dem Rhein ein neues Bett zu graben. Mit dem Ende ihrer Arbeit veränderten sich Fauna und Flora, wechselte die Landschaft langsam ihr Gesicht.

229rh-gs

Heute ist der Kühkopf eine Mischung aus Wiesen und Auwald, dessen Böden große Teppiche aus **Bärlauch** decken, ein mit Schnittlauch, Zwiebel und Knoblauch verwandtes Wildgemüse, das im späten Frühjahr mit seinem Blütenduft die Nasen der Wanderer kitzelt. **Hasen und Rehe** sind auf dem Kühkopf zu Hause, **Fuchs und Fasan,** Wildschwein, Marder und Dachs. Immer wieder flattern Schmetterlinge über die Wege, superschnelle Zeitgenossen, die zeigen, wie groß der Farbenreichtum der Natur ist. Meist machen sie nur kurz Halt, um zu fressen, dann geht es für die Edelfalter wie Admiral, Tagpfauenauge oder Kleiner Fuchs blitzschnell weiter. Besonders wohl auf dem Kühkopf fühlt sich der **Kleine Schillerfalter,** den man im Herbst gern am Boden findet, wenn er zu viel von den überreifen Früchten der Obstbäume genascht hat, die heute noch viele Wiesen bevölkern.

Bleibt der Rhein in seinem Bett, ist es auf dem Kühkopf relativ trocken. Bei Hochwasser aber drängen die Fluten mit Macht ins Unterholz, zur Freude der Schnaken, die nur auf diese Tage warten, um mit Vollgas ins Leben zu starten. Heute geht man ihnen mit biologischen Mitteln an den Kragen, die angeblich 90 Prozent der Population vernichten. Der Rest aber kann den Inseltrip an manchen Tagen noch immer zur Hölle machen. Allerdings nur die blutsaugenden Weibchen, die zur Fortpflanzung auf den Venensaft angewiesen sind.

Was dem Menschen Kummer bereitet, freut die Vögel. Vor allem im Sommer gehören Insek-

[<] Ein Weißstorch am Kühkopf

[>] Malerisches Hofgut Guntershausen

228rh-gs

ten zu ihren Delikatessen. **250 verschiedene Vogelarten** wollen Wissenschaftler auf dem Kühkopf schon gezählt haben. Ein gefiedertes Heer, das man mehr hört als sieht, wenn sich etwa das Liebeswerben der Nachtigallen mit dem Stakkato Nest bauender Spechte mischt. Manchmal stimmen **Frösche und Kröten** ins Konzert der Vögel ein. Und auch sie werden umso lauter, je mehr sie sich nach einem Partner sehnen. Zu hören sind die Quaker ganz gut vom Turm am Schlappeswörth, einer kleinen Beobachtungsstation für die dort lebenden Wasservögel.

Hofgut Guntershausen heißt die größte Ansammlung von Bauten auf der Insel. Früher war es ein landwirtschaftlicher Betrieb, heute beherbergt er das **Umweltbildungszentrum „Schatzinsel Kühkopf":** eine informative Schau der hessischen Forstverwaltung über das Leben auf dem Kühkopf. In einem Glaskasten werden Überschwemmungen simuliert, können Besucher sehen, was passiert, wenn der Rhein und damit das Grundwasser steigt. Bäume wie die Kopfweide zum Beispiel können bis zu 200 Tage im Jahr gut mit nassen Füßen leben, nicht aber Eiche, Esche und Ulme, die harten Auhölzer, die nur halb so viele Hochwassertage vertragen. Ein eigener Raum im Bildungszentrum ist dem Rhein und seinen Bewohnern gewidmet – **rund 40 Fischarten,** darunter Exoten wie Schlammpeitzger, Steinbeißer, Bitterling oder Meerneunauge. Zu den Neulingen gehören der Sonnenbarsch, ein eigentlich aus Nordamerika stammender Zierfisch, oder die chinesische Wollhandkrabbe, die vor Jahren als blinder Passagier nach Europa reiste. Auch diese Einwanderer haben Hessens größtes Naturschutzgebiet längst lieb gewonnen.

■ **Umweltbildungszentrum Schatzinsel Kühkopf,** Hofgut Guntershausen, Außerhalb 27, 64589 Stockstadt am Rhein, Tel. 06158 1886451, www.schatzinsel-kuehkopf.hessen.de, April–Oktober Di–Fr 14–18, Sa/So 10–18 Uhr. Den Rest des Jahres stehen die Dauer- und Wechselausstellungen Di–Fr 14–17, Sa/So 9–17 Uhr offen. Einige Wege sind auch mit Rollstuhl oder Kinderwagen befahrbar. Für Hunde gilt Leinenpflicht.

(www.maislabyrinth-dalheim.de), das jedes Jahr neu entsteht. Bereits im Winter wird es konzipiert und dann im Mai entsprechend ausgesät. Einen knappen Monat später werden die Wege dann nach Plan herausgefräst und mit Stroh ausgelegt, damit man auch bei Regenwetter das Labyrinth durchstreifen kann. Um die gewöhnlich nachmittags angebotenen Touren möglichst spannend zu machen, sind im Feld Rätsel versteckt, die es zu lösen gilt.

Das Ortsbild von **Dexheim** prägen zwei Kirchen: die alte evangelische Kirche (Schlossstr. 4) mit romanischem Turm und spätbarockem Schiff und die neugotische Kirche Mariä Himmelfahrt (Kirchgasse 8).

Zwei Gotteshäuser kennt auch **Dienheim:** die heute evangelische Kirche (Am Ehrenmal 5) mit spätgotischen Wandmalereien ist die um Jahrhunderte ältere.

Ausgefallen zeigt sich in **Uelversheim** die evangelische Kirche (Kirchstr. 2) aus dem Jahr 1722. „Die Merkwerdische“, also „Merkwürdige“, nennen sie die Einheimischen wegen ihrer achteckigen Bauform. Das Gotteshaus jedenfalls ist interessant – auch das spätbarocke Rathaus (Rathausplatz 1) und das Sommerschloss der Grafen von Leiningen (Eimsheimer Straße 7).

Dolgesheim besitzt ein Fachwerk-Rathaus von 1594 (Gaustr. 33) und eine evangelische Kirche (Gaustr. 12) aus dem Spätmittelalter. Fast dem gleichen Baujahr entstammt die evangelische Kirche (Kirchgasse 9) in **Dorn-Dürkheim.** Noch älter ist ein mittelalterlicher Wohnturm (Die Fahrt 1). Am Ortsrand liegt eine der wichtigsten Ausgrabungsstellen der Urzeitforschung. Wissenschaftler fanden hier fast zehn Millionen Jahre alte Wirbeltiere und Artefakte

109rh gs

dreier Steinwerkzeuge, die belegen, dass sich schon vor vielen Hunderttausend Jahren Menschen im heutigen Rheinhessen aufhielten.

Schon von Weitem grüßt im benachbarten **Hillesheim** auf einer kleinen Anhöhe die evangelische Kirche (Kirchstr. 6), ein barocker Bau mit romanischen und gotischen Vorgängern. Mit einem im 14. Jahrhundert errichteten Wohnturm (Hauptstr. 11), der heute Übernachtungsgästen des dort beheimateten Weingutes Dätwyl (s.u.) als Frühstücksraum und Hort von Weinproben dient, punktet **Wintersheim.**

Praktische Tipps

Informationen

■ **Tourismus Service Center der Verbandsgemeinde Rhein-Selz,** Sant' Ambrogio-Ring 33, 55276 Oppenheim, Tel. 06133 4901333, www.tourismus-rhein-selz.de.

Unterkunft, Essen und Trinken

■ **Schlafgut Domhof**③, Bleichstr. 14, 67583 Guntersblum, Tel. 06249 805767, www.weingut-domhof.de. Zwölf barrierefreie, modern eingerichtete Doppelzimmer im Neubau eines alten Weinguts, das auch Weinproben anbietet. Die gleiche Familie betreibt auch das **Landhotel Weingold**③, Hauptstr. 33, 67583 Guntersblum, Tel./Website s.o. Bietet zehn Zimmer im Landhausstil. Dazu passt auch die Küche des Restaurants (Di–Sa ab 17.30 Uhr).

■ **Kaupers Kapellenhof**⑤, Kapellenstr. 18a, 55278 Selzen, Tel. 06737 8325, www.kaupers-kapellenhof.de, Fr, Sa ab 19, So Late Lunch ab 14 Uhr. Renommierte Sterneküche, die auf regionale Frischeprodukte wie Obst und Gemüse aus Rheinhessen setzt. Kleine, wechselnde Speisekarte mit Raritäten wie Seeaal oder Donaulachs, Menüpreise ab 115 €.

■ **Jordans Untermühle**④, Außerhalb 1, 55278 Köngernheim, Tel. 06737 71000, www.jordans-untermuehle.de. Mitten im Grünen gelegenes Landhaus mit modernen Zimmern und großem Wellnessangebot, zu dem Saunen ebenso gehören wie Massagen. Das nicht gerade preiswerte Spa steht auch Tagesgästen offen.

■ **Gästehaus und Weingut Dätwyl**②, Hauptstraße 11, 67587 Wintersheim, Tel. 06733 426, www.daetwyl.de. Drei einfache Zimmer im Anbau eines mittelalterlichen Wohnturms. Für Gäste gestaltet das Weingut nach Voranmeldung auch themenorientierte Weinproben.

Feste und Veranstaltungen

■ **Kellerwegfest Guntersblum:** großes Weinfest an den letzten beiden Wochenenden im August.

■ **Selzer Kerb:** Weinfest, Mitte September.

■ **Uelversheimer Kerb:** Weinfest mit Umzug, drittes Septemberwochenende.

■ **Wintersheimer Weinwandertag:** Erster Sonntag im September.

Öffentliche Verkehrsmittel

■ Guntersblum liegt an der **Bahnstrecke Mainz – Worms.** Die Gemeinden im Hinterland haben großteils Busanschluss (www.rnn.info).

◁ Kellerwegfest in Guntersblum

099rh gs

6

Worms und Wonnegau

» Der Wonnegau ist ein weinseliges Ländchen, das mehr Sonnenstunden als die übrigen Regionen Rheinhessens für sich reklamiert. Kein Wunder, dass hier einige der größten Weinbaugemeinden liegen. Zentrum des Wonnegaus ist Worms – eine Stadt mit einem über tausend Jahre alten romanischen Dom und dem ältesten jüdischen Friedhof Europas, der jetzt zum Kulturerbe der UNESCO gehört.

‹ Basilika St. Lambertus in Bechtheim

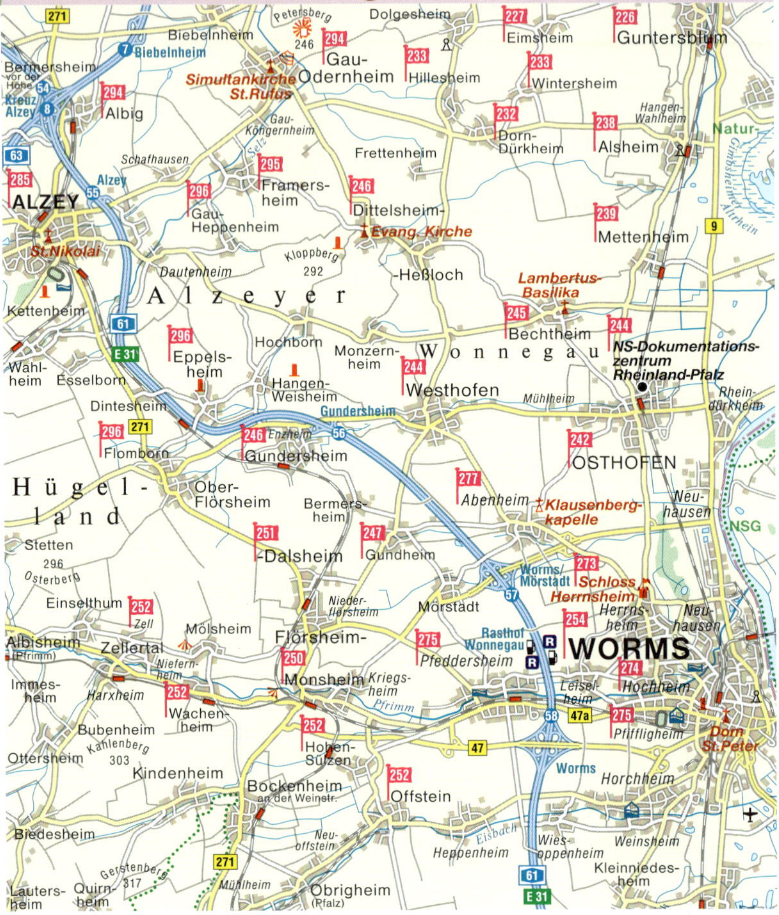

WORMS UND WONNEGAU

In Deutschland zählt der Wonnegau im Südosten Rheinhessens zu den Regionen mit den meisten Sonnenstunden. In Orten wie Alsheim, Bechtheim, Flörsheim-Dalsheim oder West- und Osthofen ballen sich die Weinberge. Sogar Rebsorten, die sonst nur in südlichen Ländern heimisch sind, wie der Malvasier, den Luther ebenso

schätzte wie Shakespeare, kommen im Wonnegau zur Reife. Trotzdem mahnt der Name des Landstrichs nicht an die mit dem Wetter verbundenen Wonnen des Lebens, sondern an jenes Volk, das hier einst zu Hause gewesen sein soll: die Vangionen. Bis ins 16. Jahrhundert nannte man die Wormser deshalb Vangionen und das Umland Vangionengau oder einfacher Wangengau, woraus schließlich der Wonnegau wurde. Er besteht verwaltungsmäßig aus der Stadt Worms und den Verbandsgemeinden Eich und Monsheim. Außerdem hat man aus der ehemaligen Verbandsgemeinde Westhofen und der Stadt Osthofen sowie zwei Handvoll weiterer Dörfer die Verbandsgemeinde Wonnegau geschaffen, in der heute mehr als 20.000 Bürger zu Hause sind.

NICHT VERPASSEN!

- Rheinhessens größte Freizeitlandschaft: der **Eicher See,** das rheinhessische Meer | 240
- **Osthofen** mit seiner alten Bergkirche und beeindruckender KZ-Gedenkstätte | 242
- Romanisches Juwel: die Kirche **St. Lambertus in Bechtheim** | 245
- Die einmalige **Fleckenmauer von Dalsheim** | 251
- Das **Nibelungenmuseum** in Worms: Wo die Sage Gestalt gewinnt | 255
- Wormser Wahrzeichen: der über tausendjährige **Dom St. Peter** | 257
- Das **Luther-Denkmal,** Erinnerung an den Reichstag 1521 | 264
- UNESCO-Kulturerbe: der **jüdische Friedhof** in Worms | 270
- **Schloss Herrnsheim,** ein Prunkstück mit Vorzeige-Park | 273

Diese Tipps erkennt man an der gelben Markierung.

Alsheim

Etwa in der Mitte zwischen Oppenheim und Worms bildet die Weinbaugemeinde Alsheim das nördliche Tor zum Wonnegau. Am Fuß der Rheinterrasse hat sie nicht nur eine zum Wandern einladende Umgebung, sondern auch einige architektonische Besonderheiten zu bieten. So punktet Alsheim mit einem barocken **Fachwerk-Rathaus** (Bachstr. 37), der katholischen Kirche **Mariä Himmelfahrt** (Bachstr. 2) mit gotischem Chor, barockem Kirchenschiff und einer um 1460 entstandenen Marienfigur – und dem ehemaligen **Alsheimer Schloss** (Oberdorfstraße 49).

Heidenturmkirche

Besuchermagnet des Ortes ist die einst dem heiligen *Bonifatius* geweihte **evangelische Kirche** (Mühlstr. 35). Das von einem alten Friedhof mit historischen Grabsteinen umgebene Gotteshaus gehört zu den vier Heidenturmkirchen in Rheinhessen (→ Exkurs „Ein Hauch von Orient in Rheinhessen: die Heidenturmkirchen“, S. 228).

Hohlwege

Alsheim und das benachbarte Mettenheim verbinden die sogenannten Hohlwege: tief in die Landschaft eingeschnittene Durchgänge, die im Laufe der Jahr-

113rh gs

hunderte durch intensive Nutzung, aber auch durch zahllose Regengüsse entstanden. Die Hohlwege mit ihren oft meterhohen **Lösswänden** sind wertvolle **Biotope,** in denen seltene Pflanzen, Vögel und Insekten zu Hause sind, etwa bestimmte Wildbienenarten. Die Wege eignen sich gut zum Wandern (s.u.).

Mettenheim

Mettenheims Prunkstück ist das aus der zweiten Hälfte des 16. Jahrhunderts stammende alte **Rathaus** (Hauptstr. 1) mit seinem gern fotografierten Treppenturm. Nur ein paar Schritte weiter steht die spätbarocke **Evangelische Kirche** (Kirchgasse 3) mit der Gruft des Kirchenstifters.

Praktische Tipps

Unterkunft, Essen und Trinken

- **Das Quartier in der Langgasse**②, Langgasse 38, 67577 Alsheim, Tel. 06249 6343, www.ferienhaus-alsheim.de. Ein altes, stilvoll restauriertes Tagelöhnerhäuschen bietet auf 80 Quadratmetern Unterkunft für sechs Personen. Etwas für Nostalgiker!
- **WeinHaus Weißbach**①, Am Michelsberg 18, 67582 Mettenheim, Tel. 06242 915151, Fr, Sa ab 18, So ab 17 Uhr. Weingut mit einfacher Straußwirtschaft. Wenn das Wetter mitspielt, serviert man im Garten hausgemachten Wurstsalat, Spunde- und Handkäs. Außerdem vermietet der Familienbetrieb ein Blockhaus für maximal sechs Gäste samt frisch gefülltem Kühlschrank.

◁ Hohlweg bei Alsheim

Einkaufen

Bioweingut Sander, In den Weingärten 11, 67582 Mettenheim, Tel. 06242 1583, www.sanderweine.de, Verkauf nach telefonischer Anmeldung. Familiengeführtes, altes Weingut, das auf Kunstdünger und Pflanzengifte verzichtet und mineralische Weine auch gern im Rahmen eines Yoga-Kurses auf der Matte ausschenkt.

Feste und Veranstaltungen

- **Alsheimer Weinwandertag:** Weinbergsrundgang am dritten Wochenende im September.

Öffentliche Verkehrsmittel

- Alsheim und Mettenheim liegen an der **Bahnstrecke Mainz – Worms.**

Wandern

Hohlwegwanderung Alsheim

MEIN TIPP: Zu den interessantesten Wanderstrecken Rheinhessens gehören die Hohlwege. Die ausgeschilderten Strecken sind zwischen 1,5 und 6,5 Kilometern lang. Den besten Eindruck verschafft ein Spaziergang entlang der **Krummsteigshohl,** der an Alsheims Bürgerhaus beginnt und zu einer sehenswerten Ruine im Ortsteil **Hangen-Wahlheim** führt, den Resten der gotischen Kirche Maria Magdalena und Jakobus.

Eich und das Altrheingebiet

Im südöstlichsten Teil Rheinhessens rund um die Ortschaft Eich ist das Land meist flach, prägen Wiesen und Feuchtgebiete das Bild, viel Natur auf alle Fälle. Es sind Landschaften, die nach der Neuregulierung des Rheins zur Optimierung seiner Route für die Schifffahrt entstanden. Genau betrachtet sind es **verlandete Seitenarme des Rheins,** daher auch der Name Altrheingebiet. Publikumsmagnet ist der Eicher See, den der Volksmund gern „Rheinhessens Badewanne" heißt. Vor allem im Hochsommer drängen sich dort die Massen.

Sehenswert in Eich selbst, dem Verwaltungszentrum der gleichnamigen Verbandsgemeinde, ist die klassizistische **Evangelische Kirche** (Hauptstraße 58) samt Turm von anno 1486.

Eicher See

Wo sich an Sommerwochenenden Ausflügler eine schöne Zeit machen, war früher Sumpf oder von Schilf bewachsenes Land. Heute findet sich dort **Rheinhessens größtes Binnengewässer,** aus dem ab Ende der 1920er Jahre Kies und Sand gewonnen und per Schiff in die großen Städte am Rhein transportiert wurde. Mit zunehmender Mobilität entdeckten die Menschen aus der Rhein-Main- und Rhein-Neckar-Region in den 1960er und 1970er Jahren die Kiesgruben aber auch zur Freizeitgestaltung. Im Laufe der Zeit entstand rund um die 58 Hektar große Wasserfläche zudem eine Wochenendhaus-Siedlung, die größte in Rheinland-Pfalz. Dazu kam eine **Marina** für kleine und große Boote. Weil der See zum Rhein hin offen ist, bestimmt der Flusspegel seinen Wasserstand.

Vor allem im Sommer lockt das klare und kühle Wasser die Massen. Zum Baden ist der Eicher See aber nicht unbedingt ideal, weil seine Wassertiefe in der Regel nach geübten Schwimmern verlangt. Auch bricht das Sandufer immer wieder ab. Besser aufgehoben sind Segler und Bootsfreunde, denen sich hier viele Freizeitmöglichkeiten bieten.

Eine besondere Gelegenheit, den Eicher See von allen Seiten kennenzulernen, bieten die von April bis Oktober angebotenen Floßfahrten.

■ **Floßfahrten** auf dem Eicher See kann man direkt bei Kapitän *Max* und seiner Crew buchen (Tel. 0152 28462401).

AltrheinErlebnisPfad

Die weiten **Wiesen- und Auenlandschaften** um die Altrheingewässer werden zunehmend von Wanderern erobert. Das erleichtert der neue AltrheinErlebnisPfad: ein gut sechs Kilometer langer **Rundweg** durch einen der größten Schilfbestände Südwestdeutschlands (siehe Kapitel „Wandern").

> Der Eicher See in Rheinhessen

Gimbsheim

Manche Entdeckung bieten auch die Altrheingemeinden Gimbsheim und Hamm am Rhein. Gimbsheims ehemaliges Schulhaus beherbergt das **Museum der Verbandsgemeinde Eich.** Es präsentiert Funde, die beim Kiesabbau in der Region ans Licht kamen – etwa ein Mammutskelett. Retro pur heißt es dort im Museumscafé, dessen Mobiliar dem Jahr 1959 entstammt. Das **Tagelöhnerhäuschen** in der Uhlandstraße 4 ist die Außenstelle des Museums und zeigt, wie die Menschen einst am Altrhein lebten.

■ **Museum der VG Eich,** Hauptstraße 10, 67578 Gimbsheim, www.museum-vg-eich.de, So 14–18 Uhr und nach Vereinbarung.

Hamm am Rhein

Im ehemaligen Fischer- und Korbmacherdorf Hamm am Rhein befinden sich an der Hauptstraße die unter Naturschutz stehende **Friedenseiche** von 1872 und das älteste Wohngebäude des Ortes, ein **spätbarockes Fachwerkhaus** (Hauptstraße 22).

230rh-gs

Praktische Tipps

Informationen

- **Touristikverein,** Hauptstr. 26, 67575 Eich, Tel. 06246 6917, www.vg-eich.de, Mo–Do 8–12, Fr 8.30–12.30, Do 14–18 Uhr.

Einkaufen

- **Eicher Landwutz,** Sonnenhof, Außerhalb 6, 67575 Eich, Tel. 06246 390, www.eicher-landwutz.de, Fr 10–18 Uhr. Fleisch- und Wurstwaren aus eigener, artgerechter Schweinehaltung.

Essen und Trinken

- **De Schambes**②, Landdamm 100, 67580 Hamm am Rhein, Tel. 0173 9245462, www.deschambes.com, Mi, Fr, Sa 17–21.30, So 12–21.30 Uhr. Rustikale Speisen in urigem Ambiente. Viel Lob finden auch die selbst gebackenen Kuchen.

Aktivitäten

- **Baden:** Zum Baden empfehlen sich zwei Baggerseen mit Sandstränden: der **Pfarrwiesensee in Gimbsheim** mit Kiosk und der neue **Badesee Eich,** der Wasser bester Qualität und eine Strandbar bietet. Der Zugang zu den Seen ist kostenlos, allerdings fällt eine gewöhnlich zweistellige Parkgebühr an. Zelten, Grillen und das Mitbringen von Alkohol ist an beiden Seen verboten, auch Hunde dürfen aus hygienischen Gründen nicht mit zum Wasser.

Öffentliche Verkehrsmittel

- Gimbsheim, Eich und Hamm sind mit Worms durch **Bus 432** verbunden (www.rnn.info).

Osthofen

Weinberge prägen den zentralen Wonnegau, dessen größter Ort die Stadt Osthofen ist. In der von ihr verwalteten Verbandsgemeinde Wonnegau sind gut 20.000 Bürger zu Hause.

Sehenswertes

Schöne **Fachwerkhäuser** im Zentrum, **Gründerzeitvillen** in der Bahnhofstraße und die vom Jugendstil geprägten Bauten des Wasserwerks und des Finanzamts lohnen die Stippvisite in Osthofen, zu der unbedingt auch ein Abstecher in das ehemalige KZ Osthofen gehören sollte.

Vermutlich auf den Templerorden geht Osthofens **katholische Kirche** (Friedrich-Ebert-Str. 51) zurück, die Ende des 18. Jahrhunderts auf den Resten einer gotischen Kirche erbaut wurde.

Bergkirche

Wahrzeichen des Ortes ist die von einem Friedhof umgebene evangelische Bergkirche (Kirchberg 17) am Stadtrand, die schon von Weitem ins Auge fällt. Von der dreischiffigen Pfeilerbasilika aus dem 11. Jahrhundert, vermutlich an der Stelle einer alten Burg errichtet, sind heute nur noch wenige Teile wie der Un-

⊡ Blick über Osthofen

terbau des Turmes vorhanden. Fast jedes Jahrhundert hat Spuren hinterlassen, sodass der Betrachter der Kirche neben den romanischen Resten der Gründerzeit auch einen gotischen Chor mit Kreuzgewölbe und einmalige Wandmalereien aus dem Mittelalter findet.

Steinmühle

Der Ortsteil **Mühlheim** beherbergt mehr als ein Dutzend Mühlen, in denen heute das eine oder andere **Weingut** zu Hause ist. Am bekanntesten ist die Steinmühle am Eulenberg (Hasengasse), deren Eigner einst mit *Franz Liszt* und *Richard Wagner* befreundet waren. An die Besuche der berühmten Komponisten erinnert ein romantisches Häuschen im Garten. Gern erzählen die Einheimischen die Geschichte, wie sich der permanent in Geldnöten befindliche *Wagner* in Osthofen Geld geborgt und dafür die handschriftliche Partitur der Oper „Walküre" als Pfand hinterlegt habe. Gelegentlich zu Gast in der Steinmühle war auch *Ferdinand Lassalle,* einer der Wegbereiter der Sozialdemokratischen Partei Deutschlands.

Heimatmuseum

Alte **Handwerksberufe** dokumentiert das Heimatmuseum Osthofen im alten Spritzenhaus. Zu sehen sind unter anderem eine Schusterwerkstatt, eine Bäckerei, eine Schmiede mit historischem Blasebalg und eine Sattlerei sowie Arbeitsgeräte von Metzgern oder Schreinern. Und natürlich dürfen in einer Weinbaugemeinde Traubenpressen oder Abfüllmaschinen nicht fehlen. Prunkstück ist ein Schlepper samt Dreschmaschine aus der Mitte des 20. Jahrhundert.

■ **Heimatmuseum Osthofen,** Friedrich-Ebert-Str. 97, jeden 1. Sa im Monat 9–11 Uhr und nach Vereinbarung.

https://stock.adobe.com © Rainer

KZ Osthofen

Das KZ Osthofen ist ein Mahnmal und Hort einer Dauerausstellung über den **Nationalsozialismus in Rheinland-Pfalz.** Wo einst Häftlinge gefangen gehalten wurden, informieren heute Texttafeln, Fotos, Filme und Originaldokumente über die Geschichte des ehemaligen Konzentrationslagers. Es wurde gleich nach der Machtübernahme der NSDAP im Frühjahr 1933 eingerichtet. Bis zum Sommer 1934 waren in Osthofen Gegner des NS-Regimes inhaftiert. Dazu gehörten politische Gegner, Juden, Zeugen Jehovas und Sinti. Mindestens 3000 Männer sowie einige Frauen waren in der stillgelegten Papierfabrik inhaftiert. Die Häftlinge schliefen anfangs auf nacktem Betonboden, später auf Holzpritschen, Tischen und Bänken.

1936 nahm auf dem Gelände eine Möbelfabrik ihren Betrieb auf, die von 1942 bis 1945 auch Zwangsarbeiter beschäftigte. Nach ihrem Konkurs nutzten verschiedene Firmen die Hallen als Lager, bis das Land Rheinland-Pfalz die Anlage kaufte und als Erinnerungs- und Lernort herrichtete. „Verfolgung und Widerstand in Rheinland-Pfalz 1933–1945“ dokumentiert seitdem eine sehenswerte Dauerausstellung, die von Besuchern allerdings auch verlangt, sich Zeit zu nehmen, um das eine oder andere Einzelschicksal der Häftlinge von damals genauer zu verfolgen. Im Außenbereich haben Bildhauer mit ihren Arbeiten das Leid der Häftlinge visualisiert.

■ **NS-Dokumentationszentrum Rheinland-Pfalz,** Ziegelhüttenweg 38, 67574 Osthofen, Tel. 06242 910810, www.gedenkstaette-osthofen-rlp.de, Di–Fr 9–17, Sa, So 13–17 Uhr, Eintritt frei.

Westhofen

Ortsmittelpunkt von Westhofen ist der unter Denkmalschutz stehende **Marktplatz,** an dem sich die beiden Kirchen und stattliche Höfe und Fachwerkbauten aus dem 16. bis 19. Jahrhundert finden. Es ist ein sehenswertes Ensemble. Treppen führen hinab zu den Gewölbekellern in der **Kellergasse,** die während des traditionellen Traubenblütenfestes Besuchern offen stehen. Die heute **evangelische Pfarrkirche** (Am Markt 20/22) erhielt ihre Form weitgehend Mitte des 17. Jahrhunderts. Die gegenüberliegende **katholische Pfarrkirche** (Am Markt 18) wurde Anfang des 18. Jahrhunderts anstelle der alten Friedhofskapelle gebaut. Im mittelalterlichen **Beinhaus** darunter türmen sich Schädel und Knochen.

Die **Seebachquelle** (An dem Seebach) ist der einstige Waschplatz des Dorfes. In seinem Umfeld finden sich Reste der alten Ortsbefestigung wie ein **Wehrturm.** Der wasserreiche Seebach speiste jahrhundertelang neun **Mühlen,** an denen heute ein ausgeschilderter **Wanderweg** entlangführt.

Im Westhofener **Puppenmuseum** erinnern Puppen, Kinderwägelchen, Miniküchen und andere Accessoires an vergangene Zeiten.

■ **Puppenmuseum Westhofen,** Wormser Straße 3, Tel. 06244 7612, www.puppenmuseum-westhofen.de, Mai bis Sept. Fr/Sa 16–18, So 15–18 Uhr, Okt. bis April So 15–18 Uhr, Eintritt 2 €. Das Museum versteht sich auch als Puppenklinik und verleiht lädierten Exemplaren gern neues Leben.

> Bechtheim hat einen guten Namen bei Weinfreunden

Bechtheim

Mit St. Lambertus findet sich im Nachbardorf Bechtheim das schönste Gotteshaus der Region, ein romanisches Kleinod, das einst von beiden großen Konfessionen genutzt wurde. Seine **Orgel** aus dem Jahr 1771 findet sich deshalb heute in der neobarocken **evangelischen Kirche** mit ihrem Jugendstildekor.

Einen guten Namen hat Bechtheim bei Weinfreunden, sind doch bekannte **Winzer** wie Erbeldinger oder Dreißigacker hier zu Hause, deren Rieslingsekte auch schon mal bei Staatsbesuchen in Berlin zum Ausschank kommen.

St. Lambertus

Umgeben von einer alten Friedhofsmauer zeigt sich – etwas versteckt unweit des Marktplatzes (Kirchgasse 3) – einer der schönsten romanischen Bauten Rheinhessens. Die **dreischiffige Basilika** war Teil des Hochstifts Lüttich, was den Namen des Bechtheimer Kirchenpatrons St. *Lambertus* erklärt, der zu den populärsten Heiligen in den heutigen Niederlanden und Belgien gehört. Über Jahrhunderte war das Weindorf wegen seiner dort aufbewahrten Reliquien ein beliebtes Wallfahrtsziel, was auch die Größe der Kirche verständlich macht. Eine

rh095 gs

116rh gs

Wandmalerei aus dem 13. Jahrhundert zeigt an der Nordwand des Hochchores das Martyrium des Kirchenpatrons, der anno 706 von einem Ritter erschlagen wurde. Den Mord hatte König *Pippin* in Auftrag gegeben, der sich damit an *Lambertus* rächte, weil er ihn wegen Ehebruchs öffentlich angeklagt hatte.

Der im Westen **vorgesetzte Turm** entstammt der ersten Hälfte des 12. Jahrhunderts und wurde 1570 teilweise erneuert. Wie viele rheinhessische Orte wurde auch Bechtheim nach der Glaubensspaltung lutherisch, doch blieben einige Katholiken im Ort wohnen, sodass man die Basilika schließlich als Simultankirche nutzte. Ein großes Eisengitter trennte damals den lutherischen vom katholischen Teil. Nach etlichen Erneuerungen, vor allem im 18. Jahrhundert, wurde das Innere der Kirche inzwischen mehrmals gründlichst renoviert. Zu ihren Sehenswürdigkeiten zählt vor allem die **Krypta** unter dem Chor: ein Gang, der es den Pilgern einst erlaubte, den Chor unterirdisch zu queren und so an der Segenskraft der darüber verehrten Reliquie des Heiligen teilzuhaben.

▲ Die Heidenturmkirche in Dittelsheim

Dittelsheim-Heßloch

Dittelsheim-Heßloch ist für seine **Heidenturmkirche** (Hauptstr. 7) im Ortsteil Dittelsheim bekannt (→ Exkurs „Ein Hauch von Orient in Rheinhessen: die Heidenturmkirchen", S. 228). Die katholische **Jakobuskirche** im Ortsteil Heßloch (Kirchgasse 16) dominiert ein Monumentalgemälde mit der Verherrlichung Mariens.

Gundersheim

Eine gute Adresse an den **Ostertagen** und den Tagen danach ist Gundersheim. Vereine und Gesellschaften schmücken dort jährlich zum Fest die Brunnen des Dorfes mit Girlanden, Eiern und österlichen Dekorationen. Da ist viel zu entdecken, vor allem für Kinder. Schon Wochen vorher beginnen die Vorbereitungen, werden Tausende von Eiern gefärbt und bemalt. Es ist ein richtiger Wettstreit um den schönsten **Brunnenschmuck**, der sich in Gundersheim entwickelt hat.

Größte Sehenswürdigkeit im **„Rotweindorf“**, das wegen seiner vielen Burgunderreben mehr rote als weiße Weine produziert, ist die katholische Pfarrkirche **St. Remigius** (Am Schulberg 3). Chor, Sakristei und Turm entstammen der Gotik, der Rest ist Neugotik. Sehenswert im Inneren ist eine auf die Zeit um 1480 datierte Marienfigur. Gegenüber liegt die **Evangelische Kirche** (Am Schulberg 4) aus dem frühen 18. Jahrhundert.

Gundheim

Die einstigen **Berufs- und Lebenswelten** der Bewohner des Wonnegaus werden in Gundheim dokumentiert. In der **ehemaligen Schule** (Hauptstr. 19) zeigt der Heimatverein Backtröge und Winzerwerkzeug, Amboss und altes Küchengerät, sogar ein ganzes Klassenzimmer (www.heimatverein-gundheim.de).

Nur ein paar Schritte weiter steht das Wahrzeichen des Dorfes, die tagsüber meist geöffnete katholische **Pfarrkirche St. Laurentius** (Hauptstraße 12/14). Über das Leben der Bienen informiert ein **Bienenlehrgarten** (www.heimatverein-gundheim.de/bienenlehrgarten.html).

Praktische Tipps

Informationen

- **Tourist-Information Wonnegau,** Friedrich-Ebert-Straße 31–33, 67574 Osthofen, Tel. 06242 5030109, www.wonnegau.de, Mo–Fr 9–12 und Mo, Di, Do, Fr 14–16 Uhr, April bis Okt. auch Sa 10–13 Uhr.

⊻ Osterschmuck in Gundersheim

117rh gs

118rh gs

Kuhkapellen: Wie aus Ställen Kneipen wurden

Zu den rheinhessischen Besonderheiten gehören die sogenannten Kuhkapellen. Es sind ehemalige **Ställe mit Kreuzgewölben,** die Mitte des 19. Jahrhunderts entstanden. So wurden mancherorts die traditionellen Holz- oder Lehmdecken in den Viehställen durch gemauerte Kreuzgewölbe ersetzt, die auf mehreren, zum Teil mit Kapitellen verzierten **Sandsteinsäulen** ruhten. Kopfsteinpflaster bedeckte gewöhnlich die Böden, Decken und Wände waren gekalkt. Weil sich die Futtertröge aus Sandstein an den Außenwänden entlangzogen, stand das Vieh mit dem Kopf zur Mauer. Nicht billig waren diese Bauten, kostete ein großer Stall mit Kreuzgewölbe doch fast so viel wie ein zweistöckiges Wohnhaus. Den Namen Kuhkapellen gab ihnen der Volksmund wegen ihrer fast sakralen Architektur, die an Kirchen und Klöster erinnerte.

Die ersten Ställe mit Kreuzgewölben wurden um 1830 errichtet, aber erst in den 1840er Jahren perfektionierten Maurermeister die Bautechnik. Im Gegensatz zu den bis dahin üblichen Holzställen waren die neuen Steinbauten feuerfest und hygienischer. Ab 1880 lösten schließlich **gusseiserne Säulen** die Sandsteinsäulen ab.

Rund 300 Kuhkapellen entstanden so in Rheinhessen, von denen ein Großteil noch heute existiert. Allerdings werden sie nicht mehr als Ställe genutzt, sondern als **Straußwirtschaft, Weinprobierstube, Atelier, Galerie** oder **Verkaufsraum** wie im Weingut der Stadt Alzey. Auch für kleine **Konzerte, Kunstausstellungen** oder **Hochzeiten** bieten sie häufig den passenden Rahmen.

Weingut der Stadt Alzey, einst ein Kuhstall

Unterkunft, Essen und Trinken

■ **Das Landhaus**④-⑤, Am Mühlpfad 10, 67574 Osthofen, Tel. 06242 9125205, www.dubs.de, Mi–Fr, So 12–14 und Sa ab 18 Uhr. Regionale Landhausküche in modernem Ambiente. Mittags wechselndes Stammessen mit Suppe.

■ **GUT LEBEN am Morstein**④-⑤, Mainzer Straße 8–10, 67593 Westhofen, Tel. 06244 9198660, www.am-morstein.de, Mi–Sa ab 17.30, So ab 11 Uhr. In dem restaurierten Schlösschen aus dem Jahr 1899 mit großem Garten und alten Bäumen werden gehobene Küche und anspruchsvolle Menüs serviert, die man sommers draußen und sonst im stilvoll renovierten Inneren genießt. Zur Übernachtung laden 17 individuell gestaltete und modern ausgestattete Zimmer.

■ **Landhaus am Heidenturm**②, Hauptstraße 10, 67596 Dittelsheim-Heßloch, Tel. 0175 5369 005, www.landhaus-am-heidenturm.de, Mo, Do–So 17.30–21, So auch 12–14 Uhr. Einfache Landhausküche – von der Spargelcremesuppe über Burger, die es auch als Veggie-Variante gibt, bis zu Rumpsteak und Schnitzeln aller Art.

■ **Stöckbauers Weinkastell**③-④, Am Kloppberg 1, 67596 Dittelsheim-Heßloch, Tel. 06244 57111, Fr/Sa 17–22, So 12–17 Uhr. Außerhalb von Dittelsheim gelegenes Restaurant mit kleiner, aber feiner Küche – vom Tafelspitz aus dem eigenen Sud bis zu eingelegten Zwetschgen mit Walnusseis als Dessert.

MEIN TIPP: **Vis a Vis Weinbar/Restaurant**③, Friedrich-Ebert-Str. 53, 67574 Osthofen, Tel. 06242 5012973, https://spiess-osthofen.de/restaurant, Mi–Sa 18–23.30, So 17–22 Uhr. Stilvolles Restaurant mit Kreuzgewölbe. Klassische Frischeküche und hauseigene Weine.

Einkaufen

■ **Apfel-Zentrum Stephan Orlemann,** Stärkmühlweg 37, 67574 Osthofen, Tel. 06242 7128, www.apfel-orlemann.de, Mo, Di, Do, Fr 16–18.30, Sa 9.30–13 Uhr. Im Angebot sind fast 20 verschiedene Apfelsorten, die auch zu Säften und Bränden verarbeitet werden. Wer will, kann im Herbst seine Äpfel an ausgesuchten Wochenenden selbst ernten.

■ **Hof am Mühlpfad,** Am Mühlpfad, 67574 Osthofen-Mühlheim, Tel. 06242 7187, Fr, Sa 9–15 Uhr. Freiland-Putenfleisch, -wurst und -schinken sowie diverse andere Produkte wie Stutenmilch.

Strauch Sektmanufaktur, Platz an der kleinen Kirche 2, 67574 Osthofen, Tel. 06242 837050, www.strauchsektmanufaktur.de, Mi–Fr 14–18 Uhr, Sa nach Vereinbarung. Modernste Technik erlaubt dem Familienbetrieb feine Sekt-Cuvées aus meist eigenen, ökologisch erzeugten Weinen.

■ **Destille Kaltenthaler,** An der Brennerei 14, 67593 Westhofen, Tel. 06244 909440, www.destillekaltenthaler.de, Mo–Fr 9–12 und 13–17 Uhr. Edle Brände und feine Liköre aus Quitten, Brombeeren, Schlehen und anderen Früchten. Zu den Raritäten gehört ein hausgemachter Rum.

Feste und Veranstaltungen

■ **Dreikönigsdreschen Westhofen:** Brauchveranstaltung, Sonntag nach Dreikönig.

■ **RheinRadeln:** freie Fahrt für Pedalritter auf der gesperrten Bundesstraße zwischen Worms und Oppenheim, im Frühjahr.

■ **Traubenblütenfest Westhofen:** zweites Wochenende nach Pfingsten.

Öffentliche Verkehrsmittel

■ Osthofen liegt an der **Bahnstrecke Mainz – Worms** und ist wie Gundheim und Westhofen auch durch **Bus 434** mit Worms verbunden.

■ Gundersheim liegt an der **Bahnstrecke Alzey – Worms.**

rh096 gs

Monsheim

An der **Grenze zur Pfalz,** rund um den Ort Monsheim, der das Verwaltungszentrum der gleichnamigen Verbandsgemeinde ist, laden ein paar Dörfer zur Visite. Monsheim gilt als **Pforte ins Zellertal,** in dem die Weinbauregionen Rheinhessen und Pfalz aufeinandertreffen.

Sehenswert ist sein evangelisches Gotteshaus (Hauptstr. 69), eine Wehrkirche im romanischen Stil, und ein in Privatbesitz befindliches **Schloss** (Schlosshohlstr. 1). Dessen populärster Bewohner war *Heinrich von Gagern,* der Präsident der Frankfurter Nationalversammlung von 1848. Im Schlosshof findet sich einer der größten Monolithen Rheinhessens, der **Monsheimer Hinkelstein.** Allerdings kann man das Schloss in der Regel nur von außen durch das Hoftor betrachten.

Idyllisch im Grünen liegt die **Anhäuser Mühle** (Alzeyer Str. 15) mit Innenhof, Kuhkapelle und Ratssaal. Sie ist Hort von Ausstellungen und Konzerten – und Sitz der örtlichen Touristeninformation.

Im Ortsteil **Kriegsheim** gibt es eine seit dem 16. Jahrhundert bestehende **Mennonitengemeinde** mit fast 100 Mitgliedern und einer Kirche (Hauptstraße 91). Aus den Reihen der Kriegsheimer Mennoniten entstammte *Christian Adelbert Kupferberg,* der mit der Sektkellerei Kupferberg in Mainz 1850 eine der ersten großen deutschen Sektfabriken gründete. Spuren aus Kriegsheim ausgewanderter Mennoniten finden sich noch heute im US-amerikanischen Philadelphia.

^ Die jahrhundertealte Fleckenmauer in Dalsheim

Flörsheim-Dalsheim

Das wenige Kilometer nördlich von Monsheim gelegene Flörsheim-Dalsheim zählt zu den **bekanntesten Weinorten Rheinhessens.** Diese Popularität verdankt die Doppelgemeinde nicht nur Spitzenweingütern wie Keller oder dem Sekthaus Raumland, sondern vor allem ihrer gut einen Kilometer langen, unter Denkmalschutz stehenden Stadtmauer.

Flörsheim-Dalsheim gehört zu den bekanntesten Weinorten Rheinhessens

Fleckenmauer

Die den alten **Ortskern von Dalsheim** umschließende Mauer wird Fleckenmauer genannt, was heißt, dass Dalsheim einst ein Flecken war: ein mit bestimmten Privilegien wie dem Marktrecht ausgestattetes Dorf. Nach neuesten Erkenntnissen wurde die teilweise fast zehn Meter hohe Mauer zwischen 1470 und 1490 errichtet. Ihre sieben Türme sind noch erhalten. Heute gilt die komplett sanierte Anlage als eine der wichtigsten Touristenattraktionen im südlichen Rheinhessen. Sie kann von Mai bis Oktober im Rahmen regelmäßiger Führungen (Sa 17 Uhr) erlebt und begangen werden.

https://stock.adobe.com © fotografci

Sehenswertes in den Nachbardörfern

Am Flüsschen Pfrimm liegt **Wachenheim** mit seiner im 14. Jahrhundert erbauten Burg, die heute als Weingut (Hauptstr. 41–45) firmiert. Ihr Wohnturm gilt als der höchste seiner Art in Rheinhessen.

Hohen-Sülzen punktet mit einer spätgotischen Kirche (Wallstr. 25) und einem Fachwerk-Rathaus (Hauptstr. 2) aus dem späten 16. Jahrhundert. Das benachbarte **Offstein** beherbergt unter anderem die spätbarocke Martinskirche (Neuoffsteiner Str. 17), eine evangelische Kirche (Wormser Str. 12) und ein altes Rathaus (Bahnhofstr. 2).

Schon auf der pfälzischen Seite und damit nicht mehr in Rheinhessen liegt das **Südzucker-Werk Offstein,** der größte Arbeitgeber der Region. Von Ende September bis Ende Dezember kommen hier täglich viele Tausend Tonnen Zuckerrüben aus ganz Rheinhessen, Nordbaden, Südhessen und der Vorderpfalz zur Verarbeitung.

Ebenfalls schon auf der Pfälzer Seite des Zellertales liegt das namensgebende **Dorf Zell.** Es ist ein alter Wallfahrtsort, war hier doch im achten Jahrhundert der Heilige *Philipp von Zell* zu Hause, einer der ersten namhaften Glaubensboten im deutschen Südwesten. Er wurde vor allem von Frauen angerufen, die schon lange auf ein Kind warteten. Die barocke Kirche in Zell hält diese Erinnerung bis heute wach.

☒ Sonnenaufgang an der Pfrimm

Praktische Tipps

Informationen

- **Touristinfo der VG Monsheim,** Anhäuser Mühle, Alzeyer Straße 15, 67590 Monsheim, Tel. 06243 180916, www.vg-monsheim-tourismus.de, Mo–Fr 8.30–14 Uhr.

Unterkunft, Essen und Trinken

- **Gästeappartment Römerhof**②, Auf dem Römer 3, 67592 Flörsheim-Dalsheim, Tel. 06243 907730, Appartement für zwei Personen direkt an der Fleckenmauer in Dalsheim.
- **Tacheles Landrestaurant**②, Weedenplatz 1, 67592 Flörsheim-Dalsheim, Tel. 06243 8515, www.tacheles-landrestaurant.de, Mo/Di, Do–Sa 18–22, So 11.30–14 Uhr. Abwechslungsreiche Wildgerichte aus eigenem Jagdrevier und Weine aus ökologischem Anbau. Schöne Gartenterrasse und Gästehaus.
- **Weingut Winzerhotel Kinges-Kessel**③, Langgasse 30, 67591 Mörstadt, Tel. 06247 377, www.winzerhotel.de, zehn Gästezimmer, Appartements und Ferienwohnungen. Rustikales Weinrestaurant mit gutbürgerlicher Landhausküche, Di–Fr 12–13.30, Di–Sa ab 17 Uhr.
- **Weingut Keth**②, Wormser Straße 33–37, 67591 Offstein, Tel. 06243 7522, www.weingut-keth.de. Vier Doppelzimmer und eine Suite in altem Weingut inmitten von Offstein.

Einkaufen

- **Sekthaus Raumland,** Alzeyer Str. 134, 67592 Flörsheim-Dalsheim, Tel. 06243 908070, www.raumland.de, Mo–Fr 8.30–17, Sa 10–13 Uhr. Vielfach preisgekrönter Familienbetrieb, der als landesweit bester Sekthersteller gilt und ganz auf Flaschengärung setzt. Im Angebot sind verschiedene

Premium-Sekte, die es leicht mit Champagnerqualitäten aufnehmen – außerdem Seccos, die es auch in alkoholfreier Variante gibt.

Feste und Veranstaltungen

- **Hohen-Sülzen Kerwe:** Kirchweih, Ende Juli.
- **Fleckenmauerfest Dalsheim:** Historisches Fest, alle vier Jahre im September, das nächste Mal 2022.
- **Kerwe:** im September in Mölsheim, Mörstadt, Wachenheim, Dalsheim, Offstein und Kriegsheim.

Öffentliche Verkehrsmittel

- Monsheim und Nieder-Flörsheim-Dalsheim sind **Bahnstationen** an der Strecke Alzey – Worms. Die anderen Dörfer werden von **Bussen** verschiedener Verkehrsgesellschaften angefahren, am Wochenende allerdings weniger (www.rnn.info, www.vrn.de).

Wandern

Zellertalweg

Die Pfalz und Rheinhessen verbindet ein gut 35 km langer, mit einem großen blauen „Z“ markierter Rundwanderweg zwischen Monsheim und Marnheim. Der Weg verläuft großteils entlang der **Pfrimm,** die bei Worms in den Rhein mündet. Zahlreiche Querverbindungen erlauben immer wieder Abkürzungen. Ein bequemer und auch für Familien mit kleinen Kindern gut geeigneter, 1,7 km langer Abschnitt ist der **Vogellehrpfad Monsheim,** der einem auf Info-Tafeln die Vogelwelt des südlichen Rheinhessen näher bringt.

- www.zellertalweg.de

120rh gs

Worms

Martin Luther, der 1521 vor dem Wormser Reichstag seine Thesen verteidigte und so die Spaltung der Christen in Katholiken und Protestanten endgültig besiegelte, hat die Stadt bekannt gemacht – ebenso wie die **Nibelungen,** ein sagenhaftes Volk, von dem man mehr Geschichten als Geschichte kennt, das aber Hunderte von Literaten und Komponisten zu immer neuen Werken inspirierte. Gute Gründe sind das, in einer Stadt Station zu machen, die zu den ältesten Deutschlands zählt. Einmalige romanische Gotteshäuser wie der Dom, Klosterkirchen, Brunnen oder die sehenswerte Stadtmauer, interessante Museen, Europas ältester jüdischer Friedhof und ein liebenswert hergerichtetes Rheinufer sind die Pfunde, mit denen Worms wuchert – eine Stadt, die sich als Bindeglied zwischen dem Rhein-Main-Gebiet und der Rhein-Neckar-Region versteht.

Nibelungenstadt Worms

„Ze Wormez bi dem Rine,
si wonten mit jr kraft.
in diente von ir landen
vil stolziu ritterschaft"

(In Worms am Rheine wohnten
die Herrn in ihrer Kraft.
Von ihren Landen diente
viel stolze Ritterschaft)

6. Strophe des Nibelungenliedes

Das **Heldenepos** wurde um das Jahr 1200 höchstwahrscheinlich im Auftrag des Bischofs von Passau geschrieben, seine Handlung aber spielt im 5. Jahrhundert. Es ist ein spektakulärer Thriller, dessen Geschehen der Autor ins **frühmittelalterliche Worms** mit seinem Dom verlegte. Worms und die Nibelungen jedenfalls hat der Sagenstoff so untrennbar miteinander verwoben, ein Mythos, der durch die **Nibelungenfestspiele** in den letzten Jahren noch einmal neu beseelt wurde.

Aber hat es die Nibelungen in Worms überhaupt gegeben? Historisch bezweifeln das viele, fehlt es doch an archäologischen Quellen, die gewöhnlich die Existenz eines Volkes bezeugen. Die Wormser stört das nicht. Für sie ist das mit fantastischen Geschichten um Liebe, Treue, Eifersucht, Mord, Rache und Ver-

Denkmal am Wormser Rheinufer: Hagen von Tronje mit dem Nibelungenschatz rat gespickte Nibelungen-Epos eine der besten Vorlagen fürs Stadtmarketing.

Noch immer aber hat die Wissenschaft Schwierigkeiten, das Reich der Nibelungen genauer zu verorten und zu klären, wie historisch die im Nibelungenlied agierenden Frauen und Männer eigentlich sind. Denn Siegfried oder Brunhild scheinen eher nordischen Heldensagen zu entstammen als geschichtlichen Ereignissen am Rhein. So geht man heute davon aus, dass der Autor des Nibelungenliedes in seinen mehr als 2000 Strophen keine historischen Ereignisse verarbeitet, sondern literarische Überlieferungen neu verpackt hat – ganz so wie er es in der Einleitung formulierte: „In alten Geschichten wird uns viel Wunderbares erzählt: von ruhmwürdigen Helden, von schwerer Kampfesnot, von Freunden und von Festen, von Weinen und von Klagen, vom Kampfe kühner Recken – davon sollt ihr nun Wunderbares berichten hören".

Nibelungenmuseum

Das Nibelungen-Museum, untergebracht in **zwei Türmen an der alten Stadtmauer,** füllt den Sagenstoff mit Leben und bringt seine Helden in zum Teil spektakulären schwarz-weißen Filmbildern von *Fritz Lang* aus dem Jahr 1924 in Erinnerung. Mehr als zwei Stunden führt der Erzähler *Mario Adorf* die Besucher per Audiogerät durch die multimediale Ausstellung. Wagner-Fans werden auf einen weiteren, ebenfalls mehr als einstündigen Rundgang mitgenommen, der ihnen die Heldensage auch musikalisch näher bringt. Im Museumskeller erinnern Filme an den Mythos der Nibelungen. Und im Museumsshop warten neben seriöser Literatur unter anderem auch Plüschdrachen, Nibelungentee und Drachentöterlikör, ein Nibelungen-Malbuch und Comic-Hefte auf Besucher.

■ **Nibelungenmuseum Worms,** Fischerpförtchen 10, Tel. 06241 8534120, www.nibelungenmuseum.de, Di–Fr 10–17, Sa, So 10–18 Uhr, Eintritt 5,50 €.

Auf den Spuren der Nibelungen

In der Stadt stoßen Besucher immer wieder auf die Nibelungen. Stolz zeigt man am **Dom** das Portal, vor dem sich die Königinnen Brunhild und Kriemhild gestritten haben sollen. Auf der Westseite des Doms liegt der **Siegfriedstein:** ein tonnenschwerer Kalksteinbrocken. Der Sage nach soll ihn Siegfried über den Dom geworfen haben. Wissenschaftler freilich sehen in dem Klotz Reste einer Baumkelter, die im frühen Mittelalter zum Auspressen der Trauben diente.

Unweit der **Nibelungenbrücke** zeigt ein **Denkmal** Hagen von Tronje, wie er den Schatz der Nibelungen im Rhein versenkt. Etwas jünger ist der **Siegfriedbrunnen** neben der Dreifaltigkeitskirche, den der sagenhafte Drachentöter mit dem Schwert in der Hand krönt. Aus der Weimarer Zeit künden elf lebensgroße Gemälde im dritten Obergeschoss des **Rathauses** vom Mythos der Nibelungen, ebenso ein Glasfenster im Ratssaal. Auch der **Nibelungenliedbrunnen** in der Fußgängerzone zeigt Szenen aus der Sage. Und **Siegfrieds Grab** nennt sich ein von zwei Monolithen gesäumter Hügel auf dem Torturmplatz im Schatten des Nibelungenmuseums.

Stadtgeschichte

Zu den ersten Siedlern am Rhein gehörten die **Kelten,** die ihrem Wohnsitz auch einen Namen gaben: *Borbetomagus,* was soviel wie „Siedlung in wasserreicher Gegend" hieß. Es war die Keimzelle für die später **römische Stadt** *Civitas Vangionum,* die jahrhundertelang vor allem der Grenzsicherung diente.

Nach dem Ende der Römerherrschaft Mitte des 5. Jahrhunderts wurde Worms alemannisch und später fränkisch. Unter den **Karolingern** und **Saliern** erlangte *Wormatia,* wie man Worms jetzt lateinisch nannte, mehr und mehr Ansehen. Hof- und Reichstage verliehen der Stadt politisches Gewicht. Zünfte entstanden, Zollfreiheit und verbesserte Erbrechte kamen den Bürgern zugute – und auch für jüdische Bürger war viel Platz. 1034 wurde die erste steinerne Synagoge auf deutschem Boden gebaut, entstand der bis heute bestehende jüdische Friedhof.

Nicht immer taktierten die Salier politisch klug, etwa als König *Heinrich IV.* gegen den Willen des Papstes königstreue Bischöfe in Italien ernannte. Erst mit seinem Bußgang nach Canossa konnte er den Konflikt entschärfen. Als sich aber auch sein Sohn mit dem katholischen Oberhaupt anlegte und das Recht der Bischofsernennung für sich beanspruchte, kam es zum Bruch. Vor den Toren der Stadt einigten sich Kaiser und Papst schließlich im September 1122 auf das sogenannte **Wormser Konkordat:** Die weltliche Macht verzichtete auf die Investitur mit Ring und Stab, belehnte Bischöfe oder Reichsäbte aber weiter mit Kirchenbesitz.

Kaiser *Barbarossa* hatte Worms zur **reichsfreien Stadt** gemacht – ein Rang, den man im Gegensatz zu Mainz jahrhundertelang verteidigen konnte. Und solange das Verhältnis zwischen Bürgern, Staat und Kirche stimmte, wuchs Worms weiter. Ab dem 13. Jahrhundert aber verschärften sich die Spannungen zwischen der dem Kaiser verbundenen Geistlichkeit und den Bürgern. Kein Wunder, dass die **Reformation** schon vor dem **Wormser Reichstag** (→ Exkurs „Martin Luther in Worms", S. 258) in der Stadt ihre Anhänger hatte und Worms zu den ersten protestantischen Städten zählte.

Politisch, mehr noch aber wirtschaftlich verlor die Stadt dann aber an Bedeutung. Besonders schlimm traf Worms der **Pfälzische Erbfolgekrieg** 1689, als die Stadt fast ganz zerstört wurde, Hunderte profaner Bauten und ein halbes Hundert Kirchen und Klöster in Schutt und Asche endeten. Zwar brachte der **Barock** noch einmal einen kurzen Aufschwung, spätestens mit der Gründung Rheinhessens aber war Worms nur noch eine Stadt unter vielen – keine freie Reichsstadt und auch kein Bischofssitz mehr. Ein kleiner Trost war im Juni 2021 die Auszeichnung der **UNESCO,** welche die Reste des **jüdischen Worms** – vom mittelalterlichen Gemeindezentrum mit Synagoge, Frauenschul und Mikwe samt dem alten jüdischen Friedhof – ins **Weltkulturerbe** aufnahm.

[>] Wormser Stadtpanorama mit dem 1000 Jahre alten Wahrzeichen, dem Dom

https://stock.adobe.com © Comofoto

Sehenswertes

Worms und seine Sehenswürdigkeiten sind leicht zu erobern: Vom Bahnhof führt eine Fußgängerzone (Wilhelm-Leuschner-Straße) in wenigen Minuten direkt in die Innenstadt, wo sich mit Hardtgasse und Kämmererstraße die wichtigsten Einkaufszonen finden. Am Lutherring präsentiert sich das sehenswerte Luther-Denkmal. Nördlich des Stadtkerns finden sich Martinskirche, Synagoge und Jüdisches Museum – mehr südlich Dom, Dreifaltigkeits- und Magnuskirche und noch ein paar Schritte weiter das Museum der Stadt Worms. Richtung Rhein führt der Weg über die Peterstraße zum Nibelungenmuseum. So ist es von der einen zur anderen Sehenswürdigkeit gewöhnlich nie länger als zehn Minuten Fußmarsch. Wer nicht mit der Bahn angereist ist, kann sein Auto in einem der Innenstadt-Parkhäuser abstellen.

Dom St. Peter

Der romanische Dom ist das **Wahrzeichen** der Stadt. Wie kein anderer Bau markiert er ihre Blütezeit. Heute ist er eine katholische Pfarrkirche, die 1925 durch den Papst zur „Basilica minor" erhoben wurde. Dieser Ehrentitel sollte die historische Bedeutung des Gotteshauses unterstreichen, in dem einmal Weltgeschichte geschrieben wurde. Seine Ursprünge reichen in die frühchristliche Epoche, seine heutige Form aber erhielt der dem Apostel Petrus geweihte Dom erst Anfang des zweiten Jahrtausends.

Eine schlichte Basilika ohne Turm gilt als sein Vorläufer. Bischof *Burchard* (1000–1025) aber, dem vielleicht wichtigsten aller Wormser Oberhirten, war das in karolingischer Zeit erweiterte Gotteshaus zu klein und nicht mehr modern genug, sodass er neu bauen ließ. Von seinem Dom stammen heute noch die unteren Mauern der Westtürme.

Martin Luther in Worms

Lutherstadt nennt sich Worms gern selbstbewusst und erinnert damit daran, dass die **Kirchenspaltung** in Worms ihren Anfang nahm. 1521 nämlich hatte Kaiser *Karl V.* den Reformator *Martin Luther,* der immer wieder Missstände in der (katholischen) Kirche zur Diskussion gestellt hatte, nach Worms zum Reichstag eingeladen, wo er seine Ansichten widerrufen sollte. Nach einem Tag Bedenkzeit aber und in der Gewissheit, dass dies seinen Tod bedeuten könnte, lehnte er die Forderungen der Fürsten und Reichsstände ab. Seine abschließende Begründung: „Wenn ich nicht mit Zeugnissen der Schrift oder mit offenbaren Vernunftgründen besiegt werde, so bleibe ich von den Schriftstellen besiegt, die ich angeführt habe, und mein Gewissen bleibt gefangen in Gottes Wort. Denn ich glaube weder dem Papst noch den Konzilien allein, weil es offenkundig ist, dass sie öfters geirrt und sich selbst widersprochen haben. Widerrufen kann und will ich nichts, weil es weder sicher noch geraten ist, etwas gegen sein Gewissen zu tun. Gott helfe mir, Amen." Später hat man das bündig und knapp in dem ihm fälschlicherweise zugeschriebenen Ausspruch „Hier stehe ich und kann nicht anders!" zusammengefasst.

Der Wormser Reichstag im Kurzprotokoll

16. April 1521: Gegen 10 Uhr verkündet ein Trompetenstoß vom Dom *Luthers* Ankunft. In Begleitung des Reichsherold zieht er in Worms ein.

17. April: Kurz nach 16 Uhr betritt *Luther* eine Wohnung im Bischofshof. Er bittet um Bedenkzeit auf die vom Verhandlungsführer gestellten beiden Fragen, ob er sich zu seinen Schriften bekenne und ob er deren Inhalt aufrechterhalten oder widerrufen will.

18. April: Nach einem nachmittäglichen Verhör widerruft *Luther* gegen 18 Uhr seine Lehre nicht. Stattdessen beruft er sich auf die Bibel und sagt: „Die allgemeine Unzufriedenheit kann es bezeugen, dass päpstliche Gesetze und Menschenlehre die Gewissen der Gläubigen aufs Jämmerlichste verstrickt, beschwert und gequält haben."

19. April: In seiner Argumentation gegen die Thesen *Luthers* führt der Kaiser die christliche Tradition und seine quasi amtliche Verpflichtung zur Verteidigung des katholischen Glaubens ins Feld. Abends werden mit „Bundschuh" gezeichnete Plakate geklebt. Sie drohen allen Fürsten und Papstanhängern Vergeltung an, falls dem „gerechten Luther" Leid widerfahre.

25. April: Auch hartnäckige Nachverhandlungen verschiedener Reichstagsdelegationen können den Reformator nicht umstimmen. Der Kaiser lässt *Luther* mitteilen, dass er nach Wittenberg zurückkehren und „unterwegs nicht predigen, schreiben, noch in anderer Weise das Volk erregen" solle. Ein Schutzbrief sichert ihm für 21 Tage freies Geleit zu.

26. April: Am Morgen verlässt *Luther* Worms auf dem gleichen Weg, wie er gekommen war: durch das Mainzer Tor und die Martinspforte – nicht aber, wie eine Legende besagt, durch das Fischerpförtchen, das im Volksmund deshalb Lutherpförtchen heißt.

Mit dem **„Wormser Edikt"** gegen den „verstopften, verkehrten, offenbaren Ketzer" endete der Reichstag wenige Tage später. Noch im Mai verhängte der Kaiser über *Luther* die **Reichsacht,** wurden Lektüre und Vertrieb seiner Schriften verboten. Doch seine Anhänger wurden mehr und mehr – vor allem in Worms, wo sich schon während des Reichstages Geistliche aus der

122rh gs

Magnuskirche und dem Andreasstift mit ihm solidarisierten. Die Folge waren scharfe konfessionelle Auseinandersetzungen in der Stadt, die der Reformator mit seinem Schreiben an die „Christen zu Wormbs" weiter befeuerte: „So seit nun fest, liebe Brüder, ermuntert und tröstet Euch in Gottes Kraft ... und seid gewiss, dass der Trost Christi euch auch angeht". Worms war endgültig auf dem Weg zu einer **lutherischen Stadt.**

Auf Luthers Spuren in Worms

Nur mühsam lassen sich heute die Spuren jener Zeit finden, weil alle Gebäude, die damals eine Rolle spielten, im Pfälzischen Erbfolgekrieg 1689 zerstört wurden. So erinnert in der Hardtgasse nur noch eine Plakette an sein Quartier im dortigen **Johanniterhof.** Steintafeln im Boden markieren auch die Stelle im heutigen Garten des **Heylshof** vor dem Dom, wo *Luther* einst verhört wurde. Dass man mit dem Augustinermönch abseits der großen Bühne verhandelte, spricht dafür, dass man den Richtungsstreit ohne großes Aufsehen beizulegen versuchte. Die eigentlichen Reichstagsverhandlungen fanden im sogenannten Bürgerhof statt, wo heute die **Dreifaltigkeitskirche** steht, die Gedächtniskirche der Reformation.

Auch andere Wormser Gotteshäuser halten heute das Gedenken an Luther aufrecht. Etwa die **Magnuskirche,** in der erstmals in der Stadt evangelisch gepredigt wurde und die deshalb als Wormser Kernzelle des neuen Glaubens gilt. Ganz dem Jugendstil verpflichtet ist die 1912 eingeweihte **Lutherkirche** (Friedrich-Ebert-Str. 45, www.luthergemeinde-worms.de). „Ein' feste Burg ist unser Gott" heißt es über der Säulenreihe vor dem Haupteingang – ein Hinweis auf *Luthers* berühmtestes Kirchenlied. Rund 900 Plätze fasst die Kirche, die eine der größten Orgeln der Stadt hat – und einen Chor mit Renommee. Wichtigstes Zeugnis der Luther-Verehrung aber ist das im ehemaligen Stadtgraben stehende **Luther-Denkmal** (s.S. 264).

Der Lutherweg nach Thüringen

Neu ist der „Lutherweg 1521", der von Worms bis zur **Wartburg bei Eisenach** führt. Die rund 360 Kilometer lange **Pilgerroute** folgt großteils dem Weg, den *Luther* vom Wormser Reichstag nach Thüringen ging. Die Strecke führt von Worms zunächst bis Oppenheim, von wo es über den Rhein und das hessische Ried über Frankfurt und Friedberg Richtung Wartburg geht. Ausgeschildert ist der Weg mit einem „L" in Frakturschrift (www.lutherweg1521.de).

⌃ Das Luther-Denkmal

Worms

Übernachtung
- 2 Parkhotel Prinz Carl
- 4 Wohnmobilstellplatz
- 6 Altes Ruderhaus
- 7 Freyzeit-Campingpark
- 9 Hotel Weinhaus Weis
- 10 Rheinhessen-Jugendherberge

Essen und Trinken
- 1 Fritzis Manufakturei
- 2 Parkhotel Prinz Carl
- 3 Strandbar 443
- 5 Kolb's Biergarten
- 6 Altes Ruderhaus
- 8 Café Schmerker
- 9 Hotel Weinhaus Weis
- 11 Ambiente

Doch weil beim Bau vermutlich gepfuscht wurde, ließen *Burchards* Nachfolger das Bauwerk nach und nach wieder abreißen und neu zusammenfügen. 1181 wurde der Dom dann zum dritten Mal geweiht.

Gut 100 Jahre später wurde das **Südportal** als Bilderbibel neu gestaltet und die romanische **Nikolauskapelle** durch eine gotische ersetzt. Sie dient heute als Taufkapelle. Lange Jahre war die Kapelle auch Hort der Nikolaus-Reliquien, die Kaiserin *Theophanu* aus Byzanz anno 972 gestiftet hatte. Allerdings sind diese Reliquien im Pfälzischen Erbfolgekrieg verloren gegangen. Ende des 20. Jahrhunderts konnten die Wormser jedoch eine neue **Nikolaus-Reliquie** beschaf-

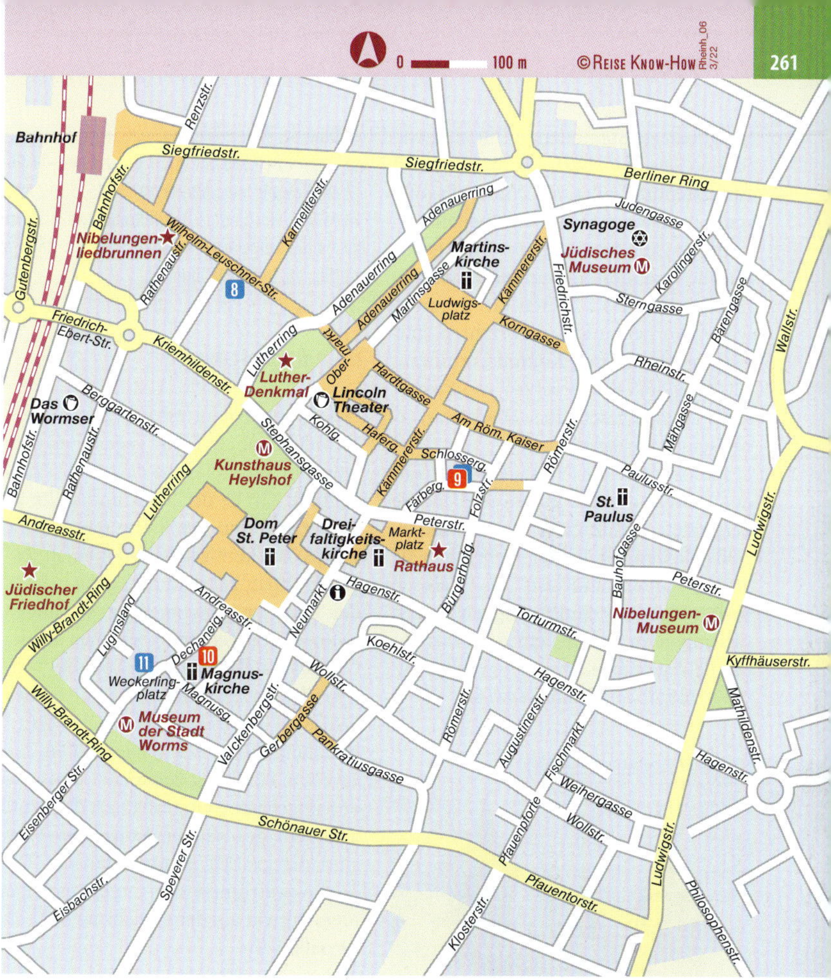

fen, die jetzt in der Nikolauskapelle hinter Glas steht. Besondere Aufmerksamkeit hat das mittelalterliche **Taufbecken** verdient, das zum Vorbild vieler weiterer Taufsteine in der Umgebung wurde.

Kanonen- und Bombenhagel, Blitz- und Hagelschlag, Sprengungen und Großfeuer führten immer wieder zu Neugestaltungen des Doms. Zeitweise – etwa Ende des 18. Jahrhunderts, als französische Revolutionstruppen Worms erobert hatten – diente er als Pferdestall und Speicher. Anfang des 19. Jahrhunderts wurden der Kreuzgang und seine Nebengebäude abgebrochen. Den Abriss überlebt haben nur ein paar **gotische Reliefs,** die sich heute im nördlichen Seitenschiff finden – unter anderem ein feingliedriger Stammbaum Christi sowie Szenen seiner Geburt, Grablegung und Auferstehung, allesamt eindrucksvolle und sehenswerte Steinmetzarbeiten.

Zu den ältesten Teilen im Dom gehören die **Grabdenkmäler der Salier,** die heute in einer schlichten Gruft aufbewahrt werden und an Vorfahren und Angehörige Kaiser *Konrads* erinnern. Blickfang im Ostchor ist der von *Balthasar Neumann* geschaffene **Hochaltar,** eines seiner Meisterstücke.

Renoviert zeigt sich das **Chorgestühl** aus Eichenholz, das Putten und andere vergoldete Figuren zieren. Die **modernen Glasfenster** in der Georgskapelle zeigen unter anderem als Beispiel menschlicher Sündhaftigkeit den „Turmbau zu Bablis", ein Bild, das auf das nahe gelegene, inzwischen stillgelegte Kernkraftwerk Biblis verweist.

121rh gs

■ **Dom St. Peter,** Eingang Südseite Andreasstraße, Tel. 06241 596160, April bis Okt. Mo–Fr 9–17.45, Nov. bis März Mo–Fr 10–16.45, So 12.45–16.45 Uhr, einstündige Domführung April bis Okt. tgl. 14 Uhr (außer an Feiertagen), Nov. bis März So 14 Uhr, 8 €, Treff am Südportal.

Dreifaltigkeitskirche

Das barocke Gotteshaus mit seinem 58 Meter hohen Turm gegenüber dem Dom am Marktplatz ist die größte evangelische Kirche der Stadt und sollte an *Luther* erinnern. Bei ihrem Bau Anfang des 18. Jahrhunderts nahm man an, *Luthers* Auftritt auf dem Reichstag habe in der einst an diesem Platz stehenden „Münze" stattgefunden, was man auf der Grundsteinplakette an der Kanzel festschrieb: „So setzt mich Gott nun an den Ort, wo Luther eh bekannt sein Wort." Blickfang des 1725 eingeweihten, im Zweiten Weltkrieg zerstörten und wieder aufgebauten Gotteshauses, das heute auch ein geschätzter **Konzertsaal** ist, sind die großen **Buntglasfenster.** Die Turmwand hinter der Orgel zeigt *Luthers* Auftritt auf dem Reichstag 1521 als Mosaik.

■ **Dreifaltigkeitskirche,** Marktplatz 12, Tel. 06241 23917, www.dreifaltigkeitskirche-worms.de, Sommerzeit tgl. 8–18, Winterzeit tgl. 9–17 Uhr.

< Dom St. Peter

> Mittelschiff und Ostchor des Doms mit dem von Balthasar Neumann geschaffenen Hochaltar

123rh gs

Magnuskirche

Sankt Magnus ist die kleinste der Wormser Innenstadtkirchen und ebenfalls nur ein paar Schritte vom Dom entfernt. Ihr über 50 Meter hoher, nach dem Krieg errichteter Glockenturm ist nicht zu übersehen. In der mittelalterlichen Kirche wurde bereits ab 1520 evangelisch gepredigt, sodass sie als eine der ältesten evangelischen Kirchen Südwestdeutschlands gilt. Heute zeigt sich das im Krieg fast bis auf die Grundmauern zerstörte Gotteshaus als dreischiffige Basilika. Im Zentrum einer Meditationsinsel findet sich eine besondere Kostbarkeit: eine Platte aus Lavastein des **spanischen Künstlers Antoni Tàpies** (1923–2012), einem der großen Schöpfer abstrakter Kunst. „Fleche Blanche" (Weißer Pfeil) heißt sein in Worms gezeigtes Werk, das hin und wieder Gegenstand künstlerischer Meditationen und spezieller Führungen ist.

■ **Magnuskirche,** Dechaneigasse 3, Tel. 06241 87405, www.magnusgemeinde.de, tgl. 8–18 Uhr.

Museum der Stadt Worms

Unweit der Magnuskirche findet sich das vielleicht gewichtigste Museum von Worms. Seit 1930 dient das im Rahmen der Säkularisation aufgelöste **Andreasstift** der Stadt als Sammelstelle originaler Funde aus vielen Hundert Jahren Wormser Lebens. Die dreischiffige spätromanische Basilika mit ihrem eindrucksvollen Kreuzgang wurde von 2017 bis 2021 generalsaniert und dokumentiert heute lokale und regionale Geschichte. **Grabungsfunde** aus der Jungstein- und Bronzezeit belegen, wie die Menschen im Wonnegau langsam sesshaft wurden. Umfangreicher sind die Zeugen keltischer und römischer Geschichte. Sie zeigen, wie man damals lebte und speiste. Die Wormser Sammlung **römischer Gläser** gilt als eine der größten Deutschlands.

Zu den kostbarsten Ausstellungsteilen gehört ein **Fürstengrab** aus Flonheim mit all seinen Schätzen. Stadtsiegel und bei Grabungen gefundener Müll geben neben anderen kulturellen Zeugnissen Aufschluss über die Lebensgewohnheiten im **mittelalterlichen Worms.** Das Luther-Zimmer im Obergeschoss erinnert an den Auftritt des Reformators beim Wormser Reichstag 1521. Dort auch liegt die Kopie – das Original verwahrt die Stadtbibliothek – einer **Luther-Bibel** mit einer handschriftlichen Widmung des Kirchenreformers. Möbel, Hellebarden, Zunftzeichen und andere Ausstellungsstücke verweisen auf die bewegte Geschichte der Stadt, zu der auch die traditionsreiche Lederindustrie zählt.

■ **Museum der Stadt Worms,** Weckerlingplatz 7, Tel. 06241 8534105, www.museum-andreasstift.de, Di–So 11–17 Uhr, 3 €.

Stiftung Kunsthaus Heylshof

Der hinter dem Dom gelegene Heylshof – benannt nach seinem Bauherren, dem Politiker und Fabrikanten *Cornelius Wilhelm von Heyl zu Herrnsheim* – ist ein **Palais** im ehemals fürstbischöflichen Garten nördlich des Doms: ein Bau aus dem späten 19. Jahrhundert, der nach dem Krieg etwas verkleinert wieder aufgebaut wurde und seit 1961 Gemälde, Porzellan, Glas, Keramik, Glasmalerei und Plastiken beherbergt – vornehmlich **Kunstwerke aus dem 19. Jahrhundert.** Zu den bekanntesten Künstlernamen, deren Werke zu sehen sind, zählen *Peter Paul Rubens, Anthonis van Dyck* und *Adam Elsheimer.*

■ **Kunsthaus Heylshof,** Stephansgasse 9, Tel. 06241 22000, www.heylshof.de, März bis Dez. Di–Sa 14–17, So 11–17 Uhr, Eintritt 5 €.

Luther-Denkmal

Am Lutherring, rund fünf Fußminuten vom Dom entfernt, steht eines der weltgrößten Luther-Denkmäler. Es wurde am 25. Juni 1868 vor fast 20.000 Gästen enthüllt und vom 1856 gegründeten Luther-Denkmal-Verein damals der Stadt Worms geschenkt. Sein Schöpfer war *Ernst Rietschel,* einer der bedeutendsten deutschen Bildhauer des Spätklassizismus, der auch das Goethe-Schiller-Denkmal in Weimar und das Lessing-Denkmal in Braunschweig schuf. Auch sein Luther-Denkmal war ganz nationalistisch geprägt, „zur Freude und Erhebung aller Protestanten", aber auch, wie er schrieb, „zu einer stillen und gerechten Achtung der Katholiken". Kein Wunder, dass diese Darstellung zum Vorbild zahlloser weiterer Luther-Denkmäler wurde, allein in Amerika hat man es siebenmal kopiert und aufgestellt.

Unter der **Luther-Skulptur** auf dem Postament sitzen auf vier Sockeln die sogenannten **Vorreformatoren:** der englische Philosoph und Kirchenreformer *John Wyclif* (1330–84), der böhmische Prediger *Jan Hus* (1369–1415), der fran-

[>] Andreasstift – das Museum der Stadt Worms hat in einer spätromanischen Basilika mit Kreuzgang Platz gefunden zösische Wanderprediger *Petrus Waldus* (um 1140–1206), Gründer der mittelalterlichen Waldenser-Bewegung, und der italienische Bußprediger *Hieronymus Savonarola* (1452–98). An *Luthers* besonders freundlich gesinnte Zeitgenossen erinnern die Bildnisse der beiden **Kurfürsten** *Friedrich der Weise von Sachsen* (1463–1525) und *Philipp von Hessen* (1505–1567), genannt „der Großmütige" – sowie die **Humanisten** *Philipp Melanchthon* (1497–1560) und *Johannes Reuchlin* (1455–1522).

Wappen am Denkmal verweisen auf die Städte, die sich der Reformation anschlossen. Drei allegorische **Frauenfiguren** bezeugen die Folgen von *Luthers* Auftreten in Worms: die Protestation zu

124rh gs

Speyer (1529), den Augsburger Religionsfrieden (1555) und die Zerstörung Magdeburgs im Dreißigjährigen Krieg (1621). **Reliefs** erzählen von *Luthers* Forderungen nach Priesterehe, Kinderlehre, Bibelübersetzung und Abendmahl mit Brot und Wein.

Martinskirche

Als dreischiffige Basilika frühromanischen Ursprungs mit gotischen Anklängen zeigt sich die Martinskirche. Größe und Ansehen verdankt sie dem Patrozinium des hl. *Martin,* der als römischer Soldat bei Worms den Kriegsdienst verweigert und deshalb im Martinsstift eingekerkert worden sei. *Martins* erster Biograf hat dies so überliefert. Historisch aber ist es höchst umstritten, was die Wallfahrer im Mittelalter nicht daran hinderte, nach Worms zu pilgern.

Die erste **Wallfahrtskirche** entstand vermutlich schon unter Bischof *Burchard,* erhielt ihre heutige Gestalt aber erst im 12./13. Jahrhundert. Für alle, die sich auf den Weg zu *Martins* Kerker machten und ihr Leben wie der römische Soldat auf den Prüfstand stellten, um selbstbewusst als Christ zu leben, verlieh Papst *Innozenz VIII.* (1432–92) einen Ablass. Er sollte allen Worms-Pilgern signalisieren, dass Christus ihnen ein gnädiger Richter sein wolle. So jedenfalls heißt es heute in der Martinskirche, die im Laufe der Jahrhunderte immer wieder zerstört und anschließend wieder aufgebaut oder renoviert wurde.

Zu ihren ältesten Ausstattungsteilen gehören eine barocke Kanzel und zwei ebenfalls barocke Seitenaltäre, die nach der Säkularisation aus einem aufgelösten Wormser Zisterzienserinnenkloster übernommen wurden. Besondere Aufmerksamkeit hat eine sitzende **Sandstein-**

rh041gs

rh098 gs

Muttergottes aus dem späten 13. Jahrhundert verdient.

Auf dem großen Platz vor der Kirche steht ein zu Ehren des damaligen Großherzogs 1895 errichteter **Obelisk.**

■ **Martinskirche,** Martinsgasse 4, Tel. 06241 6115, https://bistummainz.de/pfarrgruppe/worms-dom-st-peter, tagsüber geöffnet.

St. Paulus

An Stelle der alten Salierburg des Herzogs *Otto* steht heute die ehemalige Stiftskirche St. Paulus, in der seit einigen Jahrzehnten Dominikaner zu Hause sind. Die Kirche gehört zu den in Rheinhessen einmaligen **Heidenturmkirchen** (→ Exkurs „Ein Hauch von Orient in Rheinhessen: die Heidenturmkirchen", S. 228) und war als dreischiffige Pfeilerbasilika im 11. Jahrhundert erbaut worden. Aus dieser Zeit stammen die unteren Bereiche der Türme. Die **orientalisch anmutenden Kuppelhelme** kamen im frühen 12. Jahrhundert hinzu.

Wie die meisten Wormser Kirchen wurde auch St. Paulus durch die Franzosen 1689 fast völlig zerstört und Anfang des 18. Jahrhunderts als barocke Hallenkirche wieder aufgebaut. Mit der Säkularisation wurde das Stift aufgelöst, das danach als Lager, Heustadel und Stadtmuseum diente. 1929 übernahmen die **Dominikaner** die Anlage, die hier heute als Seelsorger arbeiten. Das Portal der Kirche ist eine Nachbildung der Anfang des 11. Jahrhunderts entstandenen Hildesheimer Bernwardstür, einem der schönsten Beispiele ottonischer Kunst.

■ **Dominikanerkloster St. Paulus,** Paulusplatz 3–5, Tel. 06241 920400, www.dominikaner-worms.de. Die Kirche ist tgl. von 9 bis 18 Uhr geöffnet, Klosterbesichtigung nach telefonischer Vereinbarung.

⌃ Die Kuppeln der Kirche St. Paulus

‹ Die Martinskirche

Fischerwääder Museum

Das Fischerwääder Museum in der Altstadt erinnert an die **Wormser Fischer,** deren Arbeit im ersten Stock des Vereinsheims der Fischerzunft dokumentiert ist. Angeln, Reusen und Zunftzeichen künden u.a. von ihrem über tausendjährigen Handwerk.

■ **Fischerwääder Museum,** Große Fischerweide 31, Besichtigung jeden 1. So im Monat 10–13 Uhr, andere Termine vereinbaren Besucher unter Tel. 0177 2600022, Eintritt frei.

Rheinpromenade

Von der Innenstadt führt die **Rheinstraße** über den Rheintorplatz direkt zum **Ufer,** das allerdings nur an schönen Tagen einen Besuch wert ist. Restaurants und Vereinsheime sorgen dort dafür, dass niemand verdursten oder verhungern muss. In der bei gutem Sommerwetter geöffneten 3 **Strandbar 443** lässt es sich im Liegestuhl von den Nibelungen träumen. Ein **Denkmal** erinnert an **Hagen von Tronje,** der bei Worms angeblich den Nibelungenschatz in den Rhein warf.

Die Rheinpromenade im Sommer

rh099 gs

https://stock.adobe.com © toreu

Nibelungenturm und Brücke

Wenig weiter findet sich die Nibelungenbrücke, die **Rheinland-Pfalz mit Hessen verbindet.** Ihr Blickfang ist der 53 Meter hohe Nibelungenturm, der wie die ganze alte Brücke heute unter Denkmalschutz steht. Er wurde vor 1900 errichtet und umfasst acht Stockwerke, die heute meist von gemeinnützigen Gruppen genutzt werden. Vor einigen Jahren wurde zur Entlastung des Verkehrs eine zweite Brücke neben der alten über den Rhein gebaut, sodass nun vier Fahrspuren für den Weg von und nach Hessen zur Verfügung stehen.

Markanter Torturm an der Nibelungenbrücke

Sehenswertes im weiteren Stadtgebiet

Kiautschau

Im Nordwesten der Stadt, rund um die Alicestraße, findet sich die **ehemalige Arbeitersiedlung** mit dem chinesischen Namen. Sie wurde ab Ende des 19. Jahrhunderts für die Arbeiter der größten rheinhessischen Lederfabrik errichtet: insgesamt mehr als hundert mit Fachwerk verzierte und unterkellerte Häuschen, die alle über einen kleinen Garten verfügen. Der Volksmund nannte die Arbeitersiedlung, weil sie etwas außerhalb des damaligen Stadtgebietes lag, „Kiautschau" – nach der Handelskolonie Kiautschou in China, die das deutsche Kaiserreich 1898 vom chinesischen Kaiserreich gepachtet hatte. Heute steht sie unter Denkmalschutz.

Jüdisches Worms

Besonders stolz ist Worms auf seine jüdische Tradition. Inzwischen steht sie unter dem Schutz der UNESCO, die sie in ihr Weltkulturerbe eingereiht hat. Viele Hundert Jahre war die Stadt wegen ihrer großen jüdischen Gemeinde auch als „Klein-Jerusalem" bekannt. Mitte des 17. Jahrhunderts zum Beispiel war fast jeder sechste Wormser jüdischen Glaubens. Ein sehenswerter Friedhof, Synagoge und Ritualbad sind bis heute Zeugen dieser Zeiten.

Man nimmt an, dass es schon Ende des ersten Jahrtausends in Worms eine jüdische Gemeinde gab, die im Laufe des Mittelalters immer größer wurde. Wormser Schulen besuchten die berühmtesten Talmud-Gelehrten des Mittelalters wie der französische Gelehrte *Rabbi Salomon ben Isaak*, genannt *Raschi* (1040–1105).

126fh gs

Immer wieder aber mussten die Juden Worms verlassen. Erst Mitte des 19. Jahrhunderts hatten sie die bürgerliche Gleichstellung mit den Christen erlangt, wurde erstmals einer aus ihren Reihen zum Bürgermeister gewählt. Zur Zeit der **nationalsozialistischen Machtergreifung** zählte Worms gut 1000 Juden, die nach 1933 zum Großteil fortzogen oder emigrierten. Hunderte starben in Konzentrationslagern. An sie erinnert heute ein Gedenkraum in der ehemaligen frühgotischen Frauensynagoge. Er ist Teil der von den Nazis zerstörten alten **Synagoge,** die nach dem Krieg teilweise unter Verwendung von Originalbauteilen wieder aufgebaut wurde. Erhalten ist auch noch das Ende des 12. Jahrhunderts geschaffene Kultbad, die Mikwe. Sie ist wegen gründlicher Renovierung vorerst aber öffentlich nicht zugänglich. Im sogenannten Raschi-Haus, dessen Kellergewölbe aus dem 14. Jahrhundert stammen, dokumentiert das **Jüdische Museum** heute das Leben der Wormser Juden – von alten Thora-Rollen bis Festzubehör wie Klappern für das Purimfest, eine Art jüdischen Karnevals.

Wichtigstes Denkmal jüdischen Lebens aber ist der **Friedhof,** der „Heilige Sand". Der ältere Teil der Anlage umfasst mehr als Tausend meist noch aufrecht stehender Steine aus der Zeit zwischen dem späten 11. und dem 17. Jahrhundert. Die ältesten Steine finden sich ganz hinten links im sogenannten Rabbinertal und erinnern an bedeutende Persönlichkeiten, deren Gräber meist Zettel frommer Besucher zieren. Der neuere Teil des Friedhofs enthält etwa 1250 Grabsteine vom 18. bis ins frühe 20. Jahrhundert. Rechts vom Eingang mit dem Wärterhäuschen finden sich ein Brunnen zum Händewaschen und das aus dem frühen 17. Jahrhundert stammende Leichenwaschhaus.

◁ ▷ Hort der Ruhe: der jüdische Friedhof

rh042 gs

■ **Synagoge,** Eingang Synagogenplatz, Hintere Judengasse 4, April bis Okt. tgl. 10–12.30 und 13.30–17 Uhr, Nov. bis März tgl. 10–12 und 14–16 Uhr, Eintritt frei.

■ **Jüdisches Museum,** im Raschi-Haus, Hintere Judengasse 6, Tel. 06241 8534707, www.worms.de/juedisches-museum, Di– So 10–12.30 und 13.30–16.30 Uhr, April bis Okt. bis 17 Uhr, Eintritt 1,50 €.

■ **Jüdischer Friedhof „Heiliger Sand",** Willy-Brandt-Ring 21, So–Fr 9.30–15.40 (Sommer bis 16.40) Uhr, an vielen jüdischen und deutschen Feiertagen geschlossen. Männliche Besucher müssen eine Kopfbedeckung tragen.

■ **Führungen:** Die meiste Zeit des Jahres ist das jüdische Worms auch im Rahmen von Führungen zu erleben. Fr um 11 Uhr gibt es geführte Touren über den Friedhof (Treffpunkt vor der Anlage). Am ersten So im Monat geht es um 10.30 Uhr durch die jüdischen Viertel (Treffpunkt Synagogenplatz).

rh043 gs

Liebfrauenkirche

Ein gotisches Schmuckstück liegt im Wormser Norden: die Liebfrauenkirche, zu der früher noch ein Kreuzgang und Stiftsgebäude gehörten. Seit dem Mittelalter pilgerten die Menschen hierher zu einem **Gnadenbild mit der Gottesmutter** aus der zweiten Hälfte des 13. Jahrhunderts. Zeitweise wurde die Wallfahrt nach Worms in einem Atemzug mit den großen Pilgerfahrten nach Aachen, Rom oder Santiago de Compostela genannt.

Ältester Kirchenteil ist das Südportal, mit dessen Bau man in den 1270er Jahren begann. Haupteingang ist jedoch das nach 1300 entstandene, skulpturenreiche Westportal. In seinem Bogenfeld sind Krönung und Tod Mariens zu sehen, außerdem Christus, Engel und die „klugen und törichten Jungfrauen", die ein Gleichnis aus dem Matthäusevangelium (Matthäus 25, 1–13) illustrieren. Vollendet wurde die Kirche allerdings erst Mitte des 15. Jahrhunderts, weil den Bauherren zwischendurch das Geld ausgegangen war.

Heute kommen die Besucher nicht nur wegen der Muttergottes, sondern auch wegen einer **Valentinus-Reliquie,** die am Valentinstag (14. Februar) im Mittelpunkt einer Lichterprozession steht. Die neu geschaffenen Glasfenster erzählen nach dem Vorbild mittelalterlicher Armenbibeln aus dem Alten und Neuen Testament.

■ **Liebfrauenkirche,** Liebfrauenstift 22, Tel. 06241 44267, www.liebfrauen-worms.de, meist ist nur der Vorraum geöffnet. Führung April bis Okt. jeden 4. So im Monat um 14 Uhr.

☑ Die Liebfrauenkirche

rh044 gs

Weinlage „Liebfrauenmilch"

Die **von Weinbergen umgebene Liebfrauenkirche** gab einer der bekanntesten Weinlagen Rheinhessens ihren Namen: der „Lieben Frauen Milch", die es als „Liebfrauenmilch" zu Weltruhm brachte. Erstmals erwähnt wurde sie anno 1744. Damals durfte diese Bezeichnung vom Wein produzierenden Kapuzinerkloster Liebfrauen-Stift angeblich aber nur verwendet werden, wenn die Trauben für den so etikettierten Wein in dem Bereich „soweit der Turm der Liebfrauenkirche seinen Schatten werfe" wuchsen. Nach der Auflösung des Stiftes ersteigerte der spätere Wormser Bürgermeister *Peter Joseph Valckenberg* (1764–1837), die Weinberge um das gotische Gotteshaus. Auf feinsten Löss-Böden reifen dort Jahr für Jahr ausgesuchte **Rieslinge und Weißburgunder,** die heute als „Wormser Liebfrauenstift-Kirchenstück" in aller Welt vermarktet werden.

Nicht zu verwechseln sind diese Weine mit der „Liebfraumilch", die nach seit 1971 geltendem Recht aus den Anbaugebieten Rheinhessen, Pfalz, Rheingau oder Nahe kommen kann, relativ preiswert ist und mit mindestens 18 Gramm Restzucker pro Liter meist lieblich schmeckt. Die Liebfraumilch wurde speziell für die Auslandsmärkte geschaffen, um über süße Tröpfchen neue Weintrinker zu gewinnen. Noch immer ist die Liebfraumilch ein Wein-Exportschlager, auch wenn ihr Anteil in den letzten Jahren drastisch zurückgegangen ist und heute nur noch rund 5 Prozent beträgt.

Tiergarten Worms

Hinter dem Stadtpark im Süden der Stadt liegt der Tiergarten. Insgesamt über 600 Tiere sind hier zu Hause. Ein schönes Ziel für Eltern mit Kindern, die hier seltenen Haustierrassen wie Glanrindern, Bentheimer Schweinen oder Thüringer Waldeseln ganz nahe kommen können. Noch näher kommt man manchem Vierbeiner im Streichelzoo. Kinderherzen erfreuen auch Alpakas, Nasenbären und Flamingos. Wer von den Jüngsten will, kann auch mal einen Tag als Tierpfleger arbeiten.Und am großen Tiergartensee lädt ein Restaurant zum Zwischenstopp.

Tiergarten Worms, Hammelsdamm 101 (Naherholungsgebiet Bürgerweide), Tel. 06241 972270, www.tiergarten-worms.de, März und Okt. 9–18, April bis Sept. 9–19, Nov. bis Febr. 9–17 Uhr, Eintritt 8 €, Kinder 4,50 €.

Herrnsheim

Touristische Attraktion Nummer Eins unter den Wormser Vororten ist Herrnsheim, was vor allem an seinem ansehnlichen **Schloss** liegt. Mit Parkettböden und farbigen Bildtapeten aus dem frühen 19. Jahrhundert sowie Wand- und Deckenmalereien gehört es zu den **schönsten Schlössern Rheinhessens.** Architektonische Raffinesse strahlen der sogenannte **Bibliotheksturm** aus und die **Orangerie** aus dem frühen 19. Jahrhundert, die heute als Café dient.

Bauherr des heute der Stadt Worms gehörenden Schlosses war der Neffe des letzten Mainzer Kurfürsten, der aus den Ruinen eines Anfang des 18. Jahrhun-

rh100 gs

derts entstandenen, zweigeschossigen Schlosses ein prachtvolles Bauwerk im Empire-Stil schaffen ließ. Auch seine Nachfahren investierten viel Geld in die Anlage, deren **Wiesen, Teiche und künstliche Inseln** Besucher noch heute beeindrucken. Sie gehört zu den schönsten Englischen Gärten im deutschen Südwesten. Kein Wunder, dass Schloss und Park immer häufiger den Rahmen für **Konzerte,** Picknicks und andere Veranstaltungen bilden.

Aufmerksamkeit hat auch die benachbarte katholische **Pfarrkirche St. Peter** verdient, die auf eine romanische Basilika aus dem 13. Jahrhundert zurückgeht. Im Inneren finden sich gotische Kostbarkeiten wie das Chorgestühl und die Kanzel. Ganz modern ist der Altar des Pfälzer Künstlers *Gernot Rumpf,* der auch zahlreiche Brunnen in der Region geschaffen hat.

■ **Schloss Herrnsheim,** Herrnsheimer Hauptstr. 1, Schlossführungen von April bis Okt. jeden 3. Sonntag im Monat um 10.30 Uhr, 8 €.

■ **St. Peter,** Herrnsheimer Hauptstraße 11, Tel. 06241 59962.

Hochheim

Der Wormser Vorort Hochheim ist vor allem wegen seiner evangelischen **Bergkirche** einen Besuch wert. Aus romanischer Zeit stammen die Untergeschosse des Westturmes und die sehenswerte, nur 20 Quadratmeter große Krypta mit ihren Kapitellen. Im 13. Jahrhundert hatten sich in Hochheim Dominikanerinnen angesiedelt, für die man das Kloster Maria Himmelskron (Celtestr. 3) gründete, von dem die heutige katholische **Pfarrkirche** mit einigen mittelalterlichen Ausstattungsstücken übrig blieb.

Im Süden grenzt Hochheim an das Flüsschen **Pfrimm** mit dem **Karl-Bittel-Park.** Die Ende des 19. Jahrhunderts im Stil englischer Landschaftsgärten angelegte Freizeitanlage gilt als eine der wenigen Wormser grünen Lungen.

Orangerie und Café am Herrnsheimer Schloss

Pfiffligheim

Ein Naturdenkmal ist Wahrzeichen des touristisch sonst unbedeutenden Wormser Vororts Pfiffligheim: der Torso einer jahrhundertealten **Ulme,** der sogenannte Lutherbaum. Vermutlich im 16. Jahrhundert gepflanzt, war der Baum einst Treffpunkt der Dorfbevölkerung, ehe den 30 Meter hohen und angeblich neun Meter dicken Baum im Jahr 1870 ein Orkan zerstörte. Trotzdem konnte man das Naturdenkmal retten, das Anfang des letzten Jahrhunderts mit einer Steinbank ummauert wurde. 1949 aber starb der Baum endgültig, aus dessen Holz man schließlich ein **Relief** schnitzte, das *Luther* in Worms vor dem Reichstag zeigt. Inzwischen hat man in seinem Inneren wieder eine neue Ulme angepflanzt.

Um den Luther-Baum ranken sich zahlreiche Legenden. Eine erzählt, *Luther* habe auf dem Weg zum oder vom Reichstag 1521 hier Rast gemacht und gepredigt. Eine andere berichtet von zwei Frauen, die sich während des Wormser Reichstags über seine Lehre gestritten hätten. Daraufhin hätte eine ihren Wanderstab in die Erde gesteckt und darauf vertraut, dass aus dem Stab ein Baum werde, sollte Luther wirklich Recht haben.

Pfeddersheim

Die noch gut erhaltenen Wehranlagen der einst freien Reichsstadt Pfeddersheim westlich von Worms an der Pfrimm führen die Besucher ins Mittelalter. Ihre spätgotischen **Stadtmauern und Türme** mit Friesen und Zinnen stehen heute unter Denkmalschutz.

Zu den Besonderheiten in Pfeddersheim zählt die **Kirche** (Jochen-Klepper-Str. 18), die von zwei Konfessionen gemeinsam genutzt wird. So sind die Katholiken im Chor beheimatet, die Evangelischen im Langhaus, beide nur durch eine Wand voneinander getrennt. Zu den Raritäten der Kirche gehört eine Organola, eine halbautomatische, elektrische Lochstreifen-Orgel, die das Abspie-

227rh-gs

Der Lutherbaum in Worms-Pfiffligheim

Das Wormser Backfischfest

Das Backfischfest im August/September ist das **größte Fest der Stadt,** sein Höhepunkt ein Umzug am ersten Festsonntag. Traditionell wird das Backfischfest auf dem Marktplatz mit dem historischen **Gesellentanz** eröffnet, dem Remake eines 1483 erstmals aufgeführten Tanzes. Heute sind 16 Zunftgesellen, ein Vortänzer und ein Fahnenschwinger die Ausführenden, dazu vier Musikanten – alle in historischen Kostümen. Nach dem Tanz übergibt der Stadtchef im Tausch gegen einen Fisch den Stadtschlüssel an die Alt-Wormser-Fischerzunft von 1106, eine der ältesten deutschen Zünfte. Den Abschluss am Sonntag danach bilden das traditionelle **Fischerstechen** (mehr dazu im Kapitel „Land und Leute" unter „Feste und Bräuche") und ein abendliches **Großfeuerwerk.** Die Tage dazwischen locken die Weinstände, Fahrgeschäfte und Buden auf dem Festplatz, der Kisselswiese. Es gibt große Wein- und Bierproben.

Bei dem 1933 aus der Taufe gehobenen Fest vereinen sich Brauchtum und Tradition. Es sind Tage, an denen man den Einheimischen zwanglos begegnen kann. Ob das Backfischfest seinen Namen den zum Fest angebotenen Backfischen verdankt oder den jungen Mädchen, die man früher ebenfalls gern als Backfische titulierte, ist umstritten.

Wer sich für das Backfischfest, die Wormser Fischerzunft und ihre Traditionen interessiert, sollte das **Fischerwääder Museum** (s.S. 268) besuchen. Fotos, Plakate und Zunftinsignien dokumentieren das Zunftleben. Am Mittwoch der Backfischfestwoche wird dort die traditionelle **Fischerwääder Kerb** gefeiert, sitzen alte und junge Wormser gesellig zusammen.

len von perforierten Pergamentrollen ermöglicht und sehr selten ist.

Pfeddersheims Kirche mahnt auch an eines der blutigsten Ereignisse in der rheinhessischen Geschichte, den Bauernkrieg im Juni 1525, der viele Tausend Tote forderte. Damals sperrte man fast 200 Rädelsführer in dem Gotteshaus ein. Auf dem Platz vor der Kirche, wo eine **Stele** an das Massaker mahnt, wurden die Anführer des Aufstandes und Pfeddersheimer Bürger, die sich mit ihnen solidarisiert hatten, öffentlich hingerichtet. Schauplatz der vorangegangenen Schlacht der Bauern mit dem Heer des Pfalzgrafen war ein Hohlweg Richtung Mörstadt, der im Volksmund „Bluthohl" heißt. Angeblich sei das Blut der damals erstochenen Bauern bis in die Stadt gelaufen.

In den benachbarten **Weinbergen,** wo seit 1511 Riesling angebaut wird, findet sich ein schöner sogenannter **Trullo** aus dem 18. Jahrhundert (→ Exkurs „Trulli – die neu entdeckten Weinbergshäuschen", S. 300).

Schulmuseum

Im Wormser Vorort Pfeddersheim ist in der alten Bergschule ein Schulmuseum eingerichtet. In dem über 100 Jahre alten Schulhaus zeigen sich Lehrerpult, Rohrstock, Tintenfass und Schönschreibhefte von anno dunnemals.

■ **Schulmuseum,** Heinrich-Schmitt-Platz, 67551 Worms-Pfeddersheim, Tel. 06247 907307, www.schulmuseum-pfeddersheim.de, So 14–17 Uhr, Eintritt frei.

Abenheim

Einige Kilometer nach Nordwesten nahe Westhofen liegt Abenheim. Ältestes Glaubenszeugnis des schon 774 urkundlich erwähnten Wormser Vororts ist die spätgotische **Klausenbergkapelle** auf dem gleichnamigen Berg, die seit Jahrhunderten inmitten von Weinbergen steht und hin und wieder für Gottesdienste, vor allem aber für Eheschließungen genutzt wird. Von ihr aus bietet sich ein herrlicher **Panoramablick** vom Pfälzer Wald bis in den Odenwald.

Einen Blick verdient hat auch die ebenfalls katholische **Bonifatiuskirche** (An der Kirche 4) in Abenheim, ein barocker Bau mit spätgotischem Untergeschoss.

Praktische Tipps

Informationen

■ **Touristinformation Worms,** Neumarkt 14, 67547 Worms, Tel. 06241 8537306, www.worms-erleben.de. de, April bis Okt. Mo–Fr 9–18 Uhr, Sa/So 10–14 Uhr, Nov. bis März Mo–Fr 9–17 Uhr. Stadtführung: Sa 10.30 Uhr, So und feiertags 14 Uhr. Treffpunkt ist am Südportal des Doms.

Unterkunft

6 **Altes Ruderhaus**③, Floßhafenstraße 7, 67547 Worms, Tel. 06241 3086200, www.altes-ruderhaus.de. 24 Zimmer einschließlich zweier Familienappartements am Rhein. Das 6 **Restaurant** (Mo 17–22, Di–So 11–22 Uhr, Jan. bis März Mo geschl.) mit Biergarten verwöhnt mit Gerichten wie Zanderfilet oder geschmorten Ochsenbäckchen.

9 **Hotel Weinhaus Weis**①-②, Färbergasse 19, 67547 Worms, Tel. 06241 23500, www.weinhausweis.de. Einfachste Doppel- und Einzelzimmer, zum Teil mit Etagendusche, in Domnähe. Die 9 **Weinstube** (Mo–Fr 17–23, Sa 10–14 Uhr) bietet rheinhessische Weine, Spundekäs', Rühreier.

2 **Parkhotel Prinz Carl**③, Prinz-Carl-Anlage 14, 67547 Worms, Tel. 06241 3080, www.parkhotel-prinzcarl.de. 90 Zimmer und Suiten am Rand der City in einer ehemaligen Kasernenanlage, Vier-Sterne-Haus in ruhiger Lage mit großem 2 **Restaurant,** das werktags mit preiswerten Mittagsmenüs aufwartet.

10 **Rheinhessen-Jugendherberge**①, Dechaneigasse 1, 67547 Worms, Tel. 06241 25780, www.diejugendherbergen.de/jugendherbergen/worms, Familien- und Jugendgästehaus unweit des Doms, 120 Betten in Ein- bis Vier-Bett-Zimmern, zwei Restaurants, Bistro und Biergarten.

In Herrnsheim

■ **Hotel am Schlosspark**③-④, Emmrich-Joseph-Str. 11–13, 67550 Worms-Herrnsheim, Tel. 06241 206160, www.am-schlosspark-bechtel.de. Elf einfache Doppelzimmer im Vorort Herrnsheim gleich neben dem Schloss, zum Teil mit Whirlpool.

In Pfeddersheim

MEIN TIPP: Exotisch wohnen lässt es sich im 1611 erbauten, 1999 restaurierten **Bürgerturm**② im Herzen des Wormser Vororts Pfeddersheim. Die Wohnung ist über mehrere Stockwerke verteilt und hat oben eine Aussichtsplattform. Das Quartier vermietet der Ortsvorsteher (Tel. 06247 246).

Camping

4 **Wohnmobilstellplatz,** am Rhein, Kastanienallee, 67547 Worms, Stellplatzgebühr 6 € pro Nacht und Fahrzeug.

7 **Freyzeit-Campingpark**, Am Tamburinsee 1, 68647 Biblis-Wattenheim, Tel. 06245 3040, www.freyzeit-campingpark.de. Von März bis Okt. geöffneter Campingpark an privatem Badesee auf der rechten Rheinseite, ca. sechs Kilometer von Worms entfernt. Mit Ladestation für E-Bike-Radler.

Essen und Trinken

11 Ambiente③-④, Weckerlingplatz 6, Tel. 06241 3049888, www.ambiente-worms.de, Di–So 11.30–15 und Di–Sa 17.30–23 Uhr. Italienisches Restaurant in einer einstigen Baptistenkirche in Domnähe. Mediterrane Atmosphäre und schöne Terrasse mit Angebot vom Frühstück bis zum Mehrgang-Menü.

5 Kolb's Biergarten②, Am Rhein 1, Tel. 06241 23467, www.kolbs-biergarten-worms.de, tgl. 11–21 Uhr. Gastronomische Institution am Rheinufer mit täglich wechselndem, preiswertem Stammessen – von der gefüllten Krautroulade bis zum saftigen Schwarzbierbraten.

8 Café Schmerker①, Wilhelm-Leuschner-Str. 9, Tel. 06124 23814, www.cafe-schmerker.de, Mo–Fr 8–17, Sa 8–14 Uhr. Kaffeehaus und Frühstücksort in der Innenstadt mit großer Kuchenauswahl und kleinen Mittagsgerichten.

1 Fritzis Manufakturei②, Gewerbeschulstraße 14, 67549 Worms, Tel. 01511 5778995, www.fritzis-manufakturei.de, tgl. 9–17 Uhr. Im Vintage-Ambiente wird hier vor allem Frühstück serviert. Geschätzt ist die große Auswahl an Kuchen.

In Abenheim

■ **Zum Klausenberg**①-②, Wonnegaustraße 68, 67550 Worms-Abenheim, Tel. 06242 4633, Do–Mo 17–23 und So 12–14 Uhr. Klassische deutsche Küche mit viel Steaks und Schnitzeln sowie Kräutern aus dem eigenen Garten.

In Herrnsheim

■ **Kabinett**②, Herrnsheimer Hauptstr. 1a, 67550 Worms-Herrnsheim, Tel. 06241 8545626, www.kabinett-worms.de, Di–So 9–18 Uhr. Bistro-Cafe mit schöner Außenterrasse im Schlosshof. Kleine Speisen, Kaffee und Kuchen.

In Horchheim

■ **Horchheimer Scheune**②-③, Turnhallenstr. 9, 67551 Worms-Horchheim, Tel. 06241 951044, www.horchheimer-scheune.de, Di–Fr 10–18, Sa 10–13 Uhr, So 9.30–12 Uhr Frühstücksbuffet (nur mit Voranmeldung). Juni bis Aug. eingeschränkte Öffnungszeiten. Schokolaterie und Scheunencafé. Unbedingt probieren: die hausgemachten Trüffel, die sich auch als Souvenir eignen. Eine besondere Spezialität sind die Drachen aus Schokolade, süße Erinnerungen aus der Nibelungenstadt.

Einkaufen

Die wichtigsten Wormser **Einkaufsstraßen** sind die Wilhelm-Leuschner-Straße, die Hardtgasse und die Kämmererstraße.

■ **Wochenmarkt Worms,** Marktplatz, Di, Do, Sa 8–13 Uhr.

In Herrnsheim

BIO-Weingut und Essigmanufaktur Frank Kaltenthaler, Richard-Knies-Straße 67, 67550 Worms-Herrnsheim, Tel. 06241 51792, http://weingut-kaltenthaler.de, Mo–Fr 9–12 und 13–18, Sa 9–14 Uhr. Weinessig, Balsamico, Senf und Öle, hergestellt aus heimischen Früchten und Trauben.

■ **Christine Uhrig Modedesign,** Herrnsheimer Hauptstr. 52, 67550 Herrnsheim, Tel. 06241 593948, www.christineuhrig.de, Di–Fr 15–18.30, Mi–Sa 10–13 Uhr. Modemanufaktur, in der die studierte Modedesignerin jährlich zweimal eine kleine Kollektion Damenmode anbietet. Ausgeklügelte Passformen und exklusive Stoffe.

■ **Wonnegauer Ölmühle,** Herrnsheimer Hauptstraße 1, 67550 Worms-Herrnsheim, Tel. 06241 5062177, www.wonnegauer-oelmuehle.de, Di–Fr 14.30–18, Sa 10–13 Uhr. In der Schloss-Remise produziert ein Diplom-Biologe kaltgepresste Öle aus Pistazien, Mohn oder Mandeln. Spezialität ist Walnussöl.

In Horchheim

■ **Börschinger's Nudeln,** Neubachstraße 87a, 67551 Worms-Horchheim, Tel. 06241 34960, www.

boerschingers-nudeln.de, Mo–Mi, Fr 10–12.30 und 16–18.30, Sa 10–13 Uhr. Im Angebot sind Nudeln, Maultaschen, Pesto und Chutney aus eigener Herstellung.

In Weinsheim

Braumanufaktur Sander, Weinsheimer Str. 67, 67547 Worms-Weinsheim, Tel. 06241 8545 028, www.brauerei-sander.de, Mi, Do 17–22, Fr 13–22, Sa 11–13 Uhr. Hochwertige Craft-Biere aus Hopfen und Malz mit unter- und obergäriger Hefe, die man im Schankraum auch probieren kann.

In Abenheim

Wein & Sektgut Hemer, Rathausstraße 1, 67550 Worms-Abenheim, Tel. 06242 2222, www.weingut-hemer.de, Mo–Fr 10–18, Sa 10–14 Uhr. Renommierter Bio-Winzer, der unter anderem zertifizierte vegane Weine produziert.

Aktivitäten

- **Heinrich-Völker-Bad,** Alzeyer Str. 111, Tel. 06241 97280, www.wormser-baeder.de. Freibad in der Saison Mai bis Sept. tgl. 9–21 Uhr, Hallenbad Mo, Mi und Sa 9–21, Di, Do, Fr 13–21, So 9–20 Uhr. Bad im Westen der Stadt mit verschiedenen Becken und Liegewiese. Daneben gibt es ein Wellnessbecken mit Dampfbad und Ruheraum.
- **Freibad Pfeddersheim,** Am Schwimmbad, Tel. 06247 7338, www.wormser-baeder.de, im Sommer tgl. 11–20 Uhr. Kleines Freibad im Stadtteil Pfeddersheim. Die **Paternusbad** genannte Anlage verfügt über ein Schwimmer- und ein Nichtschwimmerbecken sowie über ein Kinderplanschbecken.
- Im Vorort Herrnsheim lockt der **Herrnsheimer Badesee** (Fahrweg) zum Schwimmen und Planschen. Der kleine, vom örtlichen Heimatkreis betriebene Badebetrieb hat familiäres Flair. Flache, sandige Ufer an der ehemaligen Kiesgrube kommen auch wasserscheuen Zeitgenossen zugute. Kostenlose Parkplätze, Kiosk, WCs und Umkleidekabinen.

Kultur

- **Das Wormser,** Rathenaustraße 11, Tel. 06241 2000420, www.das-wormser.de. Das ehemalige Städtische Spiel- und Festhaus ist Kulturzentrum und Gastspielbühne für Schauspiel, Konzerte, Operette, Musical, Ballett und Kindertheater.
- **Lincoln Theater,** Obermarkt 10, Tel. 06241 201199, www.lincoln-theater.de. Spielstätte für Kleinkunst, Kabarett, Jugend- und Kindertheater, Konzerte und andere Veranstaltungen.
- **Kleines Theater der Volksbühne Worms,** Würdtweinstr. 11, Tel. 06241 51429, www.volksbuehne.info, Amateurtheater mit Komödie und Weihnachtsmärchen.

Feste und Veranstaltungen

- **Spectaculum Worms:** dreitägiges Mittelalter-Festival im Stadtpark, Mai/Juni.
- **Nibelungenfestspiele:** Theaterfestival mit jährlich meist neuen Inszenierungen des Nibelungenstoffes vor dem Dom, Juni/Juli.
- **Jazz & Joy:** Jazz-Festival rund um den Dom, Juni bis August.
- **Backfischfest:** größtes Volksfest im Süden Rheinhessens mit Umzügen und Feuerwerk, August/September (s. Kasten S. 276).
- **Nibelungen Weihnacht:** weihnachtliches Treiben in der Innenstadt, November/Dezember.

Öffentliche Verkehrsmittel

- Den Wormser **Stadtbusverkehr** betreibt die Rheinpfalz Bus GmbH. Knotenpunkte und Umsteigeplätze sind Marktplatz und Hauptbahnhof, über den auch alle Vororte mit Bussen angebunden sind. Zeitweise verkehren zu abseits gelegenen Zielen wie dem Tiergarten **Ruftaxen** (Tel. 06241 309052). Fahrpläne unter www.vrn.de.

7

Alzey und Rheinhessische Schweiz

» Der Südwesten gehört zu den am dünnsten besiedelten Gegenden Rheinhessens und gilt deshalb vielen als die schönste. Bauten aus fast allen Jahrhunderten, von Resten römischer Siedlungen bis zu modernen Vinotheken, sind Zeugnis der Geschichte. Viele der alten Ortskerne und Dorfplätze stehen unter Denkmalschutz und auch das eine oder andere kleine Museum hilft beim Blick auf die Historie.

< Unterwegs auf der Hiwweltour Heideblick

ALZEY UND RHEINHESS. SCHWEIZ

Das Alzeyer Land und die Rheinhessische Schweiz, ganz im Südwesten Rhcinhessens gelegen, sind zu einer Urlaubsregion verschmolzen. Weinproben, Weinbergswanderungen und Planwagenfahrten, Kellerführun-

gen, traditionelle Feste und andere Veranstaltungen gehören zum touristischen Angebot.

Wie viele andere von Wäldern, Wiesen, Bergen, Hügeln und Tälern gesäumte Landschaften fand auch die Rheinhessische Schweiz erst im 19. Jahrhundert zu ihrem Namen. Richtig bekannt wurde das Gebiet an den Ausläufern des nordpfälzischen Berglandes aber erst, als man 1961 ein fast 7000 Hektar großes Areal unter Landschaftsschutz stellte und damit ein neues Naherholungsgebiet auswies. Dem sind auch die sogenannten Hiwwelrouten geschuldet, eine Handvoll schöner Prädikatswanderwege. Einige Radwege hat man ebenfalls neu angelegt.

NICHT VERPASSEN!

- **Alzey** mit Schloss und Altstadt | 285
- **Flonheim mit seinen Trulli,** den historischen Weinbergshäuschen | 298
- Die **Templerkapelle am Hof Iben,** ein gotischer Schatz in der Rheinhessischen Schweiz | 305
- **Hiwweltouren,** Rheinhessens Premium-Wanderwege | 311

Diese Tipps erkennt man an der gelben Markierung.

rh103 gs

Städtisches Herz der Region ist Alzey, das sich gern „heimliche Hauptstadt Rheinhessens“ nennt und mit schönen Fachwerkhäusern und Brunnen in der übersichtlichen Innenstadt punktet. Die Umgebung von Alzey, das Alzeyer Hügelland, bildet den Übergang zum Rheinhessischen Hügelland und zum Wonnegau. Viele der Dörfer hier sind protestantisch geprägt, auch wenn ihre Kirchen zum Teil schon vor der Reformation entstanden – so wie in Mauchenheim, wo die ehemalige Remigiuskirche mit ihrem spätgotischen Chor im Barock erweitert und neu ausgestattet wurde. Oder in Esselborn, wo die ehemalige Kirche St. Peter, ein romanischer Saalbau, später gotisch und barock überformt wurde. Auch die evangelischen Gotteshäuser in Kettenheim, Dintesheim und Wahlheim gehen auf mittelalterliche Vorgängerkirchen zurück.

⌃ Malerisches Alzey: der Rossmarktbrunnen erinnert an den sagenumwobenen Ritter Volker von Alzey

› An der Ecke Amtgasse/Schlossgasse liegt das älteste Fachwerkhaus der Stadt von 1579

Alzey

Als einzige der größeren Städte Rheinhessens liegt Alzey nicht am Rhein – dafür aber verkehrstechnisch günstig am Schnittpunkt wichtiger Autobahnen, die sich vor den Toren der Stadt kreuzen und manchen Durchreisenden zu einem Zwischenstopp verleiten. Das Städtchen hat eine überschaubare und liebenswerte Altstadt, die einen Bummel wert ist. Auffallend sind die vielen Brunnen und Denkmäler im öffentlichen Raum, nicht alle jedermanns Geschmack, aber Zeugnis einer lebendigen Stadt.

Volker von Alzey, der Spielmann aus der mittelalterlichen Nibelungen-Sage, hat die Stadt berühmt gemacht, eine literarische Figur, die am burgundischen Hof zu Worms für gute Laune gesorgt haben soll und als „Mann voller Kampfeskraft" von sich reden machte. In Alzey war Volker angeblich zu Hause, wo schon zur Steinzeit Menschen unterwegs waren. Greifbarer wird die Stadtgeschichte mit den Kelten und Römern, deren Spuren man im sehenswerten Stadtmuseum und in der Steinhalle verfolgen kann. Auch die freigelegten Reste eines **Römerkastells** (Jean-Braun-Straße) sind für Besucher, die sich für Rheinhessens Frühgeschichte interessieren, eine Stippvisite wert.

Rudolf von Habsburg verlieh Alzey anno 1277 das Stadtrecht. Politisch aber machte die Stadt, die jahrhundertelang zur Kurpfalz gehörte und 1556 protestantisch wurde, wenig Schlagzeilen. Die Landesherren hatten ihre **Burg,** das spätere Schloss, vor den mittelalterlichen **Stadtmauern** angelegt, deren Reste noch heute zu sehen sind – im Original an der Hexenbleiche und anderen Stellen der Innenstadt oder rekonstruiert in Gestalt des **Taubenturmes** am Dr.-Wilhelm-Paeseler-Platz (Klosterstr. 17). Vor der Stadtmauer hat eine Büste des Alzeyer Rebzüchters *Georg Justus Scheu* (1879–1949) Platz gefunden, der neben anderen Rebsorten die nach ihm benannte Scheurebe züchtete.

Sehenswertes

Alzeys Innenstadt ist übersichtlich. Ladenstraßen finden sich nahe Hinterhöfen, ein architektonischer Mix mit eigenem Reiz. Erste Anlaufstation für Besucher ist das **ehemalige Hospital** in der Antoniterstraße, ein prächtiger Renaissancebau mit Treppenturm, in dem heute neben der Touristinformation auch das Stadtmuseum untergebracht ist. Von dort sind die meisten Sehenswürdigkeiten nur wenige Minuten entfernt.

Gleich **drei Marktplätze** kennt die Stadt, deren Namen verraten, mit was

rh104 gs

Alzey

Übernachtung
2 Winzerhotel Himmelacker
3 Hotel Selzgold
4 Weinhotel Kaisergarten

Essen und Trinken
3 Café Selzgold
5 Pfälzer Wald
7 Alzeyer Kaffeehaus

Einkaufen/Sonstiges
1 Kräuter- und Wildpflanzen-Gärtnerei Strickler
6 Weingut der Stadt Alzey

hier einst gehandelt wurde. Rheinfische kamen am Fischmarkt unter die Leute, Pferde auf dem Rossmarkt und auf dem Obermarkt fanden – wie heute auch wieder – Wochenmärkte statt. Vor allem aber war er Ort für Versammlungen und Festivitäten. Die drei Plätze gehören zu den schönsten der Stadt und sind bis heute wichtige Treffpunkte der Bürger. **Fachwerkhäuser** rahmen sie ein, Bauten, die Solidität ausstrahlen, keinen Prunk oder Protz. Das gilt auch für das Schloss (s.u.), das kurfürstliche Herrschaft nur andeutet und heute neben dem Amtsgericht das Internat des Landeskunstgymnasiums beherbergt.

Rossmarkt mit Rossmarktbrunnen

Der von schönsten Fachwerkhäusern umgebene Rossmarkt ist das **Herz der Stadt,** ein fast immer belebter Platz mit viel Flair vor allem im Sommer, wenn die umliegenden **Gaststätten und Cafés** ihre Tische und Stühle nach draußen stellen. Sofort ins Auge fällt der Brunnen mit dem kräftigen Ross, der seit 1985 das Stadtbild prägt. Geschaffen hat ihn der Pfälzer Künstler *Gernot Rumpf,* der mit seinem Werk an den sagenumwobenen Spielmann und Ritter Volker von Alzey und sein Schlachtross erinnern wollte. Deshalb trägt das Pferd auf der einen Seite die Fidel des Minnesängers und auf der anderen sein Wappenschild. Im Wasser der Brunnenschale findet sich symbolisch der Nibelungenschatz. Re-

rh105 gs

rh106 gs

ben und Weintrauben krönen den Brunnen und verweisen so auf die Weinstadt Alzey.

Fischmarkt mit Rathaus

Nur ein paar Schritte vom Rossmarkt entfernt liegt der Fischmarkt mit dem ehemaligen Rathaus der Stadt, einem dreigeschossigen Renaissancebau. Attraktion ist sein **Glockenspiel,** das ab 10 Uhr gewöhnlich alle zwei Stunden bis 20 Uhr erklingt. Dann öffnet sich ein Fenster hoch oben im Treppenturm, in dem die Figur des Volker von Alzey mit der Fidel erscheint. Groß ist das Repertoire seiner Lieder, zu denen weihnachtliche Klänge ebenso wie Volksweisen gehören.

Schräg gegenüber dem Rathaus findet sich das **Deutsche Haus** mit dem 1902 errichteten **Volker-Brunnen,** der Alzeys literarischen Volkshelden mit Hagen von Tronje zeigt. Später kam der **Fischmarktbrunnen** mit einer modernen Brunnenfigur hinzu, welche die Wassernymphe Undine darstellen soll.

^ Der Volker-Brunnen am Fischmarkt ...

< ... und der fiedelnde Volker am Rathaus

> Blick in den Innenhof von Schloss Alzey

Nikolaikirche

Bis heute prägt die im 15. Jahrhundert gebaute Nikolaikirche am **Obermarkt** das Stadtbild. 1689 wurde sie im Laufe des Pfälzischen Erbfolgekrieges zerstört und zur Aufrechterhaltung des Gottesdienstes anschließend nur mit einem Notdach versehen. Zu ihrer heutigen Gestalt fand die evangelische Nikolaikirche schließlich durch eine grundlegende Umgestaltung in den 1930er Jahren. Ihre einstige Ausstattung ist durch den reformatorischen Bildersturm und Kriegseinwirkungen bis auf eine spätgotische Darstellung der Grablegung Christi im Turmeingang verschwunden.

Burggrafiat mit Steinhalle

Der um 1700 errichtete, **dreiflügelige Barockbau** des Burggrafiats war bis Ende des 18. Jahrhunderts Sitz des kurpfälzischen Burggrafen und somit Verwaltungszentrum der Region. Heute beherbergt er im Ostflügel mit der Steinhalle eine der Sehenswürdigkeiten der Stadt. **Römische Grab- und Gedenksteine** finden sich hier, stolze Zeugen aus Alzeys Vergangenheit, darunter Reste von neun Jupitersäulen.

■ **Burggrafiat,** Schlossgasse 11. Gewöhnlich ist die Steinhalle nur im Rahmen von Stadtführungen und auf Nachfrage zugänglich.

Schloss Alzey

Zu den gewichtigsten Bauten der Stadt gehört das Schloss. Allerdings weiß man nicht, wie der mittelalterliche Ursprungsbau einmal ausgesehen hat. Zu den ältesten Teilen jedenfalls zählen die **Ringmauer** und der untere **Torturm.** Im 15. und 16. Jahrhundert bauten die in Heidelberg residierenden Pfalzgrafen die Burg schließlich zum Schloss aus, zu einem repräsentativen Gebäude, das mehr und mehr erweitert und mit einem Wassergraben und Festungswällen gesichert wurde. 1689 aber kam sein Ende, als die Franzosen im Zuge des Pfälzischen Erbfolgekrieges die pfalzgräfliche Residenz zerstörten. Zurück blieben Ruinen, aus denen Anfang des 20. Jahrhunderts ein neues Schloss entstand – mit einem **Jugendstilsaal,** in dem heute das Amtsgericht tagt. In einem weiteren Gebäudeteil findet sich ein Gymnasium. Der Innenhof ist frei zugänglich.

132rh gs

Weingut der Stadt Alzey

Gegenüber dem Burggrafiat liegt das Weingut der Stadt Alzey mit einer alten **Kuhkapelle** (→ Exkurs „Kuhkapellen: Wie aus Ställen Kneipen wurden", S. 248) als Verkaufsraum. Das von einem privaten Pächter geführte Stadtweingut bietet Weine aus der Region ab 4,80 € pro Flasche, Sekt und Secco aus eigener Herstellung – dazu Traubensäfte, Brände, Liköre und andere Geschenkartikel.

6 **Weingut der Stadt Alzey,** Schlossgasse 14, Tel. 06731 8238, www.weingut-alzey.com, Mo–Fr 9–12 u. 14–18 (Mi vormittag geschl.), Sa 9–13 Uhr.

Museum Alzey

Alzeys wichtigstes Museum ist im ehemaligen Spital untergebracht. In drei Geschossen präsentiert es die Geschichte der Region. Im Erdgeschoss erfährt man alles über den Spielmann Volker von Alzey und über den Alzeyer **Rebzüchter Justus Georg Scheu,** einen der Wegbereiter deutschen Qualitätsweinbaus.

Kacheln aus der Renaissance- und Barockzeit, Schmiede- und Schlosserarbeiten, textile und lederne Ausstellungsstücke zeugen vom einst in der Stadt gepflegten **Handwerk.** An das Hungerjahr 1846 erinnert ein trockenes Brötchen, Reste einer amerikanischen Fliegerbombe stammen aus dem Zweiten Weltkrieg.

Viel Raum widmet das Museum der rheinhessischen **Frühgeschichte** – von der Jungsteinzeit bis zur Ära der Merowinger. Zu den wertvollsten Exponaten gehört die steinerne Geburtsurkunde Alzeys, ein **römischer Nymphenaltar** aus dem frühen dritten Jahrhundert. Im zweiten Obergeschoss geben **Fossilien** Einblick in die Urwelten eines vor 30 Millionen Jahren existierenden subtropischen Binnenmeeres, dessen Küstenlinie westlich von Alzey verlief.

■ **Museum der Stadt Alzey,** Antoniterstr. 41, Tel. 06731 498896, www.museum-alzey.de, Mo–Fr 10–12.30 und 13.30–16.30 Uhr, Sa/So 10–12 und 14–16.30 Uhr, Eintritt frei.

Wartbergturm

Rund zwei Kilometer südlich der Stadtmitte an der Landesstraße nach Morschheim steht Alzeys **Wahrzeichen,** der im Mittelalter errichtete Wartbergturm, der immer wieder zerstört und neu aufgebaut wurde. Bei schönem Wetter bietet er einmalige Blicke in die Weiten.

Weinheim

Weinheimer Trift und Zeilstück

Der größte Alzeyer Vorort Weinheim ist mit seinen **Geotopen,** der Trift und dem Zeilstück, für geologisch Interessierte eine lohnende Adresse. Am Zeilstück erlaubt eine **Aussichtsplattform** Einblicke in Millionen Jahre alte Muschel- und Austernbänke. Es handelt sich um Reste eines rheinhessischen Urmeeres, aus dem Wissenschaftler auch Seekuhknochen und Haifischzähne bargen, die heute in den großen Museen der Welt liegen. Die Zufahrt zum Geotop einer am nordöstlichen Stadtausgang gelegenen **Sandgrube** mit bis zu elf Meter hohen Wänden ist in Weinheim ausgeschildert.

Weinkirche Weinheim

Ebenfalls in Weinheim findet sich eines der ungewöhnlichsten „Gotteshäuser" Deutschlands. Mitten in den Weinbergen steht Deutschlands einzige Weinkirche, eine Freiluftgebetsstätte, die sich jährlich an Christi Himmelfahrt mit Leben füllt, wenn der evangelische Pfarrer zum Gottesdienst bittet. Dann wird das von einer filigranen Bambuskonstruktion getragene und mit Weinreben begrünte **Pflanzengebäude** zum Hort des Gebets, der Besinnung und der Musik.

■ **Weinkirche Weinheim,** www.weinkirche.de. Die Kirche liegt nördlich der Gemeinde inmitten der Weinberge und ist nicht leicht zu finden. Am besten hilft google maps mit seiner Karte.

☐ Andacht zwischen Reben in Weinheim

Praktische Tipps

Informationen

■ **Touristinformation Alzeyer Land,** Antoniterstr. 41, 55232 Alzey, Tel. 06731 499364, www.alzeyer-land.de, April bis Okt. Mo–Fr 9.30–12.30 und 13.30–17, Sa 9.30–13 Uhr, Nov. bis März Mo–Fr 10–12.30 und 13.30–17 Uhr.

Unterkunft, Essen und Trinken

4 **Weinhotel Kaisergarten**④, Hospitalstr. 17, 55232 Alzey, Tel. 06731 997600, www.weinhotel-kaisergarten.de. Familiengeführtes Innenstadt-Hotel mit großem Frühstücksangebot auch für Außer-Haus-Gäste.

7 **Alzeyer Kaffeehaus**①, St.-Georgen-Str. 22, 55232 Alzey, Tel. 06731 9992843, www.alzeyerkaffeehaus.de, Mo–Fr 10–18, Sa 10–14 Uhr. In einem uralten, renovierten Fachwerkhaus gibt es Tee und

133rh gs

Kaffee verschiedenster Arten, selbst gebackene Kuchen, Müsli sowie vegane und vegetarische Bagel.

3 **Hotel Selzgold**③, Ochslergasse 10, 55232 Alzey, Tel. 06731 5471810, www.selzgold.de. Acht Doppel- und zwei Familienzimmer in einem Hotelneubau in der Innenstadt, 3 **Café Selzgold** (Di–So 9–19 Uhr) mit eigener Kaffeerösterei und feinen Kuchen und Torten.

2 **Winzerhotel Himmelacker**②, Westhofer Str. 1, 55232 Alzey-Dautenheim, Tel. 06731 42112, www.winzerhotel-storr.de. 17 Doppel- und Einzelzimmer im alten Heuspeicher eines Weinguts.

Einkaufen

1 **Kräuter- und Wildpflanzen-Gärtnerei Strickler,** Wormser Str. 78, Tel. 06731 4995410, www.gaertnerei-strickler.de, März bis Nov. Fr 13–18 (im Winter nur bis 17), Sa 11–15 Uhr. Alles, was naturnahe Gartenfreunde brauchen können: Kräuter- und Blumensamen aller Art, essbare Pflanzen, Gräser, Dach- und Kletterpflanzen.

134rh gs

Aktivitäten

- **Freibad am Wartberg,** Kaiserstraße 29, Tel. 06731 43219, www.schwimmbad-alzey.de, April bis Sept. Mo 12–20, Di–Fr 9–20, Sa/So 8–19 Uhr. Vier solarbeheizte Becken, große Liegewiese und Kleinkinderplanschbecken.
- **Schwimmhalle Alzey,** Donnersbergstr. 30, Tel. 06731 992028, www.schwimmbad-alzey.de. Mitte Okt. bis März Mo–Fr 6–7.30, Di–Fr 16–20, Sa 14–18, So 8–12 Uhr.

Kultur

- **Gerry Jansen Theater,** Hellgasse 7, Tel. 06731 35285, www.gerryjansen.de. Das ohne Subventionen oder Fördergelder auskommende kleine Theater bezeichnet sich als „verrückteste Profi-Bühne Deutschlands". Auf dem Spielplan stehen oft selbst geschriebene Komödien. Im Sommer spielt man Open Air in Rheinhessen.
- **Kleinkunstbühne Oberhaus,** in der Kneipe 5 **Pfälzer Wald,** Spießgasse 4, Tel. 06731 6687, www.alzeyeroberhaus.de. Konzerte, Comedy, Kabarett, Partys.

Feste und Veranstaltungen

- **Da Capo-Festival:** Musik und mehr im Schlosshof, August.
- **Alzeyer Wingertshäuschenwanderung:** erster Sonntag im September.
- **Alzeyer Winzerfest:** Ende September.
- **Töpfermarkt:** Kunsthandwerkertreffen im Hof des Burggrafiats, November.

135rh gs

■ **Alzeyer Weihnachtsmarkt:** Budenstädtchen rund um den Rossmarkt, November/Dezember.

Öffentliche Verkehrsmittel

■ Alzey ist **Bahnstation** und per Schiene an alle großen Städte in Rheinhessen angebunden. Innerhalb der Stadt verkehren **Busse,** auch in die Vororte, die zum Teil auch mit Ruftaxis erreichbar sind (www.rnn.info).

Geschichte entdecken im Alzeyer Land:
☐ Römische Säulen in der Steinhalle von Alzey
und ☐ Spuren des rheinhessischen Urmeeres
in der Weinheimer Trift

Alzeyer Hügelland

Das die Stadt Alzey umgebende Alzeyer Hügelland liegt zwischen dem Nordpfälzer Bergland und dem Wonnegau. Im Süden schließt es an den Pfälzerwald an. Bis in die Urzeit reicht seine Geschichte, wie immer neue archäologische Funde beweisen. Davon erzählt vor allem das Dinotherium in Eppelsheim (s.S. 296), ein kleines paläontologisches Museum. Später drückten Römer, Kelten und Franken der Region ihren Stempel auf, ehe verschiedene Landesherren das Sagen hatten.

Sehenswerte Kirchen und Rathäuser sind häufig das Kapital, mit dem man in den Dörfern der **Urlaubsregion Alzeyer Land** wuchert. Zu dieser haben sich die 24 Gemeinden der Verbandsgemeinde Alzey-Land und die Stadt Alzey zusammengeschlossen.

Albig

Albig, gleich vor den Toren Alzeys gelegen, lockt mit kleinen Pfaden rund ums Dorf, den sogenannten „Reilchen". Besonderheit ist das 1766 gebaute **Rathaus** (Langgasse 58), in dessen Erdgeschoss man damals die katholische Kirche integrierte. Der Grund war, dass im Rahmen der Pfälzischen Kirchenteilung die damalige Liebfrauenkirche (Kirchgasse 1) mit ihrem romanischen Westturm den Protestanten zugesprochen wurde.

Bermersheim vor der Höhe

Bermersheim vor der Höhe reklamiert den Geburtsort der heiligen *Hildegard* für sich. Daran erinnert eine Reliquienbüste der Heiligen in der **Martinskirche** (Am Hildegardisberg). Das vermutlich in der Romanik wurzelnde Gotteshaus am Ortsrand gehört zu den wenigen noch heute existierenden Simultankirchen Rheinhessens, in dem sich Katholiken wie Protestanten gleichermaßen zu Hause fühlen.

Bechtolsheim

Ebenfalls simultan wird die **Kirche** in Bechtolsheim (Langgasse 13) genutzt. Sie findet sich wie das stattliche **Rathaus** (Langgasse 44) aus dem späten 16. Jahrhundert und einige viele Hundert Jahre alte Fachwerkbauten in der ganz unter Denkmalschutz stehenden **Langgasse.**

[>] Die Simultankirche in Gau-Odernheim

Das Gotteshaus lockt mit sehenswertem Gestühl, das aus der Erbauungszeit der Kirche, dem späten 15. Jahrhundert, stammt. Spätmittelalterlich sind auch ein Teil der Heiligenfiguren, der Treppenaufgang zur Kanzel und ein Großteil der Wandmalereien.

Biebelnheim

Wie viele Gemeinden der Region liegt auch Biebelnheim mit seinen zwei Dorfkirchen an einem mittelalterlichen Pilgerweg. So soll an Stelle der heutigen Pfarrkirche **Mariä Himmelfahrt** (Hauptstraße 17), einem schlichten Barockbau, ein altes Pilgerhospital gestanden haben. Etwas jünger als die katholische Kirche ist die ebenfalls aus dem Barock stammende evangelische Kirche (Obere Kirchgasse).

Gau-Odernheim

Das benachbarte Gau-Odernheim ist ein kleines Städtchen mit sehenswertem Fachwerk, besonders schön anzusehen in Gestalt des **Stadtschreiberhauses** (Kirchgasse 15) oder des ehemaligen Gasthauses **Zur Krone** (Untermarkt 14).

Blumenfreunden sei der **Lieberg** empfohlen, wo im April Tausende von **Wildtulpen** (www.wildtulpe.de) blühen. Der Berg ist der größte Standort der unter Naturschutz stehenden Pflanze in Deutschland. Grund dafür ist der feuchte und steinerne Lehmboden, der den im Süden Europas heimischen Pflanzen hier besonders guttut. Blumenpflücken ist in Gau-Odernheim ebenso verboten wie das Ausgraben der Wildtulpen.

Wahrzeichen der Stadt ist die **Simultankirche** (Kirchstr. 1). Katholiken und Protestanten feiern in Gau-Odernheim ihre Gottesdienste unter einem Dach. Nur eine Mauer trennt die beiden Konfessionen in der gotischen Kirche. Im Hauptschiff sind die Protestanten zu Hause, die Katholiken im später erbauten Chor. Eigentum der Ortsgemeinde ist der markante Kirchturm. Renoviert zeigt sich der evangelische Teil mit sehenswerten spätgotischen Wandmalereien, einer Kanzel von 1543 und schönem Taufstein. Barocke Opulenz dominiert den kleineren katholischen Teil. Gau-Odernheim ist so gelebte Ökumene und neben dem Wormser Vorort Pfeddersheim die einzige Simultankirche mit noch erhaltener Trennmauer in Rheinhessen.

Framersheim

Wahrzeichen von Framersheim sind die beiden Dorfkirchen und das Rathaus. Die **evangelische Kirche** mit ihrem spätgotischen Sakramentshäuschen besitzt die angeblich größte und älteste einmanualige **Orgel** der weltberühmten Orgelbauerfamilie *Stumm*. Neu ist der **Dorfbackofen** hinter dem Rathaus, in dem alle sechs Wochen öffentlich gebacken wird. In der örtlichen Metzgerei Hardt (Mehlstr. 16) wird noch immer eine rheinhessische Spezialität gefertigt. Kar-

137rh gs

toffeln, Zwiebeln, Dörrfleisch, gepökelter Schweinenacken, Wein, Lorbeerblätter, Schmand und ein Hauch Zimt vereinen sich zum Auflauf **Backesgrumbeer.**

Gau-Heppenheim

Ein wenig südlicher lockt Gau-Heppenheim mit einem dem heiligen *Urban* geweihten, spätgotischen Gotteshaus (Friedhofstr. 1) auf romanischen Mauern. Barock gibt sich die evangelische Kirche (Kirchgasse 1). Neuer ist der **„BohnErzWeg"**, der Gau-Heppenheim mit den Nachbargemeinden verbindet und auf den einstigen Erzabbau in der Region aufmerksam macht.

Eppelsheim

Blickfang im Ort ist der **Dalberger Turm** (Gau-Heppenheimer Str. 22), ein im frühen 16. Jahrhundert errichteter Wehr- und Wohnturm. Ältester Teil der evangelischen Kirche (Kirchgasse 18), einem spätbarock-frühklassizistischen Bau, ist der im Kern romanische Turm.

Dinotherium-Museum

Originale und Kopien **fossiler Funde** erzählen im Eppelsheimer Dorfmuseum von Zeiten, als der Rhein noch nicht an Oppenheim und Mainz vorbei, sondern von Worms kommend quer durch Rheinhessen floss, um sich bei Bingen dann weiter Richtung Norden zu drängen. **Zähne und Knochenreste** von Nashörnern und Rüsseltieren sind zu sehen, Teile vom Urpferd und anderem Huftier, Biber und Schwein. Im Mittelpunkt steht der Abguss des 1835 gefundenen **Schädels eines Dinotherium giganteum,** eines elefantenähnlichen Rüsseltieres, das dem Museum den Namen gab. Panoramabilder beleuchten die Pflanzen- und Tierwelt vor zehn Millionen Jahren.

Gegenüber dem Museum liegt das **Scheunencafé,** in dem die örtlichen Vereine sonntagmittags zu Kaffee und Kuchen laden.

■ **Dinotherium-Museum Eppelsheim,** Zwerchgasse 17, Tel. 06735 81350, www.dinotherium-museum.eppelsheim.de, jeden ersten Mi (18–20 Uhr) und jeden dritten So (10–12 Uhr) im Monat.

Flomborn

Flomborns **Rathaus** (Langgasse 28/30) gehört zu den Anfang des 18. Jahrhunderts entstandenen Kirchenrathäusern in Rheinhessen, in denen sich bis heute religiöses und politisches Leben paaren.

Ein großer Torturm und ein staatliches Gebäude des Deutschen Ordens (Kommenturei 3–31) sind neben zwei Kirchen in der Hauptstraße die Wahrzeichen des Nachbarortes **Ober-Flörsheim.**

Freimersheim

Hoch über Freimersheim liegt die katholische **Josefskirche** (Pfarrgasse 9) mit ihrem romanischen Turm, Taufstein und Opferstock aus dem 17. Jahrhundert und einer Barockorgel. Beachtenswert ist auch ein Maßwerkfenster im Altarraum mit mittelalterlichen Darstellungen der hll. Erasmus und Cyriakus, die zu den 14 Nothelfern gehören. Mit einer **Orgel der Gebrüder Stumm** überrascht die evangelische Kirche im Ort (Hauptstr. 4), ein kleiner Saalbau aus dem frühen 18. Jahrhundert.

Praktische Tipps

Unterkunft, Essen und Trinken

- **Schlicks Restaurant in der Weinstube Mann**②, Goldbachstr. 25, 55234 Albig, Tel. 06731 9981199, Mi–So 17.30–22, So 11.30–14 Uhr. In zwei Gasträumen serviert man Deftiges aus Rheinhessen wie Hausmacher Wurst oder Wild aus der Region.
- **Restaurant Genusswerkstatt Menges**③-④, Langgasse 55, 55234 Flomborn, Tel. 06735 2697004, http://restaurant.genusswerkstatt-menges.de, Tel. 06735 2697004, Mi–Sa 17–22 Uhr. Restaurant in einer alten Bäckerei. Die kleine Karte wechselt alle zwei Wochen und ist der Frische auch regionaler Produkte geschuldet.

Einkaufen

- **Das Ölhaus** (Edith von Bourscheidt), Hauptstraße 59, 67294 Mauchenheim, Tel. 0172 6592804, Mi und Fr 14–19 Uhr. Kaltgepresste Öle aus eigener Herstellung, u.a. Traubenkern-, Walnuss-, Aprikosenkern-, Sonnenblumen- und Rapsöl. Spezialität ist Leinöl.
- **Deheck,** Mainzer Str. 25, 55239 Gau-Odernheim, Tel. 06733 961964, www.deheck.de, Mo–Fr 9–12.30 und 15–18 (Mi nachmittags geschlossen), Sa 9–13 Uhr. Destillerie und Likörmanufaktur mit vielen Spezialitäten wie Bränden aus Birnen, Äpfeln, Stachelbeeren, Waldhimbeeren und Trauben aller Art, dazu Exoten wie Liköre aus Erdbeer-Chili, Grapefruit-Hopfen, Honigmelone, Mango oder Schokolade-Eisminze.

Feste und Veranstaltungen

- **Wildtulpenfest Gau-Odernheim:** Fest zu Ehren der Wildtulpen, im Frühjahr.
- **Bechtolsheimer Weinwanderung:** entlang dem Panoramaweg, Pfingstmontag.
- **Weinfest der Verbandsgemeinde Alzey-Land:** in jährlich wechselnden Gemeinden, Juni.

Öffentliche Verkehrsmittel

- Die Ortsgemeinden Albig, Eppelsheim, Freimersheim und Wahlheim sind mit der **Bahn** zu erreichen, alle übrigen Dörfer mit **Bussen** oder **Ruftaxi** (www.vrn.de, www.rnn.info).

Wandern

Kneipp-Napoleon-Wanderweg

Der Kneipp-Napoleon-Wanderweg verbindet die Pfalz mit Rheinhessen. Wälder, Wiesen und Bäche begleiten den Wanderer. Wassertretanlagen und Kneipp-Armbecken in Bechenheim, Offenheim, Uffhofen und Wendelsheim sorgen vor allem im Sommer für neue Lebenskräfte.

Flonheim und Umgebung

Flonheim und sein Ortsteil **Uffhofen** gehören zu den touristischen Highlights der Rheinhessischen Schweiz. Der **Ortskern rund um den Marktplatz** steht komplett unter **Denkmalschutz.** Viele schöne Häuser aus dem 17. und 18. Jahrhundert zeugen vom einstigen Wohlstand, den die Gemeinde ihrem inzwischen stillgelegten Steinbruch verdankte. Seit Römerzeiten lieferte er das Material für Dome, Rathäuser, Schulen und Brücken in der Region.

Fast drei Dutzend **Weingüter** und ein halbes Dutzend **Vinotheken** sowie gehobene Gastronomiebetriebe mit feiner Regionalküche verwöhnen in Flonheim heute die Besucher. Nirgends sonst in der Rheinhessischen Schweiz ist die touristische Infrastruktur komprimierter.

Die von Mai bis Oktober samstagmittags stattfindenden Ortsrundgänge führen Besucher zu Fachwerkbauten und barocken Gehöften, alten Wehrmauern, dem schönen Rathaus und dem Marktplatz mit Sandsteinbrunnen. Die beiden großen Kirchen stammen aus den 1880er Jahren. Die evangelische Pfarrkirche (Marktplatz 5) steht allerdings an Stelle einer ehemaligen Klosterkirche, an die der Bodenbelag aus bunten Tonplättchen aus dem 13. Jahrhundert erinnert.

Über die Geschichte der Region informiert ein kleines Museum samt **Infothek im Rathaus** (Marktplatz 12, Mai–Okt. Sa, So 15–18 Uhr).

Gut ausgeschilderte **Wanderwege** laden zu Spaziergängen und zum Entdecken der sogenannten **Trulli,** einer

138rh gs

rheinhessischen architektonischen Besonderheit (→ Exkurs „Trulli – die neu entdeckten Weinbergshäuschen", S. 300).

Mit der **Geistermühle** findet sich vor den Toren Uffhofens eine interessante Mühle, die auf Anfrage zur Besichtigung offen steht (s.u.: „Einkaufen").

Schon zum **Landschaftsschutz- und Naherholungsgebiet Rheinhessische Schweiz** zählen Orte wie Bornheim, Erbes-Büdesheim, Nieder-Wiesen und Offenheim – fast allesamt Dörfer mit langer Geschichte.

Bornheim

Die evangelische Kirche (Hindenburgring 22) in Bornheim nennt neben einigen Wandmalereien aus dem 13. Jahrhundert Rheinhessens vermutlich älteste Glocke ihr eigen.

Nicht zu übersehen sind die großen Hallen der **Erzeugergemeinschaft Goldenes Rheinhessen** (s.u.: „Einkaufen"). Rund 40 Millionen Liter Wein werden hier jährlich produziert.

Der Turm der katholischen Dorfkirche **St. Margaretha** (Kirchgasse 4) im benachbarten **Lonsheim** stammt aus dem 14. Jahrhundert. Barock ist ihr Inneres.

Erbes-Büdesheim

Barocken Ursprungs sind die katholische St. Bartholomäuskirche (Hauptstraße 24) und die evangelische Kirche (Hauptstr. 8) in Erbes-Büdesheim, das einst mehr als zwei Dutzend Klöster und Adelshäuser beherbergte.

Wer sich für die Postgeschichte Rheinhessens interessiert, ist im **Postmuseum** im alten Rathaus an der richtigen Adresse (nur nach Voranmeldung, www.postmuseum-rheinhessen.de).

Offenheim

Barock geben sich die beiden Kirchen in der Untergasse von Offenheim. Vor allem aber reklamiert das Dörfchen das größte zusammenhängende **Waldgebiet** Rheinhessens für sich, ein Paradies für Wanderer – im Sommer angenehm schattig.

Nieder-Wiesen

Nieder-Wiesen bietet Besuchern eine barocke **evangelische Kirche** (Kirchgasse 1) mit wertvoller Orgel. Das Instrument aus dem frühen 18. Jahrhundert ist die angeblich kleinste aus der Fertigung der berühmten Orgelbauerdynastie Stumm, deren Ruf einst so groß war, dass Russlands Zaren sie unbedingt zur Übersiedlung nach St. Petersburg überreden wollten. Ein Grabdenkmal erinnert an den hier einst tätigen Pfarrer *Johann Wilhelm Fresenius,* dessen Sohn als Pfarrer in Frankfurt *Goethes* Eltern traute und den Dichter kurz nach seiner Geburt taufte. Außerdem gründeten die Nachfahren des Pfarrers ein heute weltweit tätiges medizintechnisches Großunternehmen.

☒ Die Geistermühle bei Flonheim, heute Sitz eines Weingutes

Trulli – die neu entdeckten Weinbergshäuschen

Meist weiß gekalkt leuchten sie weithin aus den Weinbergen Rheinhessens: einfache Weinbergshäuschen, in früheren Jahrhunderten als steinerne Schutzhütten errichtet und in den letzten Jahren touristisch neu entdeckt. Trulli (Einzahl: **Trullo**) nennt man sie, in Anlehnung an ihre apulischen Vorbilder, wo sich Tausende ähnlicher Bauten aus Trockenmauerwerk finden. Weil sie in den Weinbergen stehen, nennt sie der Volksmund häufig auch *Wingertsheisje* oder wegen ihrer meist hellen Farbe *weis Heisje*. Besonders schöne Trulli stehen in **Flonheim, Erbes-Büdesheim** und **Wendelsheim,** andere im südlichen Wonnegau.

Wie im Süden Italiens wurden auch viele Trulli Rheinhessens im **Kragbau** errichtet, einer der ältesten Bauweisen überhaupt. Dabei werden die Mauersteine so aufeinander geschichtet, dass sie eine Bogenform bilden. Anders als beim echten Gewölbe aber, das sich selbst stabilisiert, wird das Kraggewölbe durch vertikalen Druck auf die Außenseiten der Gewölbesteine gesichert. Die Bauweise der Trulli aus **massivem Naturstein,** mit sehr dicken Wänden und winzigen oder gar keinen Fenstern, bot ihren Nutzern nicht nur Schutz gegen Regen und Wind, sondern vor allem auch angenehme Temperaturen während sommerlicher Hitzetage, weil sich das

139rh gs

140rh gs

Innere nur ganz langsam aufheizt. Andererseits speichert ein Trullo tagsüber die Sonnenstrahlen, deren Wärme er abends ebenso langsam wieder abgibt. Ideale Bedingungen waren das für die Weinbergschützen und Winzer.

In Grundbüchern wird man in der Regel vergebens nach Einträgen suchen, die Bauherren und Alter der Bauten verraten. Nur ganz wenige Trulli, wie das mit den Insignien seines Bauherren und einer Jahreszahl versehene Prachtexemplar in Flonheim, geben solche Informationen preis. Es stammt aus der Mitte des 18. Jahrhunderts, als die ersten Trulli in den ehemals kurpfälzischen Gebieten vermutlich als Folge einer Verwaltungsanordnung entstanden. Im Oktober 1847 nämlich hatte die kurpfälzische Administration verfügt, die Feldfluren Tag und Nacht zu bewachen. Der Grund waren die zunehmenden Diebstähle von Weinbergspfählen und Obstbäumen, die man zu Brennholz machte, und die Plünderung der Trauben vor der Ernte, mit denen man in den Notjahren damals den Hunger stillte.

Für die gemeindeeigene Sicherheit wurden daher Schutzhütten in den Weinbergen gebraucht. Aus Mangel an hölzernen Baugerüsten schichtete man einfache Steine Reihe für Reihe immer enger werdend auf – bis das Dach geschlossen war. Anschließend wurden die Bauten verputzt und oft weiß gekalkt. Inwieweit italienische Wanderarbeiter, die in jener Zeit in den Sandsteinbrüchen Flonheims gearbeitet haben, die Bauideen für die Trulli aus ihrer italienischen Heimat mitbrachten, ist eine Frage, die wohl nie ganz zu klären sein wird. Eigentlich würde diese Frage auch niemand stellen, wären die jahrhundertelang kaum beachteten Trulli nicht als neue Touristenattraktion in den Fokus gerückt.

◁ △ Exemplare bei Flonheim

Aus dem Fresenius-Geschlecht stammt auch die Mutter des thüringischen Ministerpräsidenten *Bodo Ramelow*, der in Nieder-Wiesen seine Kindheit verbrachte.

Als Reiterhof dient inzwischen das Anfang des 18. Jahrhunderts erbaute **Wasserschloss** (Schlossgasse) mit seiner barocken Gartenanlage. Sein Marstall mit altem Kreuzgewölbe ist heute ein kleiner Festsaal.

Wiesbach-Furt

Abenteuer liebende Autofahrer können in dem einstigen Grenzdorf zur bayrischen Pfalz den gut vier Meter breiten Wiesbach queren – auf einer der letzten Furten Deutschlands. Dabei handelt es sich um eine **durch das Flüsschen führende offizielle Straße,** die manchmal auch Motorrad- oder Rollerfahrer passieren – was mit zunehmendem Wasserstand immer mehr Mut erfordert – oder auch verboten ist. Kneipp-Freunde finden an der Furt ein Armbadebecken.

Praktische Tipps

Unterkunft, Essen und Trinken

MEIN TIPP: **Dohlmühle**④, An der Dohlmühle 1, 55237 Flonheim, Tel. 06734 941010, www.dohlmuehle.de, Mi–Mo 18–22, So auch 12–14 Uhr. Weingut mit schön ausgestatteten Gästezimmern und Restaurant. Gehobene, saisonal geprägte Küche, vom Bärlauchsüppchen bis zum viergängigen Menü.

■ **Espenhof**③, Landhotel und Weingut, Hauptstraße 81, 55237 Flonheim, Tel. 06734 94040, www.espenhof.de. **Vinothek** Mo–Fr 8–12 und 14–18, Sa 8–16 Uhr. Zum Landhotel gehört auch eine **Weinwirtschaft** (Do–Sa 17–22 Uhr) mit gehobener Landhausküche.

Wandern bei Flonheim

https://stock.adobe.com © lotharnahler

- **Weingut Haus Thiel①**, Wilhelm-Leuschner-Str. 17, 55237 Flonheim, Tel. 06734 413, www.haus-thiel.de, Do ab 18, Fr–So ab 17 Uhr. Weingut mit kleiner Bewirtung im Garten oder der Stube. Im Angebot sind neben Flammkuchen Brote mit Käse, Wurst oder Eiern.

Einkaufen

- **Erzeugergemeinschaft Goldenes Rheinhessen,** Mainzer Landstraße 21, 55237 Bornheim, Tel. 06734 94400, www.goldenes-rheinhessen.de, Flaschenweinverkauf 9–14 Uhr nach telefonischer Vorbestellung. Preiswerte Rheinhessen-Weine, deren Trauben mehr als 200 Mitgliedsbetriebe zuliefern.
- **Weingut Geistermühle,** 55237 Flonheim, Tel. 06734 8310, www.geistermuehle.de. Außerhalb gelegenes Weingut in einer alten Mühle, das hin und wieder Führungen durch die Mühle oder in die umliegenden Weinberge samt Weinprobe anbietet. Direktverkauf zu telefonisch vereinbarten Zeiten.

Feste und Veranstaltungen

- **Trullo in Flammen:** Weinwanderung, letztes Aprilwochenende.

Öffentliche Verkehrsmittel

- Flonheim und Alzey verbindet eine **Buslinie** (www.rnn.info).

☒ Wandern in der Rheinhessischen Schweiz: „Hiwweltour Eichelberg"

Wöllstein

Die Verbandsgemeinde Wöllstein bildet das **Herz der Rheinhessischen Schweiz.** Hier sind die unendlich langen Rebzeilen rar, ist die Landschaft weit weniger kultiviert als sonst zwischen Worms und Bingen. Vor allem Naturfreunde wissen das zu schätzen. Sie finden ganz im Westen Rheinhessens einige der schönsten **Wanderwege** der Region.

Zur rheinhessischen Schweiz gehören auch einige Orte der **Verbandsgemeinde Bad Kreuznach,** darunter Frei-Laubersheim, Fürfeld mit der Templerkapelle Iben und Neu-Bamberg (s.u.).

Wöllstein, zu dessen Sehenswürdigkeiten die im Kern spätgotische **evangelische Kirche** (Ernst-Ludwig-Str. 24) zählt, dient heute als Oberzentrum, was die vielen kleinen Läden und Supermärkte zeigen. Pflanzenfreunden sei das **Arboretum** (Ziegelhüttenstr. 40–42) ans Herz gelegt, ein von einem Ziegelprodu-

141rh gs

zenten eingerichteter Park mit zum Teil exotischen Bäumen, Ziersträuchern und Gräsern.

In Wöllstein verbrachte Deutschlands populärste Unterhaltungskünstlerin, *Helene Fischer,* ihre Kindheit und Jugend. 1988 war die heute millionenschwere russischstämmige Sängerin mit ihrer Familie nach Rheinhessen übergesiedelt, wo sie schon als Schülerin Theaterarbeitsgemeinschaften und Musicalkurse besuchte.

Eckelsheim

Als **Wein- und Kräuterdorf** hat sich Eckelsheim einen Namen gemacht. Auf Führungen und in Workshops stellen kundige Frauen die in der Region wachsenden Kräuter und Pflanzen vor (www.krauterschuleherbula.de und www.weingutmann.de).

Eckelsheims Wahrzeichen ist die Ruine der ein paar Hundert Meter südlich des Dorfes an der Straße nach Wonsheim gelegenen, spätgotischen **Beller Kirche.** Zu den weiteren Sehenswürdigkeiten gehören die **evangelische Kirche** (Kirchstr. 1), eine barocke Saalkirche, deren Bildfenster und Glocken nach Amerika ausgewanderte Eckelsheimer stifteten, und der **Kulturhof Eckelsheim** (Kirchstr. 5), eine alte Hofreite mit Scheune, Stall und Garten, die heute ein gemütliches Restaurant (s.u.: „Unterkunft, Essen und Trinken") mit großem Innenhof beherbergt. Jeden ersten Sonntag ist das private **Dorfmuseum** (Kirchstr. 6, 11–17 Uhr) nebenan geöffnet, das von Hausschlachtungen und anderen Besonderheiten des einstigen Dorfalltags erzählt.

Der 1,6 Kilometer lange **Themenweg** „Strandpfad der Sinne" in Eckelsheim gibt einen Eindruck, wie es im Westen Rheinhessens vor etwa 30 Millionen Jahren ausgesehen haben könnte.

Siefersheim

Unter Wanderern ist Siefersheim eine gefragte Adresse, führen doch viele interessante Touren durch die Umgebung – zum Beispiel die „Bänkelches-Route", ein acht Kilometer langer **Rundwanderweg,** der seinen Namen den mehr als ein Dutzend am Weg aufgestellten Bänken verdankt. Während man nur Anfang Mai zur „Orchideenwanderung" einlädt, werden **Kräuterwanderungen** häufiger angeboten (https://kraeuter-hexen.de/wanderungen).

Die vielleicht schönste Tour, die Hiwwelroute „Heideblick" (s.u.: „Wandern"), führt am **Ajaxturm** vorbei, der sich auf Siefersheims Ortswappen findet (→ Kapitel „Wandern").

Stein-Bockenheim

Stein-Bockenheim bietet Besuchern eine barocke **evangelische Kirche** (Kirchstr. 16) mit neugotischem Turm und Pfarrhaus sowie ein spätklassizistisches **Rathaus** (Kirchstr. 11).

Wendelsheim

Das benachbarte Wendelsheim punktet mit einem Ende des 18. Jahrhunderts erbauten Schloss in Privatbesitz (Unterwendelsheim 70), einem neuen Aussichtsturm und seiner **evangelischen Kirche** (Donastr. 17). Vom romanischen Ursprungsbau ist noch das Untergeschoss des Chorturms erhalten. Im Inneren beeindrucken Fratzen an den Konsolen und ein Weihwasserbecken aus dem frühen 16. Jahrhundert.

Wonsheim

Wonsheim überrascht mit Fachwerkhäusern und einer **evangelischen Kirche** (Kirchgasse 2) mit romanischem Turm und schöner Krypta. Spätbarock gibt sich das **Rathaus** (Untergasse 5), in dessen Erdgeschoss sich eine kleine Kapelle findet.

Fürfeld

Fürfeld beherbergt eine evangelische Kirche (Rathausstr. 21) samt gotischem Turm und die zur gleichen Zeit entstandene katholische Pfarrkirche St. Joseph und St. Ägidius (Kreuzstr. 18), ein spätbarocker Saalbau mit schönem Hochaltar.

Kapelle Iben

Auf dem Weg von Fürfeld nach Wonsheim, mitten im Appelbachtal, steht eines der schönsten gotischen Zeugnisse Rheinhessens. Die versteckt in einem Bauernhof, dem **Hof Iben,** gelegene Kapelle Iben ist der letzte Rest einer **ehemaligen Wasserburg der Tempelritter,** die vermutlich schon in der Mitte des 12. Jahrhunderts hier zu Hause waren. Wie die meisten der vielen Tausend Ordensniederlassungen in Europa diente auch Iben vor allem zur Rekrutierung und Ausbildung angehender Tempelritter, einer militärischen Elite, die dem Papst direkt unterstellt war und sich die Sicherung der heiligen Stätten und der Pilgerwege ins Heilige Land auf ihre Fahnen geschrieben hatte.

https://stock.adobe.com © lotharnahler

☐ Die Templerkapelle auf dem Hof Iben

142rh gs

Heute erinnert außer einem aus dem 15. Jahrhundert stammenden Mauerzug an der Südflanke des Hofes nur noch die Kapelle an die ehemalige Wasserburg. Die aber lässt Kunsthistoriker angesichts des filigranen Maßwerks, der schönen Wendeltreppe zum Dachboden und der kleinen Kapitelle mit ihrer Eichen- und Weinlaub-Ornamentik schwärmen.

Die Größe des Bauernhofes lässt ahnen, wie groß der Templerbau einmal war. Nach Auflösung des Ordens 1312 übernahmen die örtlichen Landesherren die Anlage, die Anfang des 19. Jahrhunderts in bäuerlichen Besitz überging. Die Kapelle selbst, von der allerdings nur der 1240 errichtete Chor alle Kriege überlebte, wird seit 1870 vom Staat verwaltet. Das romanische Langhaus im Anschluss an den Chor wurde in den 1830er Jahren abgebrochen und von den Bürgern der umliegenden Dörfer als Steinbruch genutzt. In manch altem Rathaus oder Schulgebäude kamen so die Steine von Hof Iben zu neuem Nutzen.

⌃ Filigraner Schmuck im Inneren der Kapelle Iben

Frei-Laubersheim

Im benachbarten Frei-Laubersheim fällt neben dem großen Rathaus (Rathausstr. 9) mit seinem schmucken Fachwerkerker aus dem frühen 17. Jahrhundert die katholische Pfarrkirche **St. Mauritius und Gefährten** (Kirchenpforte 9–11) mit ihrem frei stehenden Turm aus dem 13. Jahrhundert ins Auge. Die Kirche beherbergt einen Taufstein aus dem frühen 16. und im Hochaltar eine Traubenmadonna aus dem 15. Jahrhundert.

Neu-Bamberg

Hoch über Neu-Bamberg mit seinen vielen noch aus dem frühen 18. Jahrhundert stammenden Bauten thront die **Neue Baumburg** (Schlossgasse 10), eine zum Teil neu aufgemauerte Ruine. In der ehemaligen Vorburg ist heute die katholische Dionysoskirche. Das schon im 13. Jahrhundert als Burgkapelle erwähnte Gotteshaus ist eine unter Einbeziehung des alten Mauerwerks geschaffene neugotische Kirche mit schönen Barockfiguren im Inneren. Neu-Bamberg umschließt eine mittelalterliche Mauer, von deren drei Toren die malerische **Kandelpforte** noch erhalten ist. Prachtstück in der Pforte ist eine der ältesten noch funktionierenden **Turmuhren** im deutsche Südwesten, die im Rahmen von Führungen auch besichtigt werden kann (Info-Tel. 0170 8133998). Eine Inschrift datiert den Uhrturm ins hohe Mittelalter, das Dach kam im Barock hinzu.

Einen guten Meter lang, einen knappen Meter hoch und 55 Zentimeter breit ist das in einem Kasten ruhende **Uhrwerk.** Zwei schwere Steine halten die Uhr in Gang. Weil sie die Gravitation aber immer nach unten zieht, müssen die beiden Gewichte regelmäßig alle dreißig Stunden mit der Hand nach oben gezogen werden. Den Zeiger treibt ein Walzenrad, das sich einmal in der Stunde um die eigene Achse dreht, über mehrere Umschaltstationen. Einen Minutenanzeiger hat die Turmuhr übrigens nicht. Der war zur Zeit ihrer Entstehung zwar schon erfunden, hätte die Konstruktion aber weiter verteuert. Angeblich kam die Uhr ihren Finanziers schon beim Einbau in den Turm so teuer wie ein Wohnhaus.

Volxheim

In Volxheim sind die beiden 1790 erbauten Kirchen die Schmuckstücke des Dorfes: die katholische Kirche St. Matthäus (Hintergasse 4) und die evangelische Kirche (Marktplatz 5). Noch etwas älter ist ein ebenfalls am Marktplatz befindliches Fachwerkhaus ebenfalls am Marktplatz.

Pleitersheim

Einzige Sehenswürdigkeit in Pleitersheim ist die evangelische Kirche (Hauptstraße 27), ein rechteckiger Saalbau aus dem späten 15. Jahrhundert. Die aus der Erbauungszeit stammenden Wandmalereien wurden erst nach dem Krieg freigelegt und zeigen vor allem Heilige aus dem Kreis der 14 Nothelfer.

Pfaffen-Schwabenheim

Ein besonders schönes Gotteshaus findet sich in Pfaffen-Schwabenheim: die ehemalige **Klosterkirche Maria Himmelfahrt** (Im Kloster 2), deren Eingangsfassade nicht ahnen lässt, dass sich auf ihrer Rückseite noch ein Chorbau aus dem 13. Jahrhundert in fast originalem Zustand erhalten hat. Er gehörte zu einem Mitte des 11. Jahrhunderts ge-

rh107 gs

☒ Alle 30 Stunden muss die Turmuhr in der Kandelpforte in Neu-Bamberg justiert werden gründeten Augustiner-Chorherrenstift. Das heutige Kirchenschiff entstand erst im Barock, dessen Zeitgeist auch das sehenswerte Kircheninnere prägte. Besondere Verehrung genießt ein Gnadenbild aus der Mitte des 18. Jahrhunderts.

Gau-Bickelheim

Das Ortsbild im benachbarten Gau-Bickelheim, wo *Helene Fischer* gern zum Tanzen ging, prägen neben ein paar Fachwerkhäusern das große **Rathaus** (Am Römer 4) und die katholische **Martinskirche** (Wöllsteiner Str. 2), ein architektonischer Mix aus Neuromanik und Neugotik.

136rh gs

Kreuzkapelle auf dem Wißberg

Jährlich am 3. Mai oder dem darauf folgenden Sonntag ziehen Wallfahrer aus den um den Wißberg gelegenen Gemeinden zur mitten in den Weinbergen gelegenen und weithin sichtbaren Kreuzkapelle Gau-Bickelheims. Die **Prozession** zu Ehren des Heiligen Kreuzes wurde durch die Schenkung einer Kreuzreliquie, eines Partikels vom „wahren Kreuz", durch Papst *Benedikt XIV.* anno 1757 begründet und gewann schnell an Popularität. Der Zug der Pilger entlang des von 14 Kreuzwegstationen gesäumten Weges soll an die Kreuzauffindung im frühen 4. Jahrhundert erinnern, als *Helena,* die Mutter des römischen Kaisers *Konstantin,* im Heiligen Land das Kreuz Christi entdeckt haben soll. Diese Legende wird auch von den bunten Glasfenstern in der Kreuzkapelle dargestellt. **Weinbergswanderern** dient die Kapelle gern als Treffpunkt (zum Wißberg siehe auch „Sprendlingen" im Kapitel „Nördliches Rheinhessen").

Praktische Tipps

Informationen

- **VG Bad Kreuznach,** Rheingrafenstraße 11, 55543 Bad Kreuznach, Tel. 06708 610100, www.vg-bad kreuznach.de, Mo–Fr 8–12 Uhr, Do 14–18 Uhr.

[<] Die Kreuzkapelle auf dem Wißberg – Ziel von Prozessionen und Wanderungen

Unterkunft, Essen und Trinken

Hotel Klosterhof Eckelsheim①-②, Hauptstr. 15, 55599 Eckelsheim, Tel.06703 3879, www.klosterhof-eckelsheim.de, geöffnet April bis Nov. Individuelles, ökologisch ausgerichtetes B&B in altem Bauernhof, mit Hofladen und Fahrradverleih.

- **Hof Eckstein Gästehaus und Café**②, Kirchstr. 8, 55599 Stein-Bockenheim, Tel. 06703 3070 148, www.hof-eckstein.com. Allergikergeeignete Zimmer in denkmalgeschütztem Gästehaus.
- **Kulturhof Eckelsheim**③-④, Kirchstraße 5, 55599 Eckelsheim, Tel. 06703 301458, www.kulturhof-eckelsheim.de, Mi–Sa 18–21, So 11.30–14 und 17.30–20 Uhr. Kräuter aus dem eigenen Garten veredeln das Lamm ebenso wie das Fischfilet.
- **Nickl's Speisekammer**⑤, Hauptstraße 4–6, 55546 Biebelsheim, Tel. 06701 4289823, www.nickls-speisekammer.de, Do–Sa 18–22, So 12–14 und 18–22 Uhr. Gehobene saisonale Küche mit kleiner, häufig wechselnder Karte.

Einkaufen

- **Ziegenhof am Finkenbach,** Oberwendelsheim 29a, 55234 Wendelsheim, Tel. 06734 8323, www.ziegenhof-am-finkenbach.de, Di 9–13, Do 9–13 und 17–19, Sa 9–13 Uhr. Eigener Ziegenkäse und Ziegenwurst sowie Schokolade mit Ziegenmilchfüllung (nur im Winter), außerdem selbst gemachte Marmelade und Eingemachtes.

Aktivitäten

- **Freizeit- und Erlebnisbad „Am Schlossstadion",** Eleonorenstr. 75, 55597 Wöllstein, Tel. 06703 3160, Mi–So 10–18 Uhr. Freibad mit Rutsche und Kleinkinderbecken samt Bistro.

Die Kandelpforte, ein Stadttor in Neu-Bamberg

https://stock.adobe.com © lotharnahler

Feste und Veranstaltungen

- **Johannisfest Wendelsheim:** Jahrmarkt und Weinfest, Juni.
- **Weinfest der Verbandsgemeinde Bad Kreuznach:** in jährlich wechselnden Gemeinden, Juni.
- **Beller Spectaculum:** Eckelsheim, Mittelaltermarkt und Ritterspiele rund um die Beller Kirchenruine, Juli.
- **Wein erleben im Wißberg:** Weinfest um Gau-Bickelheims Kreuzkapelle, Juli.
- **Wöllsteiner Markt:** Jahrmarkt und Weinfest, erstes Septemberwochenende.
- **Siefersheimer Bänkelchesroute:** Weinwanderung, letzter Septembersonntag.

Öffentliche Verkehrsmittel

- **Linienbusse** verbinden Alzey mit Wörrstadt und machen dabei in vielen Ortschaften der Verbandsgemeinde Wöllstein Station (www.rnn.info).

Wandern

Küstenweg Rheinhessen

MEIN TIPP: Auf drei Rundwegen erschließt sich die erdgeschichtliche Vergangenheit Rheinhessens. Dabei wandert man entlang der **urzeitlichen Küstenlinie,** die das Mainzer Becken umschloss. Einstige Vulkaninseln, ein versteinertes Brandungskliff und Austernbänke zeugen von der Zeit, als ein subtropisches Meer die Region überflutete.

- **Routenplan:** www.alzeyer-land.de/de/wandern/dokumente/kuestenwanderweg

Die urzeitliche Küstenlinie am Mainzer Becken kann man auf dem Küstenweg Rheinhessen entdecken

☐ Übersichtskarte S. 282

Hiwweltouren

Hiwweltouren heißen empfehlenswerte, zum Teil auch anspruchsvolle Wanderungen in der Region. Mit 10 km („Heideblick“), 11 km („Eichelberg“) und 13 km („Tiefenthaler Höhe“) sind es Rundwege zwischen drei und vier Stunden Gehzeit. Wanderfreunde zählen sie zu den **schönsten Touren in Rheinhessen,** weil es viel Natur zu entdecken gibt.

Die **Tour „Heideblick“** startet und endet in Siefersheim, die **Tour „Eichelberg“** am alten Bahnhof zwischen Frei-Laubersheim und Neu-Bamberg, die **Tour „Tiefenthaler Höhe“** am Dorfplatz in Tiefenthal.

■ www.rheinhessen.de/hiwweltouren

rh046 gs

☐ Unterwegs auf der Tour „Eichelberg“

☐ Im Gänsemarsch auf Wanderschaft

rh117 jb

194rh-gs

8 Wandern

< Wanderndes Paar am Kühkopf

Wandern im Rheingau und in Rheinhessen

Wandern heißt das Trumpf-Ass, das die Touristikmanager an Rhein und Nahe immer ziehen, wenn es gilt, neue Gäste zu gewinnen. Viele Hundert Kilometer sind deshalb in der Region als Wander-

Wandern im Rheingau und in Rheinhessen

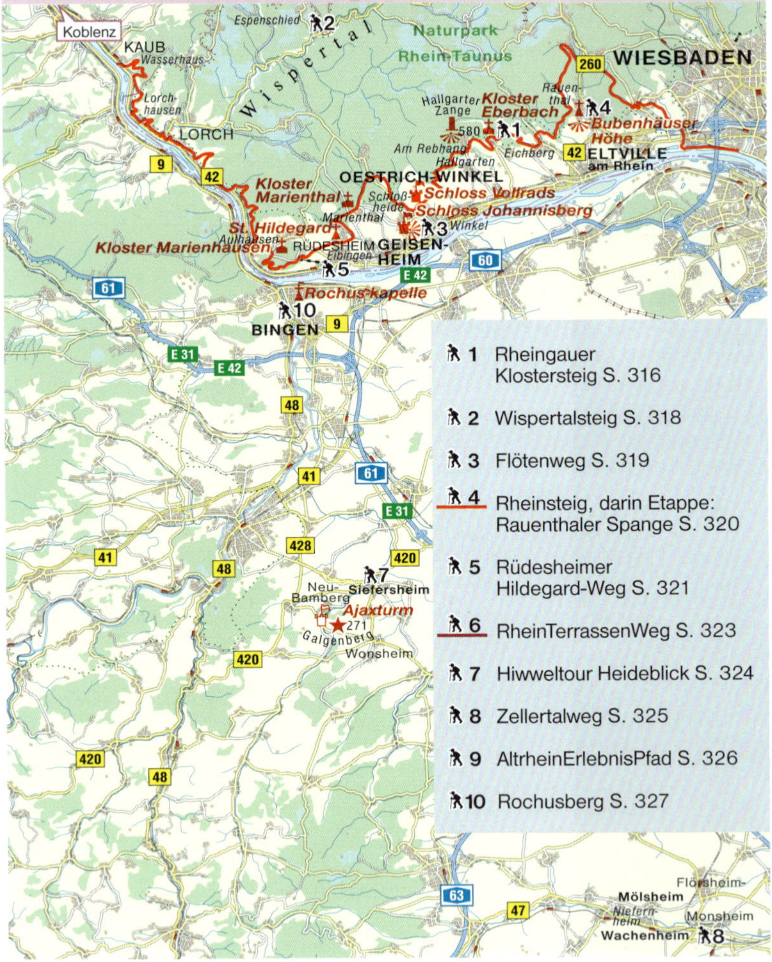

wege ausgewiesen und ständig kommen neue hinzu. Ein großer Teil der Ortsgemeinden hat die schönsten Strecken in der Umgebung ausgeschildert, sodass man meist auch ohne Karte zurechtkommt. Die Streckenlängen variieren von einigen Hundert Metern bis zu mehrtägigen Touren. Zunehmend werden Picknick-Plätze und Weinausschänke in die Wanderrouten integriert, sodass auch für das leibliche Wohl immer besser gesorgt wird. Manchmal stellen sogar die Gastgeber das Picknick zur Verfügung und beraten ganz individuell bei der Streckenplanung.

Auch einige der bekanntesten deutschen Weitwanderwege führen mitten durch die Region. Beliebteste Strecke im Rheingau ist der von Wiesbaden nach Bonn führende **Rheinsteig,** dessen erste Etappen durch den Rheingau führen (www.rheinsteig.de). Quer durch Rheinhessen führt der **rheinhessische Jakobsweg** von Bingen nach Worms. Die Weinorte des Rheingaus verbindet der gelegentlich schweißtreibende **Rheingauer Rieslingpfad.** Eine anstrengende, aber lohnende Tagestour ist der **Wispertalsteig,** der als Rundweg vom Lorcher Ortsteil Espenschied durch den Taunus führt. Einige Wanderrouten sind auch in den Ortsbeschreibungen aufgeführt.

Zahllose **Premium-Wanderwege** wie der Rheinsteig, der sich quer durch den Rheingau zieht, oder die sogenannten **Hiwweltouren,** mit denen die Rheinhessen ihre schönsten Hügel-Wege etikettiert haben, locken immer mehr Wanderer. Häufig sind es breite Pfade und Wege, die durch Wald, Wiesen und Weinberge führen, entlang mühlengesäumter Täler oder über Höhen, die weite Blicke garantieren. Sogar Städte wie Mainz oder Wiesbaden haben sich inzwischen ihre Entdeckung per Fuß auf die Fahnen geschrieben.

Während es vom späten Frühjahr bis in den Herbst am Wochenende gewöhnlich kein Problem ist, unterwegs in einem Gasthaus oder einer Schänke Einkehr zu halten, ist dies werktags vor allem zu Wochenanfang oft noch schwierig. Deshalb ist es immer ratsam, vorher zu klären, ob man unterwegs etwas zu essen oder trinken bekommt, oder ob man seinen Proviant gleich mit auf die Tour nimmt. Auch sollte man daran denken, dass gerade im waldarmen Rheinhessen die meisten Wanderwege keinen oder zumindest kaum Schatten bieten und so schnell zum schweißtreibenden Abenteuer werden können. Andererseits garantieren gerade diese Touren im Frühjahr oder auch an sonnigen Wintertagen relativ trockene Strecken.

Angesichts der zahlreichen Kilometer ausgeschildeter Wege haben Wanderer Tag für Tag die Qual der Wahl. Die meisten Touren sind als **Rundweg** angelegt, erlauben also bei Anreise mit dem Auto eine vom öffentlichen Nahverkehr unabhängige Planung. Ansonsten gilt es, die Fahrpläne zu studieren! Für alle, die ihre Tour bei zwei oder drei Gläschen Wein abschließen oder gar auf einer **geführten Tour** mit organisierter **Weinprobe** dabei sind, ist das ohnehin ratsam.

Wein mit Wandern zu verbinden wird übrigens immer mehr Mode. Nicht selten organisieren Winzer an vielen Wochenenden **Weinwanderungen,** auf denen sie gleich an mehreren Stationen ihre Rebsäfte an Mann und Frau bringen – gern auch auf Pilgerpfaden. Wie sehr den Winzerbetrieben mit Gästebetten die Wanderer am Herzen liegen, zeigt sich auch darin, dass viele eigene Wanderrucksäcke vorhalten, die sie auf Wunsch mit einem leckeren Picknick füllen, ein Fläschchen Wein inklusive (www.urlaub-beim-rheinhessenwinzer.de).

☒ Herbstwandern entlang der Weinhänge

Immer häufiger werden auch die Angebote **geführter Wanderungen.** So bringen einem zertifizierte Naturpädagogen Kräuter und Wildbienen ebenso näher wie Streuobstwiesen oder Trockenmauern (www.naturpädagogen-rheinhessen.de). Wanderungen zu den Klöstern im Rheingau oder anderen interessanten Zielen, ebenfalls oft mit Weinbegleitung, bietet der Wegerkunder *Wolfgang Blum* (www.blum-wolfgang.de). Und auch Rheinhessens Kultur- und Weinbotschafter offerieren immer wieder **kulturell geprägte Touren** (www.kultur-und-weinbotschafter.de).

Sogar das **Walken** kann man beim Urlaub zwischen Bingen und Worms lernen, auf einer Tour der Rheinhessen-Walker (www.rheinhessen-walker.de).

- www.rheinhessen.de/wandern
- www.rheingau.de/wanderwege

Fünf Rheingau-Wanderungen

1. Rheingauer Klostersteig

„45.000 Schritte der Besinnung". Unter diesem Motto steht die Wanderung auf dem Klostersteig, der die **religiösen Hochburgen** des Rheingaus vereint, Kirchen und Klöster, die Geschichte schrieben. Deshalb sollte man den fast **30 Kilometer** langen Weg **vom Kloster Eberbach zur Marienkirche** im Rüdesheimer Stadtteil Aulhausen auch nicht in einem Stück begehen, sondern ihn in zwei oder gar drei Tagen auch spirituell erobern und in den Klöstern länger Einkehr halten. Schließlich muss man auch **814 Höhenmeter** bei der Wanderung mit einrechnen, die einen schon mal zum Schwitzen bringen können. Das passende Pilgerheft, das man in den Klöstern abstempeln lassen kann, gibt es beim Start in Eberbach.

Insgesamt führen **über 100 Markierungen** Wanderer vom ehemaligen Zisterzienserkloster Eberbach über die Höhen des Taunus. Allerdings zwingen Täler immer wieder zu An- und Abstiegen. Große Abschnitte des Weges sind bewaldet, die im Hochsommer willkommenen Schatten spenden. Auf der anderen Seite sind sie oft recht feucht, weshalb **festes Schuhwerk** zur Ausstattung gehören sollte. Für alle, die den Weg nur einmal erschnuppern wollen, empfiehlt sich die gut ausgeschilderte, rund zweieinhalb Stunden währende Wanderung vom **Kloster Marienthal** zur Abtei Sankt Hildegard über das Kloster Nothgottes.

Mindestens zehn Stunden reiner Wanderzeit sollte man für die Gesamtstrecke kalkulieren. Sie führt vom Kloster Eberbach (s.S. 75) über die Pfingstbachwiesen nach Johannisberg, wo es nach knapp 14 Kilometern Fußmarsch erste Übernachtungsmöglichkeiten gibt. Knapp neunzig Gehminuten weiter findet sich das Kloster Marienthal mit seiner sehenswerten Wallfahrtskirche und dem Gnadenbild der schmerzhaften Muttergottes (s.S. 91). Hinterm Kloster steil bergan führt der Weg weiter zum **Kloster Nothgottes,** das im 14. Jahrhundert am Ort eines Wunders entstand. Hier nämlich soll ein Bauer beim Pflügen einen Blut schwitzenden Heiland gefunden und dazu den Ruf „Noth Gottes" gehört haben. Im 15. Jahrhundert erbaute man zur Verehrung der Christusfigur eine Wallfahrtskirche, die schließlich um ein Kloster erweitert wurde, in dem heute christliche Mönche aus Asien zu Hause sind.

Nach den beiden im Tal gelegenen Klöstern führt der Weg nach langen Strecken im Wald wieder durch Weinberge zur **Abtei Sankt Hildegard** mit ihem Klostercafé, ehe es weiter Richtung Ziel geht: zum **Kloster Marienhausen,** einer ehemaligen Abtei der Zisterziense-

rh047 gs

rinnen. Die romanisch-gotische Klosterkirche wurde 2010 gründlichst saniert und von Menschen mit Beeinträchtigung, was heute ihr Alleinstellungsmerkmal ist, künstlerisch ganz neu gestaltet.

- **Wanderzeit:** 10 Stunden
- www.rheingau.com/klostersteig

2. Wispertalsteig (Rundweg)

„In Stille wanderbar“. Unter diesem Motto steht der älteste mit dem Deutschen Wandersiegel zertifizierte Wanderweg in der Region, der sogenannte „Wispertalsteig“. Eigentlich ist er kein richtiger Steig, wie man ihn aus den Alpen gewöhnt ist, kräftig in die Waden aber geht er dennoch. Er führt durch das wilde Wispertal, das in Hessens **größtem geschlossenen Waldgebiet** liegt. Für alle, die sich den Streckenverlauf nicht aus dem Internet herunterladen wollen oder können, den passenden Flyer zur Strecke gibt es im **Tourismusbüro Lorch.** Die Tour führt durch eine Gegend, die vor hundert Jahren eine eigene Republik bildete, weil sie die Alliierten bei der Aufteilung der besetzten Gebiete nach dem Ersten Weltkrieg schlicht vergessen hatten (→ Exkurs „Freistaat Flaschenhals“, S. 114).

190rh-gs

Start und Ziel ist die Ortsmitte des Lorcher Stadtteils **Espenschied.** Alternativ kann man auch am Natur-Parkplatz „Laukenmühle" einsteigen. Die rund **15 Kilometer** lange Route ist mit einem W auf blauem Hintergrund ausgeschildert. Sie führt von Espenschieds Ortsmitte über den Aussichtspunkt **„Saurierfels“** über ein Bergloch, in dem einst Schiefer gebrochen wurde, ins Tal des **Sauerbornbaches.** Auf und ab geht es weiter ins Wispertal und schließlich zurück nach Espenschied, wo Gelegenheit zur Einkehr ist.

- **Wanderzeit:** 4½–5 Stunden
- www.rheingau.com/wispertalsteig

< Wanderer in Lorch

192rh-gs

3. Flötenweg

Den mittleren Rheingau erschließt der sogenannte Flötenweg, der über knapp **acht Kilometer** von **Schloss Johannisberg** nach **Hallgarten** führt. Seinen Namen verdankt er der typischen Rheingauer Weinflasche, der „Flöte“: einer 35 cm hohen und schlanken Flasche aus dickem, dunkelgrünem Glas, die höher als die sonst üblichen Weinflaschen ist. Kein Wunder, dass der Wanderweg von der Stadt Oestrich-Winkel in Zusammenarbeit mit den Winzern ersonnen wurde. Sie haben vom Panoramaweg auf den Rheingauhöhen auch immer wieder Abstiege in die am Rhein gelegenen Ortsteile Oestrich, Mittelheim und Winkel ausgeschildert, sodass man die Tour beliebig kürzen oder auch erweitern kann. So gibt es den **Winkeler-, Mittelheimer-, Oestricher- und Hallgartener-Flötenweg,** die alle als Zubringer zum

rh122 gs

⌃ Der Flötenweg erschließt den mittleren Rheingau

› Schloss Vollrads ist ein Höhepunkt auf dem Flötenweg

eigentlichen Hauptwanderweg, dem **Quer-Flötenweg,** dienen. Der ist deshalb auch mit einer Flöte ausgeschildert.

Der **schattenlose Weg** auf den Rheingau-Höhen quert einige der besten Rieslinglagen der Region und kann in beiden Richtungen begangen werden. Wer spät vormittags unterwegs ist, startet am besten von Hallgarten aus mit der Sonne im Rücken. Noch schöner wird die Tour spät nachmittags, wenn vor einem der erdnächste Stern langsam versinkt. Höhepunkt auf dem Flötenweg ist **Schloss Vollrads** (s.S. 83), das zur Rast oder gar mit seiner Vinothek zur Weinprobe lädt.

- **Wanderzeit:** 2–2½ Stunden
- www.floetenweg.de

4. Rheinsteig-Etappe Rauenthaler Spange (Rundweg)

Rund um den **Winzerort Rauenthal,** der mit zahlreichen Straußwirtschaften und Gutsschänken aufwartet, hat das Deutsche Wanderinstitut einen **Premiumwanderweg** geschaffen. Er führt gut **acht Kilometer** durch eine abwechslungsreiche Landschaft aus Weinbergen, Wäldern, Wiesen und Streuobstwiesen, rund zur Hälfte auf **Naturpfaden.** Der schönste Blick bietet sich von der 268 Meter hoch gelegenen **Bubenhäuser Höhe,** zu deren Füßen sich das Rheintal erstreckt und von der aus bei bester Fernsicht auch Odenwald und Donnersberg zu sehen sind. Vor allem Sonnenuntergänge lassen sich hier romantisch erleben – vielleicht sogar in der breiten **Panoramaschaukel,** die zum Träumen verführt. Auch Picknickfreunde haben diesen Flecken, auf dem eine kleine Hütte gegen plötzlichen Schauerregen Schutz bietet, längst ins Herz geschlossen.

Die Tour beginnt gewöhnlich ganz im Norden Rauenthals am Parkplatz an der Grillhütte unweit des Sportplatzes. Von hier geht es über eine Wiese in den **Großen Buchwaldgraben,** den man nach Süden immer Richtung Rauenthal durchschreitet. Lange Zeit führt die Strecke über den gut ausgeschilderten **Rheinsteig,** den man an der Kapelle am Neuen Weg, errichtet im 18. Jahrhundert, verlässt. Weiter südwärts geht es jetzt weiter, bis die ersten Weinberge auftauchen und die Route an Streuobstwiesen entlang zur Bubenhäuser Höhe führt, dem schönsten Punkt der Tour.

Wenig spannend ist der Rückweg zum Parkplatz an der Grillhütte, sodass man erwägen sollte, seinen Wagen unterhalb der Bubenhäuser Höhe zu parken und hier schon in die Runde einzusteigen. Dann bleibt einem zum Schluss viel Zeit, den einmaligen Rundblick in den Rheingau ausgiebig zu genießen und danach in einer der Straußwirtschaften oder Gutsschänken Abschied von Rauenthal zu nehmen, dem höchstgelegenen Weinbauort des Rheingaus.

- **Wanderzeit:** 3 Stunden
- www.wanderinstitut.de/premiumwege/hessen/rauenthaler-spange

⊡ Frühjahr an der Abtei St. Hildegard

5. Rüdesheimer Hildegard-Weg (Rundweg)

Das stilisierte Haupt einer Nonne führt als Markierung Besucher auf dem Rüdesheimer Hildegard-Weg. Es ist eine bequeme, knapp **sieben Kilometer** lange Halbtageswanderung, die vom **Bahnhof Rüdesheim** zum Teil gut bergan zur **Wallfahrtskirche Eibingen** führt. Hier steht der Schrein der *Heiligen Hildegard.* Aus dem Ort heraus quer durch die Weinberge führt die Strecke weiter zur **Abteikirche Sankt Hildegard** von 1904, die eine längere Stippvisite verdient hat.

Zurück geht es auf der Route des Rheinsteigs Richtung **Niederwalddenkmal.** Es ist eine Strecke mit einmaligen Blicken ins **Rheintal,** ein Weg, der vermutlich auch schon *Goethe* und andere Romantiker begeisterte, die in dieser Gegend gern unterwegs waren. Nach Querung der Landesstraße 3034 verlässt man den **Rheinsteig** wieder bergabwärts, bis eine Linde samt Bank zum Zwischenstopp lädt. Schließlich führt ein teils gepflasteter Weg steil hinab nach Rüdesheim, wo sich bei Kaffee und Kuchen oder einem Gläschen Wein mit Rheingauer Spezialitäten die Tour bestens abrunden lässt. Die Runde führt meist durch schattenloses Gelände.

- **Wanderzeit:** 2 ½–3 Stunden
- www.rheingau.de/wanderwege/hildegardweg

rh123 jb

Wanderwegschilder

rh123 jb

Ein Weinbergsturm dem Hund zu Ehren

Von Zinnen gekrönt ragt er wie ein Fels aus dem ihn umgebenden Rebenmeer, unübersehbar für jeden, der auf der Landstraße von Wonsheim nach Neu-Bamberg unterwegs ist. Direkt zum Greifen ist er für die Wanderer auf der Hiwwelroute „Heideblick". **Ajaxturm** heißt er offiziell, doch bekannter ist er als **Hundeturm.** Den Beinamen verdankt das mit seinen dicken, groben Mauern ein wenig mittelalterlich anmutende Bauwerk einem Hund, der hoch oben zwischen den Zinnen weit ins Land schaut, ganz so als suche er sein Herrchen.

196rh-gs

1984 übernahmen die Siefersheimer den Turm sogar in ihr Ortswappen und würdigten damit den vielleicht **schönsten Rundturm Rheinhessens.** Will man Majestät und Schönheit des Turms allerdings ganz ermessen, gilt es, ihn von der Straße aus zu betrachten – den Blick zwischen den Rebzeilen auf das **zwölf Meter hohe Mauerwerk** zu richten. Nur von dieser Schauseite aus nämlich erschließt sich sein Sinn inmitten einer der heute besten rheinhessischen Weinlagen. Einer der ersten, der aus diesem Boden feinste Rieslinge kitzelte, kam so schnell zu Wohlstand. Und weil er den auch zeigen wollte, stellte er 1865 den Weinbergsturm in die Landschaft.

Populär aber machte ihn erst lange Zeit später eine Schmonzette, eine **Love-Story** über den Turmherren, der ein Mädchen aus der Nachbarschaft liebte. Deren Vater aber sah die Liaison gar nicht gern, weshalb sich das Pärchen heimlich in den Weinbergen traf. Weil das Fräulein aber schließlich dem Vater zuliebe einen reichen Weinhändler ehelichte, stellte der ledig gebliebe Winzer an die Stelle, wo er sich einst mit seiner Liebsten getroffen hatte, einen Turm. Zwischen seine Zinnen setzte er in Erinnerung an seinen **treuen Vierbeiner,** der die Liebenden angeblich häufig auf ihren Spaziergängen begleitete, einen steinernen Hund.

[<] Der Ajaxturm

Fünf Rheinhessen-Wanderungen

6. RheinTerrassenWeg

Der RheinTerrassenWeg ist der schönste Fernwanderweg Rheinhessens. Er verbindet **Worms und Mainz** und führt auf rund **75 Kilometer** Länge durch alte Städte und Dörfer, die immer wieder nach einem Halt verlangen. Deshalb sollte man die Tour langsam angehen. Die parallel zur Wanderstrecke verlaufende Bahnlinie ermöglicht es zudem, den RheinTerrassenWeg in **individuelle Etappen** einzuteilen und bequem an den Ausgangspunkt nach Mainz oder Worms zurückzukehren. Wer will, kann sich das Gepäck auch zu seinem jeweiligen Etappenort nachschicken lassen.

Als Wandertermine eignen sich besonders **Frühjahr und Herbst,** da die Strecke kaum Schatten bietet. Diese Jahreszeiten bieten auch die meiste Farbenpracht. Empfehlenswert ist es, die Tour in **fünf oder sechs Tagesetappen** zu gliedern. So steht am Anfang eine rund 14 Kilometer lange, gut vierstündige Wanderung vom Wormser Hauptbahnhof nach **Osthofen.** Die Strecke verläuft meist flach durch ein Meer aus Reben. In Osthofen ist das ehemalige Konzentrationslager, heute ein Dokumentationszentrum nationalsozialistischer Gräueltaten, einen Besuch wert (s.S. 244).

Der zweite Tag verlangt mit rund 20 Kilometern Wegstrecke viel Ausdauer. Angesichts sechs Stunden reiner Gehzeit sollte man schon früh aufbrechen oder in Mettenheim noch einmal Zwischenstation machen. Dann hat man auch mehr Zeit, die Preziosen am Wegrand zu würdigen – etwa **Bechtheims Basilika,** eine der schönsten romanischen Kir-

☐ Bechtheims Basilika, eine der schönsten romanischen Kirchen Rheinhessens

191rh-gs

chen Rheinhessens (s.S. 245). Über Feld- und Wirtschaftswege geht es nach Mettenheim und **Alsheim mit seiner Heidenturmkirche** (→ Exkurs „Ein Hauch von Orient in Rheinhessen: die Heidenturmkirchen", S. 228). Beeindruckend sind die folgenden Hohlwege mit ihrer vielfältigen Flora und Fauna. Im Ortsteil Hangen-Wahlheim lohnt direkt neben der Strecke ein Abstecher zur **Kirchenruine Maria Magdalena.** Bald darauf ist **Guntersblum** (s.S. 226) erreicht, dessen **Heidenturmkirche** schon von Weitem grüßt.

Der nächste Tag kommt angesichts seiner wesentlich kürzeren Strecke einer Verschnaufpause gleich. Gut dreieinhalb Stunden währt der gut 10 Kilometer lange Marsch nach **Oppenheim,** der durch markante Weinlagen mit weiten Blicken bis in den Odenwald führt. Schon bald signalisieren die Türme der Oppenheimer **Katharinenkirche** das Etappenziel. Wer früh genug aufgebrochen ist, hat jetzt noch genügend Zeit, das Weinstädtchen mit seinen Sehenswürdigkeiten (s.S. 219) zu erkunden.

Die vorletzte Etappe nach **Bodenheim** ist mit fast 19 Kilometern noch einmal eine kleine Marathonetappe. Wem die 5 bis 6 Stunden Fußmarsch zu viel sind, der kann auch schon in **Nackenheim** Halt machen, dann wird die Schlussetappe etwas länger. Der Weg von Oppenheim Richtung Mainz ist der vielleicht schönste Abschnitt des RheinTerrassenWeges. **Niersteins Marktplatz** ist die ideale Pausenstation, ehe es durch die vielleicht berühmteste rheinhessische Weinlage, den **Roten Hang,** nach Nackenheim geht. Immer auf und ab durch Weinberge, von denen man manchmal Frankfurts Skyline sehen kann. Unterwegs gibt es immer wieder kleine Stationen mit Ruhebänken, die an schönen Tagen zum Picknick laden. Nackenheim (s.S. 214) ist immer eine kurze Stippvisite wert, ehe es durch die Weinberge weiter nach Bodenheim (s.S. 211) mit seinen vielen Straußwirtschaften und Gutsschänken geht.

Weniger spektakulär ist die gut vierstündige Schlussetappe, die fast ausschließlich auf asphaltierten Strecken verläuft – anfangs durch Weinberge, später um einen Steinbruch herum und schließlich am Rhein entlang nach **Mainz.** Endpunkt ist die südliche Altstadt, von wo man mit dem Zug ab Bahnhof „Römisches Theater" zum Ausgangspunkt zurückkommt.

- **Gesamte Wanderzeit:** 21–24 Stunden
- www.rheinhessen.de/etappenvorschlaege/rheinterrassenweg

7. Hiwweltour Heideblick (Rundweg)

Die rund **10 Kilometer** lange Route in der **Rheinhessischen Schweiz** gehört zu den beliebtesten Rheinhessens. Sie ist das ganze Jahr empfehlenswert. Besonders schön ist die Hiwweltour Heideblick im Frühjahr, wenn alles blüht und **seltene Pflanzen** wie die Küchenschelle zu sehen sind. Oder im Frühherbst, wenn die **Heideflächen** besonders ins Auge fallen. Sie gehören zum **Naturschutzgebiet „Natura 2000",** einer länderübergreifenden Schutzzone gefährdeter wildlebender Tier- und Pflanzenarten. Unterwegs gibt es immer wieder schöne Plätze zum Rasten und den vielleicht schönsten rheinhessischen Weinbergsturm, um den sich eine rührende Liebesgeschichte rankt (→

Exkurs „Ein Weinbergsturm dem Hund zu Ehren“, S. 322).

Einstieg ist gewöhnlich der Wanderparkplatz Am Gänsborn in **Siefersheim,** von wo der Weg ansteigend in das Naturschutzgebiet führt. Der von Weinbergen gesäumte **Ajaxturm** ist idealer Pausenstopp, wozu ein Tisch samt Bänken zu seinen Füßen auffordern. Auffallend auf dem weiteren Weg sind große, zusammengelesene Steinhaufen, ehe es hinab nach **Neu-Bamberg** (s.S. 306) geht, dessen Burgruine weithin sichtbar ist. Wer Zeit und Lust hat, sollte einen Abstecher ins Dorf mit seinem sehenswerten Uhrturm machen.

Ansonsten geht es weiter durchs **Appelbachtal,** bis die Hiwweltour kehrt macht und bergan auf schönen Pfaden auf den **Mühlberg** führt. Am **Adlerdenkmal,** zu dessen Füßen sich ebenfalls Bänke für einen Zwischenstopp finden, kommt man der einmaligen Heidelandschaft näher.

Dann aber dominieren wieder die Weinberge. Deren Ertrag lässt sich von Mai bis Oktober jedes Wochenende auch kosten, wenn die Winzeralm auf dem sogenannten Horn bei Siefersheim von 13 bis 18 Uhr ihre Tore öffnet und zu Wein und Traubensaft auch kleine Snacks reicht. Einmalig ist der **Panoramablick** in die weite Reblandschaft Rheinhessens, der als eine der schönsten Weitsichten der Region gilt. Frisch gestärkt geht es schließlich durch die Weinberge zurück zum Ausgangspunkt.

- **Wanderzeit:** 3–3½ Stunden
- www.wanderinstitut.de/premiumwege/rheinland-pfalz/heideblick/

8. Zellertalweg
Monsheim – Mölsheim – Wachenheim – Monsheim (Rundweg)

Start und Ziel dieser knapp **10 Kilometer** langen Runde ist der Bahnhof in **Monsheim,** der östliche Eingang ins **Zellertal.** Es wird von der Pfrimm durchzogen, einem Flüsschen, das vom Donnersberg kommend bei Worms in den Rhein fließt. Die Wanderung, auf der es **145 Höhenmeter** zu bewältigen gilt, erschließt Rheinhessens Süden und erlaubt schöne Ausblicke in die sich anschließende Nordpfalz.

Von Monsheim (s.S. 250) geht es auf Weinbergswegen nach **Mölsheim** mit seiner Pfarrkirche aus dem 18. Jahrhundert. Von Freitag bis Sonntag lädt die meiste Zeit des Jahres die Gutsschänke „Alte Brennerei“ (Tel. 06243 5364) in der Kirchgasse zu regionalem Slow Food. Alternative ist der Weinpark im Ägisiuspark (Hauptstr. 52) mit schönen Blicken in die Rheinebene und dem Odenwald am Horizont, geöffnet allerdings nur sonntags von Mai bis Oktober.

193rh-gs

> Die Küchenschelle ziert die Hiwweltour

195rh-gs

Eine knappe halbe Stunde weiter über Feldwege liegt **Wachenheim,** das mit einem vollständig erhaltenen gotischen Flügelaltar in der evangelischen Pfarrkirche **St. Remigius** überrascht. Als Museum steht die um **1750 erbaute alte Dorfschmiede** offen (Führungen vermittelt die Touristinfo Monsheim). Eine gute Wanderstunde weiter schließlich ist man wieder zurück am Ausgangspunkt in Monsheim.

- **Wanderzeit:** 2½ –3 Stunden
- https://www.rheinhessen.de/zellertalweg-rundweg-monsheim

Altrheinidylle mit Wasserspiegelung

9. AltrheinErlebnisPfad (Rundweg)

Ob diese **6,1 Kilometer** lange Tour eine Wanderung oder ein Spaziergang ist, vor allem weil sie fast nur **ebenerdig** verläuft, darüber streitet man sich in den Internetforen. Auf alle Fälle bringt einem der rund sechs Kilometer lange Pfad um gleich **drei Seen** eine der interessantesten Regionen Rheinhessens näher: die **Auenlandschaft des Altrheins** mit ihrer einzigartigen Tier- und Pflanzenwelt. Die Gegend gehört zu den größten zusammenhängenden **Schilfgebieten** Südwestdeutschlands, in der **seltene Vögel, Insekten und Amphibien** ebenso zu Hause sind wie **vom Aussterben bedrohte Pflanzen** wie die Binsenschneide, mit deren scharf gezahnten Blättern man früher auch gern Dächer deckte.

Zehn Info-Stationen legen einem diesen Schatz der Natur auf dem Rundgang ans Herz. Er beginnt gleich hinter dem Feuerwehrhaus in **Eich** (Osthofener Straße 41). Dort erlaubt eine Beobachtungshütte einen Blick in das Feuchtgebiet, muntern den Wanderer vielleicht Blaukehlchen, Teichrohrsänger oder Rohrammer erstmals akustisch auf. Bald darauf beginnt der eigentliche Rundgang, geht es nach Osten Richtung **Altrheinsee,** der wie alle Seen hier durch Kiesabbau entstanden ist.

Vorbei am Wertstoffhof der Verbandsgemeinde gelangt man zum Seeufer und weiter zum **Beobachtungsturm Altrheinsee,** von dem aus man die Wasserflächen überblicken und die im Schilf lebenden Tiere beobachten kann: Enten, Gänse und andere Vögel vor allem. Viele kommen nur zum Überwintern hierher oder zum Rasten auf ihren

Vogelzügen quer durch Europa. Exoten wie Purpurreiher, Rohrschwirl oder Wasserralle sind hier heimisch, bedrohte Insekten wie die Gefleckte Smaragdlibelle oder auch der sehr seltene Kammmolch. Auf dem gut ausgeschilderten **Erlebnispfad** geht es über die von Eich nach Gimsheim führende Landesstraße schließlich zurück zum Feuerwehrhaus.

Vor allem im Sommer kann man den Rundgang mit einem Abstecher zum Baden verbinden, ist der benachbarte **Badesee Eich** doch eine beliebte Adresse aller, die Abkühlung suchen. Ein neu angelegter Sandstrand mit Liegewiese lädt zum Sonnenbaden, ein im Sommer täglich von 9 bis 20 Uhr geöffneter Kiosk sorgt für erfrischende Getränke, Eis und Snacks. Der neue Badesee hat den unter dem Namen „Altrheinsee Eich" einst angelegten Strandabschnitt abgelöst, der renaturiert wurde.

- **Wanderzeit:** 1½ bis 2 Stunden
- https://vg-eich.de

10. Rochusberg (Rundweg)

Hoch über Rhein und Nahe ist das **Bergplateau** der ideale Platz für eine schöne Halbtageswanderung. Zudem hat die gut **sieben Kilometer** lange Tour den Vorteil, dass alle, die kein Auto zur Verfügung haben, mit dem Bus von Bingen werktags stündlich auf den Berg fahren können. Hinzu kommt, dass das Hildegard-Forum der Kreuzschwestern (siehe S. 170) auf dem Rochusberg meistens täglich ein preiswertes, dreigängiges Mittagsbuffet anbietet. Es ist der passende Einstieg oder Abschluss für alle **Genuss-Wanderer.**

Zur Umrundung des Felsplateaus kann man eigentlich überall einsteigen, am besten an den Parkplätzen im Schatten der **Rochuskapelle.** Auch die gegenüberliegende **Bethlehems-Kapelle** hat einen Besuch verdient. Schattige Pfade führen ganz nach Osten bis zum äußersten Rand des Hügels, von dem aus einem der Rhein zu Füßen liegt. Ein Plätzchen zum Träumen! Zurück geht es an der Rochuskapelle dann etwas bergab durch die Weinberge, die weit nach Rheinhessen blicken lassen. Auf Höhe der Rochusallee führt der Weg wieder bergan und schließlich am Südhang des Hügels bis zum **Scharlachkopf-Rondell:** Es bietet einen schönen Blick auf die Nahe und den gegenüberliegenden Hunsrück. Wenig später lockt der **Kaiser-Friedrich-Turm,** der Bingen, Bingerbrück, die Nahemündung und das enger werdende Rheintal ins Visier nimmt.

Verlief die Route bis hierher, vom Anfang einmal abgesehen, ganz und gar auf schattenlosen Wegen, nimmt einen beim Rückweg zum Startpunkt der Wald auf der Nordseite des Rochusberges auf. Vor allem im Hochsommer hat das viele Vorteile! Auch hier bieten sich hin und wieder Blicke auf den Rheingau mit dem Niederwalddenkmal gegenüber. **139 Höhenmeter** sind insgesamt zu bewältigen, die keinen aus der Puste bringen.

- **Wanderzeit:** 2½ Stunden
- www.outdooractive.com/de/route/wanderung/rheinhessen/der-rochusberg-bei-bingen/111161051

9
Wein erleben

< Die Flörsheimer Warte inmitten von Weinbergen

Weinbau im Rheingau und in Rheinhessen

„Liebe vergeht, Dorscht besteht."
Regionale Lebensweisheit

Sie liegen dicht beisammen und sind doch ganz unterschiedlich: die Weinbauregionen Rheingau und Rheinhessen. Obwohl von der Ausdehnung her im bundesweiten Vergleich relativ klein, machen sie zusammen Deutschlands größte Gesamtfläche an Weinanbaugebieten aus (siehe dazu die Karte auf der nächsten Seite). Somit ist die Dichte an Rebflächen hier besonders groß. 3200 Hektar misst der Rheingau, fast 27.000 Rheinhessen. Ein Unterschied, der sich auch in der Zahl der Groß- und Einzellagen zeigt: So stehen den 11 Großlagen im Rheingau 23 in Rheinhessen gegenüber, 129 Einzellagen finden sich rechts des Rheins, 414 auf der linken Seite des Flusses (Quelle: www.deutscheweine.de/service/interaktive-karte).

Während der Rheingau sich fast ausschließlich den beiden großen Rebsorten **Riesling und Spätburgunder** verschrieben hat, die dort mehr als 90 Prozent des Ertrages ausmachen, dominiert in den Fässern und Tanks auf der anderen Rheinseite die Vielfalt. Hüben wie drüben profitieren die vielen Millionen Rebstöcke von **milden Wintern und warmen Sommern.** 1500 bis 1800 Sonnenstunden jährlich lassen Weine reifen, die auch international mehr und mehr punkten. Hinzu kommt, dass es auch im Sommer immer wieder einmal regnet und das Wachstum der Reben so befördert wird. Auch der Klimawandel hinterlässt seine Spuren und erlaubt inzwischen den Anbau von Sorten wie Lagrein oder Albarino, die eigentlich südlich der Alpen zu Hause sind.

151rh gs

Roter Hang, weiße Weine – Niersteins renommierte Lage ist ein Terroir der Spitzenklasse

Waren es früher in erster Linie die Öchslegrade, also das Mostgewicht des Traubensaftes, welche die Weinqualität bestimmten, spielt heute auch die **Lage** eine entscheidende Rolle. Wie keine andere Rebsorte lässt vor allem der Riesling, die in den beiden Weinbaugebieten dominierende Rebsorte, den **Boden** schmecken. Auf sandigen Böden gesteht man ihm leichte Pfirsichnoten zu, auf schweren Lehmböden überrascht er mit Apfel-, Melonen- oder Grapefruit-Tönen. **Mineralität** nennt die Wissenschaft diese Aromenvielfalt. Sie ist auch vom Niederschlag abhängig, der dafür Sorge trägt, dass sich die im Boden vorhandenen Mineralstoffe lösen und in die Trauben transportiert werden.

Produzierten die Winzer früher gern Weine, die erst nach Jahren im Keller ihre ganze Reife ausspielten, geht der Trend heute zu Erzeugnissen, die in den ersten Jahren nach der Ernte am besten schmecken. Vor allem in Rheinhessen arbeitet man so, weniger im Rheingau, wo die oft trockenen Rieslingweine zur optimalen **Fassreife** angeblich mehr Zeit brauchen. Unverkennbar aber ist überall der Trend zu säureärmeren Weinen wie Chardonnay, Grauburgunder oder Sauvignon Blanc.

Gütesiegel

Beide Weinbauregionen haben für ihre besten Erzeugnisse besondere Gütesiegel geschaffen. **„Erstes Gewächs“** heißt im Rheingau der Titel, mit dem exzellente Riesling- oder Spätburgunder-Weine gekennzeichnet werden dürfen. Die Trauben dafür müssen von Hand gelesen sein und in Lagen reifen, die nur einen begrenzten Hektarertrag zulassen, was die Winzer zu vermehrtem Rebschnitt zwingt. Hinzu kommt eine sensorische Prüfung. Ähnliche Qualitätsmaßstäbe gelten für die **„Selection Rheinhessen“**, das Gütesiegel auf der linken Rheinseite. Qualität heißt auch hier – neben ausgezeichneter Lage der Weinberge – Handlese, niedrige Erträge und vollreife Trauben aus alten Reben mit einem Mostgewicht von mindestens 90 Grad Öchsle.

rh108 gs

☒ Drei-Grazien-Brunnen in Zornheim

Deutsche Weinanbaugebiete

Weinanbaugebiete und Rebsorten

1 Ahr
Spätburgunder 65 %, Riesling 8 %, Frühburgunder 6 %

2 Baden
Spätburgunder 34 %, Müller-Thurgau 15 %, Grauburgunder 14 %

3 Franken
Silvaner 25 %, Müller-Thurgau 24%, Bacchus 12 %

4 Hessische Bergstraße
Riesling 40 %, Grauburgunder 12 %

5 Mittelrhein
Riesling 65 %, Spätburgunder 10 %

6 Mosel
Riesling 62 %, Müller-Thurgau 10 %

7 Nahe
Riesling 29 %, Müller-Thurgau 12 %, Dornfelder 10 %

8 Pfalz
Riesling 25 %, Dornfelder 12 %, Müller-Thurgau 8 %, Grauburgunder 8 %

9 Rheingau
Riesling 78 %, Spätburgunder 12 %

10 Rheinhessen
Riesling 18 %, Müller-Thurgau 15 %, Dornfelder 13 %, Silvaner 8 %

11 Saale-Unstrut
Müller-Thurgau 15 %, Weißburgunder 14 %, Riesling 9 %, Dornfelder 7 %

12 Sachsen
Müller-Thurgau 14 %, Riesling 13 %, Weissburgunder 12 %

13 Württemberg
Riesling 19 %, Trollinger 19 %, Lemberger 16 %, Schwarzriesling 12 %

Mehr Rotwein in Rheinhessen
Rotwein wird in der Region insgesamt nur wenig angebaut. Im Rheingau beträgt der Weißwein-Anteil 86 Prozent, in Rheinhessen 72 Prozent.

Frühestens im September des auf die Ernte folgenden Jahres kommen die Weine der „Selection Rheinhessen" auf den Markt, die Rotweine müssen noch mindestens ein Jahr länger lagern. Gültig ist das Siegel allerdings nur für Silvaner, Riesling, Weißburgunder, Grauburgunder, Gewürztraminer, Portugieser sowie Früh- und Spätburgunder.

Rheinhessen holt auf

Einen kräftigen Schub hat der rheinhessischen Weinkultur die Ernennung der Stadt **Mainz** zu den „Great Wine Capitals" beschert, den Weinhauptstädten der Welt. Damit wurde Rheinhessen in den Reigen weltberühmter Weinregionen wie Bordeaux oder dem Nappa Valley aufgenommen.

Vorbei sind die Zeiten, als die Mainzer jedes Wochenende in Massen in den Rheingau pilgerten. Inzwischen bleiben sie linksrheinisch und trinken ihren Schoppen lieber in Rheinhessen, wo eine **junge Generation von Winzern,** bestens ausgebildet und durch Praktika in aller Welt geschult, neue Maßstäbe gesetzt hat. Statt auf Masse wie früher setzt man auch in Rheinhessen heute in der Regel auf Qualität.

So ist auch zwischen Bingen und Worms der Wein zum Kulturgut geworden, zum geselligen Freudenspender auch für junge Menschen, denen die Touristiker immer ausgefallenere **Wein-Erlebnis-Pakete** schnüren. Traditionelle Weinproben im Keller konkurrieren mit Verkostungen an langen Tafeln inmitten der Weinberge. Und mit der Corona-Pandemie etablierten sich auch **Online-Weinproben,** bei denen man zu Hause die zugeschickten Weine probiert, die der Winzer auf dem Bildschirm in ihrer Vielfalt vorstellt. Auf **Planwagen-Fahrten** lernen Besucher zudem Lagen und Böden kennen, denen die Weine ihre Vielfalt verdanken. Denn das Terroir – Klima, Bodenbeschaffenheit und Standort – ist zum Leitstern qualitätsbewusster Winzer geworden, die ihre Weinbergslagen wie Sehenswürdigkeiten präsentieren.

- **Rheingauer Weinbauverband,** Rheinweg 30, 65375 Oestrich-Winkel, Tel. 06723 602720, www.rheingau.com.
- **Rheinhessenwein e.V.,** Otto-Lilienthal-Str. 4, 55232 Alzey, Tel. 06731 9510740, www.rheinhessen.de/rheinhessenwein.

Kleine Weingeschichte

Dass die **Römer** den Wein an den **Rhein** brachten, ist unstrittig. Die Frage ist nur, wann sie begannen, Wein selbst zu erzeugen, statt ihn aus dem Süden zu importieren. Zumindest linksrheinisch legen Funde von Traubenkernen nahe, dass man es versucht haben könnte.

Kultiviert wurde der Weinbau aber erst in **karolingischer Zeit,** als immer

160rh gs

mehr Weinberge im Rheingau und heutigen Rheinhessen angelegt wurden. Zu den ersten großen Fürsprechern der Weinkultur gehörte **Karl der Große.** Eines Tages, erzählt die Sage, habe er von seinem Palast in Ingelheim über den Rhein geschaut und bemerkt, dass der Schnee auf den rechtsrheinischen Südhängen schneller schmolz als anderswo, weshalb er am (heutigen) Johannisberg Reben anpflanzen ließ. Historisch ist das nicht belegt, doch die Geschichte gilt den Winzern im Rheingau als Gründungslegende. Bedeutender aber war damals der Weinbau rund um Mainz oder Worms, in jener Gegend also, die *Ludwig der Deutsche* bei der Teilung des Frankenreiches 843 mit dem Hinweis „Propter vini copiam" erhielt – wegen der Fülle des Weines.

Der Weinkeller von Kloster Eberbach

Mittelalterlicher Motor des Weinbaus waren die **Klöster und Stifte.** Mönche und Nonnen wurden zu Winzern und Winzerinnen, die freilich auf Masse statt Klasse setzten und die Weinbergsflächen immer mehr ausdehnten. Eines der Zentren der Weinerzeugung war **Kloster Eberbach,** das dank steuer- und zollrechtlicher Privilegien seine Weine auch in andere Länder exportierte. Anfangs wurde vor allem Rotwein angebaut, ab dem 15. Jahrhundert verstärkt Riesling. Als „Rüssling" ist er 1402 angeblich erstmals in **Worms** erwähnt. Die Trauben wurden meist früh gelesen, weil man Angst hatte, das Lesegut könnte faulen.

Mit den Bauernkriegen aber, der Reformation und ihren Folgen, verlor die Weinwirtschaft vor allem in Rheinhessen an Bedeutung. Reblausbefall und andere Krankheiten verschlimmerten die Lage im 19. Jahrhundert ebenso wie manche Missernten. Doch während man im Rheingau langsam auf Klasse statt Masse setzte und die Vermarktung professionalisierte, weitete man im Laufe der Zeit die Weinbauflächen in Rheinhessen immer mehr aus. In nur einem halben Jahrhundert verfünffachte sich fast die Anbaufläche, wurde die Region zum Experimentierfeld der Rebzüchter. Mit Scheu, Bacchus, Faber, Huxel und zwei Dutzend weiteren Sorten, viele davon in Alzey gezüchtet, wurde Rheinhessens Weinlandschaft immer bunter.

Im Rheingau dagegen setzte man auf den Riesling, dessen Anbau man weiter perfektionierte, indem man den Ertrag reduzierte. Davon zeugen heute 34 Rheingauer Weingüter, die dem **Verband Deutscher Prädikats- und Qualitätsweingüter (VDP)** angehören, der Elite deutscher Winzer sozusagen. Etwas mehr als ein Dutzend sind es im viel größeren Rheinhessen, wo man erst in den letzten Jahren in vielen selbst vermarktenden Weingütern damit begonnen hat, den Ertrag zugunsten der Güte drastisch zu reduzieren. Vermarktet werden die Weine immer häufiger in Eigenregie. Von den rheinhessischen Weinbaubetrieben bringen heute mehr als die Hälfte ihre Weine selbst unters Volk, von denen im Rheingau sogar mehr als zwei Drittel. Dazu kommen große Winzergenossenschaften und die Hessischen Staatsweingüter als größtes Rheingauer Weingut.

Groß geschrieben wird inzwischen auch die **Sektproduktion.** Schon Mitte des 19. Jahrhunderts hatte *Christian Albert Kupferberg* in Mainz die ersten „moussirenden Weine" produziert, wie man die Vorläufer heutiger Sekte nannte. *Henkell, Söhnlein* und *Matthäus Müller* wurden zu Marken, die den Rheingau berühmt machten. Heute sind es Firmen wie *Raumland* im rheinhessi-

161rh gs

Viele Winzer laden das Jahr über auf ihre Höfe – manche nur einmal im Jahr, andere öfter schen Flonheim oder das VDP-Wein- und Sektgut *Schönleber* in Oestrich-Winkel, die sich mit individuellen Erzeugnissen behaupten. Sie setzen ganz auf **Flaschengärung,** weshalb sie bereits mehrfach mit dem **Deutschen Sektpreis** ausgezeichnet wurden. Ganz im Gegensatz zu den großen Sektfirmen, die ihre Produkte im Tank veredeln und dabei häufig gleich mehrere Weinsorten miteinander verschneiden.

Einkehren

Viele Hundert Winzer laden den Gast links und rechts des Rheins zur Einkehr. Und weil die Selbstvermarktung der Winzer zunimmt, wächst auch ihre Zahl. Den Weg zum Direktvertrieb sagt man übrigens gern *Karl dem Großen* nach, der 794 verfügte, dass jeder Winzer einen Ausschank betreiben dürfe, wenn er ihn mit einem Kranz oder Strauß an der Tür markiere. Heute ist der Ausschank selbst erzeugter Weine in den sogenannten **Straußwirtschaften** gesetzlich auf höchstens vier Monate begrenzt, die man auf zwei Phasen, etwa Frühsommer und Spätherbst, verteilen kann. Es reicht, wenn der Winzer seinen Betrieb zwei Wochen vor der Eröffnung seiner Straußwirtschaft den Ordnungsbehörden anzeigt. Zum Wein darf er auch „einfach zubereitete Speisen" anbieten. Wer seine Pforten länger öffnen und ein größeres Speiseangebot offerieren will, verwandelt seine Straußwirtschaft in eine **Gutsschänke.** Die allerdings unterliegt dem Gaststättenrecht und wird von den Behörden schärfer kontrolliert.

In den Ortsbeschreibungen in diesem Buch werden gewöhnlich nur Betriebe erwähnt, die ganzjährig und mehrmals wöchentlich geöffnet haben. Aber auch die zahlreichen Straußwirtschaften, die nur ein paar Wochen oder gar nur ein paar Tage im Jahr geöffnet haben, lohnen häufig den Besuch!

Probieren und kaufen

Im Dschungel der Weinsorten und -qualitäten ist der Durchblick oft schwer. Im Kampf um den Kunden versuchen die Winzer, ihre Erzeugnisse mit immer neuen Superlativen an die Frau oder den Mann zu bringen. Hinzu kommt, vor allem im Internet, eine Armada von Werbetrommlern, die selbst billige Massenprodukte als auserlesene Qualitäten offerieren. Dadurch sollte man sich nicht blenden lassen! Weinkauf ist in erster Linie Geschmackssache, abhängig oft von Stimmungen und Moden.

Am besten ist es, den Wein vor dem Kauf zu probieren. Dazu sind **Weinfeste** eine der besten Gelegenheiten oder die öffentlichen **Weinstände,** die von Ostern bis Oktober in vielen Rheingaugemeinden (www.rheingau.com/weinpro bierstaende), aber auch in Rheinhessen zu finden sind. Hinzu kommen immer mehr **Vinotheken**, die immer aufwendiger gestaltet und mit technischen Raffinessen versehen sind wie in Rüdesheim, wo aus den alten Tanks der Firma Asbach jetzt Rheinwein sprudelt. Auch viele Weingüter haben eigene, zum Teil hochwertig ausgestattete Probierräume eingerichtet. Eine Besonderheit ist die Weinerlebniswelt im Rheingauer Weingut Allendorf, die in einer ehemaligen Abfüllanlage (www.allendorf.de) eingerichtet wurde. Faszinierend ist dort die Weinprobe vor einer Lichtinstallation, die vor Augen führt, wie leicht unser Gaumen von äußeren Einflüssen zu beeindrucken ist. Die besten Vinotheken Rheinhessens listet die Website www.rheinhessen.de/ausgezeichnete-vinotheken. Eine weitere gute Adresse, Rheinhessens Weine zu testen, ist das jährlich im Herbst stattfindende **Weinforum Rheinhessen,** bei dem rund 200 prämierte Rheinhessen-Weine zum Ausschank kommen.

Einen eigenen **Vinotheken-Pass** hat seit Neuestem der Rheingau für seine zahlreichen zertifizierten Weinprobierstuben. Er bietet neben Gutscheinen zur Weinverkostung auch verbilligte Anreisemöglichkeiten mit Bus und Bahn (www.rheingau.com/vinothekenpass).

Wer seinen eigenen Wein schätzt, dem bieten Hessens Winzer **Patenschaften** ihrer manchmal sogar mit dem Namensschild des Paten versehenen Rebstöcke an (www.rheingau.com/weine-und-winzer/rebstockpacht). Zur Lese ist man gern gesehen, und am Ende gibt es pro gepachtetem Rebstock auch mindestens eine Flasche Wein.

Kleines Lexikon populärer Rebsorten

Weißweine

Bacchus

Die früh reifende Rebsorte ist durch Kreuzung von Silvaner, Riesling und Müller-Thurgau entstanden. Die nach dem römischen Weingott Bacchus benannte Traube bringt relativ hohe Erträge, ist im Vergleich zu anderen Sorten aber eher Durchschnitt. Weil ihr Bukett sehr aromatisch ist, wird sie gern mit anderen Weinen verschnitten.

159fh gs

Die Winzer wissen ihre Produkte gut zu präsentieren

rh049 jb

Nackenheimer Weinfest

Chardonnay

Der vor allem im Burgund beheimatete Chardonnay gedeiht längst auch im Rheingau und in Rheinhessen, wo er unter anderem auch als Sektgrundwein gefragt ist. Neben der Säure zeichnet ihn ein hoher Alkoholgrad aus, weshalb er gern mit anderen Weinen verschnitten wird.

Faberrebe

Aus der Landesanstalt für Rebenzüchtung in Alzey stammt die aus Weißem Burgunder und Müller-Thurgau gekreuzte Faberrebe, die heute hauptsächlich in Rheinhessen angebaut wird. Die frischen und fruchtigen Weine kennzeichnet ein leichter Muskatton.

Gewürztraminer

Wegen seiner geringen Erträge wird der Gewürztraminer gern als „degenerierter Hochadel" verspottet. Da er hohe Ansprüche an Boden und Klima stellt, ist er in der Region wenig verbreitet. Seinen meist hohen Mostgewichten und niedriger Säure verdankt er ausgesprochen aromatische Weine.

Grauburgunder (Grauer Burgunder)

Die früher als Ruländer bekannte Rebsorte, der Pinot gris, gedeiht vor allem auf Kalk- und Lößboden. Obwohl die Beerenhaut rötlich bis rot und grau gefärbt ist, wird sie den Weißweinsorten zugeordnet. Der Grauburgunder ist relativ säurearm und alkoholreich.

Huxelrebe

Die Huxelrebe wurde in den 1920er Jahren gezüchtet und in Rheinhessen erstmals in den 1950er Jahren in größerem Maße angebaut. Die frühreife Sorte mit mittelhohen Mostgewichten begeistert vor allem mit edelsüßen Weinen, die oft jahrelang lagerfähig sind.

162rh gs

„Komm, trink' und lach'" – Wein- und Winzerfeste

Kaum eine Festivität ist so typisch in die Landschaft an Rhein, Nahe und Selz eingebunden wie die Feiern rund um den Wein. In ihnen vereinen sich Geselligkeit und Genuss. Vor allem aber sind sie Orte der Kommunikation, Treffpunkte, die man Jahr für Jahr immer wieder ansteuert. Sie bieten die Garantie, alte Freunde zu treffen und neue zu finden. Für Besucher sind sie die beste Gelegenheit, die Region hautnah zu erleben.

Es war der Kampf ums Überleben, der die Winzer in den 1930er Jahren nach neuen Absatzmöglichkeiten suchen ließ. Fünf Liter Wein tranken die Deutschen damals im Durchschnitt, fünfmal weniger als heute. Nach der Rekordernte von 1934 waren in vielen Gemeinden deshalb die Weinpreise verfallen, versuchte man im nationalsozialistisch regierten Deutschland mit „Weinpatenschaften" neue Märkte zu erschließen. So wurde das „Fest der deutschen Traube und des Weines" ausgerufen, in dessen Rahmen etwa Berlin die Patenschaft für die Winzer in Oppenheim, Dortmund die für die Weinbauern in Bodenheim, Gütersloh für die Winzer in Lorch am Mittelrhein und Erfurt für Bechtheim im Wonnegau übernahm. Bereits 1932 hatte man den **Mainzer Weinmarkt** als Volksfest ins Leben

Königin und Prinzessin – dieses bei Weinfesten erprobte Muster prägt auch andere Feste der Region – hier beim Erntedankfestumzug im rheinhessischen Heidesheim gerufen, der bis heute zu den größten Weinfesten Rheinhessens zählt. Auch in **Oppenheim, Nierstein, Nackenheim** und **Alzey** organisierte man Weinfeste, die in ganz Deutschland Gäste mobilisierten.

Nach dem Krieg, der allen Weinfesten eine Zwangspause beschert hatte, gab es neue Feiern. Auch die hatten meist wirtschaftliche Gründe, sollten den Fremdenverkehr beleben und den Weinabsatz ankurbeln. Zwischen 1945 und 1969 entstanden so mehr als ein Dutzend neuer Weinfeste, denen in den 1970er Jahren eine weitere Gründungswelle folgte. Mittlerweile nämlich drängten immer mehr Billigweine aus dem Ausland auf den Weinmarkt, da war es wichtig, die Kunden mit den eigenen Erzeugnissen bei Laune zu halten.

Gewöhnlich werden die Weinfeste von einer eigens zum Fest gewählten oder auserkorenen **Weinkönigin** repräsentiert. Sie ist das öffenlichkeitswirksame Aushängeschild. In der Regel stehen ihr zwei **Prinzessinnen** zur Seite. Anfangs mussten die Weinköniginnen verheiratet sein, heute setzt man auf ledige Damen, die frei von Familienlasten ihr „Amt" angeblich besser ausfüllen können.

Vielerorts gehören kleine oder größere **Umzüge** zum Fest, dazu öffentliche **Weinproben,** oft als Frühschoppen etikettiert, oder **Weinbergsrundfahrten.** Manchmal sind Theater-Aufführungen fester Bestandteil des Festes, Schifferstechen und andere Volksbelustigungen. Als Veranstalter treten häufig die Gemeindeverwaltungen oder Verkehrsvereine in Erscheinung, aber auch Sport-, Heimat- oder Musikvereine sowie die Winzer und ihre Genossenschaften. In den letzten Jahren sind verstärkt Event-Agenturen als Programmgestalter in die Organisation eingestiegen.

Kerner

Obwohl er einen roten Vater hat, den Trollinger, und eine weiße Mutter, den Riesling, gehört der 1929 gekreuzte Kerner zu den Weißweinen, die sich als Durstlöscher ebenso eignen wie als Essensbegleiter. Er fühlt sich auf fast allen Böden zu Hause und liefert bei meist regelmäßigen Erträgen hohe Mostgewichte. Allerdings ist er sehr krankheitsanfällig und ähnelt zu sehr dem Riesling.

Morio-Muskat

Der Name der Rebsorte, die durch Kreuzung von Silvaner und Gelbem Muskateller entstand, verweist auf ihren Züchter *Peter Morio* und ihren Muskat-Ton. Die Pfalz und Rheinhessen sind ihr Stammland. Ihr Ertrag ist groß, geringer dagegen das Mostgewicht.

Müller-Thurgau

Der Vater war Riesling, die Mutter Madeleine Royal, eine Kreuzung aus Pinot und Trollinger. So entstand im Rheingau der Müller-Thurgau, die weltweit erfolgreichste Neuzüchtung. Die ertragreiche Rebe stellt nur wenig Ansprüche an Boden und Klima. Trocken und halbtrocken ausgebaut, wird der ideale Schoppenwein auch gern als Rivaner vermarktet.

Ortega

Aus Müller-Thurgau und Siegerrebe entstand die früh reifende Sorte Ortega, die meist hohe Mostgewichte erreicht. Als rheinhessische Spezialität wird sie großteils im Direktverkauf vermarktet.

Riesling

Der Riesling macht fast 80 Prozent der Weißwein-Rebfläche im Rheingau aus

rh050 gs

und den größten Teil in Rheinhessen. Da er spät und langsam reift, kommt ihm ein sonniger Herbst besonders zugute. Gütesiegel ist seine feine Säure, die bei der Ernte sehr hoch ist und sich erst langsam reduziert. Riesling-Weine, die sich auch gut zur Sektherstellung eignen, sollten frühestens ein Jahr nach der Ernte getrunken werden.

Sauvignon Blanc

Mehr und mehr Freunde – vor allem in der Gastronomie – findet der aus Frankreich stammende Sauvignon Blanc. Sein kräftiges Aroma macht ihn zum idealen Essensbegleiter. Mit zunehmender Nachfrage wächst in Rheinhessen auch die Anbaufläche der Rebsorte.

Scheurebe

Ein echte rheinhessische Neuzüchtung ist die Scheurebe, eine Kreuzung aus Riesling und Bukettraube (Kreuzung aus Silvaner und Trollinger). Mit gut 700 Hektar hat sie zwischen Bingen und Worms ihre größte deutsche Anbaufläche. Die Rebe verträgt trockene, karge Böden wie Sand, Ton, Kalk und Mergel. Besonders lang halten sich die edelsüßen Varianten.

Federweißer

Auf dem Weg vom Traubensaft zum Wein reift der Rebsaft zum Federweißen. In Süddeutschland ist er als *Suser* oder *Sauser* bekannt, in Hessen als *Rauscher,* in Franken als *Bremser,* in Österreich als *Sturm.* Anfangs schmeckt er recht süß, mit der Zeit aber immer herber. Etwas aufhalten kann man den Gärprozess, wenn man die Flasche im Kühlschrank lagert. Allerdings sollte sie nie fest verschlossen werden, damit die Kohlensäure entweichen kann.

Warum der **in Gärung befindliche Traubensaft** Federweißer heißt, weiß niemand genau. Häufig wird sein Name von den Flöckchen hergeleitet, die massenhaft im trüben Most schweben. Traditionell wird der Federweiße mit **Zwiebelkuchen** serviert.

⌃ Traubenernte mit der Maschine ...

› ... und Weinlese per Hand

Silvaner

Rheinhessen ist das größte Silvaner-Anbaugebiet der Welt. Wegen ihres hohen Ertrages wurde die aus der Alpen-Region stammende Traube im Volksmund früher auch „Schuldenzahler" genannt. Der Silvaner liebt warme Böden aus Muschelkalk oder Sandstein und reift auch dort noch, wo der Riesling kaum noch Chancen hat.

Weißburgunder (Weißer Burgunder)

Als *Pinot blanc* hat die Burgundertraube in Frankreich längst Karriere gemacht, bei uns steht sie ihr gerade bevor. Dabei ist der Weißburgunder wegen seiner dünnhäutigen und damit frostempfindlichen Trauben nicht anspruchslos. Die Reben bevorzugen kräftige Böden und trocken-warme Lagen. Der Weißburgunder wird als Begleiter feiner Menüs mehr und mehr geschätzt.

Rotweine

Blauer Frühburgunder

Seinen Namen verdankt der aus der Pinot-Familie stammende Frühburgunder der Tatsache, dass er etwa zwei Wochen vor dem Spätburgunder reift. Wegen seiner geringen Erträge war er bei den Winzern wenig gefragt. Sein Aroma kommt vor allem beim Ausbau im Barrique-Fass zur Geltung.

Cabernet-Sauvignon

Zu den jüngsten Rebsorten im rheinhessischen Sortenreigen zählt die im französischen Bordelais beheimatete Rotweintraube. Winzer schätzen vor allem die Dicke der Beerenhaut, was die maschinelle Lese erleichtert. Markenzeichen des Weines ist seine tiefrot-dunkle Farbe. Der Cabernet reift besonders gut im Eichenfass.

232rh gs

Dornfelder

Aus Frühburgunder, Trollinger, Portugieser und Lemberger schuf man in den 1950er Jahren die neue Sorte Dornfelder. Sie sollte roten Verschnittweinen mehr Farbe verleihen. Der hohe Farbstoffgehalt, bedingt durch Gerbstoffe, erleichterte auch den Ausbau im Barrique-Fass.

Merlot

Wie der Cabernet hat auch der in der Gegend um Bordeaux beheimatete Merlot in den letzten Jahren den Weg nach Rheinhessen gefunden. Winzer schätzen die früh reifende Rotweinsorte wegen ihres Ertrages. Im Gegensatz zu anderen Rotweinen entfaltet der Merlot schon nach relativ kurzer Lagerung sein ganzes Aroma.

Portugieser

Seine Erträge sind hoch, Mostgewicht und Säure gering, weshalb der Portugieser als einfacher Rotwein gilt, als klassischer Schoppenwein. Nur in Spitzenjahrgängen entwickelt er seine ganzen Feinheiten. Am besten trinkt man ihn möglichst frisch, schon im auf die Lese folgenden Frühjahr und Sommer. Besonders geschätzt wird er als Weißherbst.

Regent

Die in der Pfalz gezüchtete Rotweinsorte wurde erst Mitte der 1990er Jahre zum

166rh gs

163rh gs

Rosé ist kein Verschnitt aus Rot- und Weißwein, er wird auf spezielle Weise aus roten Trauben hergestellt

Anbau freigegeben. Heute schätzen sie vor allem Bio-Winzer. Die frühreife und gegenüber Winterfrösten wenig empfindliche Sorte liefert meist einen kraftvollen Wein.

Schwarz-Riesling

Nur vereinzelt trifft man in Rheinhessen auf die säurearme Traubensorte, die wenig Ansprüche an Lage und Boden stellt. Auch der Schwarzriesling ist ein typischer Schoppenwein, der am besten auf kräftigen Löß-Lehm-Böden gedeiht.

Spätburgunder

Karl der Große soll den Spätburgunder, oft als *Pinot noir* bekannt, nach Ingelheim an den Rhein gebracht haben, wo er noch immer zu Hause ist – ebenso in Assmanshausen, Hessens Rotwein-Kapitale. An Klima und Boden stellt die älteste Rebsorte der Region ebenso hohe Ansprüche wie an den Winzer.

St. Laurent

Zur Familie der Pinot-Weine zählt der vermutlich aus Frankreich stammende St. Laurent, dessen Name an den heiligen *Laurentius* erinnert. Er gilt als rheinhessische Spezialität. Seine säureschweren Trauben liefern gewöhnlich kräftige Rotweine, die im Holzfass zur Höchstform finden.

Die Wiege des Eisweins

Im Binger Vorort **Dromersheim** erinnert ein Denkmal an das Jahr 1830, als dort per Zufall erstmals ein Eiswein gelesen wurde. Eigentlich wollte man die im Herbst wegen mangelnder Qualität nicht geernteten Trauben des Jahrgangs 1829 im Weinberg eines Mainzer Weingutbesitzers ans Vieh verfüttern, als man den Trauben, die gerade 22 Grad Kälte überstanden hatten, einen dickflüssigen Saft entlockte, der unnatürlich süß schmeckte. Skeptisch vergärte man den Saft dennoch. Der Eiswein war geboren – laut amtlichem Zeugnis am 11. Februar 1830.

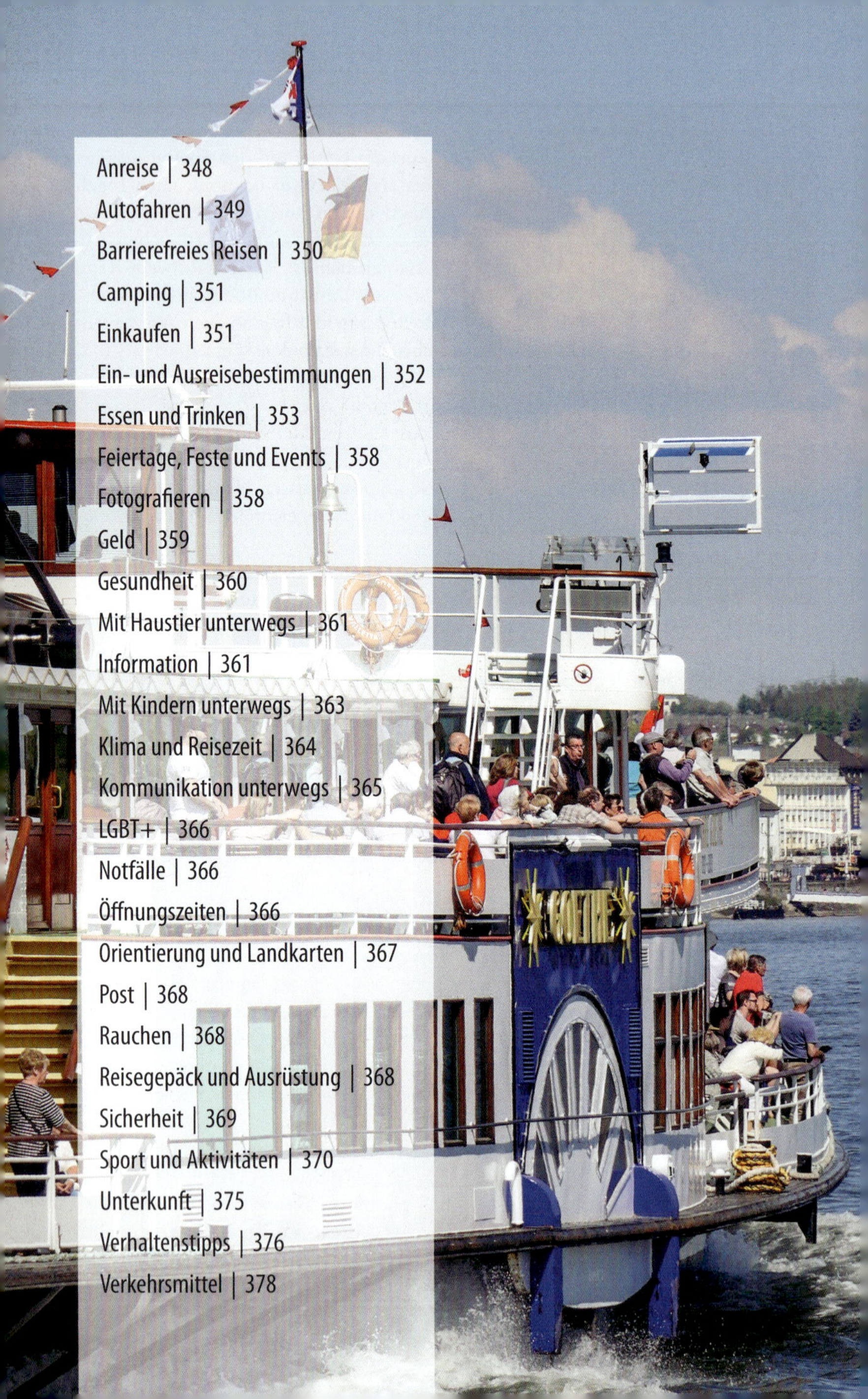
GOETHE

10 Praktische Reisetipps A–Z

Unterwegs zwischen Rheinhessen und Rheingau: Rheindampfer „Goethe" vor Rüdesheim

145rh gs

Anreise

→ Autofahren
→ Verkehrsmittel

Rheinhessen und der Rheingau sind aus allen Richtungen gut zu erreichen: per Schiene und Straße oder auch mit dem Flugzeug, obwohl sich der Flug gegenüber der Bahn aus Deutschland nur selten rechnet. Gut ist die Anbindung mit öffentlichen Verkehrsmitteln, weshalb man vor Ort auch ohne eigenes Auto zurecht kommt.

rh051 gs

Bahn

Bequeme und manchmal auch preisgünstige Alternative zum Auto ist die Anreise per Bahn nach Mainz oder Wiesbaden. Von dort sind fast alle größeren Gemeinden in Rheinhessen und im Rheingau mit Regionalzügen zu erreichen. Aus Hamburg oder Berlin braucht man so keine fünf Stunden in die hessische Landeshauptstadt, rund vier Stunden währt die Fahrt von München in die rheinland-pfälzische Metropole. Über die besten Verbindungen informieren die Websites der Bahnen:

- www.bahn.de
- www.sbb.ch
- www.oebb.at

Bus

Für Reisende mit viel Zeit kommt unter Umständen der Bus für die Anreise in Frage. So fahren auch private Buslinien Mainz und Wiesbaden an. Noch besser ist man über Frankfurt ans Busnetz angebunden. Hilfreich bei der Recherche:

- www.busliniensuche.de
- www.fernbusse.de

◁ Ob per Bahn, mit dem Auto oder auf dem Wasserweg: Rheinhessen und der Rheingau sind gut zu erreichen

Flug

Der nächstgelegene Airport ist der internationale Flughafen **Frankfurt,** der täglich von allen großen Städten in Deutschland, der Schweiz und Österreich aus angeflogen wird. Problemlos ist die Weiterreise von dort. Im Tiefgeschoss des Terminals 1 findet sich ein **Bahnhof,** von dem tagsüber mehrmals stündlich S-Bahnen und Nahverkehrszüge direkt nach Wiesbaden und Mainz verkehren. Auch Ingelheim, Bingen und Bad Kreuznach werden vom Flughafen Frankfurt aus ohne Umsteigen angesteuert. Worms, Alzey oder Rüdesheim sind in der Regel mit einmaligem Umstieg zu erreichen.

Autofahren

→ Anreise
→ Verkehrsmittel

Dicht ist das Netz an Bundes- und Landstraßen in der Region. Allerdings muss man immer wieder mit Behinderungen rechnen. Zu den Nadelöhren gehören die **Rheinbrücken** zwischen Mainz und Wiesbaden, wo sich der Verkehr gern staut. In den Städten sind die Tempo-30- oder gar Tempo-20-Zonen in den letzten Jahren mehr geworden. Hinzu kommen auch immer mehr stationäre Radaranlagen wie im Rheingau oder auf dem Mainzer Autobahnring, welche die Zahl der Temposünder mindern sollen.

Aktuelle **Staus** in der Region vermerkt die Website des Hessischen Rundfunks oder das Mobilitätsportal des Landes Rheinland-Pfalz:

Hauptbahnhof Wiesbaden

- www.hessenschau.de/verkehr/index.html
- www.verkehr.rlp.de

Pannennotrufe

- **ACE:** 0711 530343536
- **ADAC:** 01802 222222
- **AvD:** 0800 9909909

Parken

Kostenlose Parkplätze sind in den Städten knapp. Deshalb sollte man zielstrebig ein Parkhaus ansteuern. In Mainz und Wiesbaden erleichtern dies Parkleitsysteme, welche die Zahl der freien Plätze in den Parkhäusern anzeigen. Sparfüchse parken weit außerhalb auf kostenlosen Plätzen und nutzen Busse oder Straßenbahnen zur Fahrt in die Stadt. Wichtig zu wissen: Wiesbaden und Mainz vereint eine gemeinsame **Umweltzone.** So dürfen nur Fahrzeuge mit der grünen Abgasplakette (EU-Norm 4) in die Städte einfahren. Weitere Einschränkungen sind im Gespräch.

Barrierefreies Reisen

Für Reisende mit Rollstuhl gibt es in den Städten nicht nur zahlreiche Behindertenparkplätze, sondern an den großen Bahnhöfen auch einen Service, der nach Voranmeldung (Tel. 018058-512512) beim Ein- und Ausstieg hilft. Auch viele Busse sind rollstuhltauglich. Wichtige Verkehrsampeln in den Städten sind mit akustischen Signalanlagen ausgestattet, die Sehbehinderten das Überqueren der Straßen erleichtern. Auch die großen Museen und öffentlichen Einrichtungen haben sich auf Menschen mit Handicap eingestellt. Manche bieten spezielle Füh-

rh128 jb

rungen für Blinde und Sehbehinderte oder haben Audioguides vorrätig, in denen die Kunstwerke beschrieben werden. Für Gehörlose gibt es Videoguides, die Texte in Gebärdensprache wiedergeben.

Camping

Verglichen mit klassischen Urlaubsregionen ist das **Netz** an Campingplätzen und Stellplätzen für Wohnmobile noch **im Wachstum begriffen.** Angeheizt durch eine überdurchschnittliche Nachfrage infolge der Corona-Pandemie entstehen so permanent neue Möglichkeiten für Individualurlauber. Allein in und um Wiesbaden sind inzwischen mehr als drei Dutzend **Wohnmobil-Stellplätze** ausgewiesen, zahlreiche auch in Mainz und Umgebung. Zudem weisen auch immer mehr Dörfer im Rheingau und Rheinhessen eigene Plätze aus. Selbst Winzer und Bauern haben jüngst auf einigen Weingütern und Höfen Abstellmöglichkeiten geschaffen. Die **Preise** liegen meist zwischen 5 und 15 € pro Nacht. Gelistet sind die Möglichkeiten für Camper und Wohnmobileigner auf der Website **www.rheinhessen.de** (dort in der Suchmaske „Camping" oder „Wohnmobilstellplätze" eingeben) und auf **www.rheingau.com/wohnmobilstellplaetze.**

Einkaufen

→ Essen und Trinken

Im Ballungsraum Mainz/Wiesbaden gibt es eine Reihe von großen und kleinen Einkaufszentren sowie Wochenmärkte (Hinweise finden sich in den Ortskapiteln). Wer frische Lebensmittel sucht, ist bei den **Direktvermarktern** richtig.

- www.direktvermarkter-rheinhessen.de
- www.hofladen-bauernladen.info/in/rheingau-taunus-kreis_k79

◁ Auch Bingen bemüht sich um Barrierefreiheit: die Burg Klopp bietet immerhin ein rollstuhltaugliches WC

△ Auf dem Wochenmarkt in Mainz

Beliebte Mitbringsel

Wer mit dem Auto in der Region unterwegs ist und im Kofferraum noch etwas Platz hat, sollte in einer der **Vinotheken** oder direkt bei einem **Winzer** in Rheinhessen oder dem Rheingau Station machen. Weine gehören zu den populärsten Mitbringseln – aber auch Sekte, Schnäpse und Liköre. Passende Adressen finden sich in den Ortsbeschreibungen.

Spargel direkt vom Erzeuger ist im Frühjahr ein beliebtes Mitbringsel, im Sommer und Frühherbst ist frisches **Obst** gefragt, das wie der Spargel oft an kleinen Ständen am Straßenrand angeboten wird. Wer frische oder geräucherte **Forellen** mag, sollte im Wispertal Halt machen.

Wer nach **Kunsthandwerk** sucht, ist in der Mainzer Altstadt oder in Wiesbadens Zentrum an der richtigen Adresse. In Wiesbadens Taunusstraße lohnt sich das Stöbern in den **Antiquitätengeschäften.**

Freunde der Mainzelmännchen kommen in Mainzer Souvenirläden oder im ZDF-Sendezentrum auf dem Lerchenberg auf ihre Kosten, wo die TV-Lieblinge in allen Varianten zu haben sind (→ S. 144). Ausgefallene Geschenke gibt es auch in manchem Museum, die kleinste Bibel der Welt etwa im Mainzer Gutenberg-Museum (→ S. 131). Im Klosterlädchen der Benediktinerabtei St. Hildegard in Rüdesheim bieten die Nonnen nicht nur eigene Weine, sondern auch viel anderes Selbst- und Hausgemachtes an (→ S. 103).

Ein- und Ausreisebestimmungen

Für **Österreicher** gelten die zwischen den Schengen-Staaten vereinbarten Ein- und Ausreisebestimmungen: Reisende müssen ein **gültiges Personaldokument** mitführen. Das gilt auch für **Schweizer** Bürger.

Österreich und die Schweiz unterhalten in der Bundesrepublik **diplomatische Vertretungen,** die im Notfall weiterhelfen können.

- **Österreichische Botschaft Berlin,** Stauffenberger Str.1, 10785 Berlin, Tel. 030 202870, www.bmeia.gv.at/botschaft/berlin.html
- **Schweizer Botschaft Berlin,** Otto-von-Bismarck-Allee 4a, 10557 Berlin, Tel. 030 3904000, www.eda.admin.ch/berlin

Während die **Zollbestimmungen** für Deutsche und Österreicher identisch sind, gelten für die nicht zur EU gehörende **Schweiz** eigene Regeln. So dürfen persönliche Gebrauchsgegenstände, die man auch ausgeführt hat, problemlos zurückgeführt werden. Neuwaren im Gesamtwert ab 300 CHF müssen verzollt werden. Besondere Beschränkungen gelten für Lebensmittel, Alkohol und Tabak. Nähere Informationen:

- www.ezv.admin.ch, Unterpunkte „Information private“, dann „Freimengen und Wertfreigrenze“

Essen und Trinken

Wurst und Käse und Fleisch bestimmen weitgehend den Speiseplan in der Region. Fischgerichte gibt es auch, dann allerdings stammen die Wassertiere meist aus der Kühltruhe. Bedeutung als Fischlieferant hat eigentlich nur die Wisper, deren Wasser die eine oder andere Forellenzucht speist. Unverkennbar aber ist auch in Rheinhessen und im Rheingau der Trend zu leichter Kost. Immer mehr Restaurants ergänzen ihre Karten um **vegetarische oder vegane Gerichte.** Diesen Trend beflügelt Gemüse, das schon zur Römerzeit den Speisezettel bereicherte – etwa **Kohl, Bohnen, Lauch, Kürbis** und **Zwiebeln.** Im Laufe der Zeit kamen Sellerie, Tomaten, Gurken und manch anderes Gemüse dazu, das meist vor der Haustür wächst. Häufig aber bestimmen **Kartoffeln** die Hauptmahlzeiten, die typische Hausmannskost seit dem 18. Jahrhundert.

Auf den großen **Wochenmärkten** wie in Mainz oder Wiesbaden ist das Angebot an frischem Gemüse und Obst groß, hinzu kommen zahllose **Direktvermarkter** in vielen Stadtteilen oder Dörfern.

Spezialitäten

Zu den rheinhessischen Spezialitäten gehört die **Backes-Grumbeere,** die früher und teilweise heute wieder in manchem Dorfbackofen zubereitet wird. Meistens werden die Kartoffeln, mundartlich *Grumbeere* genannt, mit Rauch- oder Pökelfleisch und Zwiebeln zubereitet.

Dippe Has nennt sich eine andere Spezialität, ein Schmortopf mit Hasen- und fettem Schweinefleisch. Schwein, Rind, Geflügel und Schaf standen übrigens schon zu Römerzeiten auf dem Speiseplan, manchmal auch Fisch.

Besonders beliebt in der Region ist **Handkäs',** ein fettarmer und eiweißreicher Sauermilchkäse. Traditionell wird er **mit Musik** serviert, einer Marinade aus Zwiebeln, Essig und Öl, Pfeffer und Salz, die man auch mit Oregano, klein

rh052 gs

> Schmausen am Rheinufer in Bingen

geschnittenen Oliven, fein gewürfelten Paprikaschoten und kleinen Dörrfleischstücken verfeinern kann. Angeblich, erzählen Kenner, erinnere die „Musik“ an die Symphonien aus Magen und Darm, welche die Verdauung des Käses häufig begleiten. **Spundekäs'**, der gewöhnlich mit kleinen Salzbrezeln serviert wird, ist ein Dip aus Frischkäse und Quark, der mit Zwiebeln, Salz, Pfeffer, Knoblauch, Kümmel oder Senf verfeinert werden kann.

Die Klassiker der Region: Spundekäs' und Handkäs', der in der gehobenen Küche zu kleinen Kunstwerken verarbeitet wird

Zu den hausgemachten Spezialitäten zählen auch kleine oder große Platten mit verschiedenen Wurstsorten, vor allem **Fleischmagen, Leber- und Blutwurst,** die auch gebacken auf den Tisch kommen. Wenn man **Nackische** bestellt, ist das nichts Unanständiges, sondern gewöhnlich Mettwurst ohne Haut. Zu den traditionellen Gerichten, vor allem zur närrischen Zeit, gehören **Weck, Worscht un' Woi.** Dahinter verbergen sich meist ein sogenannter *Paarweck,* also ein Doppel-Brötchen, ein mehr oder minder großes Stück Fleischwurst und ein örtlicher, meist einfacher Wein.

In jüngerer Zeit hat eine **neue Generation von Köchen** die Traditionsküche revolutioniert. So wird Handkäs' oder Fleischwurst inzwischen als Carpaccio angeboten, kommt der Handkäs' gar als Soufflé auf den Tisch. Eine Renaissance erleben auch Gerichte wie **Kalbsbäckchen** oder **Kartoffelstampf.**

148rh gs

149rh gs

Wein

→ Kapitel „Wein erleben“

Dass in einer Weinregion augenscheinlich mehr Wein als Bier getrunken wird, verwundert nicht. Groß ist die Auswahl, wie die Weinkarten in den Restaurants und Straußwirtschaften belegen. Traditionell wurde der Wein früher im Schoppenglas ausgeschenkt, das aber nur noch selten benutzt wird. Es hat längst dem **Halbe** (gesprochen: *Halwe*) Platz gemacht, also einem halben Schoppen. Im Gegensatz zu anderen Weinbauregionen versteht man im Rheingau und in Rheinhessen darunter meist ein 0,2-Liter-Glas, dem in den meisten Lokalen und Weinstuben inzwischen üblichen Maß. Manche Wirte schenken als *Halwe* aber auch 0,25 Liter aus. Daneben gibt es – wie etwa bei Weinproben oder auch manchem Weinfest üblich – das **Piffche:** 0,1 Liter. Damit schließt der Genusstrinker gewöhnlich seinen Weinabend ab. Es ist die heute kleinste Maßeinheit. Ihren Namen verdankt sie höchstwahrscheinlich dem *Pfiff*, einem alten österreichischen Flüssigkeitsmaß, das genau be-

Preiskategorien Gastronomie

Die Restaurants sind in diesem Buch in folgende Preiskategorien unterteilt, wobei der Preis für ein **Hauptgericht/Menü** gilt. Bei Hotelrestaurants wird die Kategorie des Restaurants nur angegeben, wenn sie von der des Hotels abweicht.

① bis 10 € / bis 15 €
② 10–15 € / bis 25 €
③ 15–20 € / bis 35 €
④ 20–30 € / bis 40 €
⑤ Luxusklasse

messen 0,177 Liter betrug und früher ebenfalls die Hälfte der normalerweise ausgeschenkten kleinsten Weinmenge war. Schon ab Spätsommer gibt es den **Federweißen** (mehr dazu im Kapitel „Wein erleben"), frisch gepressten Traubenmost. Er ist bei manchem Winzer, aber auch an mobilen Ständen in Mainz und Wiesbaden erhältlich. Indem sie die bereits geernteten Trauben ganz kühl lagern, verlängern manche Produzenten die Federweißen-Saison bis weit in den November. Ab vier Prozent Alkoholgehalt kommt der neue Wein gewöhnlich in den Handel, wo er von Tag zu Tag weiter gärt, bis der größte Anteil des im Most enthaltenen Zuckers zu Alkohol geworden ist. Es bildet sich also ständig neues Kohlendioxid – aus diesem Grund darf man Federweißen nie luftdicht verschließen. Die Flaschen haben kleine Öffnungen im Deckel und müssen aufrecht transportiert werden.

⊡ Nostalgie ist hier Programm:
Weinlokal in der Rüdesheimer Altstadt

Als Weine, mehr noch aber als Säfte, kommen auch **Äpfel, Kirschen** und viele **Beeren** auf den Markt, die meist ebenfalls direkt von den Erzeugern angeboten werden. Auch hier ist die Auswahl groß.

Bier

Natürlich wird in der Region auch Bier getrunken, gern **Pils** und zunehmend auch **Hefeweizen,** das vor allem in der alkoholfreien Version immer mehr Freunde findet. Besondere Raritäten sind die im Rheingau und in Rheinhessen gebrauten Biere – etwa aus dem Mainz-Kasteler Brauhaus (Otto-Suhr-Ring 27), dessen Braumeistern man bei der Arbeit durch große Glasfenster zusehen kann und das dazu mit einer bayrisch orientierten Küche aufwartet. In Mainz-Ebersheim (Reiterweg 7) schenkt man „Rheinhessen-Bräu" aus, in der Nähe des Mainzer Bahnhofs (Kupferbergterrasse 17) gibt es „Eulchen-Bier", auch das hausgebraut. In der Altstadt ist das „Eisgrub Bräu" (Weißliliengasse 1a) zu Hause, das ebenfalls seit Jahren in Eigenregie dunkles und helles Bier, hin und wieder auch Bockbiere, produziert. Im Wormser Vorort Weinsheim (Weinsheimer Str. 67) fertigt die Braumanufaktur Sander aus Hopfen und Malz ihre Craft-Biere, die in der Region ebenfalls begehrt sind. Und in Alzey ist es Volker-Bräu (Verkauf: Albiger Str. 7a), das jährlich viele Zehntausend Liter naturtrübes Pils produziert, welches mit 12 % Stammwürze eingebraut wird und einen Alkoholgehalt von 5,0 % aufweist. Wer will, kann sich hier sogar nach eigenen Vorstellungen seinen Gerstensaft brauen lassen.

Gastronomie

Das gastronomische Angebot in Rheinhessen und dem Rheingau wächst von Jahr zu Jahr. Besonders in den **größeren Städten** ist die Auswahl riesig, wo sie vom Sternerestaurant bis zur Pizza- oder Dönerbude reicht. Dazu kommen „Supperien“, vegetarisch und vegan orientierte Lokalitäten, Metzger, die eigenen Mittagstisch anbieten, spezielle Fischrestaurants, öffentliche Betriebs-Kantinen und Universitäts-Mensen, die ihre Pforten auch für Außenstehende geöffnet haben.

Etwas anders sieht es in den **ländlichen Regionen** aus, wo manches Dorfgasthaus in den letzten Jahren aufgeben musste. So ist es noch immer schwierig, in manchen Regionen Rheinhessens werktag-mittags einzukehren. Wanderer und Radtouristen sollten das besonders beachten.

Eine Besonderheit in der Region sind die nur an bestimmten Monaten oder Tagen geöffneten **Strauß- und Schankwirtschaften** (→ Kapitel „Wein erleben“), die den Winzern erlauben, ihre eigenen Weine auszuschenken und dazu kleine Speisen zu servieren. Auffallend sind inzwischen auch im ländlichen Raum die vielen kleinen Betriebe, die Kaffee und Kuchen, Suppen, Snacks, belegte Brote und Brötchen und andere Kleinigkeiten offerieren. Um den **kleinen Hunger** zu stillen, bieten sich auch viele Bäckereien mit Steh- und Sitzplätzen an. Auch mancher Metzger verkauft zur Mittagszeit warme Speisen, die den Geldbeutel schonen.

Preisniveau

Allgemein lässt sich sagen, dass die Restaurants in den Metropolen Mainz oder Wiesbaden oft ein bisschen teurer als die auf dem Land sind und dass das Preisniveau in den **gehobenen Lokalitäten** des

154rh gs

153rh gs

Nachtleben in der Mainzer Altstadt

Rheingaus meist über dem Rheinhessens liegt. Dreistellig sind da oft die Summen, die man für ein mehrgängiges Menü samt alkoholischen Getränken für zwei Personen ausgeben muss. Natürlich aber wird man auch in beiden Regionen mit einem einstelligen Betrag gut satt.

Auf dem Rotweinfest in Ingelheim

Feiertage, Feste und Events

→ Land und Leute, Feste und Bräuche

Gesetzliche Feiertage in Hessen und Rheinland-Pfalz

- Neujahr
- Karfreitag
- Ostermontag
- Tag der Arbeit, 1. Mai
- Christi Himmelfahrt
- Pfingstmontag
- Fronleichnam
- Tag der deutschen Einheit, 3. Okt
- Allerheiligen, 1. Nov. (nur in Rheinland-Pfalz)
- 1. und 2. Weihnachtsfeiertag

Fotografieren

Heute hält fast jeder Urlauber seine schönsten Erlebnisse fotografisch fest. Mittlerweile liefern Handys auch respektable Bildqualitäten, sodass man einen zusätzlichen Fotoapparat bei ausreichenden Lichtverhältnissen eigentlich nicht braucht. Allerdings sollte man berücksichtigen, dass auch die Handy-Fotos **Speicherkapazität** verlangen. Viele Android-Smartphones besitzen einen integrierten microSD-Kartenleser, der beim Speichern der Fotos hilfreich ist. Dadurch kann man sich den Kauf von Gigabyte-starken Handys sparen, die Vielfotografierer aber brauchen.

Fotografieren mit dem Handy ist an fast allen Orten, zu denen auch Museen und Kirchen gehören, **erlaubt. Verboten** ist dort meist nur die **Nutzung eines Blitzes.** Wer seine Fotos freilich in sozialen Netzwerken oder auf der eigenen Website **veröffentlichen** will, sollte sich vorher vergewissern, ob die abgebildeten Personen damit einverstanden sind.

Geld

→ Notfälle

Man kommt in Rheinhessen und dem Rheingau gewöhnlich mit einem **Tagessatz von 140 bis 170 Euro pro Person** aus. Von Vorteil kann es sein, ein **Businesshotel** zu nutzen, da der Markt für Geschäftsreisen noch immer nicht gesättigt ist und deshalb viele Zimmer günstiger als etwa Privatwohnungen angeboten werden. Da ist manchmal auch ein Schnäppchen drin!

Bargeld sollte man bei Ausflügen immer dabei haben. Vielerorts werden die üblichen Kreditkarten nicht akzeptiert. Und auch mit Bankkarten kann man in vielen Fällen nicht bezahlen. Als Faustregel gilt: Je kleiner der Betrieb ist, desto eher verlangt er Barzahlung!

Schweizer Bürger müssen ihre **Franken** in Euro tauschen. Bei Redaktionsschluss betrug der **Wechselkurs** 1 CH = 0,97 Euro.

rh053 jb

Gesundheit

Die medizinische Versorgung in der Region ist bestens. In Mainz und Wiesbaden gibt es große, rund um die Uhr geöffnete **Kliniken.** Auch in Orten wie Alzey, Bingen, Rüdesheim oder Worms finden sich Krankenhäuser für den Notfall. Ebenfalls ausreichend ist die Zahl der **Apotheken,** die am Wochenende einen Notdienst eingerichtet haben (www.aponet.de).

Österreichische Staatsbürger legen bei einem notwendigen Arztbesuch oder Klinikaufenthalt ihre **Europäische Krankenversicherungskarte (EHC)** vor, die eine kostenlose Behandlung in Notfällen garantiert. Dies gilt inzwischen auch für **Schweizer Bürger,** die von ihren Versicherern ebenfalls eine Karte zur Behandlung im Ausland bei Notfällen verlangen können. Am besten aber ist es, wenn man eine zusätzliche **private Auslandskrankenversicherung** abschließt, die im Fall des Falles gegebenenfalls auch Mehrkosten oder Krankenrücktransporte übernimmt.

155rh gs

Winterspaziergang mit Hund

rh110 gs

Sollte man sich nach einem Gläschen Wein zu viel mal so fühlen wie dieser hölzerne Geselle in Mettenheim: Die nächste Apotheke ist nie weit

Mit Haustier unterwegs

In vielen Unterkünften ist man mit seinem Vierbeiner gern gesehen. Auch in den meisten Restaurants findet sich immer ein Plätzchen unterm Tisch.

Zur Sicherheit aber sollte man vorher seinen Gastgeber kontaktieren. In den Städten besteht in der Regel **Leinenzwang,** auch in vielen Naturgebieten. Winzer und Landwirte freuen sich, wenn man die Hinterlassenschaften seiner Vierbeiner aufsammelt und entsorgt.

Damit werden unter Umständen gesundheitsgefährdende Belastungen der Agrarflächen ausgeschlossen. Wissen sollte man auch, dass an den großen Badeseen **keine Hunde ins Wasser** dürfen. Die fühlen sich bei großer Hitze aber ja ohnehin im kühlen Zuhause wohler!

Information

Die Tourismusämter der Städte und Gemeinden stellen umfangreiche Informationsmaterialien über die von ihnen vertretenen Gebiete zur Verfügung. Ihre Adressen finden sich in den jeweiligen Ortsbeschreibungen. Als allgemeine Informationsquellen empfehlen sich:

- **Rheinhessen-Touristik GmbH,** Kreuzhof 1, 55268 Nieder-Olm, Tel. 06136 923980, www.rheinhessen.de.
- **Rheingau-Taunus Kultur- und Tourismus GmbH,** Rheinweg 30, 63375 Oestrich-Winkel, Tel. 06723 99550, www.rheingau.com.

Führungen

In den Metropolen offerieren die Stadtinformationen das ganze Jahr über Führungen und Rundgänge, die zum Teil auch als Kostümführungen im Angebot sind. Entsprechende Informationen finden sich auf den Websites der Touristikbüros. Aber auch viele Dörfer bieten inzwischen individuelle Führungen an. So gibt es im Rheingau sogenannte **Gästebegleiter,** die Interessierte durch ihre

rh054 gs

Führung am Kirschgarten in Mainz

Gemeinden führen. Als **Kultur- und Weinbotschafter** firmieren die meist gut informierten und mit den Sitten und Bräuchen der Region vertrauten Damen und Herren in Rheinhessen. Sie organisieren auch **Radtouren** oder andere Rundfahrten.

Im Zuge vieler Erkundungen werden Wein und Sekt serviert, die die Führung zum Erlebnis machen sollen.

- www.gaestebegleiter.de
- www.kultur-und-weinbotschafter.de

Presse

Bedeutendster Verlag in der Region ist die **Verlagsgruppe VRM,** die unter anderem den „Wiesbadener Kurier", das „Wiesbadener Tagblatt", die „Wormser Zeitung" und in Mainz die „Allgemeine Zeitung" herausgibt. Dazu kommen Lokalausgaben von Bingen bis Alzey. Daneben gibt es Monatsmagazine wie „Sensor", das in Mainz und Wiesbaden erscheint, oder „Der Mainzer" sowie Publikationen, die gezielt Kulturinteressierte oder Studenten ansprechen. Auch zahlreiche lokale Online-Medien gibt es in der Region.

Radio und Fernsehen

Regional von Bedeutung sind die Fernsehangebote des **Hessischen Rundfunks** und des **Südwestrundfunks.** Beide Anstalten unterhalten auch regionale Radioprogramme wie zum Beispiel SWR4 oder HR4. Informationen aus der Region gibt es zudem bei den Privatradios Antenne Mainz, RPR1 und Rockland Radio.

rh055 gs

rh056 gs

Mit Kindern unterwegs

Kultureinrichtungen und Gastronomie stellen sich immer mehr auf Kinder ein. Viele Museen, vom Mainzer Dommuseum bis zum Kloster Eberbach, haben inzwischen kindgerechte Angebote wie spezielle Führungen oder Workshops. Auch die großen Städte haben sich auf die jüngste Zielgruppe mit speziellen Stadtführungen eingestellt.

So macht Wiesbadens Stadtbähnchen **Thermine** sonntags bis freitags von April bis Oktober eine sogenannte Hörspielfahrt (www.thermine.de), auf der im Dialog zwischen Enkel und Opa die Stadt neu erklärt wird. Vielerorts kümmern sich eigens eingestellte Museumspädagogen um die Jüngsten, nehmen sie wie im **Mainzer Landesmuseum** auf spannende Zeitreisen in die Vergangenheit mit. Deshalb ist es sinnvoll, die entsprechenden Internetseiten der Kulturinstitutionen schon vor Reiseantritt nach kindertauglichen Offerten zu durchforsten.

Abwechslung bieten auch die vielen Spielplätze in der Region, die wie am Binger Rheinufer oft ganze Abenteuerlandschaften sind. Auf Bademöglichkeiten, meist in Hallen- und Freibädern, wird in den jeweiligen Ortsbeschreibungen hingewiesen. Eine Liste von Indoor-Kletterparks findet sich in diesem Kapitel unter „Sport und Aktivitäten".

< Ob niedliche Mainzelmännchen oder gar grässliche Steinmonster ^ (an der Basilika in Kiedrich): für kleine Urlauber gibt es viel zu entdecken

Besondere Tipps für Kinder

- **Fasanerie Wiesbaden** (s.S. 51), großer Tiergarten mit Spielplatz vor Wiesbadens Toren.
- **Flummyland** (s.S. 173), Indoor-Spielplatz mit diversen Attraktionen in Bingen.
- **Kletterwald Neroberg** (s.S. 56), Hochseilklettergarten auf Wiesbadens Hausberg.
- **Landmuseum Ransel** (s.S. 118), interessantes Freilichtmuseum bei Lorch, das Einblicke in die ländliche Welt gibt.
- **Schloss Freudenberg** (s.S. 50), Erlebnisräume für Alt und Jung in einem Wiesbadener Vorort.
- **Tiergarten Worms** (s.S. 273), kleiner Tierpark am Rand der Stadt.
- **Tiger-Garten Waldeck** (s.S. 178), Tigerkäfig vor den Toren Ingelheims.

→ kennzeichnet Tipps für kleine Urlauber

Klima und Reisezeit

→ Reisegepäck und Ausrüstung

Zur Frage nach der schönsten Reisezeit lässt sich sagen: Der Besuch der Region lohnt sich eigentlich immer, halten die großen Museen und wichtigsten Sehenswürdigkeiten wie Dome und Klöster ihre Pforten doch ganzjährig offen. Trotzdem hat jede Jahreszeit ihren eigenen Reiz. Im Frühjahr ist es die **Baumblüte,** die vor allem die Obstregionen in zarte Farben taucht. **Hochsaison** ist der Som-

rh057 gs

rh058 jb

mer, der zu gemütlichen **Schiffstouren** einlädt. Wenn die Temperaturen nicht gerade über der 30-Grad-Marke liegen, sind Mai bis September die ideale Zeit für **Wanderer und Radfahrer,** die aber auch noch im Herbst auf ihre Kosten kommen. Dann werden die Tage zwar kürzer, dafür leuchtet die Natur in ganz neuen Farben, die mit zunehmender Blattfärbung immer intensiver werden.

Städtereisende locken die winterlichen **Weihnachtsmärkte** und ab Januar ist es die **Fastnacht,** die manchem zu neuer Lebensfreude verhilft. Und wie ein Jungbrunnen wirken auch die vielen Hundert **Weinfeste,** die sich im Sommer und Herbst ballen.

⌃ Selfies, hier von der Wallfahrt auf dem Laurenziberg, erreichen die Lieben daheim problemlos

< Herbstlicher Nebel in Bingen

Kommunikation unterwegs

Die Region ist bis auf ein paar abgelegene Taunuswälder und menschenleere Flächen in Rheinhessen in Sachen **Mobilfunk** bestens versorgt.

Sehr gut ist auch die **WLAN-Verbindung** in Rheinhessen und dem Rheingau. In den meisten Hotels und vielen Gastronomiebetrieben gibt es öffentliches WLAN, das nur noch ganz selten kostenpflichtig ist. Zudem gibt es in Mainz (www.freifunk-mainz.de) und Wiesbaden (www. wall.de/wifiwiesbaden) eine Reihe öffentlich zugänglicher Hotspots. Auch in den größeren Stadtbibliotheken finden sich gewöhnlich öffentliche Internet-Zugänge.

Zahlreiche kostenfreie WLAN-Zugänge listen:

- www.wifimap.io/855-wiesbaden-free-wifi/map
- www.wifimap.io/868-mainz-free-wifi/map

Österreicher und Schweizer nutzen zum Telefonieren in die Heimat die **Vorwahlnummern** 0043 (Österreich) und 0041 (Schweiz).

Handynutzer aus Österreich telefonieren in der Regel ohne Zusatzkosten aus Deutschland – anders als die nicht zur EU gehörenden Schweizer, auf die sogenannte **Roaming-Kosten** zukommen können. Wie hoch diese sind, erfährt man beim jeweiligen Netzbetreiber.

LGBT+

Lesben, Schwule, Transgender, Bisexuelle und andere fühlen sich in der Großregion des Rhein-Main-Gebiets, zu der ja der Rheingau und Rheinhessen gehören, meist **gut aufgehoben.** Das zeigt auch die Tatsache, dass in Mainz und Wiesbaden, ihren Zentren, zeitweise gleichzeitig zwei schwule Oberbürgermeister an der Regierung waren.

Besonders groß ist das **kulturelle Angebot** für die LGBT-Gemeinde deshalb auch in diesen Städten. Dazu gehört an jedem ersten Wochenende im Monat eine große „Party für Lesben, Schwule, Bi, Trans*, Inter, Queere and Friends" im Kulturzentrum Schlachthof Wiesbaden. Ausführliche Informationen bieten:

- www.mainz.de/leben-und-arbeit/queere-lebensweisen.php
- www.wiesbaden.de/leben-in-wiesbaden/gesellschaft/lsbtiq/akteuere-lsbtiq.php
- https://warmeswiesbaden.de

Notfälle

- **Polizei-Notruf:** 110
- **Feuerwehr und Rettungsdienst:** 112
- **Ärztlicher Bereitschaftsdienst:** 116117
- **Telefonseelsorge:** 0800 1110111
- **Giftnotruf:** 06131 19240
- **Sperrnotruf für Geldkarten:** 116116

Tierkliniken mit Notdienst

- **Wiesbaden:** Tel. 0611 46870
- **Mainz:** Tel. 06131 6173585

Öffnungszeiten

Die **Ladenöffnungszeiten** richten sich in der Region nach den **Vorschriften der Bundesländer** Hessen und Rheinland-Pfalz. So dürfen in Hessen Läden theoretisch werktags, also auch samstags, rund um die Uhr öffnen, in Rheinland-Pfalz dagegen nur zwischen 6 und 22 Uhr. Zusätzlich erlauben beide Länder an vier festgelegten „verkaufsoffenen Sonntagen" die Öffnung für sechs (Hessen) bzw. fünf (Rheinland-Pfalz) Stunden. Außerdem ist in bestimmten Geschäften, zu denen unter anderem auch

› Bummel in der Augustinerstraße in Mainz

Cafés, Bäckereien, bestimmte Bahnhofsläden und andere Geschäfte gehören, auch ein **Sonntagsverkauf** erlaubt.

Allgemein sind die meisten **Läden** in den Innenstädten **zwischen 10 und 20 Uhr** geöffnet. In Dörfern schließen die Geschäfte früher oder machen häufig zur Mittagspause ihre Türen zu. **Museen** öffnen zu unterschiedlichen Zeiten und haben meist an einem Wochentag geschlossen. **Banken** haben für gewöhnlich nur werktags zwischen 9 und 16 Uhr geöffnet, rund um die Uhr stehen aber Bankautomaten zur Abhebung von Bargeld zur Verfügung.

Meist öffnen **Lebensmittelgeschäfte,** vor allem Bäckereien und Metzgereien, **viel früher** als etwa **Mode- oder Elektronikläden.** Boutiquen und Galerien in den großen Städten öffnen oft erst am späten Vormittag oder gar erst am Nachmittag.

Orientierung und Landkarten

Orientierungsprobleme sollte es in der Region eigentlich nicht geben. Autobahnen, Bundes-, Kreis- und Landstraßen sind **gut ausgeschildert.** Das gilt auch für die populären Wanderstrecken und Radrouten. Etwas schwieriger ist es für **Querfeldein-Wanderer,** die auf eigene Faust die Landschaften erkunden. Sie können sich mithilfe eines Smartphones und Google Maps orientieren oder mit einer guten **Wanderkarte,** die auch dann weiterhilft, wenn das Handy keine Verbindung hat. Dazu gehören die Karten mit eingezeichneten Radwegen der Firma **Naturnavi** im Maßstab 1:25.000 (https://naturnavi.de). Sie sind auf um-

rh059 gs

weltfreundlichem und wasserfestem Papier gedruckt. Als Zielgebiete gibt es die Wisper-Trails, Wiesbaden und Umgebung, Vordertaunus und Rheingau. Für **Radler** hat der **ADFC** eine eigene Rheinhessen-Karte mit GPS-Daten zum Download im Maßstab 1:50.000 aufgelegt. Im gleichen Maßstab bietet auch der **Kompass-Verlag** eine Wanderkarte.

Post

Poststellen finden sich **flächendeckend,** auch wenn sie meist von privaten Betreibern unterhalten werden. Adressen der Hauptpostämter in Mainz und Wiesbaden finden sich in den Städtebeschreibungen. Das **Porto** für eine Postkarte nach Österreich oder in die Schweiz beträgt 1 €, ein Standardbrief kostet 1,10 €.

Rauchen

Das Rauchen **in öffentlichen Räumen ist grundsätzlich verboten.** Dazu zählen auch Kneipen und Straußwirtschaften; manche Wirte machen zudem von ihrem Hausrecht Gebrauch und untersagen das Rauchen auch in ihren Biergärten oder auf den Terrassen ihrer Lokale.

Ebenso sind alle öffentlichen Verkehrsmittel wie Bus, Bahn oder Taxen rauchfrei, und das Rauchen ist auch auf Bahnhöfen und deren Vorplätzen sowie an Bus- und Straßenbahnhaltestellen untersagt. Allerdings sind auf großen Bahnhöfen Raucherzonen ausgewiesen.

E-Zigaretten fallen zwar nicht unter das Nichtrauchergesetz, allerdings ist ihr Gebrauch wie etwa im Hoheitsgebiet der Deutschen Bahn und in fast allen Bus- und Straßenbahnlinien untersagt. Auch in Gaststätten müssen die „Dampfer" das Hausrecht des Wirtes achten.

Reisegepäck und Ausrüstung

→ Klima und Reisezeit
→ Orientierung und Landkarten

Obwohl Rheinhessen und der Rheingau zu den trockeneren Regionen Deutschlands zählen, muss man das ganze Jahr über mit Regen rechnen. Im Winter kann er in den höheren Lagen in Schnee übergehen. Die regenärmsten Monate liegen im Winter, die niederschlags-

rh060 gs

reichsten im Sommer. Auf alle Fälle gehören deshalb ein Schirm oder eine Regenjacke ins Reisegepäck. Die jährliche Durchschnittstemperatur beträgt gut elf Grad plus. Das heißt: Im Winter sinken die Temperaturen nur bei stabilen Hochdrucklagen langfristig unter die Null-Grad-Grenze. Im Sommer dagegen muss man vor allem in den tieferen Lagen von Mainz und Wiesbaden wegen ihrer Kessellage mit Schwüle rechnen.

Wanderer und Radfahrer sollten ihre Ausrüstung sorgsam zusammenstellen. Dazu gehören luftige Hemden und Jacken sowie elastische Hosen und Shorts. Vielgeher schätzen zudem Funktionsunterwäsche aus Kunstfaser oder Merinowolle, die gut zu wasserdichten und windfesten Outdoorjacken passt. Im Sommer ist für die meisten eine Kopfbedeckung und eine Sonnenbrille unverzichtbar. Auch das **Schuhwerk** sollte der Wanderung angepasst sein. Auch wenn es so gut wie keine alpinen Strecken im Rheingau und Rheinhessen gibt, erfordern die sogenannten Hiwwel-Touren in Rheinhessen oder die Rheinsteig-Partien im Rheingau einen festen Tritt. Wanderstöcke benötigt man nicht.

Für größere Touren abseits der gängigen Wanderrouten benötigt man auf alle Fälle einen **Rucksack,** in den eine zünftige Vesper und genügend Wasser passen.

< Auch wenn Rheinhessen und Rheingau zu den wärmeren Regionen Deutschlands zählen: Allzu leicht geschürzt sollte man nicht auf Tour gehen (Figur im Park am Dom in Worms)

rh06 gs

Sicherheit

Der Rheingau und Rheinhessen sind trotz ihrer Lage im dicht besiedelten Rhein-Main-Gebiet **sehr sichere Regionen.** So sind Straßenkriminalität und Diebstähle in den letzten Jahren in Mainz und Wiesbaden zurückgegangen. Gleichzeitig stieg in beiden Städten die Aufklärungsquote von Straftaten. Die Entwicklung ist zum Großteil der stärkeren Überwachung der Problemzonen durch Videokameras oder der Ausweisung der Wiesbadener Innenstadt als Waffenverbotszone geschuldet. Wer also nicht teuren Schmuck oder elektronische Geräte wie teure und exklusive Handys sichtbar zur Schau trägt, ist in der Region sehr sicher. Autoaufbrüchen beugt man vor, in dem man keine wertvollen Gegenstände sichtbar im Fahrzeug zurücklässt.

^ Vor zwielichtigen Gestalten muss man sich im Reisegebiet nicht fürchten ...

Sport und Aktivitäten

→ Kapitel 8, Wandern

Radfahren

Radwandern wird in der Region immer beliebter. So wurden in den letzten Jahren vor allem in Rheinhessen viele neue Radwege gebaut und kleine und große Touren ausgewiesen. Auch in den nächsten Jahren werden **viele neue Strecken** dazukommen, steht doch gerade in Rheinhessen das Radwandern mit an der Spitze der Tourismusaktivitäten.

Waren die Radrouten bislang meist auf die Uferstrecken am Rhein oder seiner Nebenflüsse wie der Selz beschränkt, haben die neuen **E-Bikes** auch Routen attraktiv gemacht, die früher die Radlerwaden zu sehr beanspruchten. So lassen sich inzwischen auch die Höhen des Rheingaus per Rad erobern. Und auch im hügeligen Rheinhessen erleichtert der Elektroantrieb jetzt manche Velotour. Inzwischen setzt man sogar auf rheinüberschreitende Radtouren, die mithilfe der Fähren die Grenzen zwischen den beiden Urlaubsregionen verschwinden lassen.

Viele **Unterkünfte** haben sich mit Fahrradkellern und anderen Offerten wie kostenlosem Gepäcktransport auf Gäste mit Drahteseln eingestellt. Unter folgenden Websites sind viele Dutzend fahrradfreundlicher Quartiere gelistet:

- www.bettundbike.de
- www.rheingau.com/bettbike
- www.rheinhessen.de/bett-bike-betriebe

Radler im Appelbachtal

156rh gs

rh029 gs

Ausgeweitet wurde auch das Angebot an **Leihrädern,** die nicht nur in Metropolen wie Mainz oder Wiesbaden, sondern auch auf dem Land erhältlich sind. Auch **E-Bikes** können inzwischen an vielen Stationen in Rheinhessen ausgeliehen werden, auch in manchem Touristenbüro wie in Wörrstadt.

- **Übersicht Radverleih:** www.rheinhessen.de/vermietstationen/0
- **E-Bike-Ladestationen:** www.rheinhessen.de/ladestationen-radweg/0

Zugenommen hat auch die Zahl der **Pauschalangebote für Radler,** bei denen ausgesuchte Touren samt Übernachtungen und gegebenenfalls auch Fährtickets angeboten werden. Wie beliebt die Radelregion inzwischen ist, beweist auch die Flut von Radführern, die einen aber nicht davon abhalten sollten, auch auf eigene Faust Neues zu entdecken. Zu den populärsten **Radrouten** gehören:

Fahrradverleih in Mainz

- **Amiche** (Rundkurs): angenehme Tour von Bodenheim aus auf stillgelegten Bahntrassen und dem Rhein-Radweg (33 km auf meist betonierter Strecke).
- **Appelbach-Radweg:** von der Donnersbergregion ins Nahetal (42 km auf flachen Wegen entlang dem Appelbach).
- **Burgen-Tour:** Von der Burg Eltville führt der Rundkurs (18,5 km) nach Kiedrich und zurück, vorbei an Weinständen und Wirtschaften.
- **Mühlen Radweg:** Quer durch den Wonnegau führt die gut 42 km lange Strecke von Framersheim nach Gimbsheim, häufig an Flüsschen entlang oder durch verlandete Altrheinarme.
- **Obstroute** (Rundkurs): Radschleife durch die Obstfelder rund um Ingelheim, ideal zur Baumblüte (gut 45 km mit zum Teil kräftigen Anstiegen).
- **Rhein-Radweg:** von Bingen am Rhein entlang bis Worms (gut 90 km auf meist flachen Strecken)
- **Rheinterrassenroute:** von Mainz-Laubenheim nach Worms (rund 50 km auf manchmal schweißtreibender Strecke durch die Weinberge).
- **Selztal-Radweg:** vom pfälzischen Orbis über Alzey mitten durch Rheinhessen nach Ingelheim (gut 60 km entlang der Selz).
- **Rheingauer Radwanderweg:** von Flörsheim am Main bis Kaub (62 km an Main und Rhein entlang oder durch Weinberge).

- **Zellertal-Radweg:** Den südlichen Wonnegau durchläuft die gut 25 km lange Strecke mit Start im schon pfälzischen Kirchheimbolanden und Ziel am Wormser Hauptbahnhof. Mit 200 Höhenmetern keine richtig schweißtreibende Tour.

Golf

- **Golfclub Rheinhessen,** Hofgut Wißberg, 55578 St. Johann, Tel. 06701 20080, www.gc-rheinhessen.de. Schön gelegene Anlage auf dem Wißberg bei St. Johann, mit Hotel und Restaurant.
- **Mainzer Golfclub,** Oberer Mombacher Weg 4, 55257 Budenheim, Tel. 06139 29300, www.mainzer-golfclub.de. 18-Loch-Platz im ehemaligen Steinbruch nördlich von Mainz.
- **Golfclub Worms,** Gernsheimer Fahrt, 67580 Hamm am Rhein, Tel. 06246 907226, www.gc-worms.de. 9-Loch-Anlage in den Rheinauen bei Hamm mit gemütlichem Clubhaus.
- **Golfanlage Domtal Mommenheim,** Am Golfplatz 1, 55278 Mommenheim, Tel. 06139 29300, www.golfanlage-domtal-mommenheim.de. Schöner Parcours mit Weinbergsblick bei Nierstein. Mindesthandicap 54.
- **Golf Club Rhein-Main,** Weißer Weg, 65201 Wiesbaden, Tel. 0611 1842416 , www.golfclubrheinmain.de. Golf-Course mit Rheinblick in Wiesbaden-Dotzheim.
- **Golf Club Main-Taunus,** Lange Seegewann 2, 65205 Wiesbaden-Delkenheim, Tel. 06122 177480, www.golfclubmaintaunus.de. 18-Loch-Anlage in Wiesbaden-Delkenheim.
- **Wiesbadener Golf Club,** Chausseehaus 17, 65199 Wiesbaden, Tel. 0611 460238, www.wiesbadener-golfclub.de. 9-Loch-Anlage. Der Club reklamiert für sich, der älteste Deutschlands zu sein.

Ballonfahren

Ballonfahrten über den Rheingau und Rheinhessen bieten:

- **www.ballonfahrten-goehler.de** (Treffpunkt in Nieder-Olm)
- **www.skytravel24.de** (Treffpunkt in Rüdesheim am Rhein)

Wassersport

Der Rhein bietet Wassersportlern gute bis beste Bedingungen – **Motorbootfahrern** ebenso wie **Seglern, Kanuten** oder **Paddlern.** Auch **Stand-up-Paddling, Wasser- oder Jetski** ist auf dem Rhein möglich. Allerdings sollte man wissen, dass der Strom mit seinen Strudeln kein einfaches Gewässer ist.

rh063 gs

Stand-up-Paddling auf dem Rhein bei Bingen

157rg gs

Außer beim Mainzer Silvesterschwimmen sollte man auf das Baden im offenen Rhein verzichten

■ Der Anbieter **Hai-Charter** (www.hai-charter.de, Tel. 0175 5952258) vermietet im Schiersteiner Hafen Sport- und führerscheinlose Schlauchboote.
■ Am **Mainzer Rheinufer** kann man führerscheinpflichtige Boote mieten (www.mietboot.com, Tel. 06131 279277).

Baden

Rund um die Verbandsgemeinde Eich im Süden Rheinhessens gibt es mehrere **Badeseen** mit guter Wasserqualität (→ Kapitel „Worms und Wonnegau"). **Hunde** sind an rheinland-pfälzischen Badeseen aus hygienischen Gründen nicht erlaubt.

Kleine **Badebuchten** finden sich hier und da auch am Rhein. In **Oppenheim** gibt es gar ein eigenes Strandbad. Allerdings rät die Wasserschutzpolizei vom **Schwimmen im Rhein** ab. So ist die Fahrrinne generell für Badende gesperrt. Wer in den Sog eines Schiffes kommt, hat meist keine Überlebenschance. Weitere **Gefahren** sind Strudel und Strömungen. Besonders gefährlich ist es unter Brückenpfeilern oder an rechtwinklig zum Ufer aufgeschütteten Dämmen, an deren Ende oft Strudel entstehen.

Das ganze Jahr über laden **Hallen- und Freibäder** zum Besuch (Adressen siehe Ortsbeschreibungen).

Klettern

Neben dem Kletterpark im Wald auf dem Wiesbadener Neroberg (s.S. 56) gibt es zahlreiche **Indoor-Kletterparks:**

Bingen

■ **Rhein-Nahe Sport & Fitnesscenter,** Saarlandstr. 379, Bingen-Dietersheim, Tel. 06721 47651, www.fitnesscenter-rheinnahe.de.

Mainz

■ **Blockwerk,** Hauptstr. 17–19, Tel. 06131 2500927, www.blockwerk.info.
■ **Clip'n Climb Mainz,** Athener Allee 10, Tel. 06131 5540966, www.clipnclimb-mainz.de.
■ **Kletterkiste Mainz,** Turmstr. 85, Tel. 06131 688829, www.kletterkiste-mainz.de.

Wiesbaden

■ **Wiesbadener Nordwand,** Hagenauer Straße 49, Tel. 0611 98896244, www.wiesbadener-nordwand. de.
■ **Kletterhalle Wiesbaden,** Holzstr. 11, Tel. 0611 97490060, www.kletterhalle-wiesbaden.de.

Angeln

Wichtigstes Angelrevier der Region ist der **Rhein.** Um dort zu fischen, braucht man neben einem gültigen **Angelschein** einen **Fischereischein** und einen für den jeweiligen Gewässerabschnitt gültigen **Fischereierlaubnisschein.** Ohne die passenden Papiere oder bei Verstößen gegen die Fischereigesetze drohen Geldbußen bis zu 5000 Euro. Verkaufsstellen für die Rhein-Angelscheine finden sich u.a. in Heidesheim, Bingen, Oppenheim und Rüdesheim (www.rhein-angeln.de).

rh112 gs

240rh gs

Lama-Trekking

Im Rheingau, in der Nähe von Eltville und Kloster Eberbach, bietet die **Kisselmühle** für Jung und Alt Lama-Trekking an (→ S. 71).

Wellness

Die Wellness-Angebote sind in den letzten Jahren immer umfangreicher geworden. So bieten inzwischen auch viele Hotels, Bäder und Saunen und sogar manches Weingut spezielle Massagen und Kosmetikanwendungen an. Die Gastgeber und örtlichen Touristinformationen helfen bei der Suche.

⌃ Dieser Turm in Pfeddersheim wird als Unterkunft vermietet

‹ Mit dem Lama durch die Rheingau-Wälder

Unterkunft

→ Camping

Von der **Ferienwohnung** bis zum **Wellness-Hotel** ist das Angebot groß. Wer auch abends noch ein bisschen Stadtleben genießen will, Theater oder Konzerte besuchen, ist in einem der zahlreichen Hotels in Mainz oder Wiesbaden bestens aufgehoben. Mainz, Bingen, Wiesbaden und Worms verfügen über eine **Jugendherberge.** Sehr groß ist neben Hotels und Pensionen das Angebot **privater Zimmer.** Vor allem die Winzer haben in den letzten Jahren viele Hundert neue Übernachtungsmöglichkeiten geschaffen. Diese sind häufig nicht preiswerter als Hotelzimmer, bieten dafür aber oft viel mehr Atmosphäre und Kontakt zum Vermieter, der im Bestfall mit einer ausgedehnten Weinprobe endet.

Wichtig zu wissen ist, dass im Rheingau seit 2021 eine sogenannte **Touristenabgabe** von mindestens 2 Euro pro Gast für private Übernachtungen erhoben wird. Das Geld soll unter anderem in eine Gästekarte investiert werden, welche die kostenlose Nutzung der öffentlichen Verkehrsmittel erlaubt und so die Region vom Individualverkehr entlastet.

Über Unterkunftsmöglichkeiten informieren gewöhnlich die **Homepages der örtlichen Tourismusbüros,** die ihre

Überblick Buchungsportale

Als Ergänzung zu den sorgfältig zusammengetragenen Unterkunftsempfehlungen in diesem Buch können Buchungsportale wie Booking.com, hrs.de, Agoda.com oder AirBnB.de dazu genutzt werden, aktuelle **Preise** und die **Bewertungen** anderer Reisender einzusehen sowie Unterkünfte direkt zu buchen.

Die Plattformen arbeiten mit Unterkünften aller Art zusammen und machen diese für Reisende leicht auffindbar. Bewertungen, Fotos und Filtermöglichkeiten nach zahlreichen Details helfen bei der Auswahl. Auch der Kontakt zwischen Vermietenden und Unterkunftssuchenden sowie die Bezahlung können über die Plattformen abgewickelt werden.

Eine gewisse **Vorsicht** ist bei der Benutzung dennoch geboten. Wann immer möglich, sollten die Angaben mit zusätzlichen Quellen überprüft werden. Sind die Bewertungen wirklich auf allen Plattformen und Suchmaschinen so gut? Sind sie so zahlreich, dass ein Missbrauch unwahrscheinlich ist? Weshalb genau fanden die Bewertenden die Unterkunft gut und stimmt das mit meinen Interessen überein? Häufig hilft die jeweils eigene Website der Unterkunft, Google Street View oder ein Anruf, um genauere Informationen zu bekommen.

Wem **einzelne Aspekte** besonders wichtig sind, der sollte auf jeden Fall genau prüfen – z.B. ob der versprochene „geschlossene Parkplatz" wirklich so beschaffen ist, dass man das vollgepackte Auto dort stehenlassen möchte. Auch der angepriesene „Bestpreis" und die durch die Plattformen suggerierte knappe Verfügbarkeit lösen sich bei einem Anruf vielleicht in Luft auf, weil die Vermietenden einen eigenen günstigen Preis bieten, um sich die teure Vermittlungsprovision an die Plattform zu sparen.

Während die Plattformen also eine praktische Hilfe bei der Reiseplanung sein können, empfiehlt sich doch häufig ein kritischer zweiter Blick!

Preiskategorien Unterkünfte

Die Preiskategorien der Unterkünfte in diesem Buch gelten jeweils für zwei Personen im **Doppelzimmer mit Frühstück.**

① bis 70 €
② 70–90 €
③ 90–120 €
④ 120–170 €
⑤ Luxusklasse

Unterkunftsverzeichnisse auch gern per Post verschicken.

- www.rheinhessen.de/suchen-und-buchen-2#/unterkuenfte
- www.urlaub-beim-rheinhessenwinzer.de
- www.jugendherbergen.de
- www.rheingau.com/uebernachten

239rh gs

Verhaltenstipps

→ Land und Leute

Da die Menschen im Rheingau als **weltoffenes Völkchen** gelten, sitzen sie in Straußwirtschaften und Weinkneipen gern auch mal an längeren Tischen zusammen. Sollten dort noch freie Plätze sein, fragen Sie gern, ob Sie sich dazu gesellen können. In der Regel ist das kein Problem und kann den Urlaub sehr bereichern!

Über **Trinkgeld** freuen sich viele im Dienstleistungsbereich – vom Kellner bis zum Taxifahrer. Üblich sind zehn Prozent des Preises, wer sich besonders wohl bedient sah, kann natürlich auch mehr geben! Trinkgeld sollte immer **in bar** gegeben werden, da es bei Kartenzahlungen versteuert werden muss und gewöhnlich nicht den Service-Kräften zugute kommt.

Verboten ist es, die Bäume der Obstbauern oder auch Salat- und Spargelfelder zu plündern. Selbst **Mundraub** kann gesetzlich verfolgt werden, ist Diebstahl und wird mit Geldstrafen sanktioniert.

Für manche Wanderer oder Radler ist die Verlockung groß, **Pflanzen,** vor al-

◁ Der Fastnachtsbrunnen auf dem Mainzer Schillerplatz symbolisiert die Lebenslust der Region

rh064 jb

lem Blumen, mit nach Hause zu nehmen. Dagegen spricht das **Artenschutzrecht.** Es untersagt das Pflücken von Pflanzen grundsätzlich. Allerdings gibt es auch die sogenannte „Handstraußregelung", nach der Wildblumen, Gräser, Farne, Moose, Flechten, Früchte, Pilze, Kräuter sowie Zweige aus der Natur an Stellen, die keinem Betretungsverbot unterliegen, in geringen Mengen für den persönlichen Bedarf pfleglich entnommen werden können. Bestimmte Pflanzen sind jedoch streng geschützt, etwa Arnika, Blaustern, Eisenhut, Krokusse, Küchenschellen, Narzissen, Schachbrettblumen, Schwertlilien, Tulpen, alle Nelken und Enziane, die meisten Farne und viele Pilze. Zahlreiche davon sind auch in Rheinhessen und im Rheingau heimisch. Man sollte also, wenn man sich nicht genau auskennt, die Pflanzen lieber an ihrem angestammten Ort lassen.

Nicht nur bei der „Nacht der Verführung" auf dem Rochusberg kommt man leicht in Kontakt mit den Einheimischen

147rh gs

Verkehrsmittel

→ Anreise
→ Autofahren
→ Sport und Aktivitäten/Radfahren

Die Region ist im allgemeinen gut, teilweise sogar sehr gut mit Bussen und Bahnen erschlossen. Bestens ist der öffentliche Nahverkehr in und um Mainz und Wiesbaden organisiert.

Regionaler Busverkehr

Den öffentlichen Busverkehr im Rheingau und in Mainz und Wiesbaden organisiert der Rhein-Main-Verkehrsverbund (RMV). In Rheinhessen operieren im Norden der Rhein-Nahe Nahverkehrsverbund (RNN), im Wonnegau und Alzeyer Raum der Verkehrsverbund Rhein-Neckar (VRN).

- **RMV,** Info-Tel. 069 24248024, www.rmv.de.
- **RNN,** Info-Tel. 06132 789622, www.rnn.info.
- **VRN,** Info-Tel. 0621 1077077, www.vrn.de.

Regionaler Bahnverkehr

Das Regionalbahnangebot in Rheinhessen und im Rheingau ist bestens. Alle großen Städte der Region sind per Regionalbahn an die großen Hauptbahnhöfe in Mainz und Wiesbaden angebunden, die weitere Anschlüsse ins In- und Ausland garantieren.

Rheinfähre Eich – Gernsheim

Schiff

Eine weitere Alternative zum bequemen Reisen **am Rhein entlang** ist das Schiff. So finden sich am Mainzer Rheinufer und im Wiesbadener Vorort Biebrich Anlegestellen der Köln-Düsseldorfer Deutsche Rheinschifffahrt AG. Von April bis Oktober starten dort die Linienschiffe zu ihren Touren. Dabei werden Eltville, Rüdesheim, Bingen, Assmannshausen und Lorch gewöhnlich täglich angesteuert. Daneben gibt es einige kleinere Gesellschaften, die im Sommer regelmäßig Rundfahrten anbieten.

- **Köln-Düsseldorfer,** www.k-d.com
- **Primus-Linie,** www.primus-linie.de
- **Bingen-Rüdesheimer,** www.bingen-ruedesheimer.de
- **Rössler Linie,** www.roesslerlinie.de

Pendelfähren

Neben den Rheinbrücken in Mainz und Worms erleichtern fünf Fährverbindungen die **Querung des Rheins.** Sie fahren in der Regel vom frühen Morgen bis zum späten Abend, müssen aber bei extremem Hoch- oder Niedrigwasser ihren Betrieb häufig einstellen. Zwischen Mai und September verkehrt zusätzlich sonntags eine Personen- und Fahrradfähre zwischen Walluf und Budenheim (10–18 Uhr).

- **Rheinfähre Gernsheim:** Eich – Gernsheim, www.faehre-gernsheim.de
- **Rheinfähre Landskrone:** Nierstein – Kornsand, www.rheinfaehre-nierstein.de
- **Autofähre Ingelheim – Mittelheim,** www.rheinfaehre.de
- **Autofähre Bingen – Rüdesheim,** www.bingen-ruedesheimer.de
- **Mittelrheinfähre Lorch – Niederheimbach,** www.mittelrhein-faehre.de

rh065 gs

Taxistand in Mainz

103rh gs

11 Land und Leute

Weinfeste locken heute immer mehr Besucher an

Die Regionen

„Wann aaaner isst, eß mit 'em;
wann aaner trinkt, trink mit 'em;
wann aaner schaffd, loss' en schaffe"
Alte Volksweisheit

Rheingau und Rheinhessen kennen die meisten Deutschen. Allerdings wissen nur die wenigsten, wo sie genau liegen. Beides nämlich sind heute keine politischen Einheiten mehr, sondern gewachsene Kultur- und Naturräume. Als „sauber gekämmte Kulturlandschaft mit grünem Weinlaubpelz im Sommer" beschreibt sie die Schriftstellerin *Eva Demski,* die heute in Frankfurt lebt und in der Region zu Hause ist. *Georg Forster* (1754–94), der große Naturforscher und Reiseschriftsteller, bezeichnete die Region als „ein Land, wo die Natur ihre Güter mit milder Hand verbreitet hat; ein fruchtbares Erdreich, einen gemässigten Himmelsstrich, Hügel mit Reben bedeckt ...". Als „sorgsam bebautes Land im hellen Licht", in dem es weder Berge noch Wälder und kaum Wiesen gebe, empfand der erste Direktor der Deutschen Bibliothek, *Hanns Wilhelm Eppelsheimer,* die Landschaft. Er war es auch, der den Begriff vom „Land der tausend Hügel" prägte, mit dem Rheinhessen heute gern wirbt. „Durchsichtige Klarheit und fast südliche Heiterkeit" strahlten sie auf den gebürtigen Wörrstädter aus.

Mit einer Fläche von gut 1400 km² ist **Rheinhessen** fast doppelt so groß wie der Stadtstaat Hamburg. Es erstreckt sich grob betrachtet zwischen der Nahe im Westen und dem Rhein im Norden und Osten. Im Süden grenzt die Region an die Pfalz. Bingen, Mainz, Worms und Alzey gelten als städtische Eckpunkte.

Um rund zwei Drittel kleiner als Rheinhessen ist der **Rheingau** einschließlich Wiesbaden. Weinbaurechtlich reicht er von Lorch am Rhein bis vor die Tore Frankfurts, kultur- und naturräumlich betrachtet, bis in Wiesbadens westliche Vororte. Im Norden erstreckt er sich bis zum Taunushauptkamm.

Seinen **Namen** erhielt Rheinhessen nach dem Wiener Kongress, als man die jahrhundertelang politisch zersplitterte Region zu einer neuen Provinz vereinte. Weil es zum Großherzogtum Hessen-Darmstadt gehörte, aber links des Rheins lag, erhielt das Verwaltungsgebilde den Kunstnamen „Rheinhessen". Nach dem Zweiten Weltkrieg war Rheinhessen Regierungsbezirk, der die kreisfreien Städte Mainz und Worms sowie die Landkreise Alzey, Worms, Mainz und Bingen umfasste. Heute bilden die Landkreise Alzey-Worms und Mainz-Bingen zusammen mit den Städten Mainz und Worms und einigen Gemeinden der Verbandsgemeinde Bad Kreuznach die Region Rheinhessen.

Der Rheingau verdankt seinen Namen den Franken, in deren Reich er Teil eines im Auftrag des Königs von sogenannten Rheingrafen verwalteter Gau war. Politisch ist der Rheingau Teil des zum Bundesland Hessen gehörenden Rheingau-Taunus-Kreises.

▷ Der Rhein als Grenze und Bindeglied – Blick über Rüdesheim auf das rheinhessische Ufer

Geologie

Die Wissenschaft setzt die Region geologisch meist mit dem **Mainzer Becken** gleich, einem mit dem Einbruch des Oberrheingrabens entstandenen Meeresbecken, in dem Haie und Seekühe lebten, Schnecken und Muscheln. In ihm lagerte sich im Lauf vieler Millionen Jahre eine bis zu 250 Meter dicke Sedimentschicht ab, die heute die Landschaft formt. Oben liegt großteils eine Decke aus **Löss** auf, eine fruchtbare Krume, die sich schnell aufwärmt und ideal für den Weinbau ist. Dazu kommen vor allem in den höheren Lagen des Rheingaus auch noch Quarzit und Tonschiefer. Kalkhaltige Flugsande dominieren einige Gebiete des Wonnegaus und die Gegend um Mainz. Als weiteres Urgestein findet man in Rheinhessen aber auch Kalk und Mergel, Ton, Lehm und Kies: Böden, die den Reben viele individuelle Noten verleihen!

Flora, Fauna und Naturschutz

Vor vielen Tausend Jahren noch war fast die ganze Region mit Wald bedeckt. Klimawandel und Raubbau aber dezimierten die Baumflächen immer weiter, sodass zum Beispiel Rheinhessen heute nur noch zu rund fünf Prozent bewaldet ist. Besser sieht es im Rheingau aus, dort ist rund die Hälfte der Fläche noch mit Bäumen bestückt. Viele neue Landschaften hat der Mensch in den letzten Jahrhunderten geformt, allein die immerwährende **Regulierung des Rheins** brachte neue Inseln und Uferregionen hervor – Naturräume, die zum Schutz seltener Pflanzen und Tiere heute zum Großteil unter Naturschutz stehen. So wie der **Mainzer Große Sand,** der zum Natura2000-Netzwerk gehört, mit dem die europäische Staatengemeinschaft die biologische Artenvielfalt zu erhalten

168rh gs

169rh gs

sucht. In der einmaligen Dünenlandschaft im Mainzer Norden gehören dazu neben seltenen Vogelarten und Insekten auch eine Reihe von Schmetterlingen, Schnecken und Amphibien wie die Kreuz- und Wechselkröte, die als gefährdet oder gar stark gefährdet gilt. Ebensträußiges Gipskraut und der äußerst seltene Sand-Lotwurz haben hier ihren angeblich einzigen deutschen Standort.

Besonderen Schutz genießen auch die **Rheininseln** zwischen Hessen und Rheinland-Pfalz, die noch vor Jahrzehnten zum Teil landwirtschaftlich genutzt wurden. Viele Zehntausend Vögel wie Enten, Krähen und Dohlen überwintern oder rasten hier inzwischen für eine kurze Zeit bei ihren Flügen vom Norden in den Süden Europas. Besonders gern brüten Kormorane und Reiher in den in der Regel nur per Boot erreichbaren Naturschutzgebieten.

Unverkennbar sind die Anstrengungen zum Schutz der Artenvielfalt auch in den **Rheinauen,** in den wenigen **Waldgebieten** Rheinhessens und in der **Rheinhessischen Schweiz,** deren zum Appelbach abfallende Steilhänge eine Reihe seltener Tiere und Pflanzen beherbergen. Greifvögel wie Milane oder Bussarde nutzen alte Waldbäume als Horste, die auch Eule, Specht und Wiedehopf als Aufenthaltsort dienen. Welche Bedeutung die Wälder Rheinhessens oder am Taunushang haben, zeigt auch die Tatsache, dass Wissenschaftler allein im

Schützenswerte Rheinauen

170rh gs

Ober-Olmer Wald bei Mainz mehr als 271 Wanzenarten und 160 Bienen- und Wespenarten gezählt haben wollen.

Weil immer mehr Wege, auch im Rahmen des Baus neuer Radwege, betoniert und verbreitert werden und die von Blumen und Gräsern geprägten Seitenstreifen dadurch verschwinden, hat die Vielzahl der Schmetterlinge, Wildbienen und Insekten in der Region abgenommen. Umweltschützer beklagen zudem, dass die bunten Pflanzen am Wegesrand zunehmend einem Einheitsgrün Platz machen. Vor allem die **Flurbereinigung,** die Ausweitung neuer Baugebiete und die Umwandlung von Brach- in **Nutzflächen** hat viele Feldfluren in eine unter oft rein wirtschaftlichen Gesichtspunkten angelegte Kultursteppe verwandelt. Nur langsam steuert man dem entgegen, weist zum Beispiel neue Streuobstflächen aus, in die sich Kleinlebewesen zurückziehen können.

Noch sind in der Region Reh, Dachs, Fuchs, Marder, Hase, Kaninchen, Hermelin, Mauswiesel, Igel, Eichhörnchen, Gartenschläfer, Wildschwein, Storch, Uhu, Kormoran, Krähe, Wildkatze und Äskulapnatter, Falke, Fasan und Fledermaus, Eidechse, Frosch, Kröte und Molch zu Hause, inzwischen aber auch Exoten wie Waschbären, Halsbandsittiche oder Regenbogenforellen, die die einheimischen Bachforellen immer mehr verdrängen. Insgesamt aber werden die **Arten weniger.** Das gilt auch für die Pflanzen, die wie die Tiere sich dem **Klimawandel** anpassen müssen. Die Winzer allerdings sehen diesen nicht nur negativ, können sie heute doch am Rhein Sorten anbauen, die bis vor Kurzem nur südlich der Alpen zur Reife gelangten.

Geschichte

Völkerwanderung, Kriege, todbringende Seuchen und Hungersnöte brachten immer wieder Not und Elend über die Region am Rhein. Ausgestattet mit einem unerschütterlichen Optimismus aber gelang den Menschen beiderseits des Stromes auch immer wieder ein Neuanfang. *Carl Zuckmayer,* der in Rheinhessen verwurzelte Literat, beschrieb die Landschaft gern als eine Art Völkermühle – so wie in seinem Theaterstück „Des Teufels General": „Da war ein römischer Feldhauptmann, ein schwarzer Kerl, braun wie ne reife Olive, der hat einem blonden Mädchen Latein beigebracht. Und dann kam ein jüdischer Gewürzhändler in die Familie, das war ein ernster Mensch, der ist noch vor der Heirat Christ geworden und hat die katholische Haustradition begründet. Und dann kam ein griechischer Arzt dazu, oder ein keltischer Legionär, ein Graubündner Landsknecht, ein schwedischer Reiter, ein Soldat Napoleons, ein desertierter Kosak, ein Schwarzwälder Flösser, ein wandernder Müllerbursch vom Elsass, ein dicker Schiffer aus Holland, ein Magyar, ein Pandur, ein Offizier aus Wien, ein französischer Schauspieler, ein böhmischer Musikant – das hat alles am Rhein gelebt, gerauft, gesoffen und gesungen und Kinder gezeugt …"

Weniger poetisch liest sich das historisch Gesicherte. So glich die Region vor vielen Millionen Jahren einem Stück Karibik. Besucher hätten damals sandige Buchten mit Palmen vorgefunden und subtropische Temperaturen. Krokodilen, Schildkröten, Flamingos, Pelikanen, Nashörnern, Affen und Elefanten wären sie begegnet, aber noch keinem Menschen. Die kamen erst in den letzten 500.000 Jahren. Und sesshaft wurden die Menschen erst in den letzten Jahrtausenden vor Christi Geburt, als aus Jägern und Sammlern Bauern wurden.

Die strategische Lage des Gebiets nutzten nach den **Kelten,** deren zahlreiche Zeugnisse sich in den rheinhessischen Museen finden, die **Römer.** Vor allem am Rhein errichteten sie militärische Lager, die mit Straßen untereinander verbunden wurden. Nach ihnen kamen **Franken** und dann **Alemannen,** die im südlichen Rheinhessen zu Hause waren, schon bald aber von den Franken aus der Region vertrieben wurden. Neue Dörfer entstanden, deren Namen noch heute meist auf „-heim" enden. Ihr Land teilten die Franken in **Gaue:** in Nahe-, Worms- und Rhein-Gau und den Königssondergau, der unter anderem das Gebiet des heutigen Wiesbaden umfasste.

Schon in **karolingischer Zeit** geriet der Rheingau mehr und mehr unter Einfluss des Erzbistums Mainz. Kaiser *Otto II.* schenkte 983 schließlich Erzbischof *Willigis* den Rheingau und die Gebiete von Ingelheim bis Bingen. Dennoch dauerte es noch lange Jahre, bis **Kurmainz** die uneingeschränkte Herrschaft über den Rheingau hatte. Ihre neue Macht zementierten die Mainzer mit der Gründung immer neuer **Klöster** wie Johannisberg. Während in vielen Gebieten der Region also Kurmainz den Ton angab, bestimmten in anderen Gebieten des heutigen Rheinhessen die in Heidelberg regierenden **Pfalzgrafen** den Kurs – etwa in Alzey oder Oppenheim, aber auch in vielen anderen Gemeinden.

Das Gebück – des Rheingaus grüne Grenze

Manche halten es für eine Sehenswürdigkeit, auf alle Fälle ist es aber ein Naturdenkmal: das Gebück. So nennen die Rheingauer ihren **ehemaligen Grenzwall aus Bäumen und Sträuchern,** der mehr als ein halbes Jahrtausend lang die Region sicherte. Die grüne Mauer zog sich von Niederwalluf über die Taunushöhen bis zur Wisper und weiter zum Rhein bis nach Lorchhausen.

Der angeblich kaum zu durchdringende, bis zu hundert Meter breite Pflanzenwall, den man im 12. Jahrhundert zum Schutz der Rheingau-Dörfer anlegte, bestand vorwiegend aus Weißdornsträuchern, Schlehen- und Brombeerhecken, vor allem aber aus Hainbuchen und Eichen, deren Zweige regelmäßig beschnitten wurden. Die neuen Austriebe wurden dann zum Boden „gebückt" und untereinander verflochten. So entstand im Laufe der Zeit ein **grünes Bollwerk,** das nur an wenigen, durch feste **Tore** gesicherten Stellen durchlässig war. Diese waren von Wächtern besetzt, die jeden Passanten kontrollierten. Bau, Instandhaltung und Verteidigung des Gebücks war Sache der nächstgelegenen Ortschaft, die gewöhnlich auch die Besatzung für die Tore und Bastionen stellte. Vor dem Gebück verlief ein Graben, zwischen den Wachtürmen ein Pfad, über den man der Wachmannschaft im Ernstfall zu Hilfe kommen konnte.

Strenge Strafen galten allen, die Zweige abschnitten. Wer gar einen Pfad durch das Gestrüpp schlug, dem drohte die Todesstrafe. Jahrhunderte hielt der Grenzwall, der erst 1771 auf Anordnung des Mainzer Erzbischofs aufgegeben und weitgehend abgetragen wurde.

Wer will, kann dem Verlauf des Gebücks auf einem eigens angelegten, rund 50 Kilometer langen **Wanderweg** folgen. Er beginnt in Niederwalluf und führt bis zur Wispermündung nach Lorch.

1556 führte der pfälzische Kurfürst *Ottheinrich* den **Protestantismus** ein, was für viele Gemeinden vor allem im südlichen Rheinhessen Folgen hatte. Klöster wurden aufgelöst, ihr Besitz dem **kurpfälzischen Staat** übertragen. Tod und Zerstörung brachte Mitte des 17. Jahrhunderts schließlich der **Dreißigjährige Krieg.** Schwedische, spanische, französische und andere Truppen zogen plündernd durch die Lande. Mainz, so schätzt man, verlor die Hälfte seiner Bevölkerung, Worms ein Drittel, Alzey mehr als die Hälfte und Oppenheim mehr als zwei Drittel. Weniger hart traf der Krieg den Rheingau, wo allerdings die Pest die Bevölkerung kräftig dezimierte hatte.

Im heutigen Rheinhessen aber kam alles noch schlimmer: Ende des 17. Jahrhunderts erhob der **französische König Ludwig XIV.** Anspruch auf das kurpfälzische Territorium, den er schließlich gewaltsam durchzusetzen suchte. Viele

Tausend Bauten wurden im pfälzischen **Erbfolgekrieg** so in Schutt und Asche gelegt, ganze Städte wie Worms oder Oppenheim zerstört. Schließlich aber mussten die Franzosen alle eroberten Gebiete zurückgeben, wurde im Frieden von Rijswijk 1697 der französische Anspruch auf kurpfälzisches Gebiet zurückgewiesen. Ruhe für die Region aber hieß das nicht. Im Gegenteil: Weitere Erbfolgekriege brachten neues Leid und Zerstörung.

Ende des 18. Jahrhunderts war die Region zwischen Bingen und Worms ein **politischer Flickenteppich.** Von den knapp 200 Gemeinden gehörten fast die Hälfte zur Kurpfalz, fast jede fünfte zu Kurmainz. Im Rest hatten fast drei Dutzend Herrschaften das Sagen. Kein Wunder, dass im Gefolge der französischen Revolution das linksrheinische Gebiet schnell unter **französische Kontrolle** geriet – und auch in der einen oder anderen Gemeinde Parolen wie „Freiheit, Gleichheit, Brüderlichkeit" zündeten. 1793 wurde in Mainz der **Rheinisch-Deutsche Nationalkonvent** ausgerufen: ein Freistaat von Landau bis Bingen, an dem auch 46 Gemeinden aus dem späteren Rheinhessen beteiligt waren. Doch schon wenige Monate später vertrieben die **Preußen** die Franzosen aus der Stadt, die aber noch vor der Jahrhundertwende wieder zurück waren, um linksrheinisch ein eigenes Departement einzurichten.

Es war das Ende der Kurfürstenstaaten und damit auch das Ende des Rheingaus als Teil von Kurmainz. Der ging jetzt an das **Herzogtum Nassau** über, das 1867 ins Königreich Preußen einverleibt wurde und nach dem Zweiten Weltkrieg im **Bundesland Hessen** aufging. Die Eingliederung des Rheingaus ins Herzogtum führte jedoch zu einem Massen-Exodus vieler Bauern und Winzer. Der Grund war die in Nassau gültige Real-Erbteilung, nach der nicht der erstgeborene Sohn allein erbte, sondern jedem Kind ein gleicher Anteil zustand. Das führte dazu, dass die meisten von dem Land, das sie bewirtschafteten, nicht mehr leben konnten. Viele Rheingauer wanderten so nach Amerika oder Australien aus, wo sie zu den ersten Winzern gehörten.

Gut 16 Jahre währte die französische Herrschaft links des Rheins. 1814 rückten die letzten Soldaten *Napoleons* ab. Auf dem anschließenden Wiener Kongress wurde Europa neu definiert, entstand 1816 schließlich das **heutige Rheinhessen.** Es war ein Kunstprodukt, Ergebnis eines politischen Deals, mit dem der Großherzog von Hessen-Darmstadt für die Abgabe des Herzogtums Westphalen mit einem kleinen Landstrich links des Rheins entschädigt wurde.

Die Neugliederung brachte Stabilität und **wirtschaftlichen Aufschwung.** So verdoppelte sich von 1816 bis 1910 Rheinhessens Bevölkerung. Ein Leben ohne Krieg aber konnte auch das 19. und 20. Jahrhundert der Region nicht bieten. Vor allem der **Zweite Weltkrieg** hinterließ in den Städten seine Spuren und zwang Hunderttausende zum Neuanfang. Andererseits brachte er der Region aber auch neues politisches Gewicht. So wurden **Mainz und Wiesbaden zu Hauptstädten** der neuen Bundesländer Rheinland-Pfalz und Hessen.

Heute gehören der Rheingau und Rheinhessen zu den wirtschaftlich erfolgreichen Gebieten Deutschlands, ist

171rh gs

die Arbeitslosigkeit niedriger, verdienen die Menschen mehr als anderswo. In vielen Rankings, in denen es um Lebensqualität und Zukunftschancen geht, haben beide Regionen die Nase vorn. Andererseits trüben durch fehlenden Wohnraum bedingte hohe Mieten und zeitraubende Dauerstaus in den Ballungsgebieten die Bilanz. Unterm Strich aber gehört die Großregion zu den Teilen der Republik, deren Potenzial noch lange nicht ausgereizt ist – und das gilt auch für den Tourismus.

⌃ Mainzer Dom im Flaggenrausch: Das Mainzer Rad der rheinland-pfälzischen Landeshauptstadt

Tourismus

Es waren Badegäste, die den Fremdenverkehr in der Region begründeten. Schon im Mittelalter zog es Hunderte jährlich nach **Wiesbaden,** das als Ort ausgesprochener Lüsternheit galt. „Man kommt in ausgelassenster Stimmung mit Trompeten und Pfeifen, mit vollen Kasten und Flaschen, bringt die feinsten Speisen und Getränke mit, Geld in Menge und seltsame Kleider", beschrieb ein im Kloster Eberbach beheimateter Theologe im 14. Jahrhundert den Badebetrieb im mittelalterlichen Wiesbaden. „Wobei man die Gesellschaft der Weiber sucht: denn wohl wäscht man im Bad den Leib, befleckt aber die Seele." Nicht um Wellness ging es damals, sondern um Party. „Da bieten sich dem keuschen Auge der Zuschauer die Schauspiele der Verderbtheit, nämlich die wollüstigen Gebärden, der schamlose Aufzug beider Geschlechter: barbusig die Frauen, unverhüllt um die Lenden die Männer –

überall Ausschweifung verletzend den reinen Sinn ... es herrscht nur Genusssucht“. Was den frommen Mann so aus der Fassung brachte, war die Tatsache des Nacktbadens, die damals gang und gäbe war und noch heute etwa in der Sauna der Wiesbadener Aukamm-Therme praktiziert wird.

Auch Wiesbadens Aufstieg zur **Kurmetropole** im 19. Jahrhundert beförderte nicht die Heilkraft der Bäder, sondern das große Unterhaltungsangebot in der Stadt – vom Theater bis zum Casino. „Wiesbaden“, schrieb eine Zeitung 1878, „sei das Conversationszimmer für das ganze reisende Europa“, das viel Prominenz lockte – von *Johann Wolfgang von Goethe* bis *Richard Wagner.* Was heute Sylt oder Sankt Moritz, war damals die selbst ernannte „Welt-Cur-Stadt“, deren touristische Zugkraft mit dem Ende des Kaiserreiches allerdings verblasste.

Als zweiter touristischer Motor am **Rhein** erwies sich die **Romantik,** die den Fluss mit seinen Burgen als neue Seelenlandschaft ins Bewusstsein der Menschen rückte. Schon im späten 19. Jahrhundert waren wohlhabende Rheinreisende Anlass zum Bau großer neuer Hotels in Bingen und Rüdesheim. Im Dritten Reich war es die nationalsozialistische Organisation „Kraft durch Freude“, die viele Zehntausend Deutsche an den Rhein brachte – zu Winzerfesten und zur Fastnacht vor allem. Lebensfreude, vermittelten diese und andere Besuche in der Region, ist in Bingen und Rüdesheim ebenso garantiert wie in Mainz oder Oppenheim. Eine Erkenntnis, von der diese Städte auch nach dem Krieg noch viele Jahr profitieren sollten.

Inzwischen hat sich der Tourismus im Rheingau und in Rheinhessen zu einem **profitablen Wirtschaftszweig** entwickelt, der auf der linken und rechten Rheinseite viele Tausend Arbeitsplätze garantiert. Waren mit mehr als 1,5 Millionen jährlicher Übernachtungen vor

233rh-gs

rh068 gs

der **Corona-Krise** beide Regionen fast gleich stark nachgefragt, leiden Städte wie Rüdesheim inzwischen besonders stark unter dem Ausbleiben der ausländischen Gäste. Und den beiden Metropolen Wiesbaden und Mainz fehlen noch immer die zahlungskräftigen Messe- und Tagungsbesucher, die in voller Zahl frühestens wieder ab 2023 erwartet werden.

Deshalb konzentriert man sich seitens der Touristikplaner darauf, die Regionen als ganzjährig zu nutzende **Weinerlebnis-Landschaft** zu vermarkten und als ideale Region für Wanderer und Radfahrer, die angesichts steigender Kraftstoffpreise auch mit öffentlichen Verkehrsmitteln problemlos zu erreichen ist.

Viele Millionen Euro **Fördergelder** wurden in den letzten Jahren in den Ausbau der ländlichen Infrastruktur gesteckt. So wurden **Ferienwohnungen beim Winzer** ebenso bezuschusst wie die Einrichtung vieler Dutzend neuer **Rad- und Wanderwege.** Besonders gern versah man beliebte Fernwanderrouten wie den Rheinsteig oder den RheinTerrassenWeg mit neuen Wegschleifen, die den Aufenthalt in der Region verlängern sollen. Mit nicht einmal zwei Tagen Aufenthalt nämlich sind Rheinhessen und der Rheingau vor allem Destinationen für Tagesreisende. Wirtschaftlich darf man das nicht geringschätzen, machen sie doch die Hälfte des Jahresumsatzes im Touristikgeschäft aus.

rh067 gs

Das Thema „Wein“ begegnet Besuchern der Region in vielerlei Gestalt:

⌃ Die Lorcher Traubenmadonna (Mitte 14. Jh.)

› Denkmal am RheinTerrassenweg

‹ Kurhaus in Wiesbaden

Wirtschaft

Rheingau und Rheinhessen mit den Metropolen Mainz und Wiesbaden zählen zum **wirtschaftlichen Rückgrat der Rhein-Main-Region.** Hier werden jährlich Waren im Wert vieler Hundert Millionen Euro umgeschlagen. Noch mehr Umsätze machen Dienstleister aller Art. Doch je weiter die Menschen von der Banken- und Handelsmetropole **Frankfurt** entfernt leben, desto weniger profitieren sie von der Wirtschaftskraft des Rhein-Main-Gebiets. So nimmt die Kaufkraft von Wiesbaden bis Lorch kontinuierlich ab, verliert der Rheingau von Ost nach West an wirtschaftlichem Gewicht. Ähnlich ist die Situation in Rheinhessen, wo – statistisch betrachtet – die Menschen im Kreis Mainz-Bingen deutlich mehr Geld verdienen als die im weiter südlichen Kreis Alzey-Worms.

Prägte vor einem guten Jahrhundert noch das produzierende Gewerbe die Wirtschaft im Rheingau und in Rheinhessen, sind es heute die **Dienstleister** und innovative **Start-up-Unternehmen.** Nur noch die wenigsten Arbeitnehmer sind in den sogenannten primären (Land- und Forstwirtschaft) und sekundären (verarbeitendes Gewerbe, Industrie und Handwerk) Sektoren tätig. Die Mehrheit hat längst im tertiären Sektor (Dienstleistung) ihr Auskommen gefunden. Das hat auch Einfluss auf die Arbeitslosenquote, die in Rheinhessen und dem Rheingau gewöhnlich unter dem Bundesdurchschnitt liegt. Denn die größten Arbeitgeber zwischen Lorch und Worms, Alzey und Wiesbaden sind meist nicht so abhängig von der allgemeinen Konjunktur wie in anderen deutschen Gegenden.

So zählen zu Wiesbadens größten Arbeitgebern zwei **Bundesbehörden** (Statistisches Bundesamt und Bundeskriminalamt) mit rund 5000 Beschäftigten. Etwa ebenso viele Menschen beschäftigt die **R+V-Versicherung,** eine der größten deutschen Versicherungsgesellschaften. Mehr als 20.000 Menschen haben im **Gesundheitswesen** ihren Arbeitsplatz, allen voran in den Horst-Schmitt-Kliniken in Wiesbaden oder dem Mainzer Universitätsklinikum. Viel Beschäftigung bietet auch die **Pharmaindustrie,** etwa Abott in Wiesbaden oder Boehringer in Ingelheim, derzeit noch Rheinhessens größter Arbeitgeber. Denn zum Milliarden-Player und künftig kräftigsten Steuerzahler der Region wurde quasi über Nacht die Mainzer Firma **Biontec,** die in der Corona-Krise den wirksamsten Impfstoff gegen die Pandemie entwickelte und künftig jährlich viele Hundert Millionen Euro Steuergelder in die Mainzer Stadtkasse spülen dürfte. Die bislang hoch verschuldete rheinland-pfälzische Landeshauptstadt wäre so schon bald schuldenfrei.

173rh gs

Kruzifix am Wegesrand im katholischen Norden von Rheinhessen

Ins Gewicht fallen auch Tausende von **Medienarbeitern,** vor allem beim SWR, der Rhein-Main-Verlagsanstalt und dem ZDF. Viele, zum Teil gut bezahlte Arbeitsplätze finden sich zudem bei Banken, an Schulen und Universitäten, aber auch bei öffentlichen Dienstleistern wie Stadt- und Landesverwaltungen rechts und links des Rheins. Und mehr als Tausend deutsche Zivilangestellte sind bei den amerikanischen Militärs im Wiesbadener Vorort Erbenheim tätig, deren Standort einer der wichtigsten auf der Welt ist und in den nächsten Jahren weiter ausgebaut werden soll.

Viel Geld, inzwischen vor allem mit Fremdarbeitern aus Polen und anderen osteuropäischen Ländern erwirtschaftet, wird in der Landwirtschaft verdient, deren zentrales Standbein der **Weinbau** (→ Kapitel „Wein erleben") ist. Auffallend ist, dass die Zahl der Betriebe leicht abnimmt, die Anbaufläche aber leicht wächst, was auf zunehmende Konzentrationsprozesse in der Branche deutet.

Religion

Wie in fast allen deutschen Regionen werden auch im Rheingau und in Rheinhessen die Christen immer weniger. In Städten wie Wiesbaden gehören nicht einmal mehr die Hälfte der Bewohner den beiden großen Konfessionen an. In Hessens zweitgrößter Stadt, einst ein Hort des Protestantismus, ist nur noch jeder Vierte evangelischen Glaubens – in Mainz, der einmal katholischen Hochburg links des Rheins, nur noch jeder dritte Katholik. Dagegen wächst die Zahl der Muslime von Jahr zu Jahr ebenso wie die der sich zu keiner Konfession bekennenden Menschen.

Freiluft-Gottesdienst vor der Kreuzkirche in Gau-Bickelheim

rh113 gs

Zu den **katholischen Kernlanden** gehören der Rheingau und – von ein paar Ausnahmen wie Ingelheim abgesehen – der Norden Rheinhessens. Wiesbaden, Worms, Alzey, Oppenheim und der Süden Rheinhessens sind eher **protestantisch.** Das hat geschichtliche Gründe. Im 16. Jahrhundert nämlich bestimmten die Landesherren weitgehend über die Glaubensrichtung ihrer Untertanen. „Cuius regio, eius religio" hieß das. In Wiesbaden wurde die Reformation 1543 eingeführt, als ein lutheranischer Eiferer zum Stadtpfarrer ernannt wurde und die hinteren Kirchenbänke zu „Ehebrecherstühlen" erklärte, auf denen alle Platz nehmen mussten, die sich „mit groben Lastern, sonderlich mit Sünden wider das sechste Gebot beflecket" hatten.

Mehr dem refomierten Flügel der Reformation war der in Heidelberg regierende Kurfürst *Friedrich III. von der Pfalz* zugetan. In den von ihm kontrollierten Regionen des späteren Rheinhessen ordnete er deshalb Mitte des 16. Jahrhunderts an, keine „ungelehrten und unnützen Leute", mit denen er die katholischen Priester und Lehrer meinte, mehr zu beschäftigen. Außerdem sollten „alle Bilder verbrannt, Sakramentshäuslein, Taufsteine, Steine, Crucifixe of Straßen abgethan und zerschlagen, die Altäre abgebrochen und die Löcher wieder zugemauert, auch die flachen Gemälde und Crucifixe verweiset werden. Deßgleichen sollen auch die Meßgewand, Alben, Stolen, Chorröck und was ferner für Kleidung im Papstthum gebraucht worden, zerschnitten ... werden, so daß die Creutzbilder, welche zuvor daran waren, abgeschnitten werden, die Monstranzen und Kelche zerschlagen, ein ehrlich Trinkgeschirr daraus gemacht werde ..." Die Folge war die Zerstörung vieler Kunstdenkmäler.

Auch wenn der **Augsburger Reichs- und Religionsfrieden** 1555 in vielen konfessionellen und politischen Fragen rechtlich mehr Klarheit geschaffen hatte, gab es genügend Konflikte zwischen den Konfessionen, die schließlich zum Ausbruch des **Dreißigjährigen Krieges** beitrugen. 1620 rückte der Spanier *Ambrosio Spinola,* damals einer der erfolgreichsten Kriegsherren, mit 24.000 Soldaten in Rheinhessen an, um die protestantischen Regionen des späteren Rheinhessen zu re-katholisieren. Schon im Dezember 1631 aber wendete sich das Blatt erneut, als die **protestantischen Schweden** Oppenheim einnahmen, wenig später auch Bad Kreuznach und Worms. Nachdem sie aber in der **Schlacht bei Nördlingen** von den kaiserlich-habsburgischen Truppen entscheidend geschlagen worden waren, schwang das konfessionelle Pendel wieder zugunsten der Katholiken.

Bewegte Jahre waren das, die erst mit dem **Westfälischen Frieden** ihr Ende fanden. Im Oktober 1648 einigte man sich, katholische und evangelische Konfession gleichzustellen, in der jetzt auch die **Reformierten** (Calvinisten) eingeschlossen waren. Für die Nutzung der Gotteshäuser wurde das sogenannte Normaljahr 1624 relevant. So sollte der Besitzstand so bleiben oder wiederhergestellt werden, wie er am 1. Januar 1624 gewesen war.

Doch da der Papst diesen Friedensschluss nicht anerkannte, ging der Glaubenskrieg weiter. Im Rahmen des **Pfälzischen Erbfolgekrieges** ordneten die Franzosen 1684 an, dass „wo zwei Kirchen sind, eine den Katholiken verbleiben soll und eine an die Protestanten abgegeben werde". Wo aber nur eine Kirche sei, soll der Chor für die Katholiken und das Schiff für die Protestanten sein. Am besten, so der französische Vorschlag, solle man die beiden Teile durch eine Mauer oder wenigstens ein Gitter abtrennen. Außerdem sollten die Gottesdienste niemals gleichzeitig stattfinden, um mögliche Störungen zu vermeiden. Ähnliches wurde schließlich am 30.10.1697 im **Frieden von Rijswijk** festgeschrieben, mit dem der Pfälzische Erbfolgekrieg ein Ende fand. 1705 erfolgte die sogenannte **Kurpfälzische Religionsdeklaration,** welche die letzten Konflikte zwischen den drei Konfessionen beseitigen sollte und die Kirchen in Rheinhessen neu zuteilte. Im Rahmen dieser Reformen entstanden so mehr als ein halbes Hundert **Simultankirchen,** von denen einige noch heute existieren. Heute leben Katholiken und Protestanten im **ökumenischen Geist** ohne sichtbare Probleme zusammen, schwindet ihre Zahl allerdings auch von Jahr zu Jahr. Große **Moscheen** vor allem in den Städten künden von einem neuen Glauben, dessen Träger immer mehr werden. Auch **Freikirchen** und **jüdische Gemeinden** haben mehr und mehr Mitglieder – und auch die **griechisch-orthodoxe Kirche** in der Region zählt inzwischen mehrere Tausend Gläubige.

Feste und Bräuche

Neben immer mehr Events und Weinfesten, die in der Regel kommerziellen Interessen geschuldet sind oder den Winzern neue Absatzmöglichkeiten erschließen sollen (siehe Kapitel „Wein erleben"), prägen vor allem ein paar in den Lauf des Jahres eingebundene Feste das Leben zu beiden Seiten des Rheins. Dazu gehören die Fastnacht und die Kerb, also die Kirchweihe. Im Süden Rheinhessens pflegt man zudem das Stabaus-Fest. Zu Mariä Himmelfahrt werden mancherorts Sträuße aus Feld- und Kräuterpflanzen gebunden. Keine große Rolle mehr, zumindest öffentlich, spielt der Erntedank oder der Herbstschluss der Winzer. Er wird nur im rheinhessischen Heidesheim mit einem großen Umzug und in der Rheingau-Metropole Eltville mit der Kappeskerb groß gefeiert. Jahrhundertelange Tradition haben die Feiern zu Ehren des heiligen *Martin* – und vielerorts pflegt man noch die Tradition des Nikolaus-Umgangs, der früher einmal von Worms bis Lorch den Kindern die Weihnachtsgeschenke brachte.

Sternsingen

Rund um den **6. Januar,** den Dreikönigstag, sind die Sternsinger unterwegs. Besonders alt ist der Brauch im Rheingau. So berichtete schon 1601 ein Rüdesheimer Pfarrer „von größeren Knaben, die am Dreikönigstag mit einem auf einer Stange montierten drehbaren Stern aus Blech und Glas unterwegs waren, um Geld und Wein zu sammeln." Mitte des 19. Jahrhunderts aber war der Brauch weitgehend verschwunden, ehe er nach dem Krieg wiederbelebt wurde. Heute ist das Sternsingen die größte caritative Sammelaktion des Jahres, sind Hunderte von Kindern jährlich für die gute Sache unterwegs.

Fastnacht

Das feucht-fröhliche Treiben an den Tagen vor Aschermittwoch markierte über Jahrhunderte eine Zeit der Völlerei, der Ende des 11. Jahrhunderts die Kirche mit der Einführung einer allgemeinen Fastenzeit den Weg bereitet hatte. Derb und deftig ging es an Fastnacht oft zu, so dass die Behörden immer wieder versuchten, den Mummenschanz einzudämmen. Die Fastnacht aber war nicht auszurotten – auch wenn sie im evangelischen Rheinhessen nach der Reformation, die kein Verständnis für das katholische Fasten hatte, verschwand. Mit der Reform des Festes Anfang des 19. Jahrhunderts, als mit organisierten Umzügen und Sitzungen die Fastnacht ihre bis heute gültige Struktur fand, wurde sie im Laufe der Zeit zum größten Volksfest der Region. Schon 1833 hatte sich in Bingen ein erstes „Narren-Comite“ gegründet, wenig später feierten auch Mainz, Worms und Alzey Karneval nach rheinischem Muster. Heute halten mehrere Hundert Vereine und Garden in Rheinhessen und dem Rheingau das Fest am Leben.

174rh gs

234rh gs

Mummenschanz – Maskerade gehört zur Fastnacht

Sternsinger vor einer Krippe in Rauenthal

Niersteiner Fischerstechen

Stabaus

„Ri, ra, ro, der Sommer, der is' do. Der Winter iss vergange...". So und ähnlich tönt es mitten in der Fastenzeit in mancher Gemeinde im Süden Rheinhessens. Beim Stabaus sind Kinder und Jugendliche am **vierten Sonntag nach Fastnacht** mit **bunt geschmückten Stecken** unterwegs: Holunder- oder Haselnusszweigen, geschmückt mit farbigen Bändern aus Papier oder Stoff. Manchmal begleiten zwei Figuren, die als Winter und Sommer daherkommen, die Jungschar: die eine meist in Stroh gehüllt, die andere in Efeu oder sonstiges Grün. Oft aber ist es nur noch ein Schneemann, der zum Abschluss eines kleinen Umzugs verbrannt wird.

Martinstag

Mit Gänseessen und **Laternenumzügen** gedenkt man am **11. November** des heiligen *Martin,* der bekanntlich seinen Mantel mit einem Bettler geteilt haben soll. Auch die Fastnachter, die am Elften im Elften erstmals kurz ihren närrischen Schleier lüften, verdanken ihm manch schöne Stunden. Einer der Gründe für *Martins* Popularität ist sicher, dass im Raum Worms die entscheidende Wende in seinem Leben stattgefunden haben soll: der Abschied vom Leben als Berufssoldat und die Hinwendung zur Seelsorge. Historisch ist das nicht unumstritten, aber schon in karolingischer Zeit waren ihm zahlreiche Kirchen in der Region geweiht, wurde er gar zum Mainzer Bistumsheiligen.

Fischerstechen

Zu den besonderen Volksvergnügen an Rhein und Nahe gehört das Schiffer- oder Fischerstechen, das unter anderem in Worms, Bad Kreuznach, Oppenheim, Nackenheim und Nierstein gepflegt wird. **Feucht-fröhliche Wettkämpfe** mit jahrhundertealter Tradition sind das, bei denen nach festen Regeln von kleinen Booten aus gekämpft wird. Sieger ist der,

rh070 jb

der alle Kämpfe unbeschadet übersteht, also **nicht ins Wasser fällt** oder disqualifiziert wird. Der Kopf ist beim Stechen übrigens tabu: Treffer zählen nur von Hals bis Fuß. Beim Schiffer- oder Fischerstechen kommt es übrigens nicht nur auf den Stecher an, der viel Stehvermögen braucht. Fast noch wichtiger sind die Ruderer im Boot, die den Nachen in eine optimale Position zum Gegner bringen und ihn dann so ruhig wie möglich auf dem Wasser halten müssen.

Die Kerb

Das neben der Fastnacht wichtigste **Volksfest** der Region ist die Kerb, wie die **Kirchweihe** im Rheingau und in Rheinhessen heißt. Auch wenn sie gesellschaftlich an Ansehen verloren hat, identitätsstiftend ist sie noch immer. Traditionelle Kerbetage sind Sonntag, Montag und Dienstag. Inzwischen allerdings ist oft schon freitags Kerbeauftakt, werden Montag und Dienstag immer öfter vom Kerbefahrplan gestrichen. Meist ist der sogenannte Kerbejahrgang Ausrichter des Festes: die Kerbeburschen und -mädchen, in der Regel die angehenden Twens. Gewöhnlich trägt die Kerbegesellschaft uniforme Kleidung: früher Zylinder, schwarze Hosen und weiße Hemden, heute oft farbig beschriftete T-Shirts, die mit Sprüchen wie „Weck, Worscht und Woi, die Kerb haud enoi“ die Wirkung des Festes trefflichst beschreiben. Sichtbares Aushängeschild des Festes ist der **Kerbebaum,** meist eine schlanke, bis zum Gipfel entastete Fichte, deren Spitze ein grüner Kranz schmückt. In der Regel ist er mit Würsten, Weinflaschen und Brezeln behängt, die heute freilich oft nur noch Attrappen sind. Häufig verkörpert eine „Kerbebopp“ das Fest, ein Popanz, der zum Auftakt inthronisiert und am Ende feierlich verbrannt oder zu Grabe getragen wird.

Kulturveranstaltungen

Nibelungen-Festspiele Worms

Die Nibelungen-Festspiele sind heute das kulturelle Aushängeschild der Stadt Worms. Theater- und Filmgrößen wie *Mario Adorf, Uwe Ochsenknecht, Heiner Lauterbach, Susanne Uhlen, Maria Schrader* oder *Klaus Maria Brandauer* haben die Freiluftveranstaltungen im Domschatten bundesweit bekannt gemacht. Mit *Friedrich Hebbels* 1861 entstandenem Drama „Die Nibelungen“ begründete Worms 1937 die Festspiele. Die Aufführung stand bis 1939 auf dem Programm. Einer ersten Wiederbelebung der Festspieltradition 1956 war kein langer Erfolg beschert. Der stellte sich erst ab 2002 ein, als mit *Dieter Wedel* ein Regisseur die Inszenierungen übernahm, der dem Nibelungenstoff viel aktuellen Zeitgeist einhauchte. Inzwischen ist *Nico Hofmann* Intendant der Festspiele, die weiter auf ungebrochenes Publikumsinteresse stoßen.

- www.nibelungenfestspiele.de

[>] Der Siegfriedbrunnen in Worms

Open Ohr Festival Mainz

Bis zu 10.000 Besucher lockt alljährlich über Pfingsten das traditionelle Open Ohr Festival in die **Zitadelle,** eine Festungsanlage über der Altstadt. Es ist das wohl bekannteste nichtkommerzielle, jährlich unter einem anderen, meist sozialkritischen Thema stehende Freiluft-Kulturfestival Deutschlands. Konzerte aller Art, Theater und Kabarett zählen ebenso zum Programm wie Filme, Workshops und Podiumsdiskussionen. Die Veranstalter verstehen sich als überparteilich, aber nicht unparteiisch. Das Festival wurde 1975 von der Stadt Mainz und einer Projektgruppe aus der Taufe gehoben.

- www.openohr.de

rh071 gs

Internationale Maifestspiele Wiesbaden

Zu den traditionsreichsten Kulturveranstaltungen Europas zählen die Internationalen Maifestspiele, denen Bayreuths Richard-Wagner-Festspiele die Idee lieferten und für die der regelmäßige Besuch des damaligen Kaisers ein Ansporn war. 1896 lud man so zu den ersten Maifestspielen „auf allerhöchsten Befehl". Anfangs prägten sie *Richard Wagners* Opern, nach dem Zweiten Weltkrieg auch internationale Darbietungen fast aller großer Opern-, Ballett- und Schauspielhäuser Europas – von der Wiener Staatsoper bis zum Moskauer Bolschoi-Ballett. Heute steht von der Barockoper bis zum modernen Tanztheater alles auf dem Festspielprogramm. Karten sollte man früh besorgen, die meisten Veranstaltungen sind schnell ausverkauft.

- www.staatstheater-wiesbaden.de

Rheingau Musik Festival

Das Festival (RMF) gehört zu den renommiertesten deutschen Kulturveranstaltungen. Die unterschiedlichen Spielstätten – Kirchen, Hotels, Klöster, Weingüter, Schlösser und Säle – verteilen sich zwischen Lorch und Wiesbaden. Das Festival findet seit 1988 jährlich statt. Hatte man mit 19 Konzerten angefangen, sind es heute fast 200 Veranstaltungen an über 40 verschiedenen Orten. Schwerpunkt ist klassische Musik, aber auch Folk, Pop, Kabarett, Lesungen und künstlerisch umrahmte Weinproben gehören zum Angebot. Traditionelle Festivalzeit ist Juni bis September. Die bedeutendsten Veranstaltungsorte sind neben Kloster Eberbach Schloss Johannisberg und das Wiesbadener Kurhaus. Ein Ableger des Festivals ist das seit 1993 im September stattfindende **Rheingau Literatur Festival,** das – ebenfalls an wechselnden Orten – Gespräche über Literatur und Lesungen vereint.

- www.rheingau-musik-festival.de

Musikfestival Rheinhessen

Seit 2009 gibt es das Musikfestival Rheinhessen. Die Konzerte finden ähnlich wie beim Rheingau Musik Festival an unterschiedlichen Orten statt, in Kirchen, einer ehemaligen Synagoge, Schlössern oder der Aula Regia der Ingelheimer Kaiserpfalz. Veranstaltungsmonate sind August bis Oktober.

- www.musikfestival-rheinhessen.de

Die neue jüdische Synagoge in Mainz

178rh gs

Theatertage Oppenheim

Seit 2009 veranstaltete die Stadt Oppenheim zwischen August und Oktober die Festspiele Oppenheim. Spielorte waren gewöhnlich die Burgruine Landskron und der Kulturkeller der Stadt. Aus Kostengründen hat man das Kulturangebot inzwischen abgespeckt, das jetzt unter dem neuen Namen **Theatertage** firmiert und Gastspiele an verschiedensten Orten umfasst.

- www.stadt-oppenheim.de/theatertage

Architektur

Reich und vielgestaltig ist die Architekturgeschichte der Region. Sie beginnt – wenn man unter Architektur den planvollen Entwurf und die Gestaltung der menschlichen Umwelt versteht – schon vor gut 3000 Jahren. Zu den ältesten Zeugen gehören so betrachtet ein gutes Dutzend Menhire: meterhohe, von Menschen behauene Steinriesen, die heute überall vertreut in Rheinhessen stehen (→ Exkurs „Hinkelsteine: Rheinhessens älteste kulturelle Zeugen“, S. 402). **Hinkelsteine** heißt der Volksmund die meist hochkant aufgerichteten Kolosse, deren schönster vor den Toren von Wörrstadt an der Landesstraße 401 Richtung Saulheim steht (→ S. 196).

Greifbarer wird die Architekturgeschichte mit der **Römerzeit.** Vor allem in Mainz hat sie einmalige Sehenswürdigkeiten hinterlassen: u.a. Reste einer kilometerlangen Wasserleitung, ein haushohes Ehrenmal für den römischen

Feldherrn Drusus, das frisch renoviert wurde, sowie ein römisches Theater, das mit seinen 10.000 Sitzplätzen einmal eines der größten nördlich der Alpen war. Aber auch in vielen anderen rheinhessischen Gemeinden finden sich steinerne Zeugen aus den ersten Jahrhunderten unserer Zeitrechnung: in Alzey Reste eines Römerkastells, in Bingen Pfeiler einer römischen Brücke, in Worms Reste spätantiker Stadtmauern, in Nierstein ein römisches Bad. Auch Reste römischer Gutshöfe (Villae Rusticae) belegen die schon damals im Vergleich zu anderen Regionen dichte Besiedlung des linksrheinischen Gebiets. Rarer sind die römischen Bauwerke auf der rechten Rheinseite, wo sich in Wiesbadens Zentrum Reste eines Walles (Heidenmauer) oder, wie neuere Forschungen nahelegen, Überreste einer Wasserleitung, erhalten haben.

Zu den großen Zeugnissen karolingischer und ottonischer Baukunst gehört die **Kaiserpfalz in Ingelheim** (→ S. 174) mit der Aula Regia, der ehemaligen Königshalle. Leider sind auch davon nur noch Reste übrig geblieben, die in den letzten Jahren fachmännisch konserviert und so für die Nachwelt erhalten wurden. Auf der Rheinseite gegenüber erinnert das „Graue Haus" in Winkel (→ S. 80), das vielen als ältestes steinernes Wohngebäude Deutschlands gilt, an die Anfänge wachsender Wohnkultur.

Mit der Jahrtausendwende werden die architektonischen Zeitzeugen in der Region mehr und mehr. Beste Beispiele und mit die wichtigsten Sehenswürdigkeiten sind die großen **Dome** in Mainz und Worms, wo auch noch andere romanische Bauwerke und die jetzt zum Weltkulturerbe zählende jüdische Synagoge (→ S. 270) einen Besuch verdient haben. Zu den **romanischen Prachtstücken,** deren schlichte Einfachheit den Betrachter auch heute noch fasziniert, gehören zudem die Basiliken von Bechtheim (→ S. 245) im Wonnegau und die von Mittelheim (→ S. 84) im Rheingau. Eine architektonische Besonderheit sind die sogenannten **Heidenturmkirchen** (→ S. 228), vier Anfang des zweiten Jahrtausends entstandene Gotteshäuser in Alsheim, Worms, Guntersblum und Dittelsheim, deren Kirchtürme Architekturwissenschaftler zu immer neuen Spekulationen einladen.

Zu den schönsten romanischen Denkmälern gehört die **Basilika des Klosters Eberbach** (→ S. 75), dessen Besuch aber auch alle Freunde der Gotik mehr als zufriedenstellen wird. Sein Kreuzgang nämlich symbolisiert auf beste Weise den Übergang der beiden Bauepochen. Einmalig ist der Kapitelsaal, ein gotisches Meisterwerk, dessen Gewölbe jeden beeindruckt.

Mit der **Gotik** entfaltet die Architektur erstmals neue, nicht mehr von antiken Formen beeinflusste Neuschöpfungen. Beste Beispiele dafür sind die Mainzer Stephanskirche (→ S. 137), die Liebfrauenkirche (→ S. 272) in Worms, die Kapelle auf Hof Iben (→ S. 305), die Valentinsbasilika in Kiedrich (→ S. 72) und die Oppenheimer Katharinenkirche (→ S. 221): sakrale Bauten allesamt, die mit Spitzbogen und Maßwerkfenstern, eindrucksvollen Kreuzrippengewölben und Strebewerk punkten, mit baulichen Elementen, die mehr und mehr Licht in die Gotteshäuser brachten und so die Herzen der Menschen erwärmen sollten. Zu den schönsten Beispielen gotischer Baukunst gehört auch der Chor der ehe-

Hinkelsteine: Rheinhessens älteste kulturelle Zeugen

Asterix und Obelix haben sie populär gemacht: die Hinkelsteine. Ein gutes Dutzend davon findet sich in Rheinhessen, mehr als in den meisten anderen Regionen Deutschlands. **Menhire** heißen die Steinkolosse unter Fachleuten, „oberflächlich sichtbare Denkmäler" in der Sprache der Archäologen. Es sind jahrtausendealte Zeugen menschlicher Kultur, die heute allerdings meist nicht mehr da stehen, wo sie ursprünglich einmal aufgestellt wurden. Der volkstümliche Name *Hinkelstein* ist übrigens eine Ableitung des Wortes *Hünenstein* (Riesenstein) über *Hühnerstein* zum mundartlichen *Hinkelstein.* Denn *Hinkel* sind in Rheinhessen Hühner. Vom fünften bis ins zweite vorchristliche Jahrtausend datiert die Wissenschaft die meisten Menhire zurück, die manche als **erste Zeugnisse architektonischer Gestaltung** ansehen.

Rheinhessens Hinkelsteine sind meist höher als breit. Fast alle stehen nicht mehr dort, wo sie gefunden wurden. Ihre ursprünglichen Standorte fielen Flurbereinigungen oder Neubauprojekten zum Opfer. Bis heute rätselt die Wissenschaft, welche Funktion die steinernen Kolosse einst hatten. Für die meisten Archäologen sind sie kultisch-religiöse Zeugen einer Zeit, in der man noch keine Schrift kannte, in der die steinernen Denkmäler Treffpunkt und Ort **kultischer Rituale** waren wie heute noch das englische Stonehenge. Sicher ist nur, dass die Menhire der Kirche von Anfang an ein Dorn im Auge waren. Synoden wie in Mainz suchten schon in den ersten christlichen Jahrhunderten die im Schatten der Steinkolosse betriebenen heidnischen Kulte zu bekämpfen. Viele Steine wurden deshalb **zerstört oder vergraben.** Da dem christlichen Unterfangen aber trotz Androhung der Exkommunikation für alle, die im Schatten der Hinkelsteine weiter ihre Kulte praktizierten, kein Erfolg beschieden war, entschied man sich, die Steine – wenn immer möglich – neu zu interpretieren, sie sozusagen zu christianisieren. So wie in Saulheim, wo man schon im Mittelalter eine Nische in den Steinkoloss schlug, in die man ein **Heiligen- oder Marienbild** stellte. Andere Kolosse wurden **mit Kreuzen geschmückt** oder in die Kirchen verfrachtet, wo sie im neuen Rahmen auch neu wirken sollten.

177rh gs

[<] Der Nackenheimer Stein

Hinkelsteine in Rheinhessen

Gleich drei Menhire reklamiert **Armsheim** für sich, von denen der **Hinkelstein** noch in der Nähe seines früheren Standortes am südlichen Ortsende steht, während die beiden anderen, der **Dicke Stein** und der **Spitze Stein,** sich jetzt in der Nähe der Wiesbachbrücke auf einem Grundstück an der Bahnhofstraße befinden. Schon auf Bornheimer Gebiet steht der **Lange Stein von Flonheim.** Ursprünglich markierte er die Grenze zwischen Flonheim und Bornheim, ehe man ihn versetzte. Der Hinkelstein von **Dautenheim** liegt etwa einen Kilometer südöstlich auf dem Kloppberg. Bronzezeitliche Funde in der Nähe deuten auf einen Opferplatz hin. Mitten im Dorf steht der Menhir von **Dexheim,** der einer geplanten Straße Platz machen musste. 1927 wurde der Menhir von **Heßloch** entdeckt, der **Weiße Stein,** der heute südöstlich des Dorfes am Rand eines Weinbergs steht. Im Garten eines Hauses hat der **Lange Stein von Essenheim** seinen Platz, einer der kleinsten Hinkelsteine Rheinhessens. Beim Pflügen wurde der Menhir von **Flörsheim-Dalsheim** entdeckt, der heute in einem privaten Garten in der Zwerchgasse steht. Rund 500 Meter östlich des Dorfes ist der Menhir von **Gumbsheim** zu Hause. Mitten im Ried findet sich der Menhir von **Laubenheim,** der von **Monsheim** im Innenhof des Schlosses, eingemauert in die Fassung einer Mistkaute. Am Ortseingang von **Nackenheim** aus Richtung Lörzweiler steht ebenfalls ein schöner Hinkelstein. **Nierstein** präsentiert sein steinernes Schmuckstück im Park in der Ortsmitte. Der schönste aller rheinhessischen Menhire aber findet sich in **Saulheim** an der Straße nach Wörrstadt. Zwei ebenfalls interessante große Monolithen finden sich nördlich von **Selzen** und im Dörfchen **Nack** an der Straße Zum Ahrenberg.

maligen Templerkapelle auf dem Hof Iben bei Fürfeld (→ oben), der ahnen lässt, welche Macht der Orden der Templer einst hatte. Große farbige Fenster, wie in Oppenheims Katharinenkirche bis heute im Original zu bestaunen, öffnen die in der Romanik meist verschlossenen Mauern, die innen und manchmal auch außen jetzt mit Fresken verschönert werden. Kunstvolle Schlusssteine in den Gewölben und Figuren an den Kapitellen leiten die Blicke der Gläubigen Richtung Himmel. Daran sollten auch Besucher denken beim Gang durch die Kirchen immer wieder nach oben schauen – etwa in Schornsheims Kirche St. Wigbert (→ S. 197), in der Ingelheimer Burgkirche (→ S. 177), in Armsheims Kirche Heilig Blut (→ S. 198), Eltvilles katholischer Kirche Peter und Paul (→ S. 67) oder in den dem heiligen Martin geweihten Gotteshäusern in Bingen und Lorch.

Wunderschöne Bauten bescherten schließlich **Renaissance und Barock:** in Mainz die Rokoko-Kirche St. Peter (→ S. 140) und St. Ignaz (→ S. 133), das Hilchenhaus in Lorch (→ S. 116) sowie die prächtigen Schlösser in Mainz (→ S. 139), Wiesbaden-Biebrich (→ S. 48) und auf dem Johannisberg (→ S. 89).

Auch **Klassizismus, Neoromanik** und **Neogotik** hinterließen rechts und links des Rheins viele Spuren – von der Kapelle auf dem Binger Rochusberg (→ S. 169) bis zur gegenüberliegenden Benediktinerabtei St. Hildegard (→ S. 102) oder dem neogotischen „Rheingauer Dom" in Geisenheim (→ S. 89).

Sehenswerte **Jugendstilbauten** finden sich vor allem in Wiesbaden, wo zudem auch viele Häuser aus der **Gründerzeit** wie die Villa Clementine (→ S. 44) auf der Wilhelmstraße zwei Weltkriege unbeschadet überstanden haben. Zu den schönsten Beispielen des **Bauhausstils,** in dem vor knapp hundert Jahren Architektur, Kunst und Design zusammenflossen, gehört das Wiesbadener Opelbad (→ S. 45).

Für **modernste Architektur** steht vor allem die neue jüdische Synagoge (→ S. 140, Bild S. 400) in der Mainzer Neustadt, ein symbolträchtiger Neubau von 2010 mit preisgekrönter Fassade – nach Ansicht der renommierten Neuen Zürcher Zeitung das „vielleicht weltweit interessanteste Synagogenprojekt". Und auch Wiesbadens neuestes Museum, das Museum Reinhard Ernst, ist eine architektonische Perle, entworfen vom renommierten japanischen Architekten *Fumihiko Maki,* der auch das neue Four World Trade Center in New York konzipierte. Die Eröffnung ist für das Frühjahr 2023 geplant.

179rh gs

Literatur und Musik

Dass Kunst und Kultur in der Region schon früh eine größere Rolle als anderswo spielten, lag am Rhein, einst eine der wichtigsten Verkehrsachsen Europas. Der Fluss garantierte Mobilität und damit auch gesellschaftlichen Fortschritt, der sich in den Städten am Rhein in Theater und Kunsthandwerk, Malerei, Musik und Literatur niederschlug. Im Lauf der Jahrhunderte gewann die Kultur, die anfangs von den am Rhein lebenden Römern dominiert wurde, so mehr und mehr deutsche Gestalt.

Erste Akzente setzten **Bischöfe und Erzbischöfe** wie der in Mainz geborene und der Überlieferung nach in Winkel im Rheingau gestorbene *Rabanus Maurus* (um 780–856) oder der Bauherr des Mainzer Doms, Erzbischof *Willigis* (um 940–1011). In Worms war es Bischof *Burchard* (um 965–1025), der dort den Neubau des Doms initiierte und das Kirchenrecht gründlichst reformierte. Auf kulturelle Nachhaltigkeit setzte **Hildegard von Bingen** (1098–1179), eine Universalgelehrte, deren Bedeutung Papst *Benedikt XVI.* anno 2012 mit der Ernennung zur Kirchenlehrerin unterstrich.

Über Jahrhunderte gehörten die Dome in Mainz und Worms, in denen schon im frühen Mittelalter Liturgie als großes Theater inszeniert wurde, zu den

< Hildegard von Bingen

kulturellen Zentren. Vermutlich in Mainz entstanden so auch mit die ersten großen **Passionsspiele,** deren Aufführungen oft Tage dauerten. Aus Worms kam mit **Hans Folz** (um 1435/40–1513) einer der Autoren der ersten großen **Fastnachtsspiele.** Er war Meistersinger, zu deren Ahnen auch der lange Zeit in Mainz lebende und dort im Kreuzgang des Doms beigesetzte *Heinrich von Meißen* (um 1250–1318) gehörte, besser bekannt als **Frauenlob.** *Frauenlob* war der Meister des Minneliedes und einer der populärsten deutschsprachigen Dichter des 14. Jahrhunderts. Mehr als ein Jahrhundert später setzte der in Nieder-Ingelheim geborene Kosmograf **Sebastian Münster** (1488–1552) mit seinen geografisch-historischen Weltbeschreibungen neue kulturelle Akzente.

Ein ganz neues Kunstverständnis brachte schließlich die Aufklärung mit sich. **Johann Nikolaus Götz** (1721–81), aus einem evangelischen Pfarrhaus in Worms stammend, erwies sich als Meister anakreontischer Verse, die unter anderem *Goethe, Herder, Mörike* und *Wieland* beeindruckten. Ein weiterer seiner Bewunderer, der in Badenheim geborene und begrabene **Isaak Maus** (1748–1833), ein volksfrommer Bauernsohn, drechselte feine Gedichte wie anno 1786: „Selten giebts in unserm Dörfchen Feste; jährlich einmal fällt die Kirchweih ein'. Unsre Nachbarn sind willkommne Gäste, und wir lärmen wild bei gutem Wein. Trinken in die Runde bis zur Morgenstunde".

Georg Forster (1754–1794), Universitätsbibliothekar in Mainz, beschrieb seine Erlebnisse und die seines Vaters, der mit *James Cook* um die Welt gesegelt war, im Buch „Eine Reise um die Welt" – ein Bestseller, der ihm literarischen Ruhm und naturwissenschaftliche Reputation eintrug. Ein radikaler Zeitkritiker war der in Wendelsheim geborene Pfarrerssohn **Friedrich Christian Laukhard** (1757–1822), der sich in seinen Texten, aus denen sich auch *Goethe* gern bediente, über die Obrigkeiten lustig machte. Scharfzüngig mit der Politik ging auch **Ludwig Kalisch** (1814–1882) ins Gericht, der in Mainz der noch heute erscheinende Narrenzeitung „Narrhalla" gesellschaftliches Gewicht verlieh. Sein Credo war, „das Lächerliche an den Menschen zu zeigen, nicht die Menschen lächerlich zu machen; denn dafür sorgen die Menschen schon selbst".

Der in Bingen aufgewachsene **Stefan George** (1868–1933), der *Baudelaire* und *Ibsen* ins Deutsche übersetzte, glänzte als Lyriker. Der wohl populärste rheinhessische Schriftsteller aber war der in Nackenheim geborene und in Mainz aufgewachsene **Carl Zuckmayer** (1896–1977), der wie kein anderer das Lebensgefühl in der Region in Worte zu kleiden verstand (→ S. 216).

Natürlich gehören zu den bedeutenden Literaten der Region auch Frauen: neben *Hildegard von Bingen* die in Alzey geborene **Elisabeth Langgässer** (1899–1950), eine katholisch geprägte Autorin von Lyrik, Erzählungen und Kurzgeschichten – und die in Mainz als *Netty Reiling* auf die Welt gekommene **Anna Seghers** (1900–83). In ihrem erfolgreichsten Roman „Das Siebte Kreuz" thematisiert sie die Flucht von sieben Häftlingen aus einem Konzentrationslager im Dritten Reich, dessen Vorbild unschwer als das KZ in Osthofen zu erkennen ist. Dass sie in der Region nicht die gleiche Reputation wie *Zuckmayer* gefunden hat, lag am politischen Engagement der zuletzt in Ost-Berlin lebenden Kommunistin. Erst kurz vor ihrem Tod verlieh ihr die Stadt Mainz deshalb die Ehrenbürgerwürde.

Auch die 1944 geborene und heute in Frankfurt lebende Schriftstellerin **Eva Katrin Demski** hat den Rheingau und Rheinhessen immer wieder in Worte zu fassen versucht. In Wiesbaden thematisch verankert ist der Roman „Die Erfindung der Roten Armee Fraktion durch einen manisch-depressiven Teenager". Sein Autor, der dort geborene **Frank Witzel,** erhielt für sein Werk den Deutschen Buchpreis 2015.

Mainzer Wurzeln dagegen hat einer der bekanntesten deutschen Kolumnisten und Autoren, **Harald Martenstein,** dessen wöchentliche Kolumne im Zeit-Magazin Millionen Leser hat. Auch in den Texten der Gegenwarts-Autoren **Hanns-Peter Ortheil,** der an der Mainzer Universität promovierte, und **Lothar Schöne,** eine Zeit lang Kulturredakteur der „Allgemeinen Zeitung" Mainz, taucht die Region immer wieder auf – auch da mit meist ironischem Unterton.

Allerdings scheinen Witz und Schlagfertigkeit im linksrheinischen Mainz eher zu Hause zu sein als im protestantisch gefärbten Wiesbaden. So entstammen der rheinland-pfälzischen Landeshauptstadt zwei der wichtigsten Entertainer der Nachkriegszeit: **Otto Höpfner** (1924–2005) und **Heinz Schenk** (1924–2014). Beide hatten ihre ersten Auftritte in der Mainzer Fastnacht, ehe sie mit dem „Frankfurter Wecker" im Hörfunk und dem „Blauen Bock" im Fernsehen Mediengeschichte schrieben. Der Mainzer **Herbert Bonewitz** (1933–2019), angeregt von dem Kabarettisten *Hanns Dieter Hüsch,* der lange Jahre in Mainz lebte, setzte später als scharfzüngiger Büttenredner in der Fernsehfastnacht neue Akzente. Gegenwärtig sind es **Lars Reichow** und **Tobias Mann,** beide ebenfalls Mainzer, die mit auch musikalisch verpackter Gesellschaftskritik späte Fernsehabende und Kleinkunstbühnen bereichern.

Auch musikalisch scheint die Region zu inspirieren. **Mittelalterliche Vokalkunst** wird so noch heute meist sonntags in der Kiedricher Valentinsbasilika zelebriert, wo Deutschlands bekanntester Countertenor **Andreas Scholl** seine ersten öffentlichen Auftritte bei den Kiedricher Chorbuben hatte (→ S. 74). **Peter Cornelius** (1824–74), in Mainz geboren und dort auch beerdigt, machte als Liederdichter und Komponist im 19. Jahrhundert von sich reden. Er war ein Freund von **Franz Liszt** und **Richard Wagner,** die gern in der Region Station machten – zum Teil wie *Wagner* gleich mehrere Monate, in denen er große Teile seiner Oper „Die Meistersinger" komponierte. Dass Musiker und Komponisten gern an den Rhein kamen, lag nicht nur am Wein, sondern auch am 1770 in Mainz gegründeten und noch heute existierenden **Schott Verlag,** der *Wagners* Werke ebenso verlegte wie Arbeiten von *Liszt, Beethoven* und *Mozart,* später auch Kompositionen von *Igor Strawinsky* oder *Carl Orff.*

Moderner Musik – von der Oper bis zur Kammermusik – hat sich der gebürtige Mainzer und in Wiesbaden lebende **Volker David Kirchner** verschrieben. Und der lange Jahre sich in Wiesbaden wohl fühlende Jazzmusiker **Volker Kriegel** (1943–2003) galt als einer der Vorreiter des Jazzrock in Europa.

Sprache

Viel Wert legt man im Rheingau und in Rheinhessen auf die **Mundart.** Sie wird nicht nur in kleinen Volkstheatern gepflegt, sondern zeigt sich auch in den närrischen Büttenreden und zahlreichen Heimatbüchern und -liedern. Allerdings ist umstritten, ob es überhaupt einen eigenen rheinhessischen oder Rheingauer Dialekt gibt. Forscher bezeichnen die in der Großregion vorhandenen Dialekte als **Rheinfränkisch,** das im rheinhessischen Süden stärker **pfälzisch geprägt** ist. Wissenschaftlich gehört es zur Westmitteldeutschen Sprache, in der der Apfel noch *Appel,* das Pfund noch *Pund* und der Knopf noch *Knopp* heißt.

Das Rheinfränkische selbst kennt verschiedenste **lokale Ausformungen,** die sich in Städten wie Mainz, Wiesbaden oder Worms sogar noch von Stadtteil zu Stadtteil unterscheiden können. Was im Norden ein *Dippe,* ist im Süden ein *Hawwe:* ein Topf. Ob die Sprache eher hessisch oder pfälzisch gefärbt ist, liegt zum Teil an den früheren Herrschaftsverhältnissen. Vereinfacht ausgedrückt, ist man im ehemaligen Kurmainz mehr dem hessischen, in der ehemaligen Kur-Pfalz stärker dem pfälzischen Idiom verpflichtet. Auch hebt sich der am Rhein gesprochene Dialekt zum Teil von dem im Landesinneren ab, wo das End-e im Partizip der starken Verben oft nicht mehr vorhanden ist, man also *gebroch* statt *gebroche* sagt. Allerdings verschwinden diese sprachlichen Unterschiede mit zunehmender Mobilität immer weiter, setzt sich das in den Städten am Rhein gesprochene Wort auch im Hinterland mehr und mehr durch.

Nicht zu überhören sind die Einflüsse der **lateinischen, französischen und jüdischen Sprache.** So wurde aus der lateinischen *culcita* die *Kolder,* eine wärmende Decke. Die französische *chaussée* (gut ausgebaute Landstraße) geriet zur *Schossee,* die *groseille* (Johannisbeere) zur *Gruschel,* die *bouteille* (Flasche) zur *Buddel.* Das hebräische *rewach,* womit man den Gewinn markierte, wurde zum *Reibach.* Auch Ausdrücke wie *Pleite* für Bankrott, *Schlammassel* für Pech, *Moos* für Geld, *Macke* für Fehler oder *mogeln* für betrügen erinnern an jüdische Einflüsse.

180rh gs

[>] Der Mainzer Minnesänger Frauenlob

181rh gs

12 Anhang

< Eltville im Rheingau: Blick von der Burg auf die Stadt

Literaturtipps

- *Monika Böss,* **Weihnachtsgeschichten aus Rheinhessen,** Wartberg Verlag, Gudensberg-Gleichen 2016. Volkskundliches aus Rheinhessen, verpackt in persönlichen Geschichten. Nostalgie pur!
- *Hermann Josef Berg/Oliver Bock,* **Der Rheinhessische Weinschmecker,** Societätsverlag, Frankfurt 2015. Immer wieder neu aufgelegt, führt das Büchlein zu 44 ausgewählten Straußwirtschaften und Gutsschänken. Für alle, die Rheinhessen beim Winzer genießen wollen, gehört das Werk ins Handgepäck.
- **Geschichte der Stadt Worms,** Theiss Verlag, Darmstadt 2015. Kein anderes Werk fasst die Geschichte der Stadt so gut und fachmännisch zusammen. Über tausend, zum Teil farbig illustrierte Seiten bringen dem Leser Worms in allen Facetten näher.
- *Gerhard Hanke,* **Wald und Waldgeschichten aus Rheinhessen,** Geiger Verlag, Horb/Neckar 2016. Auch wenn Rheinhessen zu den waldärmsten Regionen Deutschlands zählt, genügend Geschichten liefern die Bäume immer noch. Ein Buch für alle, die sich für Natur und Umwelt interessieren.
- *Peter Haupt,* **Sagen aus Rheinhessen,** Worms Verlag, Worms 2013. Rheinhessens Sagen und Mythen seziert der Archäologe und Geograf mit wissenschaftlicher Gründlichkeit. Zurück bleibt die Erkenntnis: Auch Märchenhaftes hat meist einen wahren Kern!
- *Wolfgang Junglas,* **Weinkompass Rheingau: Die 50 besten Straußwirtschaften und Gutsschänken,** Leinpfad Verlag, Ingelheim 2014. Ein gut recherchiertes Bändchen, das allen Orientierung bietet, die zwischen Lorch und Wiesbaden einkehren wollen.
- **Kirchen, Kapellen & Heiligenhäuschen, Katholische Glaubensorte in Rheinhessen,** Verlag Matthias Ess, Bad Kreuznach 2016. Kompakter und kompetenter Führer zu allen katholischen Gotteshäusern Rheinhessens. Unverzichtbar für alle, die sich dafür interessieren.
- *Karl-Georg Müller,* **Rheingau-Taunus. Wanderungen für die Seele,** Droste Verlag, Düsseldorf. Kurze und längere Spaziergänge im Rheingau listet der rheinische Wanderblogger jetzt auch in Buchform. Bis ins Detail sind die Strecken beschrieben, die passende Karten ergänzen.
- **Literaturland Rheinhessen,** Worms Verlag, Worms 2016. Mundartdichter, Krimiautoren, Fastnachtspoeten und Kabarettisten, aber auch Literaten wie *Zuckmayer* oder *Goethe* vereint der von der Mainzer Stadtbibliothek erarbeitete Band. Er spiegelt die Breite rheinhessischer oder in Rheinhessen beheimateter Literatur. Ein richtiges Lesebuch!
- *Günter Schenk,* **Die Mainzer Fastnacht,** Darmstadt 2016. Reich illustrierter Bild- und Textband zur Geschichte und Gegenwart des größten Mainzer Volksfestes. Für alle, die wissen wollen, warum die Narren Kappen tragen, Helau rufen oder wie der Rosenmontag zu seinem Namen kam.
- *Lothar Schöne,* **Tod im Rheingau,** C.W. Niemeyer, Hameln 2016. Spannender und witziger Krimi aus der Region, der zu beiden Seiten des Rheins spielt. Viel Spannung mit Lokalkolorit aus Rheinhessen und dem Rheingau also.
- *Jörg Koch,* **Rheinhessen. 55 Highlights aus der Geschichte,** Sutton Verlag Erfurt. Fleißarbeit eines Studienrats, der wirtschaftliche und politische Fakten aus Rheinhessen beleuchtet.
- *Jonas Bublak,* **Rheinsteig von Wiesbaden nach Bonn,** Conrad Stein Verlag, Welver 2016. Rheingau-Wanderer informieren sich im handlichen Büchlein über die ersten Etappen des Rheinsteigs, der entlang der Taunushöhen quer durch den Rheingau führt. Die Streckenbeschreibungen sind präzise, ergänzt durch passende Karten.

Register

A

B

C

D

E

F

I

J

K

L

M

N

O

P

R

S

T

U

V

W

Z

Der Autor

Als Reisejournalist arbeitet **Günter Schenk** heute für renommierte Zeitungen und Magazine wie die Verlagsgruppe VRM, „Rhein-Neckar-Zeitung", „Badische Zeitung", „Münchner Abendzeitung" und viele andere Publikationen. Als gebürtiger Mainzer und schon immer in der Region lebend, ist ihm die Landschaft vor der Haustür sozusagen ans Herz gewachsen. Die Metropolen des Rheingaus und Rheinhessens, Mainz und Wiesbaden, hat er in eigenen Stadtführern in der Reihe „CityTrip" bereits im Reise Know-How Verlag porträtiert. In der gleichen Reihe erschienen seine Bände „Antwerpen, Brügge, Gent", „Brüssel", „Rotterdam", „Liverpool", „Vilnius und Kaunas", „Wiesbaden", „Metz und Nancy", „Heidelberg", „Koblenz", „Karlsruhe", „Mainz" und „Baden-Baden". Der „Belgischen Küste (Westflandern mit Brügge)" ist ein weiterer Reiseführer gewidmet.

167rh gs

Schreiben Sie uns!

Wir hoffen, dass Ihnen dieser Reiseführer gefällt und er Ihnen ein guter Begleiter auf einer außergewöhnlichen und spannenden Reise ist.

Weil ein Reiseführer von Erfahrungen lebt, sind wir an Ihren Erlebnissen interessiert: Haben Sie in unserem Buch ein Restaurant entdeckt, das es nicht mehr gibt, eine Sehenswürdigkeit, die wir noch nicht aufgeführt haben, oder eine falsche Adresse? Dann schreiben Sie uns! **Wir nehmen jeden Hinweis und jede Kritik ernst und arbeiten kontinuierlich daran, die Bücher aktuell zu halten und immer weiter zu verbessern.** Jede Mail wird gelesen und beantwortet. Auch wenn wir nicht jeden Wunsch erfüllen können, machen wir uns immer Gedanken über Ihre Anmerkungen.

Schreiben Sie uns:
per Mail an info@reise-know-how.de oder an
Reise Know-How Verlag Peter Rump GmbH, Postfach 140666, 33626 Bielefeld

Wenn sich Ihre Infos direkt auf das Buch beziehen, würde uns die Angabe der Seitenzahl und der Auflagenzahl bzw. des Erscheinungsjahres Ihrer Ausgabe die Arbeit sehr erleichtern. Besonders hilfreiche Beiträge und Ergänzungen zu den Büchern belohnen wir mit einem Sprachführer Ihrer Wahl aus der über 240 Bände umfassenden „Kauderwelsch"-Reihe.

Herzlichen Dank und gute Reisen
Ihr Reise Know-How Verlag